Die Post in ihrer Zeit

Hermann Glaser / Thomas Werner

Die Post in ihrer Zeit

Eine Kulturgeschichte
menschlicher Kommunikation

R. v. Decker's Verlag, G. Schenck
Heidelberg

CIP-Titelaufnahme der Deutschen Bibliothek

Die Post in ihrer Zeit: eine Kulturgeschichte menschlicher
Kommunikation / Hermann Glaser; Thomas Werner. –
Heidelberg: v. Decker, 1990
   ISBN 3-7685-4489-3
NE: Glaser, Hermann [Mitverf.]; Werner, Thomas [Mitverf.]

© 1990 R. v. Decker's Verlag, G. Schenck GmbH, Heidelberg
Gestaltung und Herstellung: Gabriele Leuthäuser
Bildrecherche: Barbara Bessel
Satz: Friedrich Pustet, Regensburg
Druck und Verarbeitung: Neue Stalling, Oldenburg
Papier: HANNO'ART MATT der
Hannoverschen Papierfabriken, Alfeld
ISBN 3-7685-4489-3

Inhalt

Vorwort

Die Post als Netzwerk ist Ausdruck eines tiefen Verlangens des Menschen, mit anderen Menschen, über weite Entfernungen hinweg, in Kontakt zu treten, diesen Botschaften zukommen zu lassen und von ihnen Botschaften zu erhalten; das kommunikative Bedürfnis ist Teil der kulturgeschichtlichen Entwicklung. Als zielgerichtete Beförderung von Nachrichten, auch von Waren und Personen, liegen die Ursprünge der „Post" sehr früh. Ihre eigentliche Ausprägung erhält die Institution Post jedoch im 15. und 16. Jahrhundert, da, wie es Egon Friedell formuliert hat, der Wechsel vom Mittelalter zur Neuzeit als Umschlag des vertikalen ins horizontale Bewußtsein eintritt.

Vorformen von Post gab es bei den Ägyptern und Persern, bei den Griechen, Römern und anderen Kulturvölkern. Nun aber betritt der moderne Mensch die Szene der Weltgeschichte; ihn lockt die Weite des Raumes; er will ihn er-fahren und „überwinden"; er denkt perspektivisch und bald auch systematisch. Das „postalische" Weltgefühl ist dem „kolumbianischen" eng verwandt. Das Jahr 1490, da auf Befehl Maximilians I. die Posten „von Österreich bis in Niederland, in Frankreich und bis nacher Rom" bestellt werden, korrespondiert mit dem Jahr 1492, da Kolumbus das nicht gesuchte Amerika entdeckt. Die in diesen emblematischen Jahren – Schlüsseljahren, die eine neue Dimension des Fühlens, Denkens und Handelns eröffnen – gezeitigten Entwicklungen unterscheiden sich jedoch wesentlich voneinander. Die Soldaten und Seefahrer, die über die Meere hinweg in andere Kontinente vorstoßen, werden zu Konquistadoren, die das Land erobern und die Eingeborenen unterwerfen. Symbolisch (so Tilo Schabert), wenn das Eingangsbild des 1599 von dem spanischen Hauptmann Bernardo de Vargas Machuca veröffentlichte Buch über seinen Kriegsdienst im spanischen Amerika diesen als einen Mann zeigt, der in der einen Hand sein Schwert, in der anderen zwei Kompaßgeräte über einer Erdkugel hält: „A la espada y el compás / Más y más y más y más." „Mit Kompaßgeräten und mit dem Schwert / Mehr und mehr und mehr und mehr."

Die postalische Vernetzung dagegen vermeidet nicht nur kriegerische Expansion; sie hilft von Anfang an mit, sie zu verhindern oder zumindest zu mildern bzw. zu überwinden. Ohne die Sicherheit, die der Frieden gibt, bliebe die Post unterentwickelt. Den zweiten Vers des spanischen Mottos macht die Post sich jedoch auch zu eigen: mehr und mehr und mehr .... Aus einzelnen Linien werden lockere und dann immer fester gesponnene Netze. Im 20. Jahrhundert scheint der Höhepunkt kommunikativer Verdichtung zunächst erreicht; die mit der Mikroelektronik verbundene Digitalisierung läßt freilich weiterhin ein „Mehr-und-mehr-und mehr-und-mehr" erwarten; dessen Ausmaß vermag sich selbst eine ausgeprägte technologische Phantasie nur andeutungsweise vorzustellen. Die große weite Welt wird mit Hilfe der Telematik zum „global village", in dem alles, wie auf kleinem Raum, unmittelbar und im gleichen Augenblick sich zu ereignen scheint.

Der Weg vom mittelalterlichen Botendienst bis zur Chip-Revolution mit ihrer telematischen Vielfalt war lang und mühsam. Fünfhundert Jahre sind seit der Gründung der Taxisschen Post vergangen; oft war es freilich kein Fortschreiten, sondern ein Auf-der-Stelle-treten, wobei die Wartezeit sich vielfach als Anlauf für neuen Aufbruch erwies. Zunächst ging es um die Überwindung des Raumes. Der Postkutschendienst führte dazu, daß die Entfernungen schrumpften und jenseits pragmatischer Orientierung Reiselust entstand, die in der Literatur und Kunst als „beseelte Erfahrung" zum Ausdruck gelangte. Die Romantisierung des Postillions etwa ist ein herausragendes Beispiel für die seelengeschichtliche Dimension der auf „ebener Erde", bei unzulänglichen Chausseen zunächst recht mühsam gegen vielerlei Hemmnisse ankämpfenden Beförderung. Aber selbst die Alpen können nicht schrecken, wenn, wie etwa bei Goethe auf der „Italienischen Reise", mit dem Klang des Posthorns Arkadien lockt.

Immer mehr wird dann der Vernetzungstraum durch Visionen gesteigerter Geschwindigkeit bestimmt. Mit Eisenbahn, Auto, Flugzeug entsteht nicht nur ein neues Raum-, sondern vor allem auch ein revolutionäres Zeitgefühl. Zwar sehnt man sich beunruhigt von den Modernitätsschüben, die das 19. und 20. Jahrhundert bewegen, nach der Geborgenheit in guter alter Zeit; Telegraph, Telefon, Radio und Fernsehen, vor allem die Mikroelektronik, machen jedoch auf faszinierende Weise Gleichzeitigkeit (bei Nachrichten) möglich. Allerdings droht auch die Dialektik des Fortschritts. Die so ingeniös ausgestattete Informationsgesellschaft ist in Gefahr, an Informationsverschmutzung zu ersticken, wenn nicht Informationsökologie für Übersicht und Klärung sorgt.

Das Anliegen dieser Kultur- und Mentalitätsgeschichte der Post zeigt auf, wie innerhalb eines halben Jahrtausends der Vernetzungstraum vom Kopf auf die Füße gestellt wurde. Während das erste Hauptkapitel vor allem die technikgeschichtlichen Entwicklungsstränge verfolgt und die dabei zu beachtenden Fakten und Daten referiert, konzentrieren sich das zweite und dritte Hauptkapitel auf die seelen- und geistesgeschichtlichen Veränderungen, die mit der Entwicklung des Postwesens einhergingen. „Erzählt" wird, wie der Mensch beharrlich und mutig, Reiselust genießend, Reiseleid ertragend Entfernung auf Zwischen-Raum reduzierte und erfindungsreich die Medien der Synchronizität schuf.

Die informierende und interpretierende Darstellung der Hauptteile ist mit Kapiteln, die punktuelle Einsichten vermitteln, ferner mit illustrierenden Einzelbildern und sich gegenseitig erhellenden Bildblöcken verschränkt. Während die drei Hauptkapitel einen großen Bogen von dem Jahr 1500 bis zur Gegenwart spannen, werden im zweiten Teil durch die Punktkapitel Einzelheiten sondiert; hier geht es darum, am jeweils konkreten Beispiel in nuce die Vielschichtigkeit des Phänomens Post aufzuzeigen, bzw. Post als Mosaikbild (mit vielen kontrastreichen Einzelsteinchen) vorzustellen. Die konvergierenden Betrachtungskreise, mit jeweils technik- und kulturgeschichtlichem, seelen- und geistesgeschichtlichem Mittelpunkt, sind darauf angelegt, einem breiten Lesepublikum ein Vademekum in die Hand zu geben, das durch die fünfhundertjährige moderne Kommunikationsgeschichte, die sich zentral als Postgeschichte erweist, zu führen vermag.

Die Post – ein Netzwerk

Systeme der Vermittlung

Abspann-Vorrichtung für ankommende
Telefonleitungen auf dem Münchener
„Ortsamt"; Fotografie, um 1900.

10

Das Bedürfnis der Menschen, miteinander zu kommunizieren, ist elementar. Damit dieser Austausch von Botschaften stattfinden kann, bedarf er zweier Voraussetzungen: die miteinander Kommunizierenden müssen ihre Botschaften beim Absenden verschlüsseln und beim Empfangen entschlüsseln: hierzu bedienen sie sich eines Codes, im Normalfall der Sprache. Dieser Code mit Ver- und Entschlüsselung bietet die physikalische Voraussetzung für die Übertragbarkeit der Botschaft. Der Inhalt einer Botschaft wird also mit Hilfe der Sprachwerkzeuge (Zunge und Stimme) des Senders in bestimmte Frequenzen verwandelt, die sein Kommunikationspartner, der Empfänger, mit Hilfe der Ohren aufnimmt. Die hiermit gegebene physikalische Übertragbarkeit mit Hilfe der Umwandlung in übertragbare Zeichen ist aber nur eine Voraussetzung zur Kommunikation: die andere liegt in der Konvention, d. h. der Übereinkunft über die Bedeutung abstrakter Zeichen. So ist zwischen zwei Menschen Übertragbarkeit von Inhalten mit Hilfe der Sprache zwar physikalisch möglich, impliziert aber noch nicht Verständigung, solange die Übereinstimmung über die Bedeutung des abstrakten Zeichens fehlt: zwischen zwei allgemeiner, aber nicht derselben Sprache Fähigen, bleibt die Zeichensprache, die einen niedrigeren und damit leichter verständlichen Grad der Abstraktion bedeutet: sie reden dann „mit Händen und Füßen". Dasselbe gilt im anderen Falle, in dem Stimmlose und Taube sich über abstrakte Zeichen-Sprache austauschen. Die bisher beschriebene Art der Kommunikation setzt eine Gegenwart der Gesprächspartner voraus: ein Austausch von Botschaften ist hier möglich, soweit die Stimme trägt. In dem Moment, wo die vorgegebene Räumlichkeit die Übertragung der Stimme begrenzt, wird Verstärkung notwendig; das war so bei den persischen Rufposten der Antike und gilt im Prinzip auch bei den modernsten Kommunikationsformen. Verstärkung setzt aber neben der vorhandenen Botschaft voraus, daß zwischen Sender und Empfänger eine Vermittlungslinie oder gar in einer weiterentwickelten Form ein Vermittlungsnetz besteht.

Bei der Vermittlung und dem Austausch von Botschaften zwischen Sender und Empfänger muß desweiteren zwischen den zwei grundlegenden Formen der Botschaft unterschieden werden, da beide Formen unterschiedliche Übertragungsformen und damit Netze bedingen. Die körperliche Form der Botschaft ist z. B. der Brief. Mit Hilfe festgelegter Zeichen, deren Bedeutung aufgrund einer vorher eingegangenen Konvention Sender und Empfänger bekannt ist oder aber vermittelt werden kann, wird eine Botschaft raumüberwindend übermittelt. Der große Vorteil der körperlichen Form der Botschaft liegt in ihrer Exaktheit und in ihrer Dauerhaftigkeit. Beide Elemente zusammen ergeben eine Tradierungsmöglichkeit, die wiederum die Grundvoraussetzung für das Bewußtsein eigener Geschichtlichkeit und letztendlich für Kultur darstellt. Zugleich verleiht die Dauerhaftigkeit der Nachricht eine Bedeutung historischer Dimension: „wer schreibt, der bleibt".

Der Nachteil der körperlichen Form der Botschaft besteht im wesentlichen darin, daß sie an die jeweiligen Möglichkeiten menschlicher Raumübergreifung, d. h. Geschwindigkeit gebunden ist; desweiteren stellt sie im Laufe der geschichtlichen Entwicklung durch ihren Mangel an technischer

Daneben erdachte ich ein Instrument, mit welchem ich bey Nacht/wann es windstill war/ein Trompet auff drey Stund Wegs von mir blasen/ ein Pferd auff zwo Stund schreyen/oder Hunde bellen/ und auff eine Stund weit die Menschen reden hören konte/welche Kunst ich sehr geheim hielt/ und mir damit ein Ansehen machte/weil es bey jederman ohnmüglich zu sein schiene.
(Grimmelshausen: Der Abentheurliche Simplicissimus Teutsch, 1669)

Reduzierbarkeit ein Quantitäts- und damit letztendlich ein Kostenproblem dar. Die körperliche Nachricht ist damit immer an einen Träger – vom mittelalterlichen Boten bis zum heutigen Briefträger – gebunden.

Die körperlose Nachricht

Formen körperloser Nachrichtenübertragung bedienen sich akustischer oder optischer Systeme. Die Telegraphie – das F-e-r-n-s-c-h-r-e-i-b-e-n – mit Hilfe von Rauchzeichen (bei Tag) und Lichtzeichen (bei Nacht) kommt in verschiedenen Kulturkreisen in verschiedenen Varianten vor, dessen tatsächliche Effizienz und Effektivität im einzelnen nur schwer nachweisbar ist. Sie bediente sich zumeist eines einfachen Codes, dessen Bedeutung sich auf einige wenige, im vorab verabredete Zeichen beschränkte; durch diese Limitierung war die Übertragung von beliebigen, d. h. nicht verabredeten Nachrichten nicht möglich. Letzteres wurde erst durch die Codierung des gesamten Alphabetes und die entsprechenden optischen Übertragungsmittel im 18. Jahrhundert möglich.

Frühe akustische Systeme bedienen sich bei der Übertragung von Nachrichten entweder der menschlichen Sprache oder einer abstrakten Codierung von Tonsignalen. Im ersten Fall ist eine relativ exakte Übermittlung möglich, allerdings ist die Übertragungsweite durch die Reichweite der menschlichen Stimme begrenzt. Eine Übertragung über weite Entfernungen – wie etwa bei den persischen Rufposten – ist daher nur bei Verfügbarkeit einer entsprechenden Anzahl von Rufern möglich. Unter Zuhilfenahme von künstlichen Klangkörpern läßt sich die Reichweite erheblich vergrößern, allerdings ist die Benutzung eines Codes vonnöten: afrikanische Buschtrommeln, aber auch insbesondere im militärischen Bereich Blasinstrumente wie z. B. Hörner oder Trompeten seien hier genannt. Trotz komplexer Kommunikationssysteme werden auch heute noch einfache akustische Systeme zur allgemeinen Übermittlung von vorher festgelegten Botschaften benutzt; erwähnt sei hier die im zivilen und militärischen Notfall eingesetzte öffentliche Sirene mit ihren wenigen, vorher exakt definierten Botschaften.

Bei der Übertragung oder Übermittlung sowohl körperlicher als auch körperloser Nachrichten stellt sich das Problem der Überwindung von Raum. In beiden Fällen steht die Überwindung von Raum in Abhängigkeit von dem Faktor Zeit, den die Nachricht auf dem Weg vom Sender zum Empfänger braucht. Die Überwindung des Raumes ist von mehr oder minder festen physischen Voraussetzungen abhängig. So erreicht ein Fußbote nur eine bestimmte Geschwindigkeit, die zwischen verschiedenen Boten nur geringfügig variieren wird. Desweiteren setzt bei gesteigerter Geschwindigkeit physische Erschöpfung eher ein, so daß ihm auch hier natürliche Grenzen gesetzt sind; Vergleichbares gilt für den reitenden Boten, der zwar mit Hilfe des Pferdes höhere Durchschnittsgeschwindigkeiten erreicht, dem jedoch natürliche Grenzen durch die Belastbarkeit des Pferdes gegeben sind. Ähnliche natürliche Grenzen sind auch der körperlosen Übertragung von Nachrichten gesetzt. Im akustischen Bereich hat die menschliche Stimme eine bestimmte – mit den jeweiligen geographischen

Der Raum ist kein empirischer Begriff, der von äußeren Erfahrungen abgezogen worden.
(Kant: Kritik der reinen Vernunft, 1781)

Gegebenheiten leicht variierende – Reichweite. Anderen Klangkörpern sind ebenfalls natürliche Grenzen gesetzt. Im optischen Bereich ist die Reichweite – wiederum variierend je nach geographischen Gegebenheiten oder auch abhängig von der Witterung – primär von der Sehkraft des menschlichen Auges abhängig, gekoppelt mit der Größe oder Intensität des optischen Zeichens.

Bei all diesen Systemen – und wie wir sehen werden, gleichermaßen bei den modernsten Kommunikationsmedien – bedarf es, um die natürlichen Grenzen des Mediums zu überwinden, einer Verstärkung. Der Bote, zu Fuß oder zu Pferd, bedarf nach geleistetem Tagespensum der Stärkung, die gerufene Nachricht der Wiederholung und damit Verstärkung der Lautstärke und das Rauchsignal der Wiederholung in seiner originalen Größe und damit der Verstärkung. Die Häufigkeit der Verstärkung und die Quantität der Verstärkung bestimmen also sowohl bei der körperlichen als auch bei der körperlosen Nachrichtenübermittlung die Reichweite. Wir können zusammenfassend feststellen, daß bei einer räumlichen Trennung zwischen dem Sender und dem Empfänger einer Nachricht ein

Kommunikationssystem nötig wird, um die Nachricht raumübergreifend zu transportieren. Dieses Kommunikationssystem besteht aus einem bestimmten Träger, auf dem das Signal, je nach geforderter Reichweite, regelmäßig verstärkt werden muß.

Übertragen wir die von Karl Sombart geprägten Begriffe der „passiven" und der „aktiven" Verkehrseinrichtungen auf alle Systeme der Nachrichtenbeförderung und Übertragung, so ergibt sich folgendes Bild: „passive" Kommunikationssysteme werden „nur auf Verlangen in Tätigkeit gesetzt" oder eingerichtet. „Aktive" Kommunikationssysteme werden „zu bestimmten Zeiten und an bestimmten Orten in Bewegung gesetzt, gleichgültig, ob sie von jemand in Anspruch genommen werden oder nicht". Ein aktives Kommunikationssystem setzt also voraus, daß ein *allgemeiner* Bedarf für seine Nutzung zu seiner Einrichtung reicht, daß es frei zugänglich ist und – last not least – daß es genutzt wird, um es wirtschaftlich praktikabel zu machen. Ein solches mit zunehmender wirtschaftlicher und technischer Entwicklung immer komplexer werdendes System der Nachrichtenübermittlung zwischen Sender und Empfänger bezeichnen wir als Netzwerk.

Grundsätzlich steht die Entwicklung eines Netzwerks in einer Interdependenz zu seiner Zeit: es entsteht aus den Bedürfnissen der Zeit und beeinflußt bzw. verändert dieses Verlangen. Wenn wir die Bedeutung der Netzwerke für die individuelle und gesellschaftliche Kommunikation gerade auch in den letzten zwei Jahrhunderten darstellen wollen, so ist eine Einführung in die Entstehung und Entwicklung der verschiedenen Netzwerke vonnöten. Dies soll im folgenden anhand einer knappen Übersicht geschehen. Da es sich hierbei nicht um eine Geschichte der Entwicklung von Netzwerken handeln soll, sondern lediglich um die Darstellung der technischen und organisatorischen Grundlagen der verschiedenen Systeme der Nachrichtenübertragung, kann eine solche Übersicht naturgemäß nicht in diejenigen Details gehen, deren Beschreibung bei einer anderen Darstellungsform unabdingbar wäre. Wesentliche Entwicklungspunkte, die kulturgeschichtlich von größerer Bedeutung sind, werden als Einzeldarstellung (in den Punktkapiteln) detailliert gewürdigt.

Das Botensystem des Mittelalters

Institutionen, für die es aufgrund ihrer räumlichen Ausbreitung oder ihrer Beziehungen zu anderen Institutionen nötig war, aus politischen, militärischen, wirtschaftlichen oder administrativen Gründen miteinander zu kommunizieren, bedienten sich hierzu seit alters her des Gesandten oder des Boten. Das aufgrund seiner staatlichen Komplexität und räumlichen Ausbreitung gut organisierte Botenwesen der Antike existierte in dieser Form nach dem Verfall des Römischen Reiches im Mittelalter nicht weiter, insbesondere nicht nördlich der Alpen. Der Zerfall des antiken Straßenwesens, die räumliche Abgeschlossenheit von Siedlungs- und Wirtschaftsgebieten – die zumeist identisch waren – bedingte nur einen eingeschränkten Bedarf an Nachrichtenaustausch: dieser wurde im nichtinstitutionellen Bereich zumeist durch Wanderkaufleute oder fahrendes Volk befriedigt.

„... ergibt sich, daß die Technik nicht eine allgemeine menschliche Bedürfnislage immer besser und schneller zu befriedigen gestattet, sondern daß sich im Gegenteil die Bedürfnisse, die ihr zugrunde liegen, geschichtlich gewandelt haben.
(Kurt Hübner: Technik, 1974)

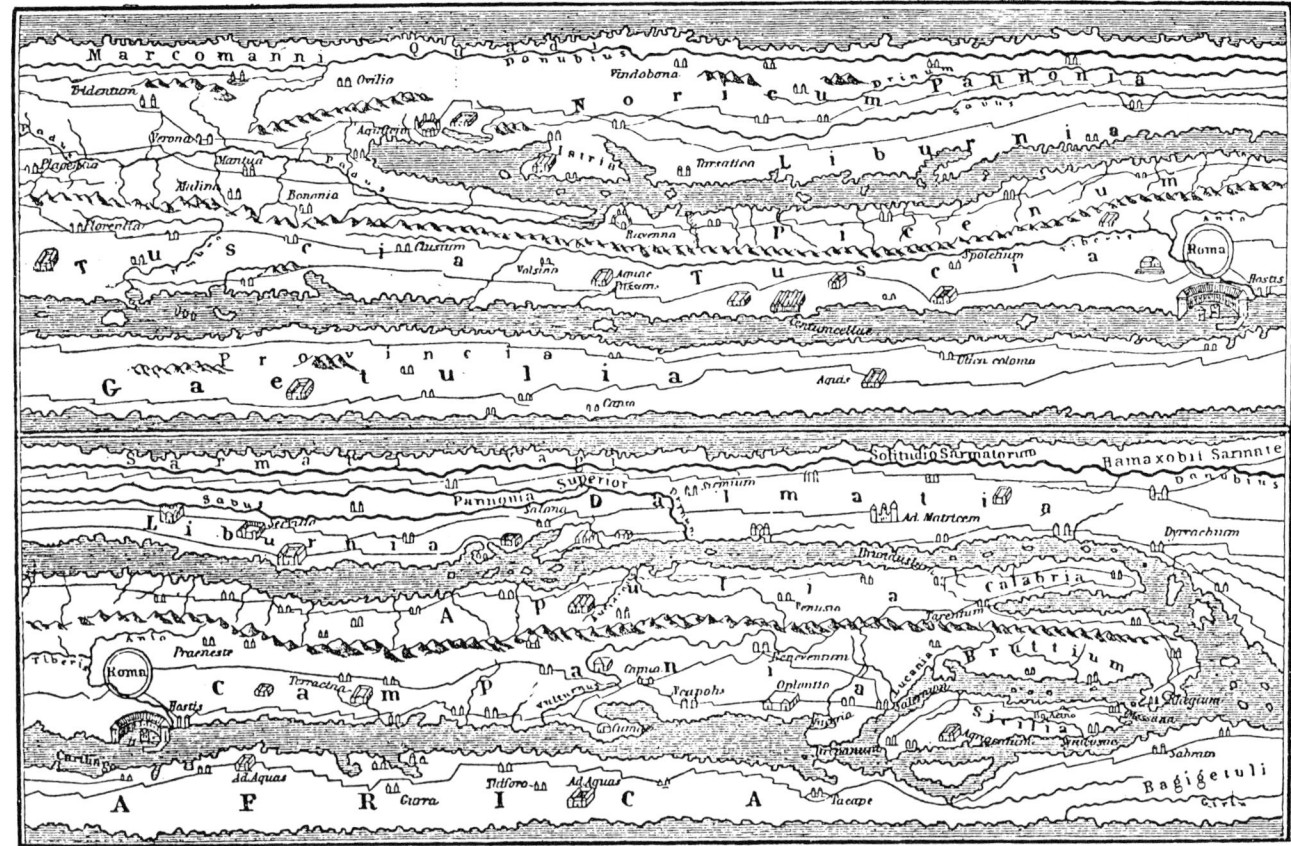

Erst mit größerer räumlicher Ausbreitung staatlicher, geistlicher und wirtschaftlicher Institutionen wird geregelter Nachrichtenaustausch notwendig. Dies steht in direktem Zusammenhang mit dem Wachsen der Bedeutung der Städte und damit des Bürgertums im Spätmittelalter. Zu den ursprünglichen Nord-Süd-Handelswegen kamen neue in ost-westlicher Richtung hinzu, und wirtschaftliche Erschließung von Räumen ging zumeist einher mit kultureller Erschließung. Der Expansion Europas nach außen folgte die „Expansion nach innen, der Kampf um Macht und seine Organisation gliederte den Gesellschaftskörper immer weiter auf. Stände grenzten sich ab, nach unten, um zu herrschen, nach oben, um mitzuregieren. Und innerhalb der fortgeschrittensten Besiedlungsräume, in den Städten, rang in generationenlanger Machtbalance das Patriziat mit dem städtischen Mittelstand."[1]

Es ist nicht untypisch für das spätmittelalterliche Denken, daß Institutionen, die des Nachrichtenaustausches bedurften, ihre eigenen Botendienste hatten. So gab es neben den Klosterboten die Universitätsboten, die Boten der Städte und Ämter, diejenigen des Deutschen Ordens und als süddeutsche Besonderheit die Metzgerposten. Ein Bote konnte als Übermittler einer zumeist schriftlichen Botschaft dienen, er wurde aber auch häufig als Gesandter eingesetzt, der über die Überbringung einer Nachricht hinaus auch einen gewissen Verhandlungsspielraum hatte. Allen gemeinsam war die Gefährlichkeit ihres Auftrages, weswegen sie meist bewaffnet und durch die Besonderheit ihrer Kleidung herausgehoben und privilegiert waren. Da trotz all dieser Vorkehrungen das Ausrauben von Boten nicht

Ausschnitt aus der ältesten bekannten Wegekarte durch Europa, der „Peutinger'schen Landtafel" aus römischer Kaiserzeit. Er zeigt Italien und die Anrainerländer um das Mittelmeer. Das Original ist verloren, eine mittelalterliche Kopie befindet sich in der Nationalbibliothek in Wien, eine „Tafel" von 7 m Länge und 34 cm Höhe. Eingezeichnet sind die damals wichtigsten Verbindungswege mit Orten und Wegstationen. Benannt ist die Karte nach dem Augsburger Gelehrten und Patrizier Konrad Peutinger (1465 bis 1547), der sie ehemals besaß. Holzstich, Ende 19. Jahrhundert.

unüblich war, bedienten sie sich häufig mehr oder minder raffinierter Verstecke für die von ihnen beförderten Botschaften, z. B. des ausgehöhlten Inneren ihres Wanderstabes.

Mit Ausnahme der Metzgerposten waren die Boten der Institutionen jeweils auf ihren Auftraggeber verpflichtet und von diesem zur Vertraulichkeit ermahnt, eine Mahnung, die allerdings – nach zeitgenössischen Schilderungen zu urteilen – häufig vergeblich war. So schreibt der Kaufmann Ruthger Mant aus Riga an den Kaufmann Philipp Bischof in Brügge am 6. Juni 1458, daß er am 16. Mai einen Brief von Philipp Bischof vom 7. März erhalten hatte. Philipp Bischof hatte sich darin verwundert darüber geäußert, daß ein Bote, der vor Abschicken des Briefs nach Riga gekommen sei, keine Botschaft von Ruthger Mant wieder mit nach Brügge gebracht hatte. „Also Philipp, guter Freund", so schreibt Ruthger Mant zurück, „von diesem ‚lopper' wissen wir hier nichts, kein ‚lopper' ist in diesem Jahr von hier gegangen, auch ist hier niemand gekommen; wo nun der ‚lopper' gewesen ist, das weiß ich nicht!"[2] Und dies erklärt die Bemerkung einer hansischen Botschaft des Jahres 1399: „Desser breve ez twe, een to watere, dy ander to lande: off dy ene vorloren worde, dat dy ander jo vort queme."[3]

Maximilian I. und der Beginn des organisierten Postwesens in Deutschland

Maximilian I. (1468–1519), Sohn Kaiser Friedrichs III. und der Leonore von Portugal, ehelichte 1477 Maria von Burgund, die Erbtochter Karls des Kühnen. Durch diese Heirat konnte Maximilian seinen habsburgischen Besitzungen Österreich, Steiermark, Kärnten, Krain und Tirol die Niederlande und die Grafschaft Burgund hinzufügen. Um die Verwaltung dieser für damalige Verhältnisse weit entfernt liegenden neuen Besitzungen durch den Innsbrucker Hof zu gewährleisten, ließ Maximilian einen regelmäßigen Botendienst zwischen Innsbruck und Mecheln (bei Brüssel) einrichten. Zur Einrichtung und späteren Betreibung dieses und anderer Kurse wandte sich Maximilian an die Familie der Tassis (spätere Schreibweise Taxis) aus Bergamo in Norditalien, die bereits Botendienste für verschiedene Höfe und die römische Kurie durchgeführt hatten und reiche Erfahrung auf diesem Gebiet besaßen.

Verantwortlich für die Einrichtung und das Betreiben des Kurses Innsbruck–Mecheln war Janetto de Tassis, der schon vor 1480 in Innsbrucker Rechnungsbüchern als päpstlicher Kurier mehrfach erwähnt wird. Die Einrichtung wurde 1488 beschlossen, bereits 1489 ist eine Reise auf diesem Kurs bis Rheinhausen (gegenüber Speyer) nachgewiesen. 1490 schreibt nun Maximilian an den Bürgermeister und Rat der Stadt Speyer, sie möge auf seine Kosten einen reitenden und einen Fußboten bestellen und beide mit des Königs Wappen versehen. Und die Memminger Chronik berichtet für das Jahr 1490: „In diesem Jahr fingen die Posten an bestellt zu werden auf Befelch Maximilians I. des Römischen Königs, von Österreich bis in Niederland, in Frankreich und bis nacher Rom. Es lag allweg 5 Meil Wegs ein Post von der anderen, einer war zu Kempten, einer

Bella gerant alii! tu, felix Austria, nube!
Nam quae Mars aliis, dat tibi regna Venus!
Kriegführ'n lasse die anderen! du, glückliches Österreich, heirate! Mehrer des Reiches ist Mars anderen, Venus nur Dir!
Als Verfasser des Distichons gilt Matthias Corvinus, König von Ungarn († 1490) – unter Verwendung eines Verses von Ovid („Bella gerant alii! Protesilaus amet").
„Felix Austria" findet sich schon auf einem Siegel Herzog Rudolfs IV. vom Jahr 1363.

zu Bless [Pleß, nördlich von Memmingen], einer an der Bruck zu Elchingen [donauabwärts bei Ulm] und also fortan immerdar 5 Meil Wegs voneinander und must alweg ein Pot des anderen warten, und sobald der ander zu ihm ritt, so blies er ein Hörnlein, das hört ein Bott, der in der Herberg lag und mußt gleich auf sein. Einer mußte all Stund ein Meil, das ist 2 Stund weit reiten, oder es ist ihm am Lohn abgezogen, und mußten sie reiten Tag und Nacht. Also kam oft in 5 Tagen ein Brieff von hier bis nacher Rom".[4]

Die zitierte Quelle ist unter verschiedenen Gesichtspunkten interessant. Sie zeigt die Ausdehnung der Boten- oder Postkurse bis nach Frankreich und Rom (dieses deutet u. a. daraufhin, daß die Memminger Chronik wohl erst um 1600, allerdings unter Bezugnahme auf ältere Chroniken entstanden ist). Mit der Heirat Maximilians (nach dem Tode Marias 1482) mit Bianca Sforza, der Tochter des Herzogs von Mailand, wird eine weitere enge Verbindung mit Italien hergestellt, wobei Mailand bereits zu jener Zeit eine gutorganisierte Staffettenpost besaß.

Weiterhin gibt die Chronik uns eine Beschreibung der Strecke, der Entfernungen und nicht zuletzt der Arbeitsbedingungen der Boten. Und nicht zuletzt wird hier wohl zum erstenmal der Gebrauch des Posthorns erwähnt, das mit großer Wahrscheinlichkeit von den Metzgerposten übernommen worden war. Diese, die in der Anfangsphase des postalischen Netzwerks in dieses stellenweise mit eingespannt wurden, hatten schon im Mittelalter eine Art Postdienst durchgeführt; denn mit dem Wachsen der Städte mußten sie regelmäßig über Land fahren, um dort Vieh einzukaufen. Auf diesen Reisen nahmen sie Botschaften und Gegenstände gegen Bezahlung in beide Richtungen mit; bei ihrer Abfahrt und bei ihrer

Ein Wirt empfängt Reisende vor seinem Gasthaus; in der Hand hält er einen Pokal (in Form einer ‚goldenen Gans'). Zeitgenössische Fuhrwerke sind unterwegs, ein Bote nähert sich. Holzschnitt von Erhard Schoen, um 1530.

Mittelalterliche Boten vor dem Kaiser.
Illumination aus der Chronik des Petrus
von Ebulo, dem Hofdichter Kaiser
Heinrichs VI. Handschrift aus dem
13. Jahrhundert.

Franz von Taxis (1459–1517) mit Insignien
seines Postmeister-Standes. Ölgemälde
aus der Sammlung des Fürsten von Thurn
und Taxis, Regensburg.

Ankunft bliesen sie ihr Horn, ein Ochsenhorn, um auf sich aufmerksam zu machen.

Neben Janetto wird insbesondere dessen älterer Bruder von entscheidender Bedeutung für die Entwicklung des organisierten Postwesens unter Taxisscher Leitung. Am 1. März 1500 von König Philipp I. zum „capitaine et maistre des nos postes" ernannt, trifft derselbe König am 18. Januar 1505 „mit seinem Hauptpostmeister ein Abkommen, nachdem sich dieser verpflichtet, gegen eine jährliche Entschädigung von 12 000 Livres eine Postverbindung zwischen den Niederlanden, dem Hofe Maximilians I. in Deutschland, der jeweiligen Residenz des französischen Königs und dem spanischen Hof einzurichten und in Betrieb zu erhalten. Es ist dabei vereinbart, Briefe von Brüssel nach Innsbruck im Sommer in 5 Tagen, im Winter in 6 Tagen zu befördern. Für die Strecken von Brüssel nach Paris sind 44 Stunden, nach Lyon 4 Tage, nach Granada 15 Tage und nach Toledo 12 Tage vorgesehen"[5]. Unter Berücksichtigung der alles andere als optimalen Verkehrswege muß diese Leistung, so sie denn tatsächlich vollbracht wurde, im Vergleich der Strecken-Zeit-Relation gewürdigt werden. Die Strecke von Brüssel beträgt circa 920 Kilometer, bei einer Bewältigung dieser Strecke im Sommer bedeutet dies eine durchschnittliche Leistung (wohlgemerkt bei 24-Stunden-Betrieb) von circa sieben, im Winter von circa sechs Kilometern/Std. Für die Strecke Brüssel–Paris gelten ähnliche Durchschnittswerte, wobei sich die Werte auf den Strecken nach Spanien, vermutlich wegen der geographischen Hindernisse, etwas verringern. Durch das in der Memminger Chronik beschriebene Staffettensystem wurde die Geschwindigkeit einer Nachricht fast verdoppelt. Aufgrund häufiger Illiquidität der Staatskasse – trotz einer Mitgift von 300 000 Dukaten, die Maximilian bei seiner Heirat mit Bianca Sforza erhielt – wurden die Taxis nicht immer regelmäßig für geleistete Dienste bezahlt. Schnell suchten sie daher nach Möglichkeiten des Nebenverdienstes, der sich insbesondere in der Beförderung von privater Post auftat. Obwohl noch in einem Vertrag zwischen Karl I. von Spanien und den Brüdern Taxis vom 12. November 1516 ausdrücklich festgelegt ist, „Die Posten sind nur für königliche Briefe und Geschäfte in Bewegung zu setzen",[6] wurde nachweislich spätestens ab 1506 private Post auf den staatlichen Postkursen befördert. Die schnelle europaweite Ausbreitung des postalischen Netzwerks als „delegierter Staatsbetrieb" (Piendl) beruht wesentlich auf der engen Familiengemeinschaft derer von Taxis. „Die verschiedenen Brüder, Vettern und Neffen lassen sich an der Wende des 15. zum 16. Jahrhundert und kurz darauf in Innsbruck, Augsburg, Füssen, Venedig, Mailand, Rom, Brüssel, Antwerpen und in Spanien nieder. So dehnt sich die von den Taxis geschaffene Postorganisation von Deutschland und den Niederlanden über den gesamten Bereich des mitteleuropäischen Verkehrs aus, der Gebietserweiterung des Hauses Habsburg folgend, aber sogar über deren Territorien hinausgreifend. Diese Internationalität bringt die Fähigkeit zu Leistungen, die keine andere Postorganisation ersetzen kann ... Der Ausbau des dynastischen Postwesens – begründet durch den Vertrag von 1505 – mit eigenen Mitteln und durch Hinzunahme der Privatkorrespondenz schafft eine Stellung, durch die sie [die Familie Taxis] als Unternehmer zur selbstständigen Macht werden."[7] Nach dem zielstrebigen Ausbau der neuen Netze sah es allerdings schon nach relativ kurzer Zeit so aus, als wäre das Ende der Taxischen Reichspost gekommen. Der spanische Staatsbankrott und der Aufstand in den Niederlanden bedeuteten Einkommenseinbußen in einem solchen Maße, daß die Boten zum Teil nicht mehr bezahlt werden konnten und diese darauf dadurch reagierten, daß sie die ihnen anvertrauten Briefe zurückhielten. „Wendel Bechtelshaimer, Posthalter zu Hangeweißheim bekennt, daß er von Lenhardo von Taxis, des Königs aus Hispanien Generalpostmeister zu Brissel, für die Jahre [15]71, [15]72 und [15]73 je ein halbes Jahrsgeld von zusammen 162 Kronen und einen Brief des Klainhaussen zu Antorfft, nach dem ihm das halbe Jahrgeld für [15]75 bezahlt worden sei, erhalten hat; jedoch wurde ihm solche handschrift bereits vom halben Jahrgeld [15]74 abgezogen. Es steht ihm noch die ganze Jahresbesoldung für [15]75 aus. – Dattum Briessel den ... [15]76.[8] Die finanziellen Schwierigkeiten der Reichspost wurden noch durch die Konkurrenz bereits bestehender Botendienste verstärkt. Sowohl Städteboten als auch Metzgerposten u. a. nahmen der Reichspost Kundschaft weg, nicht zuletzt da-

„... droitz, honneurs, prerogatives, preeminences, libertéz, franchises, prouffitz et emolumens ..."
(Johann) Baptista des Taxis wird als Generalpostmeister 1520 eingesetzt mit allen Rechten, Ehren, Vorrechten, Freiheiten, Befreiung von Abgaben, Nutzungen und Gewinnen.

durch, daß den Boten pro Brief eine einheitliche Gebühr zu zahlen war, die Reichspost jedoch begonnen hatte, Briefe nach Gewicht zu taxieren.

Im Jahre 1597 wurde dann konsequenterweise von Kaiser Rudolf II. das Postwesen im Reich zu einem kaiserlichen Postregal, das heißt zu einem dem Kaiser vorbehaltenen Hoheitsrecht, erhoben. Mit der gleichzeitigen Strafandrohung bei unbefugter Ausübung war ein Briefbeförderungs-monopol geschaffen, das in der Praxis durchzusetzen allerdings nicht leicht fiel. Da mit zunehmendem Postverkehr auch die Städte, die Reichs-stände und die Kaufmannschaften in diesem eine Einkommensquelle sahen, hielten die Auseinandersetzungen zwischen ihnen und dem Reich an. Insbesondere bei dem Verhalten einzelner Landesherrn zeigte sich die Schwierigkeit, Reichsrecht durchzusetzen. So hatte zwar Kaiser Rudolf II. 1597 das Nebenboten-Wesen und die Metzgerposten verboten, wenige Jahre später im Jahre 1622 wurde aber dennoch in Württemberg eine „Post- und Metzgerordnung" erlassen, die die Metzgerposten unter staat-lichen Schutz stellte. Der Widerspruch zum kaiserlichen Erlaß wurde vom Herzog von Württemberg mit den Worten „Wie es von alters gehalten wurde, so bleibt es!" als irrelevant abgetan. Hier liegen auch die Grundla-gen für die später in Konkurrenz zur Reichspost stehenden Landesposten, die insbesondere mit zunehmendem Verfall des Reichs dessen Unfähigkeit demonstrieren, sich durchzusetzen.

Nachdem Mitglieder der Familie der Taxis bisher nur per Ernennung mit Funktionen im Bereich der Reichspost bedacht worden waren, gelang es Lamoral von Taxis, Kaiser Matthias dazu zu bewegen, ihm 1615 das Reichspostgeneralat als erbliches Lehen zu überlassen. Damit war die Kontinuität gegeben, die dem Hause Taxis die Sicherheit gab, das Postwe-sen mit Hilfe privater Gelder auszubauen und anfallende Einkünfte aus diesen Investitionen für sich beanspruchen zu können.

Porträt und Wappen mit dem ‚Posthorn' des Lamoral von Taxis, der von Kaiser Matthias 1615 mit dem erblichen Lehen der Postregalienverwaltung ausgestattet wurde. Kupferstich von Lukas Kilian, 1619.

„Integrated Services Network"

Wie eingangs beschrieben, hatte die Einführung des Postwesens einen bestimmten Zweck, der sich aus veränderten politischen Gegebenheiten ableitete. Die Notwendigkeit, ein sich vergrößerndes Reich zu beherrschen und damit zu verwalten, bedingte die Notwendigkeit, Informationen schnell, regelmäßig und sicher austauschen zu können. Um dieses zu erreichen, wurde ein Netzwerk von Postlinien errichtet, mit entsprechen-den materiellen, personellen und organisatorischen Voraussetzungen. Der Ausbau der Netze orientierte sich am Bedarf. Es zeigte sich sehr schnell, daß das einmal geschaffene Netzwerk zu sehr viel mehr in der Lage war, als nur den einen ursprünglichen Dienst anzubieten. Wenngleich es in dem 1516 von König Karl I. von Spanien mit seinen Hauptpostmeistern ge-schlossenen Vertrag (wie oben zitiert) hieß, daß die Post nur „für könig-liche Briefe und Geschäfte in Bewegung zu setzen" sei, so wird doch gleichzeitig postuliert: „Der König, sein Statthalter und Rat können zum halben Preis einen Kavalier, Sekretär oder Bediensteten auf den Posten reisen oder begleiten lassen; der König uneingeschränkt, die anderen monatlich."[9] Hiermit nun wird zum ersten Mal die Möglichkeit gegeben, ein ursprünglich nur für den Transport von Botschaften eingerichtetes Netz auch für den Transport von Personen, das Reisen also, einzusetzen. Und mit der ausdrücklichen Genehmigung an den Generalpostmeister „Leonard des Tassis" vom 27. Juni 1600, von Privatpersonen Briefporto erheben zu dürfen, bei gleichzeitiger Bestätigung des Monopols der Briefbeförderung, wird ein weiterer Dienst, die allgemeine Postbeförderung, auf einem ursprünglich für einen anderen Zweck etablierten Netz eingeführt. Das Prinzip der verschiedenen auf einem Netz durchführbaren Dienste ist hiermit ins Leben gerufen und wird sich bis in die Gegenwart weiterentwickeln. Der grundlegende Gedanke, aus Gründen der Rationalität und der Rentabilität mehrere Dienste, dort wo technisch möglich, nicht über mehrere Netze, sondern über möglichst wenig Netze durchzuführen, ist in Verbindung mit staatlichem Monopolstreben bis zur Neustrukturierung des Post- und Fernmeldewesens zum gegenwärtigen Zeitpunkt über die Jahrhunderte unverändert geblieben. Und trotz der jetzt auf einigen Gebieten durchzuführenden Entmonopolisierung bezieht sich die dadurch angestrebte Diversifizierung im Wesentlichen auf die Dienste und nicht auf die Netze.

Innovationsschübe

Verbesserungen der Infrastruktur des postalischen Netzwerks gehen mit seiner Ausbreitung Hand in Hand. Kriege halten diese Entwicklung zeitweilig auf, eine Unzahl von lang andauernden Streitigkeiten zwischen Reichspost und anderen Institutionen, die ebenfalls einen postalischen oder postähnlichen Betrieb unterhielten, ziehen sich bis ins 19. Jahrhundert hin. Die weitere Entwicklung der Netze wird aber bestimmt vom Bedarf, der Rentabilität und der Einsetzbarkeit neuer Techniken in verschiedenen Bereichen des Netzwerks. Während die Beförderung der Post (Briefe und Pakete) sich im wesentlichen an der allgemeinwirtschaftlichen Entwicklung orientiert (Privatbriefe waren z. B. bis zur Mitte des 18. Jahrhunderts in der Minderheit gegenüber geschäftlicher Post), läßt die aufkommende Reiselust der Epoche weitreichende Änderungen im Bereich der Personenbeförderung auftreten.

Der Beginn der Personenposten liegt in der Zeit nach der Beendigung des Dreißigjährigen Krieges; als ihr Innovator gilt der Große Kurfürst, der die großen Postkurse von Memel nach Danzig, von Königsberg nach Warschau und von Berlin nach Cleve einrichtete. Auf diesen Strecken wurden sogenannte Fahrposten (im Gegensatz zu den früheren Reitposten) eingerichtet, die neben der Post auch Passagiere beförderten. Auch die Taxissche Reichspost unterhielt seit 1660 eine Personenpost von Leipzig über Halle und Magdeburg nach Hamburg; weitere Linien folgten bald. „Die Wagen allerdings dieser Zeit waren noch recht unvollkommen: sie ruhten auf hölzernen Achsen, waren anfangs meist unbedeckt, hatten ungepolsterte Sitze ohne Lehnen, hinten eine sogenannte Schoßkelle für das Gepäck und vorne einen Kasten zur Aufbewahrung der Briefbeutel, Gelder und Wertstücke. 1695 erhielten sie ein Verdeck aus gewachster Leinwand ... Weiter erhielten die Postwagen auf beiden Seiten Türen und

Titelseiten der seit 1710 ergangenen Königlich-Brandenburg-Preußischen Erlasse zu einer landesinternen Postregelung. Hier wurde vor allem das Extra-Posten-Wesen neu organisiert, Rahmenbedingungen geschaffen für den Kurier- und Reisedienst, der für den Zusammenhalt der Territorien von wichtiger politischer Bedeutung war.

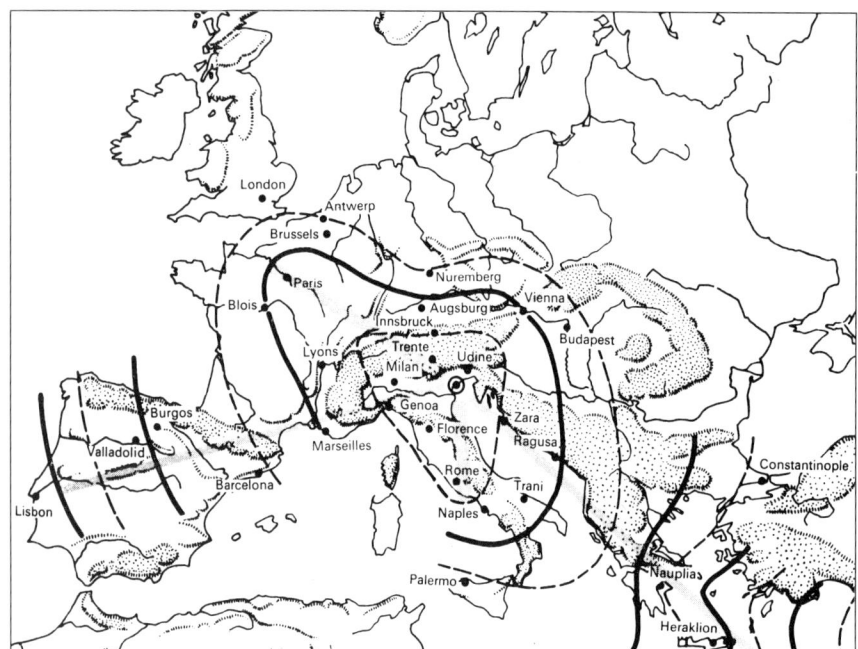

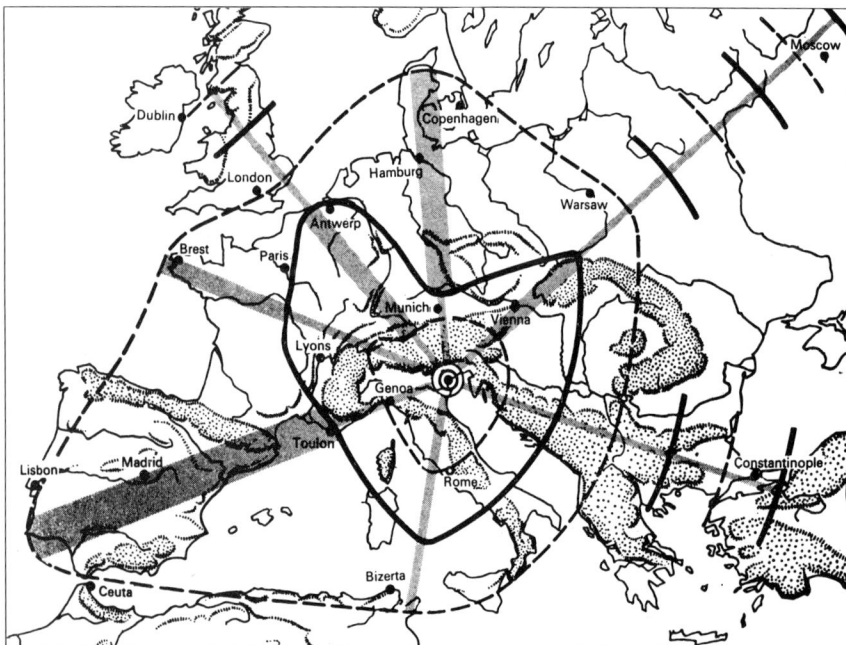

Die drei Abbildungen vergleichen Geschwindigkeiten des Nachrichtentransports in Europa im Zeitraum zwischen 1500, 1686–1700 (linke Seite) und 1733 bis 1765 (rechte Seite). Als Anlaufort für eine schriftliche Nachricht ist Venedig gewählt. Die Linienfelder um Venedig bezeichnen jeweils Transport-Zeiten von einer Woche pro Brief auf einer bestimmten Strecke; es sind Durchschnittswerte. Direktverbindungen mit schnellen Kurierdiensten verdeutlichen die grauen Keile. Es zeigt sich, daß – bei geringen Verschiebungen – über den gesamten Zeitraum hinweg die Transportzeiten für Briefe annähernd gleichblieben.

Leinwandvorhänge, die bei Regenwetter, Sturm und Schneegestöber zugezogen werden konnten. Die Sitze wurden mit Lehnen versehen, die Strohbunde durch gepolsterte Kissen ersetzt und schließlich auch Wagenlaternen und Aufsteigetritte eingeführt."[10]

„Charakteristisch für die Einführung der Personen befördernden Ordinari-Post ist die enorme regionale wie historische Differenz bei der Einrichtung von Kursverbindungen, ein Phänomen, das auf die politisch-administrativen Verhältnisse zurückgeht, die im Nachkriegs-Deutschland des 17. Jahrhunderts herrschten. Die komplexe postbetriebliche Verwaltungspraxis als Folge des deutschen politischen Partikularismus verhin-

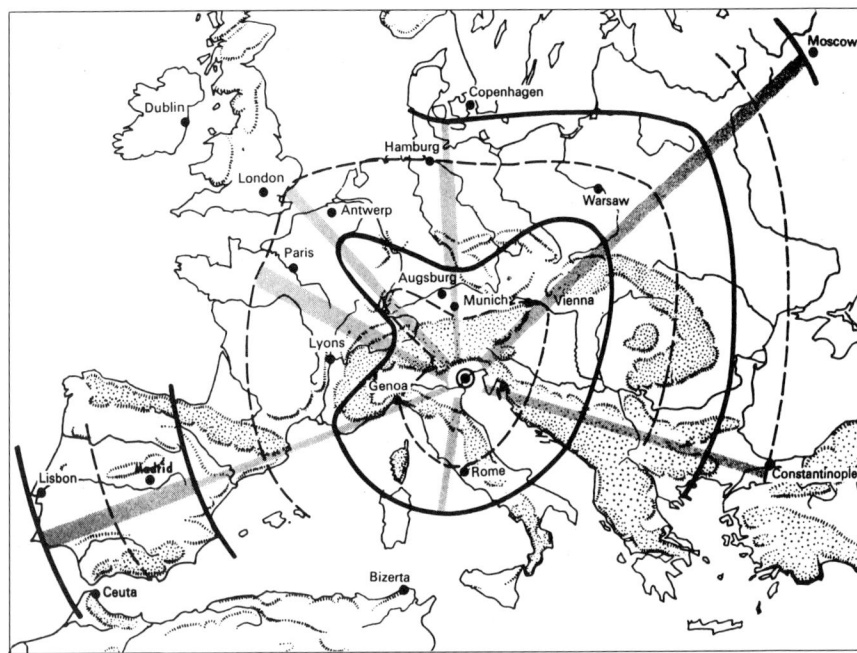

dert die Herausbildung eines einheitlichen nationalen Fahrpostwesens,
wie es in England oder Frankreich zur gleichen Zeit bestand oder geschaffen wurde. Eine aufsehenerregende Diskussion, die sich prinzipiell an der
Frage des neuen Vehrkehrsprinzips hätte entzünden können, gab es in
Deutschland wegen der nationalen Zersplitterung nicht. Anders als in
seinen Nachbarländern waren die Auseinandersetzungen in Deutschland
von den ungeklärten Rechtsproblemen völlig in Anspruch genommen;
hier war nicht das Beförderungsprinzip umstritten, sondern vielmehr das
Kräfteverhältnis unter den einzelnen Postanstalten."[11]

In der Praxis war das Reisen beschwerlich; meist schlechte Wegverhält-
nisse, mangelnder Komfort des Fahrzeugs und mangelnde Höflichkeit des
Postpersonals, Gefahren eines Unfalls oder Überfalls, schlechte Unter-
kunft und Verpflegung in den Poststationen und vieles mehr ließen eine
längere Reise je nach Ansicht zu einer Strapaze oder zu einer Mutprobe
werden. Und so häufen sich denn auch schriftliche Zeugnisse aus dem
18. Jahrhundert, die im Gegensatz zu den meist mehr euphoristischen
Reisehandbüchern der Zeit vorwiegend recht drastisch oder ironisch die
tatsächlichen Reiseumstände schildern. Georg Christoph Lichtenberg, der
Göttinger Philosoph und Aphoristiker, beurteilt z. B. die Qualität der
sächsischen Postwagen folgendermaßen: „Sie strichen die Postwagen rot
an, als die Farbe der Schmerzen und der Marter und bedecken sie mit
Wachslinnen. Nicht, wie man glaubt, um die Reisenden gegen die Sonne
und den Regen zu schützen – denn die Reisenden haben ihren Feind *unter*
sich – das sind die Wege und der Postwagen. Es geschieht aus derselben
Ursache warum man denen, die gehängt werden sollen, über das Gesicht
eine Mütze zieht. Die Umstehenden sollen die gräßlichen Gesichter nicht
sehen."[12]

Allerdings gab es auch qualitative Unterschiede zwischen den verschiedenen konkurrierenden Unternehmen; selbst wer sich die exklusive und
damit teure Extra-Post nicht leisten konnte, fuhr nach dem folgenden –

„In Heidelberg hielten wir uns nicht lange
auf; ich hatte nur Zeit, sechs Professoren,
den Schloßgarten, und die nächsten Um-
gebungen der Stadt zu besuchen."
(Ludwig Börne: Monographie der deutschen Postschnecke, 1821)

fiktiven – Bericht mit der Ordinari-Post, der gewöhnlichen Post also wohl allemal besser als mit den auf einzelnen Kursen privatwirtschaftlich betriebenen Landkutschen: „Madam! Freuen Sie sich! Ich bin entsetzlich für meinen Eigensinn bestraft worden. Dasmal auf einer Landkutsche gefahren, und nie wieder! Sie haben mir dafür, daß ich mich nicht erbitten lassen wollte, noch einen Tag länger bey Ihnen zu bleiben und die Post zu erwarten, unmöglich soviel Böses wünschen können, als mir auf meiner Rückreise begegnet ist."[13]

Erst nach dem Ende der Französischen Revolution und der ihr folgenden Kriege sollte sich die Situation der Reisenden in dieser Hinsicht radikal verbessern: verbesserte Konstruktionsprinzipien im Fahrzeugbau, die man aus England und Frankreich importiert hatte, zusammen mit der allmählich einsetzenden Verbesserung des Straßenbaus (ebenfalls nach französischem Vorbild), führte zur Einrichtung der Schnellposten, die nicht nur vom Komfort, sondern, wie der Name sagt, auch von der Geschwindigkeit her eine wesentliche Verbesserung beim Personentransport bewirkten.

Handelt es sich bei den Schnellposten um die Optimierung eines Dienstes durch technische Verbesserungen am Vehikel und organisatorische Verbesserungen eines bereits existierenden Netzes, so zeichnet sich das nun beginnende 19. Jahrhundert dadurch aus, daß es weiterhin Verbesserun-

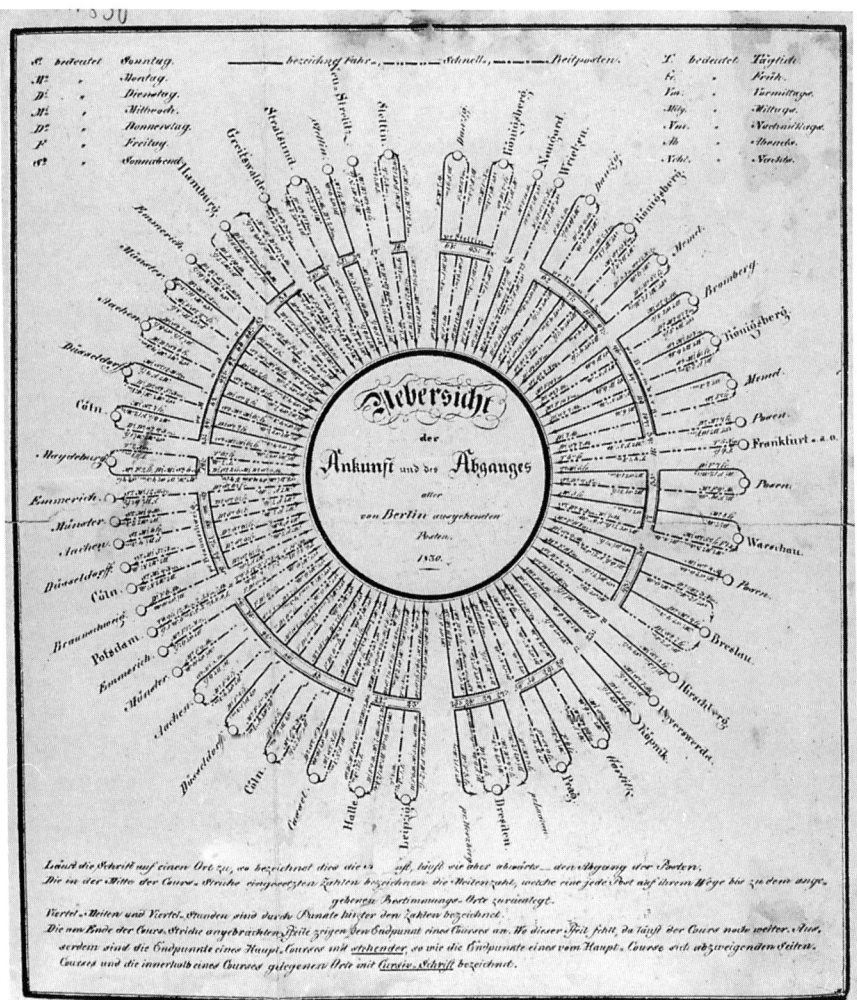

Graphischer Posten-Fahrplan von 1830 mit Berlin als Ausgangs- und Zielort.

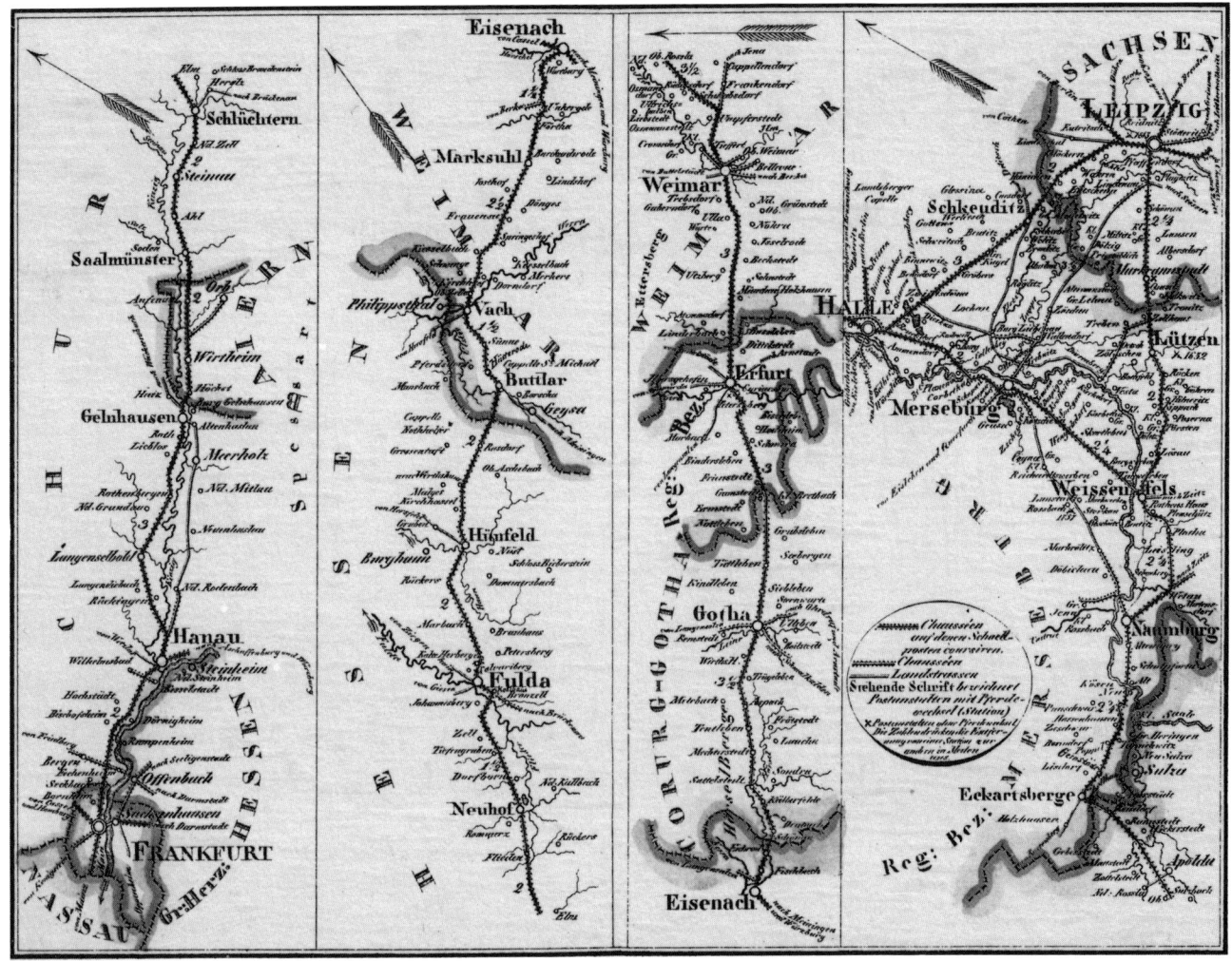

gen an existierenden Netzen vornimmt, darüberhinaus aber durch die Aneignung neuer Technologien radikal andere Übertragungs- und Beförderungsmöglichkeiten erschließt.

Die Erweiterung und Verbesserung bestehender Netze zeigt sich hauptsächlich in drei Bereichen: in der Einführung und Verbesserung des Zustelldienstes, in der Einführung der Briefkästen und der Wertzeichen (Briefmarke). Mußte der potentielle Empfänger einer durch die Post beförderten Botschaft früher auf der Postanstalt selber nachsehen, ob unter den dort ausgestellten Karten und Briefen eine für ihn bestimmt war, so wurden diese schon um 1700 im Bereich der Preußischen Post gegen eine geringe Gebühr von Privatdienern zum Empfänger gebracht. Hieraus entwickelte sich allmählich die Institution des Briefträgers, die namentlich zum ersten Mal in der Post-Ordnung von 1710 erwähnt wird. Das erste bekannte Reglement für Briefträger wurde 1770 erlassen. Bis 1824 wurden die Zustellgelder den Briefträgern direkt als Entlohnung überlassen; erst mit dem Portotax-Regulativ flossen diese Gelder direkt in die Post kasse, die damit dann die Entlohnung der Briefträger übernahm.

Den durch den Zustelldienst erreichten Komfort für den Empfänger sollte es auch für den Absender geben. Hatte dieser bisher seinen Brief auf der

Gedruckte Wege-Karte eines Postkurses von Leipzig nach Frankfurt am Main, 1830, für Schnellposten. Die verschiedenen Straßen, Wege, Stationen und Ländergrenzen sind ausschnitthaft angegeben und genau beschrieben. Auf der Rückseite informiert ein tabellarischer Fahrplan über die wichtigsten Anlauforte mit Ankunftszeiten.

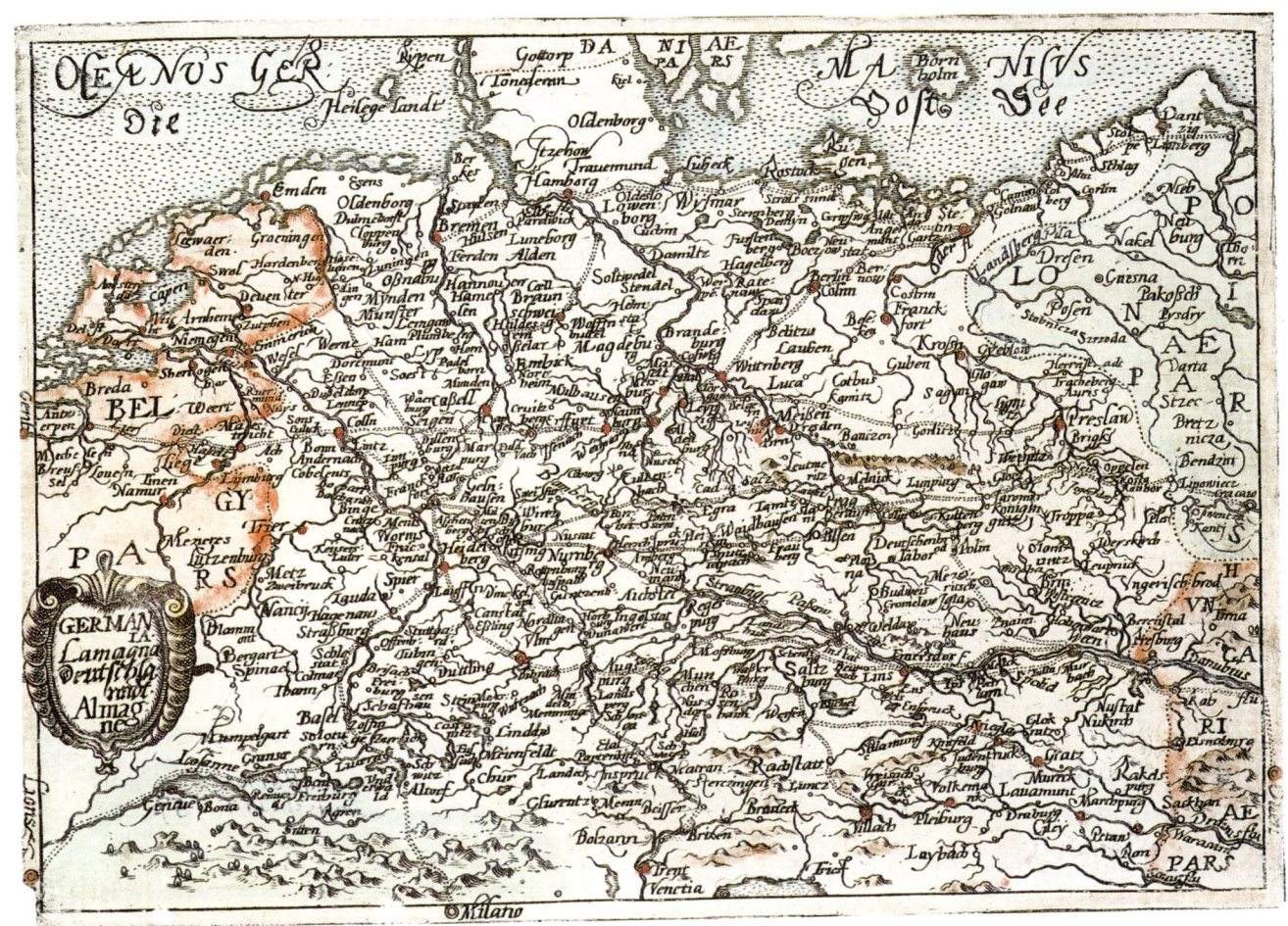

„Deutschland"-Karte aus einem frühen
Reisehandbuch um 1580, dem „Itinerarium
Orbis Christiani, Wegweiser des gantzen
Christentumbs". Kolorierter Holzstich,
Jean Matal zugeschrieben.

Romwegkarte des Erhard Etzlaub: „Das
ist der rom-weg von meylen zu meylen
mit punkten verzeychnet von eyner stadt
zu der andern durch deutsche landt". Die
Karte ist nach Süden orientiert, statt, wie
bald darauf üblich, genordet. Kolorierter
Holzstich, vor 1500.

Augsburger Meilenscheibe von 1629,
Kupferstich nach Hans Rogel,
Herausgeber Caspar Augustin. Vom Zentrum
Augsburg gehen in alle Himmelsrichtungen
die Posten ab.

Posten-Verzeichnis 1634, Frankfurt am
Main. Kolorierter Holzstich nach einer
älteren Bildvorlage, herausgegeben vom
Frankfurter «Obristen Postmeister» unter
schwedischer Besatzung.

Newe Post-Ordnung:
Wie alle Tage in der Wochen die Posten in deß Heil. Reichs Statt
Franckfurt am Mayn abgefertiget werden / vnd wie solche wider ankommen / sampt darbey vermeldeten Brieff-Tax.

Der Durchleuchtigsten / Großmächtigsten Fürstin vnd Fräwlein / Fräwlein Christinæ / der Schweden / Gothen vnd Wenden Königin / Groß-Fürstin in Finnlandt / Hertzogin

zu Ehesten vnd Carelen / Fräwlein vber Ingermanlandt / ꝛc. vnd dero Reiche Schweden Rahte / Cantzlern / Gevollmächtigten Legaten in Teutschen Landen / vnd bey den Armeen / auch deß Evangelischen Bunds daselbsten Directorn / dem Hoch-Wolgebornen Herrn / Herrn Axel Oxenstiern / Freyherrn zu Kymitho / Herrn zu Fyholmen vnd Tydoen / ꝛc. Rittern: Zu hertzlicher Anwünschung von Gott dem Allmächtigen eines frölichen eintretenden / vnd viel nach einander folgenden Glückselig: Fried: vnd Frewdenreicher Newer Jahren / Vnderthänigst dedicirt / vnd in deroselben Protection vbergeben / durch ⸿

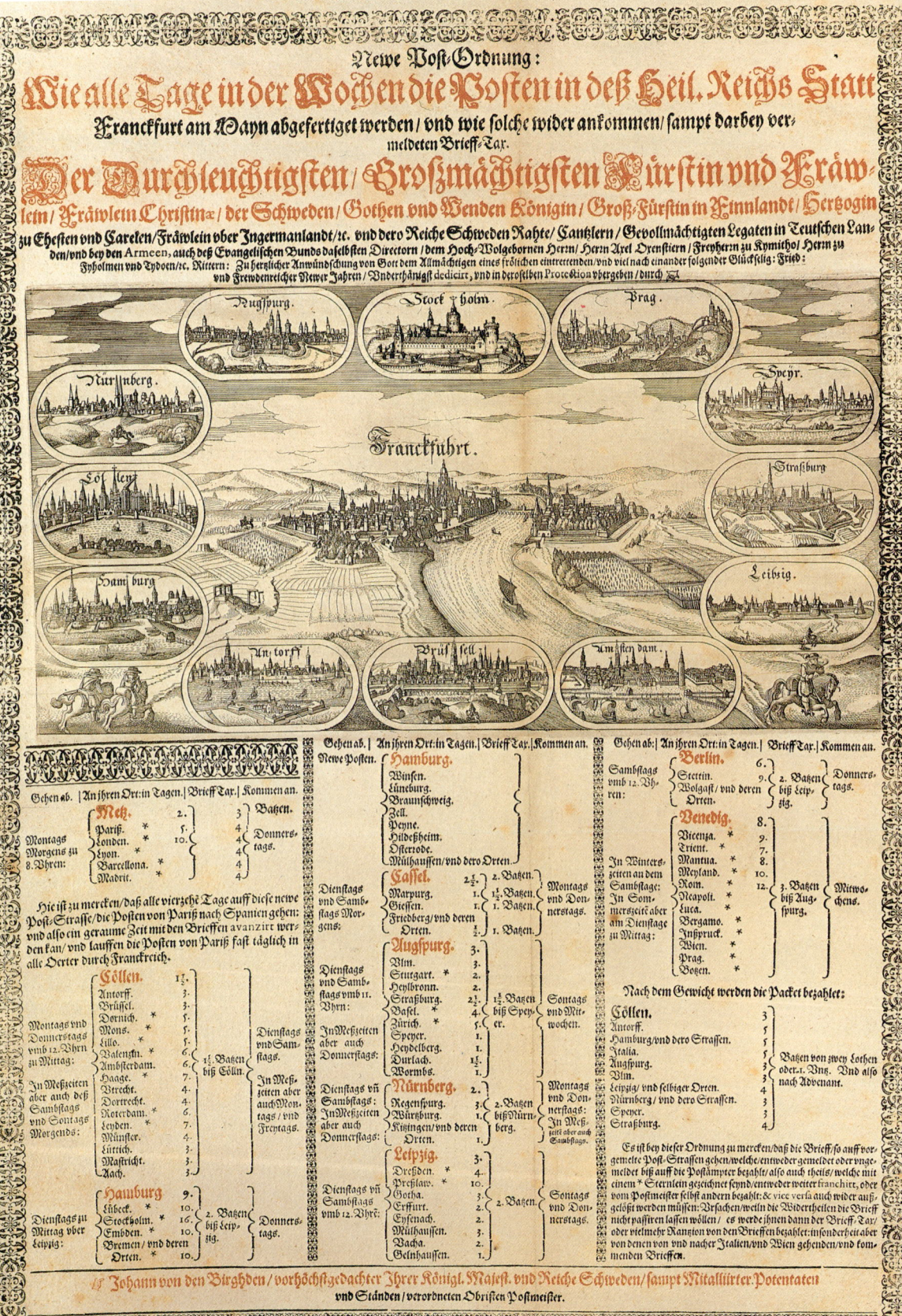

Augspurg. Stockholm. Prag. Nürnberg. Speyr. Cöllen. Straßburg. Franckfuhrt. Hamburg. Leipzig. Antorff. Brüssell. Amsterdam.

Gehen ab.	An ihren Ort: in Tagen.	Brieff-Tax.	Kommen an.
Metz.			
	Pariß. * 2.	3 Batzen.	
Montags Morgens zu 8. Vhren:	Londen. 5.	4	Donnerstags.
	Lyon. 10.	4	
	Barcellona. *	4	
	Madrit. *	4	

Hie ist zu mercken / daß alle vierzehe Tage auff diese newe Post-Straße / die Posten von Pariß nach Spanien gehen / vnd also ein geraume Zeit mit den Brieffen avancirt werden kan / vnd lauffen die Posten von Pariß fast täglich in alle Oerter durch Franckreich.

Gehen ab.	An ihren Ort: in Tagen.	Brieff-Tax.	Kommen an.
Cöllen.		1½.	
	Antorff. * 3.		
	Brüssel. * 3.		
Montags vnd Donnerstags vmb 12.Vhrn zu Mittag:	Dornich. * 5.		Dienstags vnd Sambstags.
	Mons. * 5.		
	Lillo. * 5.		
	Valentzien. * 6.	1½ Batzen biß Cölln.	
	Amsterdam. * 5.		In Meßzeiten aber auch Montags vnd Freytags.
In Meßzeiten aber auch deß Sambstags vnd Sontags Morgends:	Haage. * 7.		
	Brecht. * 4.		
	Dortrecht. * 4.		
	Roterdam. * 6.		
	Leyden. * 7.		
	Münster. * 4.		
	Lüttich. * 3.		
	Mastricht. * 3.		
Hamburg		9.	
Dienstags zu Mittag vber Leipzig:	Lübeck. * 10.	2. Batzen biß Leipzig.	Donnerstags.
	Stockholm. * 10.		
	Embden. * 10.		
	Bremen / vnd dero Orten. *		

Gehen ab. Newe Posten.	An ihren Ort: in Tagen.	Brieff-Tax.	Kommen an.
Hamburg.			
	Winsen. *		
	Lüneburg. *		
	Braunschweig. *		
	Zell. *		
	Peyne. *		
	Hildesheim. *		
	Osterode. *		
Dienstags vnd Sambstags Morgens:	Mülhausen / vnd dero Orten. *		Montags vnd Donnerstags.
Cassel.		2½.	2. Batzen.
	Marpurg. * 1.	1½ Batzen	
	Giessen. * 1.	1. Batzen.	
	Friedberg / vnd deren Orten. *		
		1. Batzen.	
Augspurg.			
	Vlm. * 3.		
Dienstags vnd Sambstags vmb 11. Vhrn:	Stuttgart. * 2.		
	Heylbronn. * 2.		
	Straßburg. * 2½.	1½ Batzen biß Speyer.	Sontags vnd Mitwochen.
	Basel. * 4.		
	Zürich. * 5.		
In Meßzeiten aber auch Donnerstags.	Speyer. *		
	Heydelberg. *		
	Wormbs. *		
Nürnberg.		2.	
Dienstags vñ Sambstags:	Regenspurg. *	2. Batzen biß Nürnberg.	Montags vnd Donnerstags:
In Meßzeiten aber auch Donnerstags.	Würtzburg. * 1.		In Meßzeiten aber auch Sambstags.
	Kitzingen / vnd deren Orten. *		
Leipzig.		3.	
	Dreßden. * 3.		
	Preßlaw. * 10.		
Dienstags vñ Sambstags vmb 12. Vhr:	Gotha. * 3.	2. Batzen.	Sontags vnd Donnerstags.
	Erffurt. * 2.		
	Eysenach. * 2.		
	Mülhausen. * 2.		
	Vacha. * 1.		
	Gelnhausen. * 1.		

Gehen ab.	An ihren Ort: in Tagen.	Brieff-Tax.	Kommen an.
Berlin.		6.	
Sambstags vmb 12. Vhren:	Stettin. * 9.	2. Batzen biß Leipzig.	Donnerstags.
	Wolgast / vnd deren Orten. *		
Venedig.		8.	
	Vicenza. * 9.		
In Winterszeiten an dem Sambstags: In Sommerszeit aber am Dienstag zu Mittag:	Trient. * 7.		Mitwochens.
	Mantua. * 8.		
	Meyland. * 10.		
	Rom. * 12.	3. Batzen biß Augspurg.	
	Neapoli. *		
	Luca. *		
	Bergamo. *		
	Inßpruck. *		
	Wien. *		
	Prag. *		
	Botzen. *		

Nach dem Gewicht werden die Packet bezahlet:

Cöllen.	
Antorff.	3
Hamburg / vnd dero Straßen.	5
Italia.	5
Augspurg.	5
Vlm.	3
Leipzig / vnd selbiger Orten.	4
Nürnberg / vnd dero Straßen.	3
Speyer.	3
Straßburg.	4

Batzen von zwey Lothen oder 1. Vntz. Vnd also nach Advenant.

Es ist bey dieser Ordnung zu mercken / daß die Brieff / so auff vorgemelte Post-Straßen gehen / welche / entweder gemeldet oder vngemeldet / biß auff die Postämpter bezahlt / also auch theils / welche mit einem * Sternlein gezeichnet seynd / entweder weiter franchirt / oder vom Postmeister selbst andern bezahlt; & vice versa auch wider auß: gelößt werden müssen: Vrsachen / weiln die Widertheilen die Brieff nicht passiren lassen wöllen / es werde dann dem der Brieff-Tax / oder vielmehr Ranzion von den Brieffen bezahlet: insonderheit aber von denen vnd nach Italien / vnd Wien gehenden / vnd kommenden Brieffen.

⸿ Johann von den Birghden / vorhöchstgedachter Ihrer Königl. Majest. vnd Reiche Schweden / sampt Mitalliirter Potentaten vnd Ständen / verordneten Obristen Postmeister.

⸿ Gedruckt zu Franckfurt / bey Wolffgang Hoffmann / Im Jahr 1634.

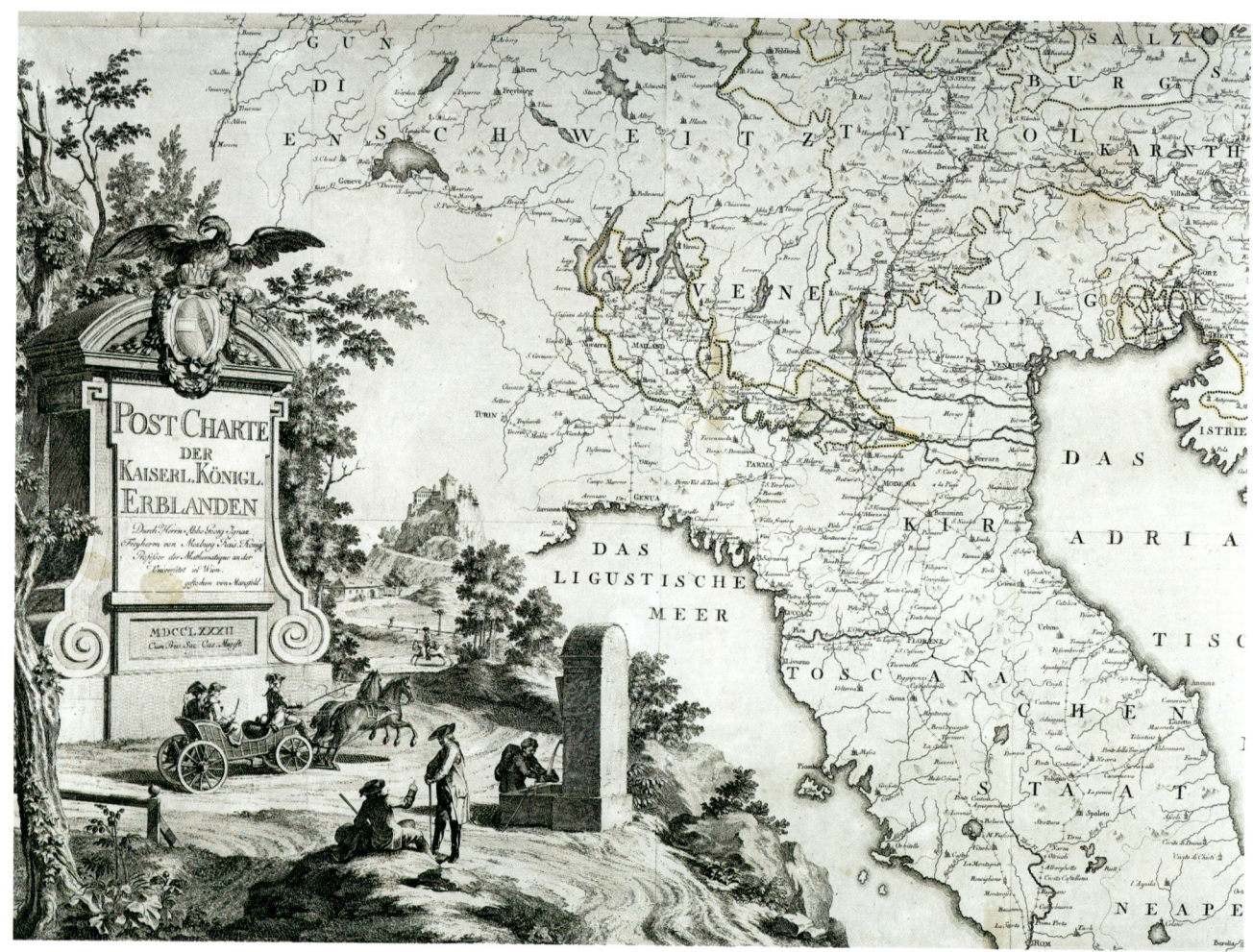

Titelkartusche einer Post-Karte der K. u. K.
Erblande, Wien, 1782. Kupferstich von
J. E. Mansfeld.

Ausschnitt einer Post-Karte für ganz
Deutschland, gestochen und verlegt von
Tobias Conrad Lotter in Augsburg,
1769.

MAPPA GEOGRAPHICA
exhibens
POSTAS
omnes tam vehiculares quam veredarias
TOTIUS GERMANIÆ
cum earum accurata distantia
Diligentissime propriis
sumptibus excudit
Tobias Conrad Lotter
Geographo
Aug. Vindelicor.
1769.

33

Der Eilposten-Weg von Berlin nach Writzen; Postwege-Karte für Postillione, um
1830. Teilabschnitte aus einem Heft mit
kolorierten Handzeichnungen.

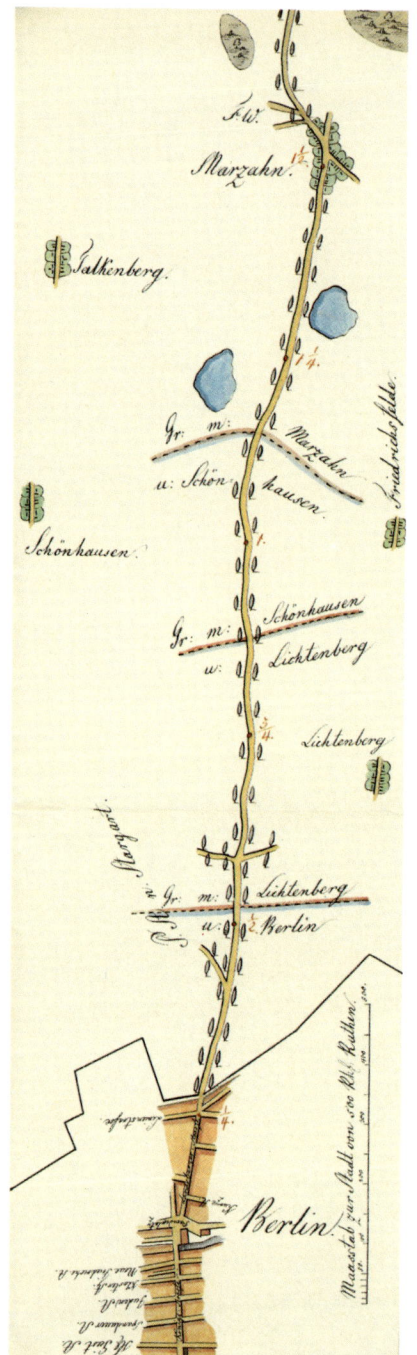
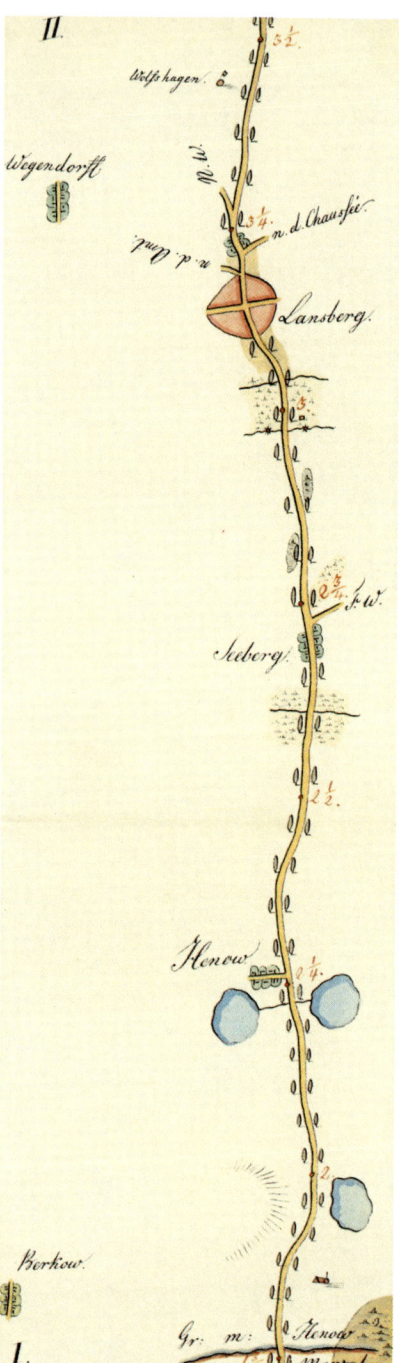

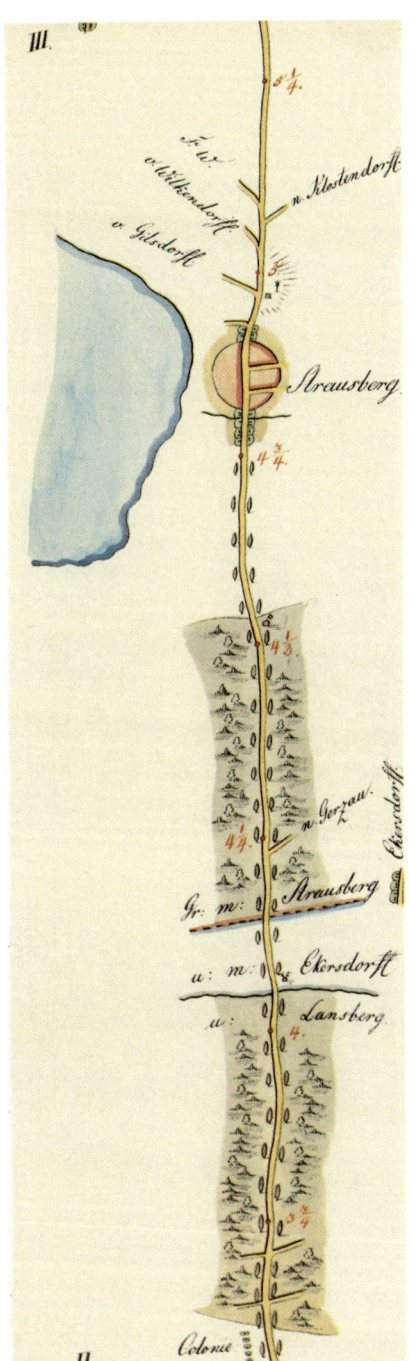

III.

f. w.
v. Wilkendorff
v. Gilsdorff

n. Klostendorff

5 1/4

Strausberg.

4 3/4

4 1/2

4 1/4

n. Gerzau

v. Eckersdorff

Gr: m: Strausberg

u: m: Eckersdorff

u: Lansberg

4

3 3/4

Colonie

II

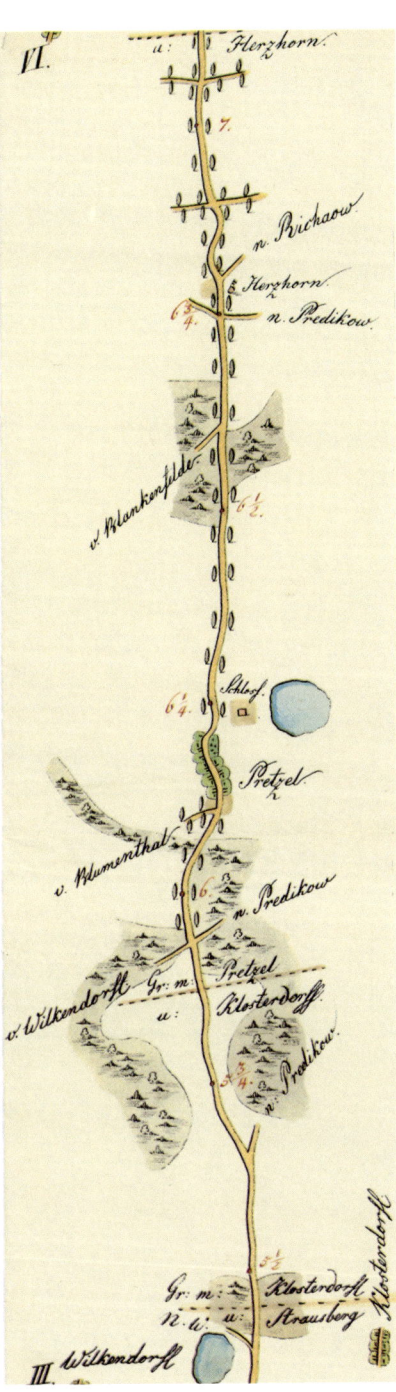

VI.

a. Herzhorn.

7.

n. Prichaow.

Herzhorn.

6 3/4

n. Predikow.

v. Blankenfelde.

6 1/2

Schloß.

6 1/4

Pretzel.

v. Blumenthal.

6.

n. Predikow.

v. Wilkendorff Gr: m: Pretzel.

u: Klosterdorff.

n. Predikow.

5 3/4

5 1/2

Gr: m: Klosterdorff
n. w: u: Strausberg

Klosterdorff

III. Wilkendorff

Die Oder. Oder-Bruch.

Writzen.

n. Gilsdorff.

4 3/4

v. Gilsdorff.

7 1/4

n. Gilsdorff.

Schulzendorff.

7 1/2

VI. Blankenfelde.

Gr: m: Regelin.

7 1/4

35

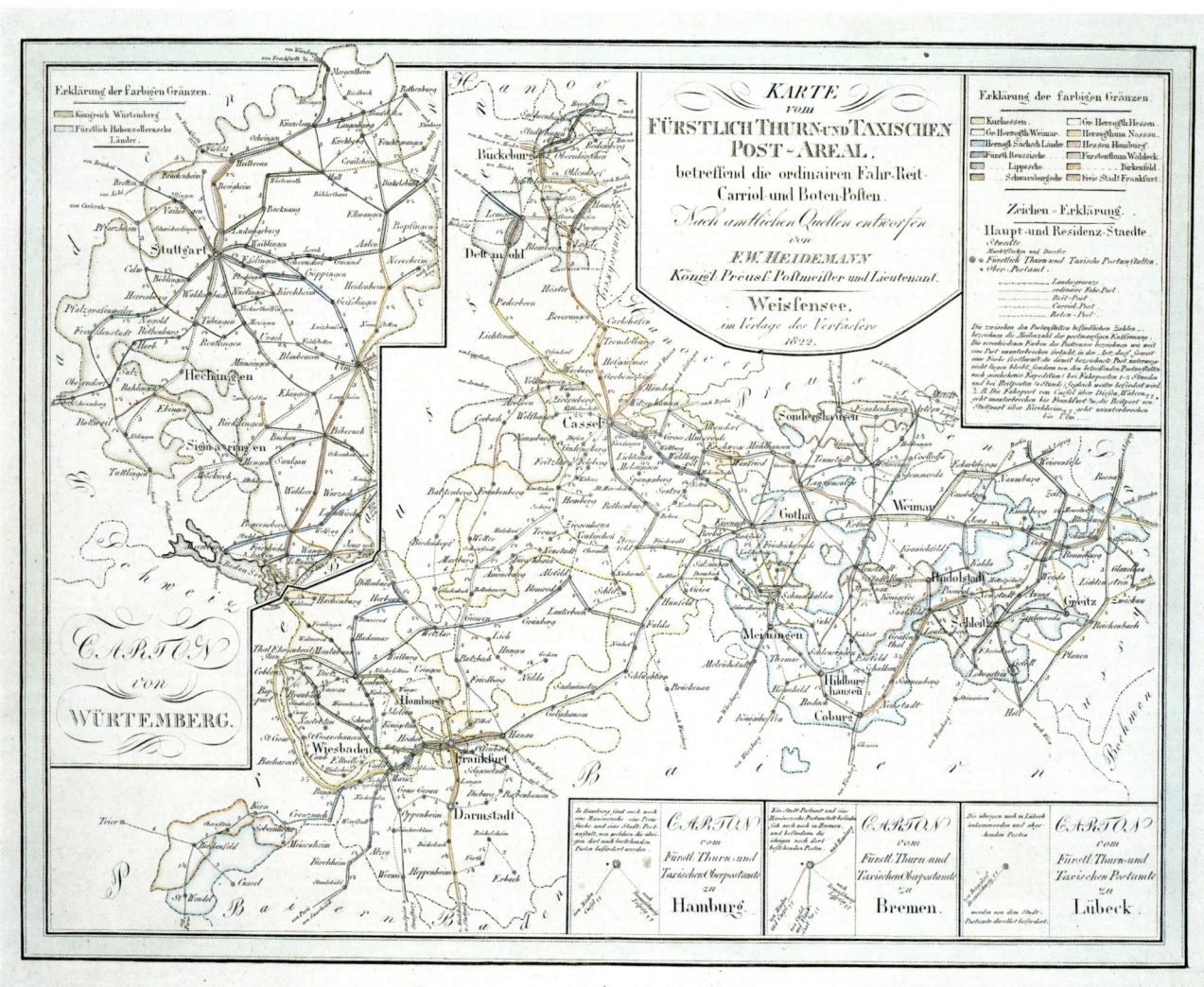

Übersichtskarte über das Fürstlich-Thurn und
Taxis'sche Postareal, Berlin-Weißensee, 1822;
kolorierter Kupferstich von F. W. Heidemann.

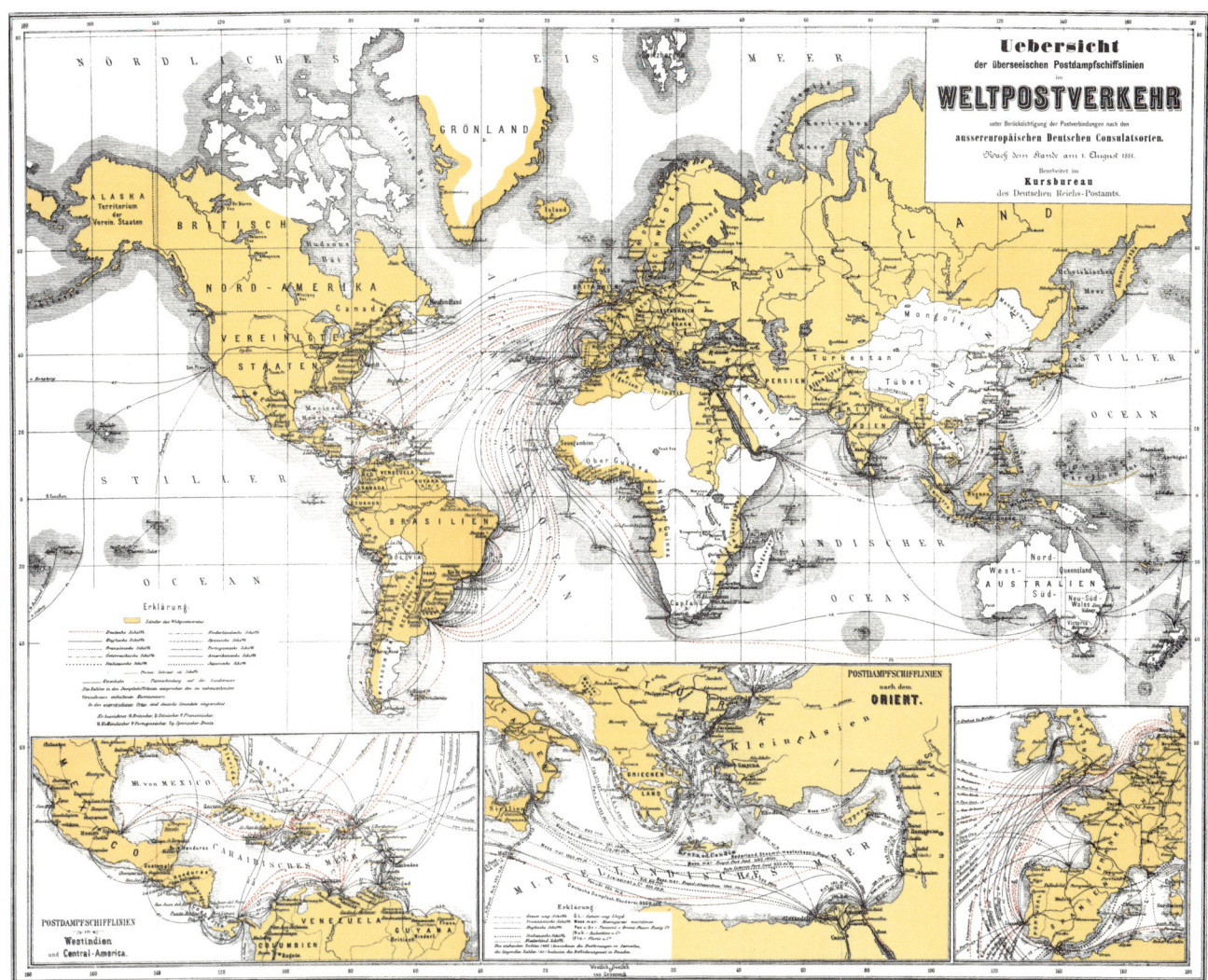

Der Welt-Postverkehr, Übersichtskarte
der überseeischen Postdampfschiffslinien,
herausgegeben vom Kursbüro des Deutschen
Reichs-Postamts, August 1881.

Postanstalt abgeben müssen, so wird ihm dieser Weg mit Einführung der Briefkästen weitgehend abgenommen. Aufgrund eines Gutachtens des Oberpostamtes Köln aus dem Jahre 1818, das sich positiv über diese Einrichtung äußerte, wurde in Preußen 1823 mit der allgemeinen Einführung von Briefkästen begonnen. Das Zustellen und Abholen von Postsendungen bedeutete eine zusätzliche innerörtliche Organisation über die bisherigen Streckennetze hinaus, die nicht nur zusätzliches Personal, sondern auch zusätzliche Stützpunkte brauchte. Diese Stützpunkte (innerörtliche Postämter und Poststellen) stellten eine Infrastruktur dar, die nun wiederum über die rein postalischen Aspekte hinaus genutzt werden konnte. So konnte die Durchführung der Bismarckschen Sozialgesetzgebung überhaupt nur mit Hilfe der Post, d.h. mit Hilfe des landesweiten Netzes von Postämtern und Stationen, realisiert werden. Auszahlungen der Invalidenrente – und später – der Altersrente konnten nur dort getätigt werden, eine Praxis, die erst durch die vereinfachten Möglichkeiten des bargeldlosen Verkehrs in den fünfziger und sechziger Jahren dieses Jahrhunderts zu Ende ging. Der Auftrag der Post, zum Wohle der Gemeinschaft zu wirken, zeigt sich auch darin, daß der Rentenversicherungsdienst bis zum Jahre 1921 von der Post kostenlos betrieben wurde und sie erst danach eine Aufwandsentschädigung von den Versicherungsträgern erhielt. Da neben der Auszahlung der Renten ja auch der Verkauf der Versicherungsmarken an den Postschaltern betrieben wurde, erhielt dieser Dienst nach dem 1. Weltkrieg aufgrund der zusätzlichen Invaliden- und Hinterbliebenen-Renten einen Umfang, der ohne eine solche Entschädigung finanziell nicht mehr tragbar gewesen wäre.

Um Marken anderer Natur handelt es sich bei den 1849 zum erstenmal auf deutschem Boden in Bayern eingeführten Wertzeichen. Diese außerpostalisch als Briefmarken bezeichneten Belege für entrichtete Postgebühren sind das Resultat der unter Rowland Hill in England durchgeführten großen Postreform. Sie hatte den Zweck, die Gebührenordnung und -erfassung zu vereinfachen. Vor ihrer Einführung wurde die Gebühr für die Beförderung eines Briefes zumeist aufgrund der Entfernung zwischen Absender und Empfänger festgelegt. Dieses System, bei dem zudem der Empfänger die Gebühren zu bezahlen hatte, war äußerst kompliziert. In der Frühzeit mangelte es an exakten Karten, von denen die tatsächlichen Entfernungen abzulesen waren. Im partikularistischen Deutschland wurde bei Briefen, die durch mehr als ein Land befördert werden mußten, die Gebühr pro Landespost extra berechnet, wobei es nicht unüblich war, Briefe fremder Postverwaltungen auf möglichst großen Umwegen zu befördern, um eine aufgrund der Entfernung entsprechend höhere Gebühr einnehmen zu können. Nach der Einführung der Briefmarke im Jahre 1840 in England wurde dieses System, dem bayrischen Beispiel folgend, sukzessive von allen deutschen Postverwaltungen übernommen. Einheitliche deutsche Briefmarken wurden dann von der Reichspostverwaltung nach Gründung des Deutschen Reiches 1872 eingeführt.

1835 fuhr bekanntermaßen die erste Eisenbahn auf deutschem Boden von Nürnberg nach Fürth. Die Nutzung dieser umwälzenden Erfindung wurde ebenfalls zuerst in England erprobt. Sinn und Zweck waren nicht nur die schnellere Beförderung der Post durch die Bahn, sondern auch die Über-

„Der Postillion und Bott", Darstellung mit Sinnspruch aus dem Ständebuch des Christoph Weigel, Regensburg 1698. Der Briefkasten im Hintergrund gilt als die früheste bildliche Dokumentation einer solchen Einrichtung. Kupferstich von Caspar Luycken.

In einem Schreiben vom 14. November 1879 beschwerte sich der Berliner Lehrer Latzke bei Stephan, daß Kinder sich beim Laufen um Straßenecken an dort nicht erwarteten Briefkästen erheblich verletzen könnten. Randnotiz Stephans auf der entsprechenden Akte: „Nach den Consequenzen und Ansicht des Herrn Latzke müßte man vor Allem sämmtliche Häuser rasieren und alle Bäume abhauen."

nahme der Sortier- und Verteilfunktionen, die bisher auf den Poststationen wahrgenommen wurden. Indem während der Fahrt sortiert wurde, erreichte man einen doppelten Zeitgewinn: schnellere Beförderung (gegenüber der Postkutsche) und Wegfall der stationären Sortierzeit. Zusätzlich wurde durch Einrichtungen zum Abwerfen und Auffangen von Briefbeuteln die sonst notwendige Haltezeit eingespart. 1838 wurde auf der gerade eingerichteten Strecke London-Birmingham der erste Bahnpostdienst eingerichtet. In Deutschland war es Baden, das 1848 auf einigen von Heidelberg abgehenden Zügen einen Bahnpostdienst errichtete; Preußen folgte ein Jahr später, andere deutsche Postverwaltungen sukzessive; Thurn und Taxis erst 1861.

Hatten die deutschen Postverwaltungen die Vorteile der Eisenbahn für die Beförderung von Briefen und Paketen sehr schnell erkannt und für ihre Zwecke eingesetzt, so erwuchs ihnen andererseits in diesem neuen Verkehrsmittel eine Konkurrenz im Bereich der Personenbeförderung. Die sich schnell ausbreitenden Eisenbahnnetze, die Schnelligkeit und Bequemlichkeit der Züge sowie ihre relative Pünktlichkeit ließen den Reisenden schon bald von der Postkutsche auf die Eisenbahn umsteigen. „Im Jahre 1856 legten in Preußen die fahrenden Posten noch 4,3 Millionen Meilen zurück, die Eisenbahn dagegen nur 1,3 Millionen Meilen. Doch dieses Verhältnis änderte sich in der Folgezeit grundlegend. Je dichter das Eisenbahnnetz wurde, desto mehr Schnell- und Personenposten stellten ihren Betrieb ein. Die nach der Gründung des Deutschen Reiches verwendeten Postwagen in Berlinen- oder Omnibusform verkehrten nur noch auf Nebenstrecken und dienten der Landbevölkerung als Verkehrsmittel."[14]

Die Erfindung des Automobils war die zweite umwälzende Neuerung im Bereich des Transportwesens. Die Möglichkeiten dieses neuen Fortbewegungsmittels für den Post- und Reiseverkehr wurden von der Post – im Gegensatz zu anderen Verwaltungen – schon sehr früh erkannt. Bereits im Jahre 1898 wurden erste Betriebsversuche in einigen großen Städten und auf einigen Landkursen unternommen, die aber letztlich aufgrund mangelnder Dauerbelastbarkeit der frühen Kraftfahrzeuge nicht zu befriedigenden Ergebnissen führten. Erst die nach der Jahrhundertwende erzielten Verbesserungen in der Kraftfahrzeugtechnik führten dazu, daß diese neuen Fahrzeuge ab 1903 zuerst in Köln für die Güterpost und die Paketzustellung benutzt wurden. In Bayern wurde am 1. 6. 1905 die erste Überlandlinie für Post- und Personenverkehr zwischen Bad Tölz und Lenggries eingerichtet.

Die guten Erfahrungen, die man mit dieser und den ihr folgenden frühen Strecken gemacht hatte, veranlaßten die bayrische Postverwaltung, das Streckennetz rapide auszuweiten; so waren dort im Jahre 1914 bereits 127 Linien mit 155 Kraftfahrzeugen und 136 Anhängern in Betrieb. Der 1. Weltkrieg unterbrach diese gerade erst begonnene Entwicklung; soweit die vorhandenen Fahrzeuge nicht für militärische Zwecke konfisziert wurden, war ihre Einsatzfähigkeit aufgrund des einsetzenden Kraftstoffmangels eingeschränkt (dies gilt allerdings nicht für den innerstädtischen Betrieb, für den meist elektrisch betriebene Fahrzeuge eingesetzt wurden). Nach Beendigung des 1. Weltkriegs war die Situation des Personenverkehrs durch Kraftfahrzeuge in Deutschland diffus. Es entwickelte sich eine

Die Kondukteure betrachten das Befahren der Eisenbahn gegenwärtig als eine Last, eine Strafe, da ihnen bei diesem Dienst ungleich mehr Mühe erwächst, als bei Begleitung eines Postcourses, außerdem aber die Vortheile verloren gehen, welche beim Begleiten der Posten durch die Reisenden und in den Gasthäusern ihnen zuteil wurden. Ein jeder Kondukteur wünscht aus obigen Gründen von dem Befahren der Eisenbahn befreit zu werden.
(Aus einem für die Main-Weser-Bahn 1850 erstellten Gutachten)

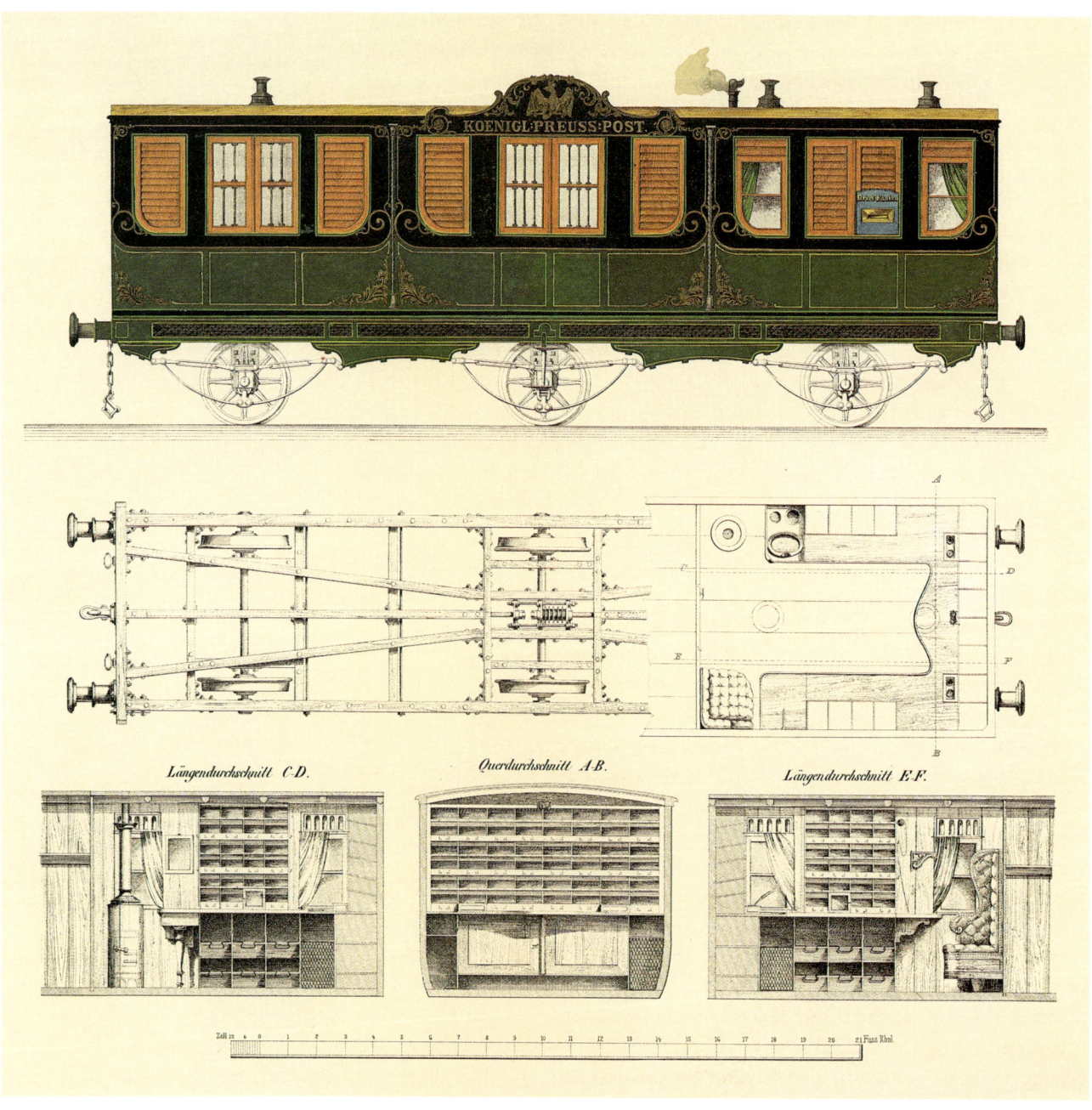

Preußischer Bahnpostwagen von 1859,
Modelldarstellung; Lithografie mit nach-
träglicher Farbapplikation, 1867.

vielfältige Konkurrenz zwischen Post, Bahn und verschiedenen privaten Transportunternehmen, die zur Folge hatte, daß aufgrund von Überkapazitäten wirtschaftliche Schwierigkeiten für die meisten Unternehmen entstanden. Ein aus diesem Grund 1929 vom Reichstag beim Reichssparkommissar in Auftrag gegebenes Gutachten bewertete die Position der Post in diesem Zusammenhang positiv, da sie insbesondere durch die Erschließung entlegener Gebiete und Orte und durch die Kombination von Personen- und Postverkehr nicht nur der Allgemeinheit diene, sondern darüberhinaus durch die Integrierung zweier Dienste gute Chancen habe, Rentabilität auf diesem Gebiet zu erreichen. Die Reichspost nahm dies zum Anlaß, unter anderem auch durch den Aufkauf diverser privater Transportunternehmen, ihr Liniennetz und ihre Kapazitäten auszubauen. Allerdings gestaltete sich die Konkurrenz zur Reichsbahn, die ja ebenfalls Überlanddienste betrieb, schwierig; nach diversen nicht dauerhaften Abmachungen wurde 1939 endgültig festgelegt, daß die Reichsbahn im wesentlichen den Fernverkehr auf den Autobahnen, den Schienenparallelverkehr sowie den Schienenersatzverkehr betreiben sollte, die Reichspost dagegen den übrigen Straßenverkehr.

Ähnlich wie im 1. Weltkrieg führte auch der 2. Weltkrieg zu einem zwangsläufigen Niedergang dieser Dienste.

Insbesondere nach 1945 war die Fortführung der noch vorhandenen Linien und der Wiederaufbau schwierig, da die vier Siegermächte 1945 auf der Konferenz von Potsdam beschlossen hatten, daß deutsche staatliche Unternehmen keinen Kraftverkehrbetrieb unterhalten sollten, dieser vielmehr durch private örtliche und regionale Unternehmen auszuführen sei. Dennoch gelang unter großen Mühen der Wiederaufbau der Kraftpost, die bis zur aus Gründen der Rationalisierung durchgeführten Übernahme durch die Deutsche Bundesbahn einen wesentlichen Beitrag zur Personenbeförderung, insbesondere in ländlichen und entlegenen Gebieten und Orten leistete.

Um die zunehmenden Mengen, aber auch die höheren Ansprüche an Beförderungsgeschwindigkeiten bewältigen zu können, bediente sich die Post meist schon in einem sehr frühen Stadium anderer neuer Transportmittel. Ein wesentlicher, an Bedeutung stetig zunehmender Dienst war hier die Luftpost. In seiner Abhandlung *Weltpost und Luftschiffahrt* schrieb der Generalpostmeister Stephan schon im Jahre 1874 mit für die Zeit typischem Fortschrittsglauben, der sich allerdings im Gegensatz zu vielen ähnlichen Prognosen über die Einsetzbarkeit neuer Technologien als erstaunlich realistisch herausstellen sollte: „Wie die Weltpost schon jetzt ihren geistigen Flug über den Erdball genommen hat, so wird sie sicher als erste auf dem Platze sein, wenn es der Menschheit einmal vergönnt ist, dem Zugvogel gleich durch das unermeßliche Luftmeer frei dahinzuschweben von Zone zu Zone."

Botschaften durch die Luft zu übermitteln war schon vor der Einsetzbarkeit des Luftschiffes und später des Flugzeugs in beschränktem Maße möglich gewesen; Brieftauben und Ballons z. B. wurden allerdings zumeist in Notsituationen eingesetzt, die eine Nachrichtenbeförderung auf dem normalen Landwege nicht zuließen. So wurden während der Belagerung von Paris im deutsch-französischen Krieg 1870/71 Pariser Brieftauben per

Nimm die kleinen Schwierigkeiten des Reisens nicht so wichtig; Bleibst Du einmal auf einer Zwischenstation sitzen, dann freu dich, daß Du am Leben bist, sieh Dir die Hühner an und die ernsthaften Ziegen, und mach einen kleinen Schwatz mit dem Mann im Zigarrenladen.
(Kurt Tucholsky: Die Kunst, richtig zu reisen, 1929)

Dort unten ist die Erde mein
Mit Bauten und Feldern des Fleißes.
Wenn ich einmal nicht mehr werde sein,
Dann graben sie mich dort unten hinein.
Ich weiß es.

Dort unten ist viel Mühe und Not
Und wenig wahre Liebe. –
Nun stelle ich mir sekundenlang
Vor, daß ich oben hier bliebe,
Ewig, und lebte und wäre doch tot – –
O, macht mich der Gedanke bang.

Mein Herz und mein Gewissen schlägt
Lauter als der Propeller.
Du Flugzeug, das so schnell mich trägt,
Flieg schneller!

(Joachim Ringelnatz: Flugzeuggedanken. Zit. nach: Literatur im Industriezeitalter 1. Eine Ausstellung des Deutschen Literaturarchivs im Schiller-Nationalmuseum Marbach am Necker, Marbach 1987, S. 528)

Straßenbahn-Postwagen der Kaiserlichen
Reichspost; Fotografie, um 1900, Frankfurt am Main.

Batteriebetriebene Elektro-Paketzustell-
wagen der Bremer Firma Lloyd im Betriebs-
einsatz bei der Reichspost in Leipzig;
Fotografie, 1911.

Die erste deutsche Luftpost wird in das
Flugzeug „Gelber Hund" verladen, anläßlich einer Sonderflugveranstaltung zwischen Darmstadt und Frankfurt; Fotografie, 1912.

Reichspostdampfer der Deutsch-Ost-
Afrika-Linie beim Verlassen des Hafens
von Dar es-Sal'am; Fotografie, 1914.

Postfahrerin auf einem Zustellfahrzeug
der Paketpost, dem „Phaenomobil",
einem motorbetriebenem Dreiradwagen
der „Phaenomen"-Werke, Zittau; Fotografie, 1917.

Elektrisch betriebener Paketwagen auf
einem Berliner Fern-Bahnhof; Fotografie,
1924.

Paketverladung am Postamt Mönchen-
Gladbach; Fotografie, 1927.

Der „Kraftfahrhof" des Berliner Haupt-
Briefpostamts in „Alt-Berlin"; Fotografie,
nach 1925.

Postübernahme auf dem Flughafen Berlin Johannistal. Seit 1919 bestanden wieder regelmäßige innerdeutsche Postflüge, zunächst zwischen Berlin und Weimar. Eine „Rumpler-Taube" im Posteinsatz; Fotografie, 1922.

Katapult-Start des Postflugzeugs „He 12"
der Heinckel-Werke im Überseeverkehr.
Auf See vorsortierte Post wurde im Vor-
ausflug auf das amerikanische Festland
transportiert; Fotografie, 1928.

„Kraftpost"-Omnibus der Deutschen
Reichspost auf der Großglocknerstraße;
Fotografie, 1938.

„Kraftpost"-Omnibus der Deutschen
Reichspost, 1938, bei einer Rast am Jauf-
fenpaß.

Zustellfahrzeuge des Fernamts Berlin,
zentrale Telegramm- und Eilzustellung,
1957.

Postzusteller beim Verlassen des Posthofs
des Postamts Berlin-Grunewald, Anfang
der 60er Jahre.

Paketrutschen einer automatischen Ver-
teileranlage; Fotografie München, 1968.

Ballon in von Deutschen noch unbesetzte Gebiete geflogen, von wo sie dann mit einer Nachricht nach Paris zurückgeschickt wurden. Aber schon dieses Beispiel läßt erkennen, daß auf einem solchen Wege eine reguläre und sichere Postbeförderung nicht möglich war; diese blieb dem Luftschiff und dem Flugzeug vorbehalten.

Nach anfänglichen Schwierigkeiten konnte ab 1912 ein regelmäßiger Personenverkehr durch den Zeppelin Z 1 stattfinden. Bald darauf wurden mit Erlaubnis der Reichspost von der „Delag" *(Deutsche Luftschiffahrts-Aktiengesellschaft)*, der Betreiberin der Zeppeline, an Bord derselben Briefe von Passagieren angenommen und – zumeist am Bestimmungsort – an das entsprechende Postamt weitergeleitet. Allerdings kann hier ebenfalls noch nicht von einem regulären Postdienst gesprochen werden. Auch die Beförderung von Postkarten durch das Flugzeug *Gelber Hund* anläßlich einer Postkarten-Woche zugunsten der Mütter- und Säuglingsfürsorge in Hessen vom 9. bis 23. Juli 1912 muß als Gelegenheitsbeförderung angesehen werden, wobei die Farbbezeichnung im Namen des Flugzeugs keinerlei postalischen Bezug hatte.

Regelmäßige Luftpostverbindungen waren erst nach dem Ersten Weltkrieg möglich, und erst Anfang der zwanziger Jahre kann von einem regelrechten Luftpostdienst gesprochen werden, wobei allerdings der Verkehr mit dem Ausland durch von den Siegermächten auferlegte Konditionen erschwert und verzögert wurde. So verboten sie 1920, ausländisches Gebiet mit ehemaligen deutschen Heeresflugzeugen zu überqueren; da aber nach dem Versailler Vertrag Deutschland der Neubau von Flugzeugen verboten war, wurde zwangsläufig mit den noch vorhandenen Flugzeugen der innerdeutsche Verkehr ausgebaut. Ähnlich wie beim Aufbau der deutschen Handelsflotte gegen Ende des 19. Jahrhunderts wurde auch der Aufbau der deutschen Luftfahrt erst durch staatliche Subventionen möglich, wobei die Post durch die kommerzielle Benutzung dieser neuen Beförderungsmöglichkeiten eine wesentliche Rolle spielte. Durch die Zusammenführung konkurrierender Unternehmen in die „Deutsche Lufthansa" im Jahre 1926 und die weitgehende Aufhebung der bisherigen Restriktionen als Ergebnis des Pariser Luftfahrtabkommens desselben Jahres beginnt der eigentliche Aufschwung der nationalen und internationalen Luftpostdienste, der sich aus folgender Statistik gut ablesen läßt:

Er stand in Gedanken vertieft vor einer Wandkarte, auf der das Flugnetz der Gesellschaft rot eingezeichnet war ..." Ein grausames Ding, das schöne rote Netz, das da gesponnen ist. Es hat uns viele Menschen gekostet, junge Menschen. Was einmal aufgebaut ist, hat seine Gültigkeit und Macht. Aber wieviel Fragen und Zweifel stecken dahinter." (Antoine des Saint-Exupéry: Nachtflug, 1931)

Jahr	Briefpost	Pakete	Zeitungen	Zusammen
1919	2 385	–	7 537	9 922
1920	2 237	72	3 421	5 730
1921	3 914	1 323	18 928	24 165
1922	4 090	1 171	26 601	31 862
1923	7 244	292	2 195	9 731
1924	7 136	6 553	12 563	26 252
1925	14 949	21 551	124 258	160 758

Zum Vergleich

1933	127 878	111 174	174 853	413 905

Beförderte Luftpostsendungen: Angaben in kg

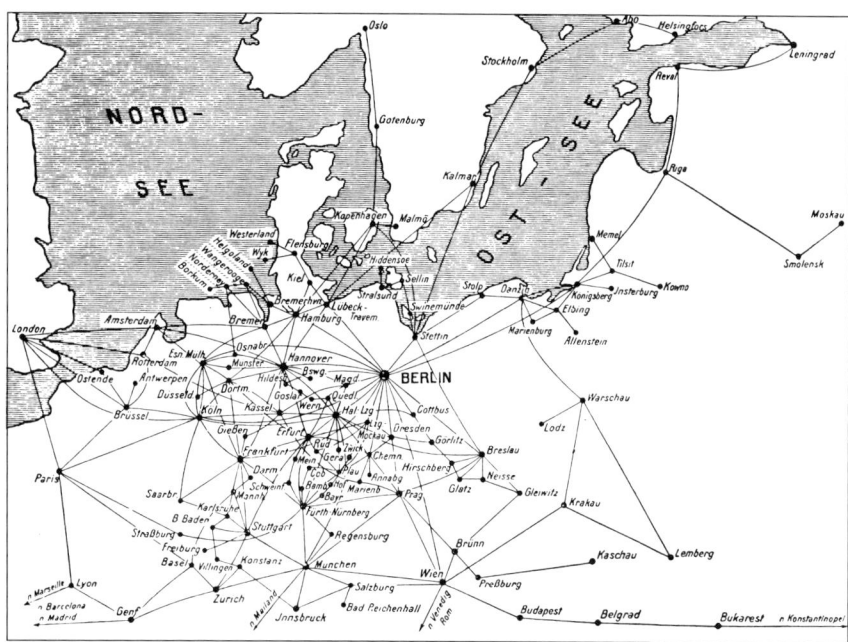

Das Deutsche Luftpostnetz vom Sommer 1928. Es bestanden damals über 100 innerdeutsche und europäische Flugverbindungen auf einem Netz von 33 000 Flugkilometern.

Und im Jahre 1937 betrug die Gesamt-Beförderungsleistung inklusive der ohne Zuschlaggebühr per Luftpost beförderten Briefe bereits 4 392 557 Kilogramm.

Technische Schwierigkeiten, die sich wegen fehlender Zwischenlandemöglichkeiten bei der Überquerung größerer Wasserflächen wie z. B. des Atlantiks ergaben, wurden vor der Einführung eines reinen Luftpostdienstes durch eine kuriose Zwischenlösung zu überwinden versucht. So brachte ein Flugzeug sogenannte Spätlingspost von Köln nach Cherbourg, dem letzten europäischen Hafen der Schnelldampfer des Norddeutschen Lloyd vor der Atlantiküberquerung. Dort wurde diese Post auf die Schiffe „Europa" oder „Bremen" umgeladen und mit der bereits an Bord befindlichen Post sortiert. Beide Schiffe waren nun mit einem per Katapult zu startenden Flugzeug ausgerüstet, das von 1929–35 die Post nach Nordamerika vorauseilend brachte, sobald das Schiff die für die Flugzeugreichweite nötige Küstennähe erreicht hatte. 1936 wurden dann mit Mitteln der Deutschen Reichspost von der Deutschen Lufthansa Transatlantik-Versuchsflüge auf der Route Lissabon – Azoren – New York durchgeführt, die aber nicht zur Einrichtung eines Liniendienstes führten.

Nach dem Ende des Zweiten Weltkrieges und dem dadurch bedingten Verlust der Lufthoheit spielte die Luftpost eine untergeordnete Rolle, mit Ausnahme des Berlin-Verkehrs, der auf Grund der politischen Situation der Stadt unter besonderen Bedingungen stattfand. Erst nach Gründung der Bundesrepublik und dem Wiedererstehen der Deutschen Lufthansa und auf Grund der technischen Fortschritte im Flugzeugbau erhielt der Luftpostverkehr, insbesondere im internationalen Bereich, eine wieder zunehmende Bedeutung. Auch heute wird durch die Postbeförderung bei Nacht mit sonst unausgelasteten Maschinen ein wesentlicher wirtschaftlicher Beitrag der Post zum Luftverkehr geleistet, ohne den dieses Transportmittel, insbesondere in der Vorkriegszeit, wohl kaum so schnell eine so wesentliche Bedeutung errungen hätte.

Das globale Netzwerk

War mit der Luftpost in ihrer modernen Form ein weltweites Netz zum Transport von Nachrichten geschaffen worden, so waren ihr doch wie allen Formen der körperlichen Nachrichtenübertragung, Grenzen gesetzt, zu deren Überwindung immer neue Vehikel eingesetzt wurden bzw. bestehende Vehikel kontinuierlich technisch und organisatorisch verbessert wurden. Die körperliche Überwindung des Raumes war aber weiterhin mit dem Faktor Zeit gekoppelt.

Bei der körperlosen Nachrichtenübertragung ist der Faktor Zeit bei frühen Systemen an die Geschwindigkeit des Lichtes oder des Schalls gebunden, die, an sich schnell, durch die Notwendigkeit der häufigen Verstärkung verlangsamt wurde. Erst die Nutzbarmachung der Elektrizität aufbauend auf den Experimenten und Erkenntnissen von Galvani, Volta und anderen, sollte die Grundlage für eine effiziente weltumgreifende Form der Nachrichtenübermittlung schaffen. Die elektrische Telegraphie besteht im Prinzip, wie alle Kommunikationsmodelle, aus einem Sender und einem Empfänger, die durch eine gegebenenfalls verstärkte Leitung miteinander verbunden sind. Aufgrund eines vereinbarten Codes werden vom Sender über diese Leitung Stromimpulse geschickt, die vom Empfänger zur Nachricht entschlüsselt werden.

In Deutschland wurden verschiedene frühe Formen von elektrischer Telegraphie bereits ab 1844 benutzt; der allgemeine Durchbruch gelang der Telegraphie aber erst mit der Erfindung des Schreibtelegraphen durch den Amerikaner Morse, der erstmals im amerikanischen Präsidentenwahlkampf 1844 eingesetzt wurde. Der Schreibtelegraph war anderen Telegraphen dadurch überlegen, daß eine übermittelte Botschaft schriftlich – wenn auch noch in Code-Form – auf einem Papierstreifen festgehalten wurde. Der Code, den Morse hierfür zugrunde legte, bestand aus Kombinationen von (langen) Strichen und (kurzen) Punkten mit unterschiedlich langen Pausen und wurde von dem Hamburger Telegrapheninspektor Clemens Gerke zur weltweiten Gebrauchsfähigkeit weiterentwickelt. 1849 empfahl die preußische Telegraphen-Kommission die Einführung dieses Systems, das mit der Einführung eines Drucktelegraphen, bei dem die übermittelte Nachricht in Klarschrift auf einem Papierstreifen ausgedruckt wurde, 1866 weiterverbessert wurde.

Die erste preußische optische Telegraphenlinie von Berlin nach Koblenz. Übersicht über den Stationsverlauf von 1835, zur Zeit der Errichtung und ersten Inbetriebnahme. Schmuckblatt mit tabellarischer Angabe der Teilstrecken, Stationen und Inspektionsbereiche. Lithografie.

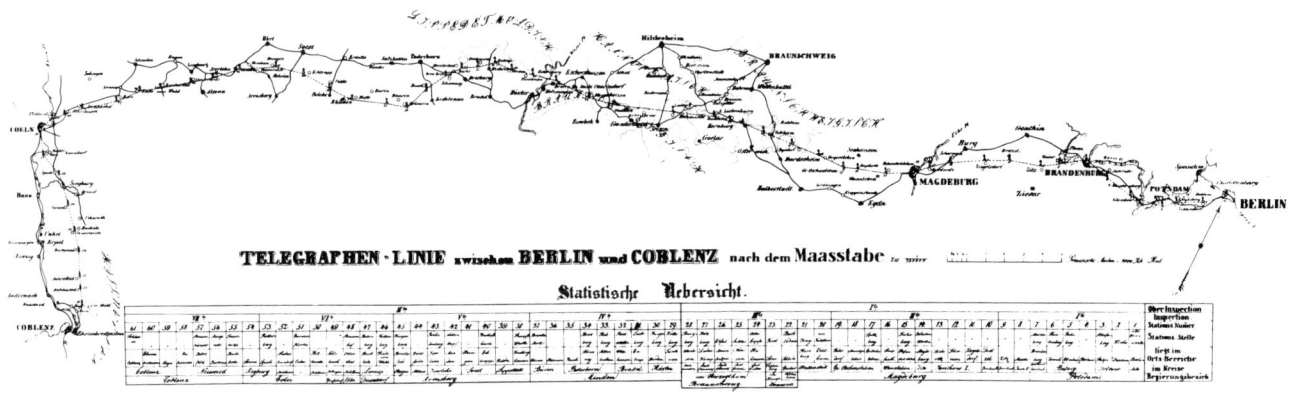

„Die Kabelmacher" oder „Telegraph & Telephone Magn(et)ates"; amerikanische Karikatur auf die internationalen Erfolge eines neuen Industriezweigs und eine Parade seiner prominentesten Vertreter, von Erfindern bis zum Postminister der USA. Einziger deutscher Vertreter ist hier Werner von Siemens. Gefeiert wird die erfolgreiche transatlantische Verkabelung. Lithografie von J. C. Gould aus der Zeitschrift „City", 1883.

Die Bedeutung der Telegraphie liegt in ihrer globalen Anwendbarkeit: hatte sich durch die Einführung der Dampfschiffahrt die Regelmäßigkeit und Schnelligkeit auch der Beförderung der Post weltweit wesentlich verbessert, so blieb es der elektrischen Telegraphie vorbehalten, wahrhaft weltweit funktionierende Verbindungen zu schaffen.

Die als Folge des europäischen und nordamerikanischen Kolonialismus wie auch Imperialismus politischen, militärischen und wirtschaftlichen Notwendigkeiten von weltweiter Kommunikation führten bereits in der Frühphase der Telegraphie zu Versuchen mit submarinen transatlantischen Kabeln. Nach mehreren gescheiterten Versuchen gelang 1866 die erste telegraphische Kabelverbindung zwischen Großbritannien und den

Vereinigten Staaten. Als treibende Kraft der internationalen „Verkabelung" gilt Großbritannien, das nicht nur aufgrund seiner prosperierenden Wirtschaft in der Lage war, das benötigte Kapital für diese neuen Einrichtungen aufzubringen, sondern auch aufgrund seiner weltweiten kolonialen Interessen geographisch und organisatorisch als Hauptträger eines internationalen Telegraphennetzes prädestiniert war. Andere Länder schlossen sich sukzessive durch Zubringerkabel an das britische Netz gegen entsprechende Gebühren an, ohne jedoch Unabhängigkeit von ihm zu erringen.

In der Frühphase waren nationale und internationale Telegraphennetze staatlicher und militärischer Nutzung vorbehalten, was ja nicht nur bei ihrer direkten Vorgängerin, der optischen Telegraphie, ausschließlich der Fall war, sondern sich in der Frühphase des Einsatzes fast aller neuen Nachrichtenübertragungssysteme findet. Später wurden sie dann auch wirtschaftlicher und privater Nutzung geöffnet und ermöglichten bereits damals sogenannte Echtzeit-Transaktionen im kommerziellen Bereich. Das eigentlich Revolutionäre der elektrischen Telegraphie lag in ihrer Geschwindigkeit: benötigte man beispielsweise in den 60er Jahren des 19. Jahrhunderts für eine Nachricht zwischen Schanghai und Westeuropa per Dampfschiff 25–30 Tage, so betrug die Übertragungszeit für eine telegraphische Nachricht 1872 nur noch zwei Tage. Und für den Nordatlantikverkehr bedeutete dies eine Reduzierung von sieben Tagen auf circa zwei Stunden.

Das fast weltweite Monopol Großbritanniens wurde bereits frühzeitig als eine Gefahr für eigene wirtschaftliche und politische Interessen in Deutschland angesehen: so schreibt die Zeitschrift *Stern von Afrika* 1906: „Kürzlich wurden in deutschen Blättern mannigfache Erörterungen bezüglich all der unangenehmen Folgen des englischen Telegraphen-Monopols in Afrika laut. Wie schwer dieselben sowohl politisch wie finanziell auf uns lasten, geht daraus hervor, daß das Depeschenwort nach Kamerun

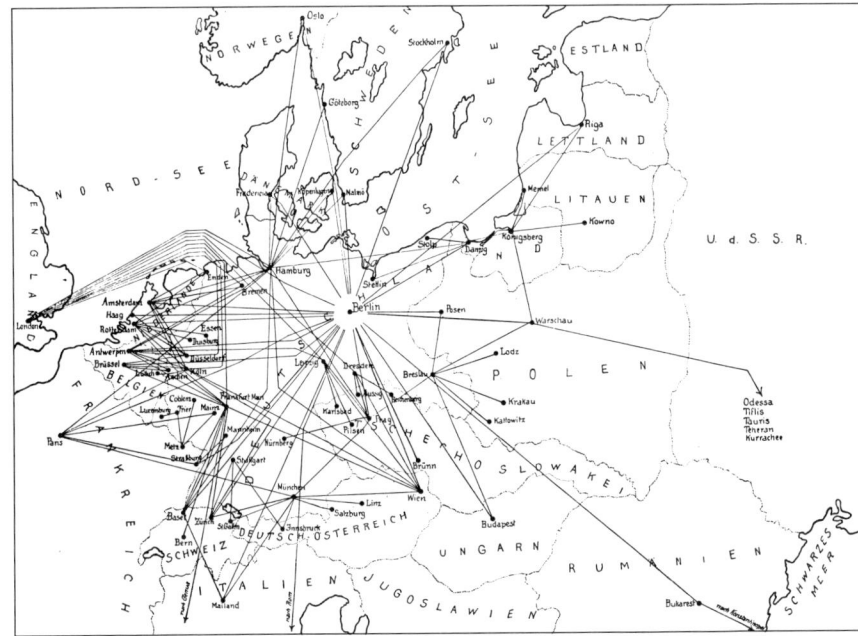

Schematische Darstellung der Deutschen Telegraphenverbindungen per Kabel und ◁ Funk ins Ausland, Stand 1924.

Mk. 8,70 kostet. Ferner bieten die peinlichen Erfahrungen der Depeschencensur im Transvaalkriege, der theilweisen Verhinderung des Kabelverkehrs einen deutlich sprechenden Beleg für den Wunsch: Befreiung Deutschlands vom englischen Kabelmonopol in Afrika!"

In Deutschland selber war die Ausbreitung der Telegraphie von erstaunlicher Schnelligkeit: bereits im Jahre 1896 existierten dort 515 397 Kilometer staatlicher Telegraphenlinien und 17 000 staatliche Telegraphenbüros. Die Telegraphie war aber weiterhin an einen Träger, in diesem Fall eine Leitung gebunden. So ergab sich bei submarinen Kabeln im Indischen Ozean und im Pazifik, daß der Haifisch das zur Kabelisolierung verwendete Material außerordentlich goutierte und so mit wenigen Bissen internationale Verbindungen unterbrechen konnte, deren Reparatur nicht nur Monate dauerte, sondern auch ausgesprochen kostenträchtig war. Ähnlich exotischen Gefahren waren Freileitungen in den afrikanischen Kolonien ausgesetzt, deren Drähte häufig von Giraffen und deren Maste häufig von Elefanten beschädigt wurden. Eine andere Gefahr war das Untauglichmachen einer Telegraphenlinie durch Unterbrechung des Kabels in böswilliger oder feindlicher Absicht. So legte Großbritannien zu Beginn des Ersten Weltkriegs alle Telegraphenkabel, die das Deutsche Reich mit seinen Kolonien verband, still und sorgte damit letztlich für den Verlust dieser Kolonien, die ihre militärischen und zivilen Aktionen und Bedürfnisse nicht mehr mit dem Mutterland abstimmen konnten.

Diese Einschränkungen in der Nutzbarkeit der Telegraphie wurden erst durch die Entdeckung der elektromagnetischen Wellen durch den deutschen Physiker Heinrich Hertz 1888 und deren technische Nutzung durch den Italiener Guglielmo Marconi überwunden. Mit Hilfe des Funks und seiner frühesten Form, der Funktelegraphie, war zum ersten Mal eine körperlose und trägerungebundene Form der Nachrichtenübermittlung gefunden worden, mit der Globalität in des Wortes verwegendster Bedeutung erreicht werden konnte. Bevor dies aber geschah, sollte eine weitere Erfindung ihren Teil zur Revolutionierung der Nachrichtenübertragung beitragen: die Übertragung der menschlichen Stimme, vorerst über eine Leitung, und zwar bei entsprechender Verstärkung mit interkontinentaler Reichweite.

Der heutigen selbstverständlichen Nutzung des Telefons standen in der Frühphase seiner Entwicklung große Schwierigkeiten entgegen. Als Erfinder des Telefons mag der Friedrichsdorfer Lehrer Philipp Reis gelten, der einen von ihm so bezeichneten Apparat am 26. Oktober 1861 in den Räumen des Physikalischen Vereins in Frankfurt zum ersten Mal vorstellte. Wie bei vielen großen Erfindungen gab es aber auch beim Telefon eine Anzahl von Vätern, denen es jedoch – ähnlich wie bei Reis – nicht vergönnt war, den entscheidenden Schritt zur dauerhaften Verwendbarkeit ihrer Erfindung tun zu können. Das Reissche Telefon mag daher am besten als Vorläufer des Gebrauchstelefons bezeichnet werden, da sich trotz mehrfacher Verbesserungen eine dauerhafte Gebrauchsfähigkeit nicht erreichen ließ. Erst 1876 meldete der amerikanische Taubstummenlehrer Alexander Graham Bell ein gebrauchsfähiges Telefon zum Patent an, das auf der Weltausstellung desselben Jahres in Philadelphia große Beachtung fand.

Mit Riesenschritten hat der elektrische Telegraph, neben dem Telephon die idealste Schöpfung des vergangenen Jahrhunderts, inzwischen über den Erdkreis sich verbreitet; in allen Teilen desselben ist sie heimisch, und deren äußerste Grenzen verbindend, erkennt sie die trennenden Fluten des Ozeans nicht mehr als Hindernis: die Mitteilung des Gedankens ist unabhängig von irdisch räumlichen Verhältnisse geworden.
(Telegraphie und Telephonie, Leipzig 1901)

Als am 12. Januar 1881 die erste Stadtfernsprechanlage im deutschen ReichsPostgebiet in Berlin probeweise mit 8 Teilnehmern in Betrieb genommen wurde, war der Glaube an ein Gelingen dieses Unterfangens nicht sehr groß. Doch es zeigte sich recht bald, daß ein gewisses Interesse an diesem Kommunikationsmittel bestand, und es folgten noch im gleichen Jahr Fernsprechanlagen in Mülhausen/Elsaß am 24. Januar sowie in Hamburg, Frankfurt am Main, Breslau, Köln und Mannheim. Die Gebühr für einen einfachen Anschluß betrug 200 M pro Jahr, wenn die Leitung nicht länger als 2 km war. Für jeden weiteren Kilometer oder einen Teil davon mußten zusätzlich 50 M im Jahr bezahlt werden.
(Manfred Bernhardt: Fernsprechapparate für einfache Hauptanschlüsse. In: Archiv für deutsche Postgeschichte, Heft 2/1984, S. 40)

Überlandkabel-Bautrupp auf Montage;
Fotografie, um 1910.

Seekabel-Verlegung an der Ostseeküste,
1927. Das mit Verstärkern (Pupin-Kästen)
versehene 3. „Ostpreußenkabel", „Pupin-
kabel", wird der Presse vorgestellt.

Fotografie aus den 30er Jahren von Deck
des deutschen Kabellegers „Heinrich von
Stephan".

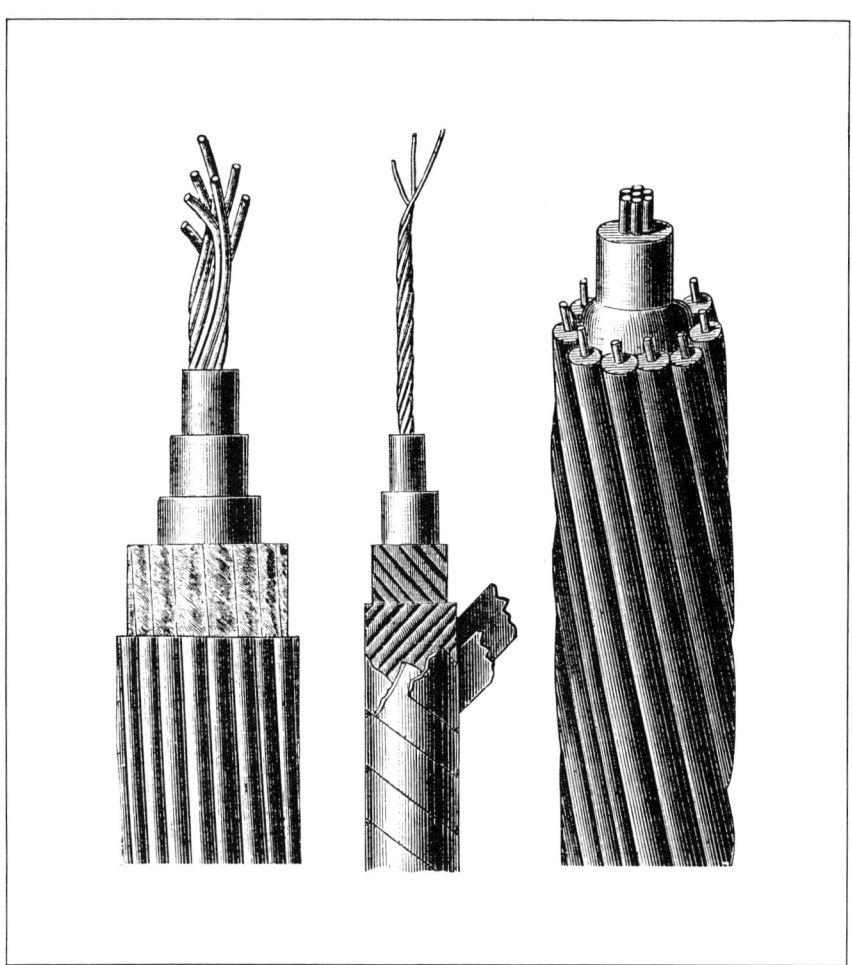

Drei Telegraphenkabel aus der Frühzeit der Seekabelverlegung. Schnitte durch das Alexandria–Malta-Kabel von 1861 (links), das Bona–Bisera (Algier)-Kabel von 1856 (Mitte) und das Marseille–Algier-Kabel von 1860 (rechts). Als Hüllmaterial um die Kupferdrähte diente Guttapercha, geteerter Hanf und hanfumsponnener Eisendraht. Holzstiche um 1900.

Rußlands und erbaten politische Unterstützung. In der Zwischenzeit bediente sich Lenin eines anderen Mediums, das die Umstürzler entweder vergessen oder unterschätzt hatten, nämlich des Telefons, um die ihm ergebenen Truppen zu mobilisieren, mit deren Hilfe der versuchte Umsturz dann auch schnell vereitelt wurde.

Wieweit aber auch der Glaube der Benutzer an die neuen Nachrichtenmedien und ihre Rolle als Garant von Nachrichtentransparenz entwickelt war, läßt sich an den Worten des Gustav Oppermann in Feuchtwangers Roman *Die Geschwister Oppermann* erkennen: „Es ist klar, dachte Gustav, ... die Panik ringsum hat ihn verrückt gemacht. Den Reichstag anzünden. Sie müßten ja toll sein. Wie wollen sie mit einer so ungeheuerlichen, plumpen Lüge durchkommen? So kann man Neros brennendes Rom zusammenklittern, für Kolportagehefte. Aber heute kann man das nicht machen, im Zeitalter des Telefons und der Rotationsmaschine."

Funkensprünge

Zurück zum Netz, das sich stetig ausbreitete: bereits 1883 mußten erste Versuche unternommen werden, Fernsprechleitungen unterirdisch zu führen, da das Gewicht der vielen Freileitungen die Tragfähigkeit der Dächer überforderte. Im selben Jahr wird der Fernsprechverkehr über größere Distanzen zwischen verschiedenen Städten des Reichs eingeführt; die durchaus erwünschten Nebenwirkungen dieses Langstreckenverkehrs wurden von Stephan 1887 in Bremen folgendermaßen beschrieben: „Sie sprechen jetzt direkt mit Lübeck und Hamburg. Ich sehe die Zeit kommen, wo Sie sich mit den Geschäftsfreunden in Wien, Kopenhagen und Amsterdam fernmündlich unterhalten werden, was ja u. a. den Vorteil bietet, daß man bei der großen Entfernung nicht gleich tätlich aneinandergeraten kann...", ein fein formulierter Unterschied zwischen körperlicher und körperloser Kommunikation. Und Werner Siemens erklärt im selben Jahr, der Fernsprecher sei ein Zauberer, er mache aus „Abwesenden" „Anwesende".

Ein Jahr später entdeckt Hertz in Karlsruhe die elektromagnetischen Wellen, die drahtlose Übertragung von Telegraphie und Telefonie ermöglichen werden. Edward Bellamys Zukunftsroman desselben Jahres *Looking backward* vermittelt euphorische Einsichten in die Bedeutung der neuen Medien, insbesondere des prognostizierten Rundfunks, für zukünftige Gesellschaften und Individuen: „... an der Grenze menschlicher Glückseligkeit ... eine Einrichtung, die jedem Musik ins Haus sendet. Eine Musik, die vollkommen in ihrer Art, unbeschränkt in ihrer Dauer und jeder Stimmung angepaßt, nach Wunsch beginnt und endet..." Die Vorwegnahme der totalen Mediengesellschaft?

Bevor es hierzu kommen sollte, wurden erst einmal die Fernsprechnetze wesentlich erweitert, indem etwa 5000 Postanstalten hierzu herangezogen wurden, dadurch eine wesentlich engere Anbindung ländlicher Gegenden an die Städte erreichend; auch dies ein Beispiel der Nutzung eines bereits existierenden (Post-)Netzes zum Zwecke der Nutzung durch einen neuen Dienst.

Die Jahrhundertwende sieht eine weitere Erfindung das Licht der Welt erblicken, die für die Nachrichtenübermittlung weltweit von großer Bedeutung sein sollte: aufbauend auf den Erkenntnissen der Hertzschen

Funktelegramm von der sinkenden „Titanic" am Abend des 14. 4. 1912. Eines der ersten Funktelegramme mit „SOS". Die oberste Zeile wiederholt die Notsignale „S.O.S." und „c.q.d." (come quick danger).

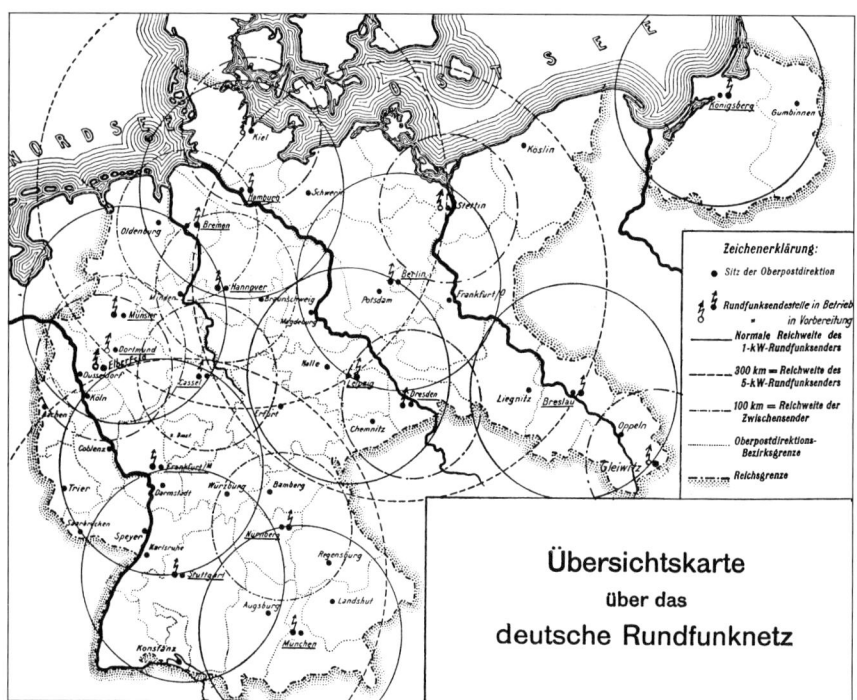

Reichweite der bestehenden und geplanten Rundfunksender nach dem Stand von 1924. Schematische Darstellung, herausgegeben von der Deutschen Reichspost 1925.

Versuche, gelingt es Marconi 1897 erstmals, eine Nachricht auf dem Funkwege zu übermitteln; dies geschah über den Bristolkanal in England und eine Entfernung von circa fünf Kilometern. Hiermit deutet sich bereits die zukünftige Anwendungsmöglichkeit des neuen Übertragungsmediums an, nämlich überall dort, wo fest installierte Träger keine Verbindung herstellen können, wie beispielsweise im Schiffsverkehr. 1906 gelingt es dann zum ersten Mal, eine Stimme über Funk zu übertragen. Funktelegraphie und Rundfunk bauen auf dieser Erfindung auf, durch die eine Nachricht nicht nur körperlos, sondern auch trägerungebunden übertragen werden konnte.

Erste spektakuläre und dramatische Einsätze der Funktelegraphie ergaben sich im Bereich der Schiffahrt, bei der ja trägergebundene Übertragungsformen nicht möglich waren. Eins der wohl bekanntesten Beispiele ist der funktelegraphische Verkehr der sinkenden *Titanic*, aufgrund dessen eine Rettungsaktion, wenn auch für viele zu spät, in Gang gebracht werden konnte.

Auch das Medium Funk bedarf der Verstärkung, da die Intensität der ausgesandten Signale auf weite Strecken übermäßig stark abnimmt. Zusätzlich wird die Übertragung über weite Strecken durch die natürliche Erdkrümmung erschwert, so daß hier wie beim Fernsehen Verstärkerstationen ein Netz bilden, die entweder durch Leitungen oder durch Richtfunkstrecken miteinander verbunden sind. Für den Richtfunk, der von *einem* Sender zu *einem* Empfänger übertragen wird, gilt daher, daß Sender und Empfänger in „Sichtweite" zueinander stehen müssen, damit keine Ableitung des Signals durch die Erdoberfläche den Empfang im Prinzip unmöglich macht. Rundfunk und interkontinentaler Funkverkehr bedienen sich einer anderen Möglichkeit, weite Strecken zu überwinden: die von ihnen ausgesandten Signale werden durch die untere Schicht der

Atmosphäre auf die Erde zurückreflektiert. Allerdings leidet durch die Brechung die Übertragungsqualität erheblich.

Der Rundfunk, jenes Medium, das sich in kürzester Zeit zu einem Massenmedium entwickeln sollte, beginnt in Deutschland mit der ersten öffentlichen Übertragung Ende Oktober 1923. Zu verdanken ist dies hauptsächlich dem damaligen Leiter der Funkabteilung im Reichspostministerium, Hans Bredow. Zu dieser Zeit herrschte dort, anders als bei Stephans Einführung des Telephons, keine große Gläubigkeit an die Zukunft des Mediums Rundfunk, so daß es Bredow nur mit größter Überzeugungskraft gelang, seine Ideen im eigenen Hause durchzusetzen.

Wie richtig seine Einschätzung war, zeigt sich an folgenden Zahlen. Zwei Monate nach Beginn der Sendungen gab es 467 angemeldete Teilnehmer (Empfänger), 1926 schon über eine Million und 1930 bereits über drei Millionen. Daß ein solches Medium bald das Interesse des Staates erwecken sollte, ist bei seiner schier uneingegrenzten Ausbreitungsmöglichkeit nicht verwunderlich, handelte es sich doch hierbei um ein Propagandainstrument par excellence. So war es denn zum ersten Male in der Geschichte des Staatswesens möglich, praktisch alle Bürger eines Staates gleichzeitig zu erreichen, um sie zu informieren – oder auch zu desinformieren.

Der Mißbrauch dieses Mediums durch den nationalsozialistischen Staat führte dann auch zu der durch die Siegermächte initiierten neuen Rundfunkordnung der Nachkriegszeit, die durch die Diversifizierung der Rundfunk-Anstalten und ihre Zuordnung zu verschiedenen Bundesländern sowie durch ihren Status als Anstalten des Öffentlichen Rechts eine zentrale und einseitige politische Einflußnahme zu verhindern trachtet. Entwickelt aus den verschiedenen Funkaktivitäten der Post war sie dennoch nur in der unbedingten Anfangsphase mit dem Rundfunk inhaltlich verbunden. Nach Übernahme des Rundfunks durch andere staatliche Organe beschränkte sich die Post darauf, ähnlich wie heute, die Übertragung der Sendungen zu bewerkstelligen, ohne Einfluß auf deren Inhalt zu nehmen.

Daten (Signale) und Stimmen waren übertragbar geworden; es fehlte das Bild. Wie bei den meisten für die Nachrichtenübertragung wichtigen Erfindungen gab es auch für das Fernsehen verschiedene Vor- und Entwicklungsstufen. „Unter Fernsehen versteht man die mit den Methoden der Bildtelegraphie arbeitende elektrische Übertragung von Bildern in einer so kurzen Zeitfolge, daß für das träge menschliche Auge der Eindruck einer zusammenhängenden Handlung entsteht."[15] Bereits 1843 wurden erste Vorschläge für die Zerlegung eines Bildes in Zeilen gemacht, wobei die verschiedenen Helligkeitswerte dann durch elektrische Impulse übertragen werden sollten. Wenngleich diese Ideen damals technisch noch nicht umsetzbar waren, wurde das Grundprinzip der Fernsehübertragung richtig vorausgedacht. Bei der Deutschen Reichspost begannen die ersten Versuche mit der Übertragung von Bildern im Jahre 1926, die dann in Zusammenarbeit mit der Industrie 1928 auf der 5. Großen Deutschen Rundfunkausstellung zur ersten öffentlichen Vorführung einer Fernsehinstallation führten; 1935 wurde im damaligen Reichspostmuseum die erste öffentliche Fernsehstube eingerichtet, und anläßlich der Olympi-

Mit der nationalsozialistischen „Rundfunkrevolution" fanden sowohl der proletarische wie der bürgerliche Rundfunk ihr Ende. Der Rundfunk solle das „Braune Haus deutsches Geistes" sein, forderter der neue Reichssendeleiter *Eugen Hadamovsky* auf einer Kundgebung des ‚Reichsverbandes Deutscher Rundfunkteilnehmer' im Berliner Sportpalast 1933. Wenig später schrieb er im ‚NS-Funk': Ich klage das System Bredow vor dem deutschen Volke an: der politischen Verlotterung und Pfründenwirtschaft, der jüdischen Versippung und des Kultur-Bolschewismus, der Profitjägerei und Dividendengesinnung, der Sabotage an der nationalsozialistischen Erhebung." Im Rundfunk dürfe es nichts geben, was nicht auf den letzten und tiefsten Sinn der Propaganda hinziele. „Wahrer, rechter Rundfunk ist Propaganda schlechthin. Er ist der Inbegriff des Wortes ‚Propaganda'."

Der Volksempfänger machte das Volk zum Befehlsempfänger: aus dem Lautsprecher ertönte der „Führer" als Laut-Sprecher. Die drahtlose Gleichschaltung erwies sich als ein besonders erfolgreiches Instrument nationalsozialistischen Machtanspruchs: Der Hallraum der Unmenschlichkeit konnte ins Unermeßliche gesteigert, die abgründigste Bosheit mit forscher Begleitmusik versehen werden.

schen Spiele 1936 wurde die Fernsehberichterstattung erstmals konsequent eingesetzt, wenngleich die Anzahl der Empfänger noch sehr beschränkt war. Der Zweite Weltkrieg unterbrach die weitere Verbreitung dieses Mediums in den meisten Ländern; zur Wiederaufnahme der Fernsehsendungen nach dem Krieg im Jahre 1955 stellte dann die Post nur noch die Übertragungseinrichtungen zur Verfügung.

Ein weiterer wesentlicher, wenn auch nur gedanklicher Schritt zur Weiterentwicklung eines globalen Kommunikationsnetzwerks war die Idee des Engländers Clarke aus dem Jahre 1945, mit Hilfe von Satelliten ein die ganze Erde umfassendes Nachrichtenübertragungsnetz zu errichten. Wenngleich diese Idee zu ihrer Zeit, wie viele andere bahnbrechende Ideen in der ihrigen, technisch noch nicht umsetzbar war, so bestach sie doch durch ihre konzeptionelle Brillanz und großartige Simplizität. Statt Funksignale durch Reflexion und damit ohne Verstärkungsmöglichkeit unter Überwindung der Erdoberflächenkrümmung zu übertragen, sah das Clarkesche Modell Satelliten vor, auf die ein Richtfunksignal gesendet wurde, das, dort empfangen und verstärkt, auf einen anderen sonst durch die Erdoberflächenkrümmung nicht direkt erreichbaren Teil der Erde zurückgesendet wird.

1964 wurden tatsächlich die ersten Sprach- und Bildübertragungen zwischen den Vereinigten Staaten und Deutschland in der Erdfunkstelle Raisting (Oberbayern) getätigt. Aufgrund der eingeschränkten Reichweite der Trägerraketen, die den Satelliten zu befördern hatten, kreiste dieser in zu niedriger Umlaufbahn um die Erde, so daß er nicht „still" über der Erde stand, sondern nur dann zu Übertragungszwecken genutzt werden konnte, wenn er gerade „sichtbar" war. Diese Nutzungseinschränkung wurde nach der Einführung verbesserter Trägerkapazitäten durch die geostationären Satelliten überwunden. Diese stehen in einer Entfernung von 36 000 Kilometern scheinbar über der Erde, denn ihre Umlaufgeschwindigkeit ist gerade so groß, wie die Eigendrehung der Erde.

Mit Hilfe von nur drei Satelliten in geostationärer Position läßt sich die gesamte Erdkugel übermittelungstechnisch umspannen; von einer Erdfunkstelle wird ein Richtfunksignal mit etwa 100 000facher Verstärkung zu einem über dem Äquator plazierten Satelliten gesendet, der es mit Hilfe der durch seine Sonnensegel gewonnenen Energie verstärkt und in einem neuen Winkel zur Erde zurücksendet. Auf diesem Wege ist die Übertragung von Telegraphiezeichen, Ferngesprächen, Dateninformationen und Fernsehsendungen via Satellit möglich.

Die Quantität der übermittelten Nachrichten (ein Satellit des Typs Intelsat V kann z. B. gleichzeitig u. a. 12 500 Ferngespräche übertragen) und die Geschwindigkeit der Übertragung (Lichtgeschwindigkeit mit einer Verzögerung von 0,2 Sekunden zum entferntesten Empfänger) ergeben die Möglichkeit zu weltweiter, praktisch synchroner Kommunikation. Dies wird zusätzlich ermöglicht durch ein vereinfachtes Codierungssystem für die zu übertragenden Nachrichten, die Digitalisierung, d. h. die Codierung mit Hilfe einer Kombination von nur zwei Zeichen (Morse läßt grüßen), die eine effiziente Übertragung der Nachricht mit der notwendigen Decodierung beim Empfänger möglich macht. Damit ist die „Überwindung der Zeit" praktisch erreicht.

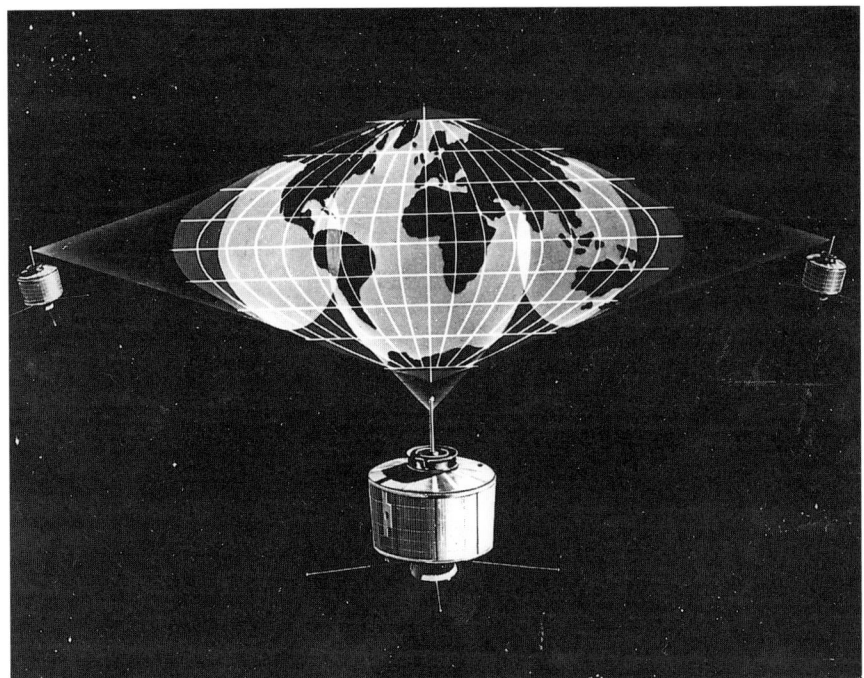

Modellschema der weltweiten Satelliten-
Funk-Übertragung durch geostationäre,
auf Fixpunkten über der Erde mit der
Erdumdrehung kreisende Satelliten, 1963.

Wenn wir uns in diesem Zusammenhang an die ersten Absätze dieser
Darstellung erinnern, wird uns jedoch auffallen, daß das Prinzip der
Kommunikation sich nicht, seine Durchführung jedoch radikal geändert
hat.
In dem Maße, in dem das Kommunikationsnetzwerk erweitert und durch
Einsatz neuer technischer Errungenschaften verbessert wird, verändert
sich die Welt. Sie wird anders, indem neue Kommunikationsmöglichkeiten
die Kommunikationsformen von Individuen und Gesellschaft verändern.
„The global village", das Weltdorf, ist für diejenigen, die Zugang zu den
neuesten Kommunikationsmedien haben und sie zu nutzen wissen, bereits
erreicht. Möglich geworden ist dies durch das menschliche Grundbedürf-
nis der Kommunikation und deren mediale Veränderungen mit Hilfe
neuer und neuester Technologien. Die Rolle der Post als Kommunika-
tionsunternehmen ist zwar, äußerlich gesehen, auf die Bereitstellung und
den Betrieb von Kommunikationsnetzen beschränkt, beeinflußt jedoch
gerade dadurch mentalitätsmäßige Entwicklungen in Gesellschaft und bei
Individuen. Von „medium" und „message" wird im folgenden die Rede
sein. Hier sei die abschließende Frage gestattet, jenes „cui bono", das
schon in Rom bei weitreichenden Veränderungen als moralische Maxime
gestellt wurde: Inwieweit und auf welche Weise man sich der Möglichkeiten der jetzigen und zukünftigen Kommunikationstechnologien zum Nutzen und Wohle der Menschheit bedienen wird, mag bestimmend dafür
sein, ob zukünftig die Bedeutung des Wortes „Weltdorf" mehr von seinem
ersten oder von seinem zweiten Wortteil bestimmt werden wird.

Die Überwindung des Raumes

Beseelte Erfahrung

Kolorierter Stahlstich, um 1840.

Die Post als Netzwerk ist Ausdruck und Ausgestaltung eines tiefen Verlangens des Menschen, mit anderen Menschen, über Entfernung hinweg, in Kontakt zu treten, diesen Botschaften zukommen zu lassen und von ihnen Botschaften zu erhalten. Das kommunikative Bedürfnis ist Teil der kulturellen Entwicklung; in diesem Sinne beginnt die Postgeschichte sehr früh; ihre eigentliche Ausprägung erhält sie mit dem Anbruch der Neuzeit. Das Jahr 1490 – ein „Schlüsseljahr", da von nun an regelmäßige Postdienste, auf Anweisung des späteren Kaisers Maximilian I., eingerichtet wurden und urkundlich nachweisbar sind – signalisiert eine neue Befindlichkeit, die in vielen Jahrzehnten vorher heranwuchs und, was ihre weitere Entwicklung betrifft, eines langen Zeitraums bedurfte. Es handelt sich um die Entwicklung und Ausprägung des europäischen Raum- und Zeitgefühls. Egon Friedell hat, gewissermaßen psychotopographisch („seelenräumlich"), den Wechsel vom Mittelalter zur Neuzeit als Umschlag des Bewußtseins aus der Vertikalen in die Horizontale beschrieben. Mit der Wende des 15. Jahrhunderts ereigne sich etwas sehr Merkwürdiges: Der Mensch, bisher in dumpfer andächtiger Gebundenheit den Geheimnissen Gottes, der Ewigkeit und seiner eigenen Seele hingegeben, schlage die Augen auf und sehe um sich. Er blicke nicht mehr über sich, verloren in die heiligen Mysterien des Himmels, nicht mehr unter sich, erschauernd vor den feurigen Schrecknissen der Hölle, nicht mehr in sich, vergrübelt in die Schicksalsfragen seiner dunklen Herkunft und noch dunkleren Bestimmung, sondern geradeaus, die Erde umspannend und erkennend, daß sie sein Eigentum ist. „Die Erde gehört ihm, die Erde gefällt ihm; zum erstenmal seit den seligen Tagen der Griechen. Dieser Blick ist von einer eigentümlich tiefen Flachheit. Es ist der Blick der untragischen Zufriedenheit, des philiströsen Wohlbehagens, der praktischen Klugheit, der problemlosen Vernünftigkeit, eine Art Mischung aus Yankeeblick und Wiederkäuerblick: die Welt ist schön, die Welt ist grün, die Welt ist saftig, sie riecht ausgezeichnet und schmeckt noch besser; assimiliere dir von ihr, so viel du kannst: dazu hat sie ja Gott, ein besonderer Gönner aller Wiederkäuer, ganz zweifellos geschaffen."
Aber die Welt erweist sich für diesen Blick nicht nur als schmackhafte Wiese; sie ist mehr: ein Bauplatz für alles erdenkliche Nützliche, Wohltätige und Lebenfördernde, für Werkstätten der Heilkunst, der Meßkunst, der Scheidekunst, für Institute und Apparate zur Verfeinerung, Erleichterung und Erhöhung des Daseins, „für babylonische Türme, die sich zum Himmel recken, um ihm sein Geheimnis zu entreißen, ein unermeßlich weites, unerschöpflich reiches Operationsfeld für die Betätigung und Steigerung der Kräfte des reinen Verstandes, des Verstandes, der sich ganz auf sich selbst stellt, sich alles zutraut, vor nichts zurückschreckt, durch nichts zu enttäuschen ist: dies ist die heroische Seite des neuen Blicks neben seiner animalischen."[1]
Was Friedell aphoristisch, mit einem Schuß Ironie formuliert, gilt es in verschiedenen Situationen und in Entwicklungsstadien aufzuzeigen – in Form einer Mentalitätsgeschichte der Post.
Die Post erweist sich als ein höchst bedeutsames Vehikel des veränderten Raum- und Zeitgefühls; mit und in ihr findet der Traum von der Vernetzung in der Neuzeit eine entscheidende Verdinglichung; im Laufe einer

langen Entwicklung, die sich freilich oft nicht von der Stelle zu bewegen scheint, gelangt er zur Erfüllung. Die Weite des Raumes schrumpft angesichts von „Beförderung" zusammen; der nötige Zeitraum wird immer kleiner. Schließlich werden Zwischen-raum und Zwischen-zeit durch Allgegenwart und Gleichzeitigkeit ersetzt.

„Neuzeit": das bedeutet die Ablösung des ptolemäischen, von der Begrenztheit menschlicher Erfahrung ausgehenden Weltgefühls durch das „kolumbianische" und später kopernikanische, die Unendlichkeit des Raumes sich erschließende Weltbewußtsein. Postalisch gesprochen beginnt solche Wandlung sehr bescheiden; im Zitat einer Memminger Chronik aus dem Jahr 1490: „In diesem Jahr fingen die Posten an bestellt zu werden aus Befelch Maximilians I. des Römischen Königs, von Österreich bis in Niederland, in Frankreich und bis nacher Rom."[2]

Die Anfänge und die Vorgeschichte der Post

Die kulturhistorische Tat des Franz von Taxis hat Johann Jakob Moser, Staatsrechtler des 18. Jahrhunderts, mit der des Kolumbus verglichen – was die im Jahr 1490 anhebende Postgeschichte gut zu charakterisieren vermag.[3] „Die große geschichtliche Leistung des Hauses Thurn und Taxis ist mit einem einzigen Wort gekennzeichnet, es ist die Post. Mitglieder dieser aus Norditalien – Cornello bei Bergamo – stammenden Familie waren es, die, dem Rufe und den Bedürfnissen der neuen Zeit folgend, vom ausgehenden 15. Jahrhundert an das Postwesen im gesamten westlichen Europa aufbauten." (Max Piendl)[4] Der Hauptgrund für den großen Erfolg der Taxis im Postwesen bereits in der frühen Zeit lag in dem starken Familiensinn und der engen Familiengemeinschaft. Dazu kam die durch verwandtschaftliche Beziehungen ermöglichte Internationalität.[5]

Wird das Jahr 1490 im Rahmen einer Entwicklungsgeschichte betrachtet, so endet hier das Verkehrsleben des Mittelalters und Altertums.[6]

Seit Bestehen der Schrift wird man auch schriftliche Nachrichtenübermittlung vermuten dürfen. Überliefert ist der systematische Transport von Papyrusblättern im alten Ägypten; dafür wurde eine große Zahl von Fußboten – meist im Dienste des Pharao – eingesetzt, die in der Lage waren, weite Strecken zurückzulegen; das war eine gefährliche Aufgabe: Um 2300 v. Chr. wird berichtet, daß die Boten aus Furcht, unterwegs umzukommen, häufig vor Antritt der Reise ihr Vermögen ihren Kindern vermachten. Das älteste, bisher bekannte Postdokument, ein Papyrus (in Hibeh gefunden), stammt aus dem Jahre 255 v. Chr.; es gibt auch Aufschluß über das ägyptische Botenwesen. „Bei der Poststation Hibeh waren damals fünf Beamte beschäftigt, die namentlich bekannt sind. In dem Papyrus, der als Tagebuch geführt wurde, vermerkte ein Beamter der Poststation Einzelheiten über die Briefbeförderung, die eingesetzten Boten, die zurückgelegten Beförderungswege, die Art der Sendungen sowie die Namen der Empfänger. Da als Empfänger meistens der Herrscher Ptolemaios III. Euergetes bzw. sein Finanzminister Apollonios genannt sind, muß angenommen werden, daß die Boteneinrichtungen von Privatpersonen nicht in Anspruch genommen werden konnten."[7]

„... und in diesen Ländern konnte man Tauben abrichten, daß sie von Land zu Land Briefe trugen", heißt es (sinngemäß) im Reisebericht des Jean de Mandeville von einer mit Merkwürdigkeiten gespickten „Reise nach Jerusalem". Eingedeutschte Fassungen erschienen in der 2. Hälfte des 15. Jahrhunderts bebildert im Druck. Die beiden Holzschnitte zur erwähnten Textstelle über Sitten und Gebräuche im Königreich Syrien stammen aus einer Augsburger Ausgabe von 1481 (oben) und aus einer Straßburger von 1488 (unten). Abbildungen nach Facsimiles aus den Beständen des ehemaligen Reichspostmuseums.

Ein hochentwickeltes Postwesen (als Stafettenkurs), das selbst nachts in Betrieb war, gab es auch im alten Persien. In Griechenland war ein einheitlicher Botendienst wegen der geringen räumlichen Ausdehnung, der Zersplitterung in kleine Staaten, der schlechten Straßen und der erheblichen Geländeschwierigkeiten weder möglich noch notwendig. Allerdings wurden von Fall zu Fall Tagläufer, sog. Hemerodromen, eingesetzt. Von Ladas, der im Dienste von Alexander dem Großen stand, wird erzählt, daß seine Schnelligkeit so groß gewesen sei, daß seine Spuren im Sand kaum wahrnehmbar waren. Im Römischen Reich mit seiner großen Flächenausdehnung bestand ein gut organisiertes, freilich Privatleuten kaum zugängliches Nachrichtenwesen. Kaiser Augustus (reg. 27 v. Chr. – 14 n. Chr.) schuf mit dem cursus publicus eine Staatsverkehrsanstalt, die amtliche Gegenstände, Nachrichten oder Personen stationsweise beförderte. Als gewöhnlichen Transportwagen verwendete man den carrus, als Reisepostwagen (auch Schnellpostwagen) die rheda. Die vierrädrigen Gefährte wurden mit zwei oder vier Pferden bespannt. Die Strecken des cursus publicus waren in feste Stationen (posita statio) und mansiones (Quartiere im Abstand von etwa einer Tagesreise) unterteilt; zwischen diesen gab es fünf bis acht mutationes (Wechselpunkte). Aus mansio posita, mutatio posita und posita statio entstand das heutige Wort „Post".

In seiner Abhandlung *Das Verkehrsleben im Mittelalter* (1869) spricht Heinrich von Stephan, seit 1870 als Generalpostdirektor mit der Leitung der Postverwaltung des Norddeutschen Bundes betraut (1867 hatte er die Übernahme der Taxisschen Post durch den Preußischen Staat vorbereitet) davon, daß mit dem Übergang zur Neuzeit und der Fortentwicklung auf kulturellem und wirtschaftlichem Gebiet die Menschen ein stärkeres Informations- wie Mitteilungsbedürfnis empfunden hätten. Das Verkehrswesen des Mittelalters, das sich auf der Grundlage der Städteentwicklung und der Verbindung mit anderen Ländern herausgebildet hatte, habe dafür den Boden bereitet. „Trotz großer Schwierigkeiten brachte der Verkehr Menschen, Völker und Klassen, die sonst getrennt waren, zusammen und machte sich in einer Zeit, in der die Literatur erst im Entstehen war, zum Vermittler der Kenntnisse und zum Hauptträger des Ideenaustausches unter den Menschen."[8] Doch habe der Staat in seiner mittelalterlichen Beschaffenheit dieser Entwicklung weder auf dem Gebiet der Verkehrsgesetzgebung noch durch Einrichtung von Verkehrsanstalten, für die erst beim Ausgang der Epoche etwas geschah, zu Hilfe kommen können.

Das Mittelalter unterschied sich von den Großreichen des Altertums u. a. dadurch, daß kein geregeltes Postwesen für Staatsbedürfnisse mehr bestand; gerade deshalb aber finden sich Vorstufen späterer allgemeiner Nutzung. So gab es die Klosterboten, die Universitätsboten, einen Botendienst des Deutschen Ordens, einen Nachrichtenverkehr der Kaufleute, vor allem auch Amts- und Städteboten. Eine süddeutsche Besonderheit bestand in den Metzgerboten. Da die Metzger oft mit Pferd und Wagen unterwegs waren, wurde dieser Zunft der Nachrichtendienst übertragen. Dieses System war so ausgeprägt, daß es sogar in Konkurrenz zur Taxisschen Reichspost geriet. „Deren Postmeister in Köln, Jacob Henot, konnte Kaiser Rudolf II. dazu veranlassen, daß er in einem Erlaß vom 6. Novem-

Post, Cursor publicus, Posta, Poste, heisset ein Bothe, so zu gesetzten Tagen und Stunden abläufft, wieder ankommt, und Briefe von anderen nahen und fernen Orten mitbringet, oder dahin mitnimmt, welche an den Ort, wohin sie addresiret oder gerichtet sind, um ein leidliches Porto-Brief- oder Post-Geld, abgegeben werden. Die Geschwindigkeit, mit welcher sie lauffen, und die richtige Überkunft der dadurch fortgeschickten Briefe, bringen der menschlichen Gemeinschaft eine große Bequemlichkeit, auch dem Handel und Wandel eine mächtige Beförderung, daher in allen wohlbestellten Reichen und Regierungen die Post mit Fleiß eingerichtet werden, so, daß man aus einem jeden Theile und Orte Europens, an alle die übrigen gemächlich und sicherlich Briefe fortbringen, und Brief-Wechsel unterhalten kann.
(Zedler'sches Lexikon, 1741)

Die erste deutsche Enzyklopädie des Leipziger Verlegers Johann Heinrich Zedler, 1732–1754 in Halle herausgegeben, umfaßte 64 Bände und 4 Ergänzungsbände, alle im Großformat und mit je rund 1000 Seiten. Der Post sind 12 Seiten gewidmet. (Vgl. Gerhard Brandtner: Die Post im Lexikon – Im Jahr 1741. Archiv für deutsche Postgeschichte, Heft 2/1981, S. 136)

ber 1597 das Nebenbotenwesen und die Metzgerposten im Reich und seinen Erblanden verbot, weil sie u. a. auch ausländische Briefe befördert hätten. Bei Zuwiderhandlungen und Gebrauch des Posthorns wurden den Metzgern Haft- und Geldstrafen sowie die Wegnahme der Pferde angedroht. Die Landesherren beeindruckte der kaiserliche Erlaß nur wenig. Im Gegenteil, Herzog Johann Friedrich von Württemberg erließ 1622 noch eine ‚Post- und Metzgerordnung‘, die die Metzger unter staatlichen Schutz stellte und Entschädigungen für die beförderten Briefsendungen festsetzte. Die Bedenken seiner Geheimen Räte bei der Beratung dieser Verordnung schob der Herzog mit den Worten beiseite: ‚Wie es von alters gehalten wurde, so bleibt es!‘ So blieb es bis zum Ende des 17. Jahrhunderts." (Gottfried North)[9]

Die Veränderung des Zeitgefühls

Die mit dem emblematisch zu verstehenden Jahr 1490 einsetzende Wende im Informations- und Kommunikationssystem ist Ausdruck eines veränderten Zeitgefühls bzw. Zeitbewußtseins. Die von Egon Friedell für das Mittelalter konstatierte „Vertikalität" zwischen dem Himmel oben und der Hölle unten bedeutete zwar, differenzierter gesehen, eine „diversitas temporum" (Gegensatz der Zeitabschnitte), doch überwog in der Tat eine „Zeitnutzung", die sich auf den inneren Menschen bezog. Postalische Kommunikation (im allgemeinsten Sinne) bedurfte eines „horizontalen" weltimmanenten (diesseitigen) Lebensgefühls, das den Zeitgebrauch vor allem im Sinne der Überwindung von „Zwischenräumen" verstand.
„Die Zeit", schrieb Petrarca (1304–1374) an Kaiser Karl IV., „ist eine überaus kostbare, ja in ihrem Wert kaum abschätzbare Sache."[10] Sein Bekenntnis zum Wert der Zeit verdeutlicht eine im späten Mittelalter weitverbreitete Einstellung: „Zeitverlust durch Müßiggang und moralisch bedenklichen Zeitvertreib wurde gebrandmarkt. Zeitvergeudung galt als

Sünde. Theologen und Prediger ermahnten ihre Leser und Hörer, ihre Zeit so zu gebrauchen, daß das, was sie in der Zeit denken und tun, zum geistigen und sittlichen Fortschritt beiträgt."[11] Klaus Schreiner macht jedoch deutlich, daß bereits im späten Mittelalter der auf Introversion angelegte Umgang mit der Zeit in Widerspruch zu einem auf Extraversion angelegten Umgang trat. Zum einen ging es nach wie vor um die eigene, persönliche Zeit (= tempus proprium), die vor allem auch der Vorbereitung auf das Jenseits diente, also in sich gekehrt war; zum anderen nahm das Bewußtsein von einer gesellschaftsbezogenen, der Allgemeinheit gehörigen Zeit (= tempus commune) zu.

Die Post entwickelte sich also in einer Phase, da die Bedeutung des Ewig-Unvergänglichen zurücktrat gegenüber dem Anspruch des Transitorisch-Augenblicklichen. Mit dem Beginn der Säkularisierung, der Loslösung des einzelnen, der gesellschaftlichen Gruppen und des Staates aus den Bindungen der Kirche, wie sie seit Ausgang des Mittelalters zu beobachten ist – also im Rahmen einer zunächst noch zögerlichen, dann immer mehr um sich greifenden Verweltlichung –, unterliegt das „Wesentliche" einem Paradigmenwandel: Die „Horizontalität" wird nun zum Wert, freilich im Laufe der Jahrhunderte immer wieder von kulturkritischen Strömungen als Verflachung angeprangert. („Buchdruckerei erfunden!", meinte z. B. Johann Gottfried Herder, „und wie sehr die Welt der Wissenschaft geändert! erleichtert und ausgebreitet! licht und flach geworden! Alles kann lesen, buchstabieren – alles was lesen kann, wird gelehrt."[12]

Die postalische Entwicklung tendierte auf ein Ziel, das dann im 20. Jahrhundert erreicht wurde: nämlich jede Nachricht sofort und unverzüglich, ohne großen Aufwand und ohne jede Veränderung transportieren zu können. Nicht die Qualität der Nachricht steht im Mittelpunkt, sondern die Bewältigung quantitativer Vermittlungsprobleme.

Da das Mittelalter vorwiegend auf die göttliche Offenbarung bezogen war, galt Fortschritt im Sinne des Fortschreitens als unwesentlich und unwichtig. Abgeschlossensein forderte zur meditativen Versenkung auf;

Holzschnitt aus demselben Werk Nicolaus von Weils, Gelehrter und Stadtschreiber zu Esslingen, das unter anderm auch von Francesco Petrarca berichtet.

diese bedurfte keiner vernetzten Kommunikation. Der Fortschrittsbegriff der Neuzeit ist stattdessen „kolumbianisch", weil er den Aufbruch, die Erfahrung, die Überwindung von Raum und Zeit in den Mittelpunkt rückt. Schon bei Thomas von Aquin ist der Fortschrittsbegriff ambivalent zu sehen: „Fortschritt zur Vollkommenheit" (progressus ad perfectionem) bestimmt seiner Auffassung nach nicht nur die Geschichte des Heils, sondern auch die Geschichte des Wissens. Fortschritt in den Wissenschaften geschehe in der Abfolge der Zeiten (per successionem in temporum), indem Nachfahren die Erkenntnisse ihrer Vorfahren erweitern und vervollkommnen.[13]

Mentalitätsgeschichtlich kann man die Ordinari-Post als Ausdruck eines veränderten Fortschrittsbewußtseins begreifen, bei dem an die Stelle „notgedrungener" Bewegung die zunehmend lustvolle Hingabe an Fortschreiten und Beweglichkeit (Mobilität), später als Reiselust sich artikulierend, tritt.

Verfolgt man den mit dem emblematischen Jahr 1490 erschlossenen „Diskurs" nach vorne in unsere Zeit und Welt hinein, so wird die Postgeschichte durch zwei Phasen strukturiert: In der ersten bezieht sich der Vernetzungstraum vorwiegend auf die Überwindung des Raumes, in der zweiten im besonderen Maße auf die Überwindung der Zeit. Ubiquität

Bildnis des Kaisers Maximilian I., entstanden in seinem letzten Lebensjahr. Holzschnitt von Albrecht Dürer, um 1518/19.

Darstellung zum „Weiss-Kunig", dem autobiografischen Rückblick Kaiser Maximilians I. auf Leben und diplomatische Erfolge, niedergelegt in den Jahren 1514–16. Das Blatt zeigt den jungen Herrscher in Erledigung der Staatspost. Holzschnitt von Hans Burgkmair.

und Synchronizität erweisen sich als die großen Themen abendländisch-neuzeitlicher Kultur, für die, bei aller Vielfalt, seit 1490 die Raum-Zeit-Relation epochale Bedeutung gewinnt.

Unter „epochal", so Johannes Haller, verstehe man einen Zeitpunkt, bei dem etwas Neues beginne, ein neues Moment bestimmend in die Entwicklung eintrete, ein Ereignis dem Lauf der Dinge eine neue Richtung gebe. „Ereignisse dieser Art bezeichnen wir als epochemachend oder epochal. In übertragenem Sinne nennt man dann wohl auch den ganzen Zeitraum, der von den Nachwirkungen eines solchen Ereignisses beherrscht ist, eine Epoche."[14]

Neuzeit bedeutet, das in der Antike ptolemäische, im Mittelalter vertikale Raumgefühl zu durchbrechen – also die Begrenzungen überschaubarer, angeeigneter Territorien zugunsten unbekannter, die bisherige Seinsgewißheit aufhebender, erst noch zu erforschender Territorien zu überschreiten. Reinhart Kosseleck hat freilich (analog zu Odo Marquards Skepsis gegenüber der Mittelalter-Neuzeit-Zäsur[15]) deutlich gemacht, daß zumindest neben der Epochenschwelle von 1500 auch die um 1800 beachtet werden müsse[16] – und die Postgeschichte bestätigt solche Differenzierung. Als starke Argumente für eine Schwellenzeit 1500 sprächen die Entdeckung Amerikas und damit die europäische Erschließung der

Ebenfalls zum „Weiss-Kunig" und vom selben Künstler entstand dieser Holzschnitt, der Maximilian während einer Beratung bei Hof zeigt. Der Briefbote, den er empfängt, ist an Sporen und Krummhorn als berittener Kurier zu erkennen. Eine der zahlreichen Botenszenen zum Kaiserlichen Lebensbericht.

Welt; der schüchterne Anfang weltwirtschaftlicher Abhängigkeiten auf dem Hintergrund des Sklavenhandels und der Sklavenwirtschaft (die vielleicht schlimmer waren als jemals in der griechischen und römischen Antike); die Wechselbeziehung zwischen der Arbeit auf den amerikanischen Plantagen wie auch den dortigen Silberminen und dem Ostasienhandel, der von Iberien aus abgewickelt wurde; die Erfindung des Buchdrucks, der das gesamte Kommunikationssystem und die gesprochenen Sprachen selbst veränderte; die Entwicklung der Pulverschießwaffen, die über die veränderte Militärverfassung auf die gesamte Sozialverfassung einwirkte und tiefgreifende Strukturwandlungen zur Folge hatte; die Wissenschaftsrevolution im Gefolge von Kopernikus und Galilei; schließlich die Kirchenspaltung, die von den Zeitgenossen am ehesten als Ankündigung einer neuen Weltepoche begriffen wurde. „Die Gegenrechnung ist schnell aufgemacht. Der ständestaatliche Dualismus, der sich seit dem Hochmittelalter in den europäischen Ländern dort mehr und da weniger institutionalisiert hatte, prägt die Verfassungen bis zur Französischen Revolution und noch darüber hinaus. Die Wirtschaftshistorie kennt einen Zyklus von 1450 bis 1650, der noch zu keinem dauerhaften Durchbruch geführt hat: die marginale Steigerung der Produktivität blieb mit einer korrespondierenden Verschlechterung der allgemeinen Lebensbedingungen verbunden, die das zyklische Modell an die früheren Zeiten zurückbindet. Es gab noch keine Werkzeugmaschinen, die nach Marx den Durchbruch zur Produktivitätssteigerung ermöglicht haben. Aber auch wenn man von strukturgeschichtlichen Aussagen absieht, die die Schwelle von 1500 eliminieren, so tauchen auf der Ebene der Ereignisgeschichte ähnliche Schwierigkeiten auf. Auch hier lassen sich die Zäsuren nach rückwärts oder vorwärts verschieben, je nachdem, welche Gewichtigkeit den Ereignisschüben zugemessen wird. Der Bauernkrieg war eine ambivalente Revolution, deren rückwärtsgerichtete Seite um so mehr hervorsticht, wenn sie mit den ‚modernen‘ frühkapitalistischen Zwängen konfrontiert wird, auf die der Bauernaufstand u. a. auch reagiert hat. Jedenfalls war die Revolution gescheitert –, trotz positiver Langzeitfolgen für die Stellung der Bauern im Altreich. Als erste erfolgreiche Revolution auf dem Weg zur handelskapitalistisch abgesicherten Verfassung mag man die niederländische Unabhängigkeitsbewegung bezeichnen, aber dann erhebt sich schon die Frage, welche wegweisende Rolle der Handels- und Finanzkapitalismus der oberitalienischen Stadtstaaten gespielt hat, deren Blütezeit jedenfalls vor 1500 liegt. Schließlich mag die englische Revolution als der erste erfolgreiche Durchbruch interpretiert werden, wie etwa von Zukov, wenn er mit 1640 den Beginn der Neuzeit datiert. Wird aber das Gewicht auf die industrielle Revolution selber verschoben, so verlagert sich der gestreckte Anfang der Moderne ins 18. und 19. Jahrhundert."

Aber auch die Schwellenzeit um 1800 hat ihr Für und Wider. Die Auswirkungen der industriellen Revolution würden erst im 19. Jahrhundert expansive Kraft entfalten und seitdem alle Kontinente betreffen. Das Bild der Französischen Revolution biete sich heute anders dar; das schlichte Ablaufmodell, als sei der Feudalismus, repräsentiert in den beiden ersten Ständen, durch die Klasse der Bourgeois und ein kapitalistisches System abgelöst worden, erweise sich als fragwürdig; die Kontinuität und Homo-

Das Jahr 1800

In Berlin wird die Briefpost eingeführt.

Errichtung des „Vereinigten Königreichs Großbritannien und Irland"
England besetzt Malta
* *Th. Babington Macaulay*, engl. Politiker u. Historiker († 1859)
Franzosen schlagen Österreicher bei Marengo
Gründung der Bank von Frankreich
* *Helmuth v. Moltke*, preuß. Feldherr († 1891)
Ständige Siedlung i. Ottawa

Novalis (n. d. Tode seiner Braut): „Hymnen an die Nacht" (rhythm. Prosa)
Schiller: „Das Lied von der Glocke" (Sinngedicht), „Maria Stuart" (Schauspiel), „Wallenstein" (Trilogie, s. 1796: Entwurf 1791)
de Staël: „Über die Literatur"
L. Tieck: „Leben u. Tod d. hl. Genoveva" (Schauspiel)
Starke Ausbreitg. der Liebhaber-Theater in Rußland mit Leibeigenen

Fichte: „Die Bestimmung des Menschen", „Der geschlossene Handelsstaat"
Papst *Pius VII.* bis 1823
Schelling: „System des transcendentalen Idealismus"
Schleiermacher: „Monologe" (theolog. Schriften)
~ Bürgerschule entsteht (später Realschule)

86

genität der französischen Führungsschichten lasse sich trotz neuer Aufsteiger über die Revolution hinweg kaum anzuzweifeln. Ebenso seien die Kontinuitäten in der Besitzverteilung, trotz Wechsel der besitzenden Personengruppe, über 1800 hinweg erstaunlich konstant geblieben.

Ähnlich kritisch lasse sich fragen, ob die preußische Antwort auf die Französische Revolution in jeder Hinsicht als Epocheneinschnitt betrachtet werden dürfe; zweifellos habe sich die Wirtschaftsverfassung tiefgreifend geändert durch Freigabe der Besitzrechte und der Konkurrenz sowie durch Aufhebung der bodengebundenen Zwangsarbeit. Die Besitz- und Arbeitsverfassung wurde zwar rigoros liberalisiert, aber die Sozialstruktur auf dem Lande habe sich dadurch nur geringfügig verändert. Die ständische Klasse der Rittergutsbesitzer paßte sich zwar den kapitalistischen Marktbedingungen an, ohne aber darüber ihre politische Führungsrolle zu verlieren. Eine tiefgreifende Modernisierung der Agrarverfassung – und das gelte für das westliche und östliche Deutschland – sei nur langsam, ganz entschieden erst nach 1945 durchgeführt worden.

Wege und Straßen

Trotz diachroner Verzerrungen bei der Festlegung der Epochenschwelle Mittelalter-Neuzeit – das veränderte Verhältnis zu Raum und Zeit ab 1500 ist unverkennbar; Raum und Zeit erhalten einen offenen Horizont. Die mittelalterliche „Abgeschlossenheit" wird erst perforiert, dann hinweggeschoben. Die Neuzeit sucht begrifflich und praktisch zu erfassen, was vorher noch nicht möglich war – nicht möglich, weil die Religion „Bindungslosigkeit" als Voraussetzung für Ausbruch und Aufbruch im realen wie übertragenen Wortsinne „verketzerte".

Transponiert man das neuzeitliche Überbaubewußtsein von Ausbruch, Aufbruch und nachfolgender Er-fahrung auf die „ebene Erde", betrachtet man es parterre, so zeigt sich, daß die Straßen – häufig in Erweiterung des aus der römischen Zeit überkommenen Staatsstraßensystem sowie der mittelalterlichen Pfade und Fuhrwege – sich (freilich nur langsam) in Lebensadern des neuen Informations- und Kommunikationsflusses verwandeln.

Schnittpunkte des mittelalterlichen Verkehrs waren das Dorf, der Einzelhof, das Kloster, die Stadt. Mit der Zunahme von Handel und Wirtschaft wird die Straße zum wichtigen Kommunikationsort. „Auf so einer damaligen Straße muß sich ein pittoreskes klinisches Bild entfaltet haben, ein verkleinertes Lichtbild der ganzen Zeit, eine Karawane aller Vazierenden. Mönche und Nonnen, Scholaren und Handwerksburschen, Söldner und Klopffechter, Begharden und Beghinen, Geißler und Spielleute, Hausierer und Schatzgräber, Zigeuner und Juden, Quacksalber und Teufelsbeschwörer, heimische Wallfahrer und Jerusalempilger; die Palme tragend, zum Zeichen, daß sie aus dem gelobten Lande kamen; zahllose Bettlerspezialitäten: die ‚Valkenträger', die den blutig angestrichenen Arm in der Binde trugen, die ‚Grautener', die sich epileptisch stellten, die falschen Blinden, die Mütter mit gemieteten verkrüppelten Kindern und noch viele andere Sorten; alles erdenkliche Varietévolk, die sogenannten

~ David: „Mm. Récamier" (frz. Porträtgem. d. Gegnerin Napoleons)
† Friedrich Wilhelm Erdmannsdorf, dt. Baumeister des Klassizismus, baute Schloß Wörlitz u. Innenräume i. Berliner Schloß u. Sanssouci (* 1736)
~ Goya: Bildnis einer Frau (span. Gem.)

Beethoven: 3. Klavierkonz. c-moll, Streichquartette op. 18, 1–6; gibt s. 1. öff. Konz. m. Klavierkonzert C, 1. Symph. i. C u. Phantas.
Boieldieu: „Der Kalif v. Bagdad" (frz. Oper)
Cherubini: „Der Wasserträger" (frz. Oper)
† Nicola Piccini, ital. Komponist, vertrat Buffostil gegen Gluck (* 1728)

O. Evans: Hochdruck-Dampfmaschine mit Kondensation
Herschel entd. ultraroten Teil d. Sonnenspektrums („Wärmestrahlen")
H. Maudslay: Support-Drehbank (seit 1794)
Erstes elektrisches Element v. Alessandro Volta (* 1745, † 1827) (gestattet Verwdg. größerer Ströme), Wasserzerlegung in Knallgas durch galv. Strom (Entd. d. Elektrolyse)

Owen führt in seiner Baumwollspinnerei soz. Reformen durch
Paris 550 000 Einw. (1931: 2,8 Mill.)
New York ca. 60 000 Einw. (1931: 7,4 Mill.)
Erstersteigung des Großglockners

(Werner Stein: Kulturfahrplan. Die wichtigsten Daten der Kulturgeschichte. München/Berlin/Wien [1946] 1976)

Joculatores: Akrobaten, Tänzer, Taschenspieler, Jongleure, Clowns, Feuerfresser, Tierstimmenimitatoren, Dresseure mit Hunden, Böcken, Meerschweinchen."[17]

Angesichts der Zunahme von Beförderungs- bzw. Transportfahrzeugen kam es zur Instandsetzung und Neuanlage von Wegen bzw. Straßen und zum Ausbau der Wege zu Chausseen. Bruno Ploetz hat am Beispiel des Fürstentums Lüneburg deutlich gemacht, wie jedem neu aufkommenden Beförderungsmittel eine zusätzliche Wegeanlage entsprach. Dadurch entstanden mit der Zeit gebündelte und parallel verlaufende Wege: Karrenwege, Frachtwege, Postwege, die ihre Eigenart der jeweiligen Nutzung durch eine bestimmte Fahrzeugart, vor allem der Unterschiedlichkeit bei den Spurweiten verdankten: „In den Karrenwegen entstanden bei stärkerem Verkehr sehr tiefe Geleise; die Pferde gingen in der Mitte derselben und traten dort ebenfalls eine sehr tiefe Rinne aus. Wir haben demnach in der Karrenspur drei tiefe Rinnen mit verhältnismäßig schmalen Rücken dazwischen. Fuhr nun ein Frachtwagen in diese Spur, so hatte er einmal mit dem tief aufgewühlten und ungleichmäßigen Geleise zu rechnen. Da er sich den leichten Wendungen der Karren nicht so gut anpassen konnte, mahlten die Räder dauernd gegen die Geleisränder und erschwerten dadurch das Vorwärtskommen. Weiter aber mußten die Pferde im Zweigespann auf den beiden Rücken zwischen den Geleisen und der Spur des Karrenpferdes gehen ... Die Gefahr, daß die Wagen aufgrund dieser Schwierigkeiten andere Wege außerhalb des Landes suchten und die zu erwartenden Einnahmen verlorengingen, machte es notwendig, den Frachtwagen besondere Wege auszuweisen und diese für die Karren zu verbieten."[18]

In seinem *Buch von der Weltpost* (1885) schreibt O. Veredarius, daß – ungeachtet rühmlicher Ausnahmen in einzelnen Gebieten – der Straßenzustand bis zum Ende des 18. Jahrhunderts traurig blieb. Oft seien die Straßen absichtlich in schlechtem Zustand belassen worden, um die Reisenden und fremden Fuhrleute „tunlichst lange im Lande aufzuhalten und so den Einheimischen Gelegenheit zu geben, sich an jenen Geld zu verdienen." Besonders zur Zeit des Dreißigjährigen Krieges und kurz darnach beklagen die Schriftsteller die schlechten Straßen, auf denen man „vor Gras und Unkraut kaum das rechte Geleise" zu finden vermöge. „Martin Zeiller sagt in seinem Reisebuche (erschienen 1632), daß die Straßen nicht selten ‚unlustig, rauh und tief' gewesen seien, einzelnen legt er sogar Beinamen wie ‚Mordwege' und dgl. mehr, bei. Selbst zwischen bedeutenderen Städten waren die Straßen oftmals so schlecht im Stande, ‚daß 20 Pferde den Postkarren kaum durch den Dreck bringen können.'"[19]

Beim Straßenbau wandte man zunächst einfachste Mittel an. Nach Abmessung der Strecke wurden beiderseits Gräben gezogen und die ausgehobene Erde in die bezeichnete Bahn geworfen; Steine, Sand und Kies, wie verfügbar, wurden darauf geworfen. Das schlechte Wetter setzte den Straßen sehr zu; das Wasser staute sich in den tiefen Furchen.[20] Sommersüber stehe man bis zur Postlade im Wasser, winters schliddere man auf lebensgefährlicher Weise über das Eis, beschwerte sich 1672 der Postmeister von Ebstorf bei einem zuständigen Kommissariat. Die Misere blieb über lange Zeit gleich; man kann dies vor allem an Klagen von Reisenden

Deutscher Botenläufer oder „Cursor Germanus", ausgerüstet mit allen erdenklichen Attributen eines Wind, Wetter und Gefahren durcheilenden Kuriers. Kupferstich, um 1590.

ablesen, die sich beschwerten, daß man Chausseegeld zu entrichten habe, obwohl keine Chaussee, die diesen Namen verdiene, vorhanden sei; man zahle Pflastergeld, obwohl der Wagen auf dem Pflaster zu zerbrechen drohe, Brückengeld wegen eines jämmerlichen Mühlenbaches. Ende des 18. Jahrhunderts bemerkt Andreas Georg Friedrich Rebmann: „Wahrscheinlich ist Teutschland das einzige Land in der Welt, in welchem man Wegegeld bezahlen muß, wo keine Wege sind, Geleite, wo man von Niemand geleitet wird, und Pferde, die man nicht braucht." Immerhin war die Bedeutung der Straße als Voraussetzung für Vernetzung und die Überwindung des Raumes erkannt; die Entwicklung kam freilich nur langsam („holprig") voran.

Ausbau und Gefährdung der Postlinien

Die Karten mit den Postverbindungen bzw. Postlinien, diese wiederum den Straßen folgend, zeigen Jahrzehnt um Jahrzehnt (vor allem im 18. und 19. Jahrhundert sich verdichtend) die jeweilige Zuwachsrate an. Dementsprechend nehmen mit jeder neuen Linie, jeder neuen Postverbindung, jeder neuen Straße die Poststationen zu; die jeweiligen Postordnungen berichten stolz von den entsprechenden Erweiterungen. 1634 wird zum Beispiel in einem Frankfurter Verzeichnis – „wie alle Tage in der Wochen die Posten in deß Heil. Reichs Statt Franckfurt an Mayn abgefertigt werden und wie solche wider ankommen sampt darbey vermeldeten Brieff-Tax" – als Novität bzw. Innovation vermerkt, daß nun auf einer neuen Poststraße alle vierzehn Tage „die Posten von Pariß nach Spanien gehen: und also ein geraume Zeit mit den Brieffen avanzirt werden kan und lauffen die Posten von Pariß fast täglich in alle Oerter durch Franckreich".[21]

Was freilich den Postverkehr auch bei verbessertem Straßensystem in seiner Regelmäßigkeit und Verläßlichkeit beeinträchtigte, war die vor allem in Deutschland anzutreffende staatliche Zersplitterung, die zu gegenseitiger Konkurrenz bei jeweiliger Hemmung des einen durch den anderen führte. Die Post war also nicht nur der Unbill von Witterung und anderen natürlichen Hindernissen ausgesetzt, durch Räuber und Wegelagerer gefährdet, sondern litt auch unter kleinstaatlichen Schikanen, die mit viel diplomatischem Geschick, z. B. durch die Taxissche Postverwaltung, aus dem Weg geräumt werden mußten. Dazu kamen die Folgen kriegerischer Verwicklungen. So bringt etwa der Beginn des Spanischen Erbfolgekrieges für das Haus Taxis, was das spanische Postgeneralat in den Niederlanden betrifft, eine verhängnisvolle Beeinträchtigung[22]: 1701 besetzen französische Truppen Brüssel; die dortigen Besitzungen der Taxis, die in unverbrüchlicher Treue zum Hause Habsburg stehen, verfallen der Konfiskation. Auch das Spanien unterstellte Generalat über die niederländische Post geht verloren. 1729 kann das Haus Taxis dann mit Hilfe eines teuren Pachtvertrags die Postzuständigkeit zurückgewinnen, wobei den Generalstaaten von Brabant das Zugeständnis gemacht werden muß, daß die Direktoren, Kontrolleure und anderen Beamten der Post aus den österreichischen Niederlanden gebürtig sein sollen. Ferner wird vereinbart, daß zur Hebung des Handels die Briefe aus Italien an Deutschland 12

Stunden früher nach Antwerpen befördert werden, damit die Kaufleute von Antwerpen die Möglichkeit haben, mit ihren Handelsfreunden in England vor den holländischen Handelshäusern in Verbindung zu treten. Weiterhin soll eine tägliche Verbindung zwischen den Niederlanden und Frankreich eingerichtet werden, durch welche die Briefe in zweieinhalb Tagen befördert werden können. „Die Briefschaften aus der Schweiz und Piemont sowie aus Straßburg und den oberrheinischen Landen, die bis dahin am Sonntag eintreffen, sollen bereits am Samstag ankommen, damit noch eine Antwort am selben Tag ermöglicht wird. Die Ankunft der Ordinaripost aus Hamburg ist schließlich für Mittwoch und Samstag festgelegt. Abschließend wird die Einhaltung des Tarifs von 1711 zugesichert." Dieses Beispiel, exemplarisch für den dialektischen Prozeß der Postgeschichte (Hindernisse, ja Zusammenbrüche schlagen schließlich in Verbesserungen um), macht zudem deutlich, daß schon seinerzeit die Wirtschaft „eiserne Vorhänge" zu überwinden vermochte; das Postnetz bringen die vielen europäischen Wirrungen und Irrungen, dynastischen und kriegerischen Konflikte nicht zum Zerreißen, Löcher werden verhältnismäßig rasch wieder geschlossen.

Die Rekreationsfähigkeit der Post mußte sich freilich nicht nur bei großen Herausforderungen, sondern auch bei vielen Nadelstichen bewähren. Als Beispiel hierfür kann der Bericht herangezogen werden, den Heinrich von Stephan in seiner *Geschichte der Preußischen Post* über die Poststation Duderstadt gibt. Die Postroute von Halberstadt nach Kassel war in der Zeit König Friedrichs I. (als Kurfürst: Friedrich III., reg. 1688 bis 1713) eine der wichtigsten für den preußischen Postverkehr; hier bewegte sich die gesamte Korrespondenz der ober- und mittelrheinischen Gebiete, der Schweiz und Südfrankreichs mit den Brandenburg-Preußischen Landen. Die Zunahme des Verkehrs führte 1693 auf dieser Straße zur Einführung einer fahrenden Post, neben der schon bestehenden Reitpost; Kur-Mainz wurde ersucht, den Transit durch das zu seinem Territorium gehörende Eichsfeld und die Einrichtung einer Brandenburgischen Poststation in Duderstadt zu gestatten. Als der Graf von Taxis von diesem Plan erfuhr, reklamierte er beim Kurfürsten von Mainz aus Konkurrenzgründen dagegen und erbot sich, in Duderstadt selbst ein Postamt anzulegen. „Kur-Mainz, das mit dem Protectorat über das Reichspostwesen betraut war, andrerseits aber in einer sein Interesse nicht erheblich berührenden Sache dem mächtigsten Reichsfürsten gegenüber die Haltung eines freundwilligen Nachbaren nicht aufgeben wollte, gestattete der Brandenburgischen Regierung die Stationshaltung in Duderstadt und den Transit durch das Eichsfeld. Die Brandenburgischen Postbeamten sollten aber in Kur-Mainzischem Gebiet sich weder mit Annahme und Abgabe von Briefen befassen, noch überhaupt irgend Etwas zur Beeintrachtigung des Reichspostwesens unternehmen. Anfangs hatte man auch die Bedingung gestellt, daß von den Waaren und großen Packeten, die auf der Post befördert würden, der in den Kur-Mainzischen Landen bestehende Zoll entrichtet werden sollte. Hiervon war man später abgegangen. Dagegen bestand der Erzbischof fest darauf, daß von den mit der Post durch Duderstadt reisenden Juden der übliche Judenzoll entrichtet würde. Das Postamt in Duderstadt wurde alsbald angelegt. Gleichzeitig errichtete der Graf von Taxis dort ein

Post, Cursus Publicus, heisset auch ein Wagen, welcher mit gleicher Geschwindigkeit durch Wechsel-Pferde Tag und Nacht fortgehet, und da Personen, Briefe und Güther mit fortkommen können. Dieselben sind ordinair, so zu gesetzten Zeiten abgehen, und da nur eine beschränckte Anzahl Personen aufgenommen wird: oder ausserordentliche, Extra-Posten genannt, da einer oder mehr, um das gesetzte Post-Geld, wenn es ihnen beliebet, entweder Vorspann-Pferde, so viel sie deren benöthiget, oder auch Wagen zugleich haben, und damit eigenes Gefallens, von einem Ablager, oder Post-Station zur andern reisen können. Wer geschwinde reisen will, nimmt die Post, und wer zugleich auch gemächlich reisen will, nimmt eine Extra-Post mit seinem eigenen Wagen, den er nach seinem Gefallen zurichten, und wenn es ihm beliebet, stille halten, oder fortreisen kan.

Die Posten bringen neben der Bequemlichkeit für Privat-Personen, auch dem Landes-Herrn mercklichen Nutzen, daher das Recht Posten anzurichten und zu unterhalten, als ein hohes Regale gehalten, und insgeheim dergleichen anzustellen verbothen ist. Im Römischen Reiche gehöret dasselbe überhaupt dem Kayser, von dem es der Fürst von Taxis als Reichs-Postmeister zur Lehen hat. Ausser dem hat ein jeder Fürst die Macht in seinem Lande, wie bekannt, Posten anzurichten. Derjenige, so die Ober-Aufsicht über die Posten eines Fürsten hat, wird ein General-Postmeister (so auch an einigen Orten erblich sind, und den Titel Erb-Postmeister führen) die jedes Ortes bestellten Verwalter Postmeister, und die Boten Postilions, oder Post-Knechte genennet. Diese tragen ein Zeichen oder Schild an dem Kleide auf der Brust, daran sie erkannt werden, und führen ein Post-Horn an der Seite, mit welchem sie die, so ihnen entgegen kommen, warnen auszuweichen, welches ein jeder zu thun schuldig ist. Die Reisenden rühmen, daß nirgendsw die Posten so gut, als in den Kayserl. Erb-Landen und in Franckreich bestellt sind.

(Zedler'sches Lexikon, 1741)

PRO BONO PUBLICO

Vingt pieds de Reine

Seite gespannt, könnte man in kurzer Zeit Länder durchreisen. Wie würde nicht eine solche Reise über Deutschland weg, von einem erfahrnen, vernünftigen Mann angestellt, aufgenommen werden! Der Himmel behüte uns nur vor solchen erdichteten Reisen über Deutschland, oder soll ja eine erscheinen, so gebe er, daß die Materie einem Mann in die Hände falle, gleich dem, der die Insel à la Montgolfier, ich meine Laputa, so meisterhaft durch die Luft steuerte."[28]

In Jean Pauls Phantasie heißt ein solcher Mann Giannozzo (*Des Luftschiffers Giannozzo Seebuch*): Intoniert wird der Enthusiasmus über eine Erfindung, die weitschweifende Exorbitanz ermöglichte. Die Überwindung der Schwerkraft, die den Menschen zum Kleben am Boden verurteilt: der uralte Traum des Fliegens wird wahr. Die Welt „da drunten" erweist sich als Kerker; droben, in der erdabgewandten Sphäre, findet säkularisiertes Bewußtsein *seinen* Himmel. Giannozzo, der Schiffer in der Luft, fühlt sich wie der Fisch im Wasser; überallhin kann er sich bewegen: „Welche lüftende Freiheitsluft gegen den Kerkerbrodem unten! Hier ein rauschendes Nachtluft-Meer, drunten ein morastiges Krebsloch! Ich machte die Sänftenfenster dem frischen Luftzug auf und blies vor Lust mit meinem Posthörnchen hinaus. Drunten auf meinem zurückgelassenen Meeresboden stieg ein Dieb in eine Kirche ein – unweit davon stieg ein Mönch aus seinem Kloster als Selbstdieb heraus – in den Wald liefen Wilddiebe – auf dem Felde Wächter gegen das diebische Wild – ferner Reisende – Sentimentalisten usw. Was ging mich das tiefe Volk an?"[29] Der Ballonfahrer ist nicht nur den menschlichen Irrungen, Wirrungen, Niederungen enthoben; weit drunten liegt auch die Kleinstaaterei, die dem Reisenden so große Unannehmlichkeiten bereitet. Giannozzo ist ein Postillion der Lüfte, der verachtend auf die Erde, den großen Kerker aller kleinen Kerker, herabsieht; die „ungeweihte Erde", vom „Sphärenflug" aus gesehen, ist nicht nur klein, sondern auch kleinlich. „,Ist das die berühmte Erde?' Das Spuckkästchen drunten, das Pißbidorchen, das ist der Planet', würd' ich einem Seraph antworten, der vor mir vorbeiflöge und mich bäte, ihn zurechtzuweisen."[30]

Kaum aber ist der Luftschiffer wieder „drunten", verliert der Klang des Posthorns seine raumöffnende und raumüberwindende Kraft. Duderstadt läßt grüßen. „Gestern am zweiten Pfingsttag erwacht' ich über dem Fürstenthümlein Vierreuter und wurde gerade auf dessen Haupt- und Residenzstadt hergetrieben. Ich beschloß, in beiden meinen Kaffee zu trinken. Kurz vor dem Pariserthore dreh' ich beide Hähne meiner Kugel auf, sowol den für die Ausfuhr leichter, als den für die Einfuhr schwerer Luft – und fiel wie ein Stoßvogel innerhalb der Wache nieder. Aber das machte diese dumm und wild; sie rief den Thor-Katecheten, und Dieser wollte durchaus wissen, wer ich wäre, ferner meine Geschäfte, mein Logement und die Zeit meines Bleibens. Ich entgegnete ihm ganz höflich, er würde Recht haben, grob zu fragen, so wie die Schildwache, den schiefen Schlagbaum gerade zu ziehen und sich davor grimmig zu postiren – da kleine Fürstenthümer und deren Residenzen, wie kleine Juwelen, leichter zu verlieren wären – wenn ich draußen in einem Wagen vor dem Thor säße und es ansähe; allein jetzt sei ich ja, wie er sehe, darüber weg und schon einpassirt. Er gab durchaus nicht nach, ich auch nicht. Der Wehr-

Fliegen: ältester Traum der Menschheit – so recht in Erfüllung ging er erst im Jahr 1903, als die Brüder Wright sich zum ersten Mal mit Hilfe eines Motors in die Luft erhoben. Das ikarische Zeitalter war angebrochen; urbildliche Gestalten der antiken Mythologie, Daidalos und Ikaros, wurden noch einmal zu Leitfiguren einer neuen Zeit. Der Weg zur Erfüllung dieses Traumes hatte viele Stationen, die in der Literatur ihre Spuren hinterließen. Von den Flugapparaten Leonardo da Vincis bis zur Montgolfière im Jahr 1783 reicht die erste Phase des Traums, die durch den Aufstieg in die Luft, die „Aeronautik", geprägt ist. Das Programm der Aufklärung, die „Befreiung des Menschen aus seiner selbstverschuldeten Unmündigkeit" (Kant), hatte durch die Entwicklung der Technik ganz unerwartete Schützenhilfe bekommen. Die Literatur war zur Stelle, vom „Ballonfieber" der Zeit angesteckt, ging aber auch schon auf kritische Distanz. Goethe experimentierte in Weimar zusammen mit dem Apotheker Buchholz und meldete am 9. Juni 1784 in einem Brief an Samuel Thomas Sömmerring voller Stolz: „In Weimar haben wir einen Ballon auf Montgolfierische Art steigen lassen"; er scheute sich nicht, die Montgolfière in eins zu setzen mit der „wahren Poesie": „Wie ein Luftballon hebt sie uns mit dem Ballast, der uns anhängt, in höhere Regionen, und läßt die verwirrten Irrgänge der Erde in Vogelper-

stand, in den ich mich setzte, lockte den halben Wehrstand der Wachstube um mich, Haustruppen im eigentlichen Sinn, die nie außerordentlichen Lärm in der Welt gemacht außer vor ihren eignen Ohren, wenn sie eben Gurken aßen."[31] Stünde man am Grenzwappen, könne man über das ganze Fürstentum leicht hinwegpissen.

Die Reflexionen des Luftschiffers Giannozzo oszillieren zwischen der „parterren" Verkehrsrealität und den sphärischen Möglichkeiten von Raumüberwindung. Dies charakterisiert das Epochenschwellen-Bewußtsein des ausgehenden 18. bzw. beginnenden 19. Jahrhunderts. Es ist im „panischen Idyll" lokalisiert: behaglicher Augen-Blick der Ruhe, der aber von Schrecken umstellt ist; (in der Mittagsstunde schläft der Gott Pan, er wird aber bald wieder, „Panik" verbreitend, aufwachen). „Ich konnte nie mehr als drei Wege, glücklicher (nicht glücklich) zu werden, auskundschaften. Der erste, der in die Höhe geht, ist: so weit über das Gewölke des Lebens hinauszudringen, daß man die ganze äußere Welt mit ihren Wolfsgruben, Beinhäusern und Gewitterableitern von weitem unter seinen Füßen nur wie ein eingeschrumpftes Kindergärtchen liegen sieht. – Der zweite ist: – gerade herabzufallen ins Gärtchen und da sich so einheimisch in eine Furche einzunisten, daß, wenn man aus seinem warmen Lerchennest heraussieht, man ebenfalls keine Wolfsgruben, Beinhäuser und Stangen, sondern nur Ähren erblickt, deren jede für den Nestvogel ein Baum und ein Sonnen- und Regenschirm ist. – Der dritte endlich – den ich für den schwersten und klügsten halte – ist der, mit den beiden andern zu wechseln." (Jean Paul)[32]

Gerade in der Romantik tritt das damit angesprochene Mentalitätsmuster „postalisch" auf besondere Weise in Erscheinung: nämlich als Wechsel von Geborgenheitsbedürfnis („die nötigste Predigt, die man unserm Jahrhundert halten kann, ist die, zu Hause zu bleiben") und Fernweh, das draußen sein Glück zu finden trachtet, aber dann, aus der Ferne, wieder nostalgisch zum „Ausgangspunkt" sich zurücksehnt.

Die Post als Schnecke

Seine Verkehrssatire *Monographie der deutschen Postschnecke* (1821) nennt Ludwig Börne im Untertitel einen „Beitrag zur Naturgeschichte der Mollusken und der Testaceen", wobei der Hinweis auf Weichtiere bzw. schalentragende Amöben deren nicht nur geringe Beweglichkeit, sondern auch unterentwickelte Organiationstruktur verdeutlicht. Die Satire zielt in doppelte Richtung: karikiert wird einerseits die nach wie vor mißliche Verkehrslage (obwohl mit dem Wiener Kongreß 1814/15 und der Formierung des Deutschen Bundes der deutsche Partikularismus zurückgegangen war, es nun nicht mehr 360 souveräne und 1500 halbsouveräne staatliche Gebiet gab, sondern nur noch 35 Bundesstaaten); andererseits werden die staatlichen, gegen die oppositionelle bürgerliche Intelligenz gerichteten Repressionen (d. h. die restaurativen Tendenzen des Biedermeier, die sich vor allem in der Zensur zeigten) attackiert.

Börne – eigentlich Löw Baruch (1786–1837), nach dem Studium der Medizin in Berlin und Halle, der Staatswissenschaften in Heidelberg und

spektive vor uns entwickelt daliegen" (Dichtung und Wahrheit. T. 3, Buch 13). Euphorion, Fausts und Helenas Sohn, war die literarische Inkarnation dieses Programms, doch ließ Goethe den Chor auch voll Entsetzen die mythologische Parallele ziehen: Zeus tötete Euphorion durch einen Blitzstrahl. – Wieland, der in einer Nachbemerkung zu den ‚Aeronauten' (1797) schon den kriegerischen Einsatz von „Luftflotten" kennt, leitete daraus die Möglichkeit eines künftigen Weltuntergangs ab, den später auch Karl Kraus von der Eröffnung der „Luftschifffahrt" an datiert wissen wollte. Und doch gelang in dieser Zeit Jean Paul mit seinem Luftschiffer Giannozzo auch die poetische Eroberung der Luft – in der Imagination ihrer Auswirkungen auf das menschliche Bewußtsein. Über diese „Eroberung" gelangt eine andere berühmte literarische Ballonfahrt kaum hinaus: in Adalbert Stifters Erzählung ‚Der Condor' (1840). Der Vorstoß ins eigentlich ikarische Zeitalter ließ noch Jahrzehnte auf sich warten.

(Peter Paul Schneider u. a.: Literatur im Industriezeitalter 1. Eine Ausstellung des Deutschen Literaturarchivs im Schiller-Nationalmuseum Marbach am Neckar. Marbach 1987, S. 515 f.)

Gießen Polizeiaktuar in Frankfurt, 1818 zum Protestantismus übergetreten, ein dem Kreis der Jungdeutschen zugehörender, den modernen Feuilletonismus und Journalismus mitbegründender Kritiker und Schriftsteller –, der frankophile Börne schätzte Jean Paul sehr. Bei dessen Tod 1825 hielt er im Museum zu Frankfurt eine bedeutende Dankrede, in der er vor allem die politisch-gesellschaftliche Bedeutung des Dichters herausstellte: „Der Dichter ist der Tröster der Menschheit; er ist es, wenn der Himmel selbst ihn bevollmächtigt, wenn ihm Gott sein Siegel auf die Stirne gedrückt und wenn er nicht um schnöden Botenlohn die himmliche Botschaft bringt. So war Jean Paul. Er sang nicht in den Palästen der Großen, er scherzte nicht mit seiner Leier an den Tischen der Reichen. Er war der Dichter der Niedergeborenen, er war der Sänger der Armen, und wo Betrübte weinten, da vernahm man die süßen Töne seiner Harfe.“[33]

Er werde, meint Börne zu Beginn seiner *Monographie der deutschen Postschnecke,* sich über vaterländische Postwagen satirisch auslassen; indem er „durch dieses Geständnis die Überraschung störe, übertrete er die heilsamsten Polizeigesetze der Redekunst“; indem er seine taktische List gleich selbst offenbare, mache er die Zensoren besonders lächerlich – unterstellend, daß diese in ihrer Oberflächlichkeit und Geistlosigkeit den Angriff selbst dann nicht merkten, wenn man ihn verdeutliche. „Wahrlich, Menschenliebe, Mitleid und Rührung durchwärmen mich nie stärker, als wenn ich an einen Censor denke, der besser ist als sein Amt.“[34]

Auf einer Reise von Frankfurt nach Stuttgart habe er in Darmstadt – „sowohl am als im Darmstädter Hofe – welche auch der Wiener Hof genannt werden könnte, denn der Wirt jenes Gasthauses heißt Wiener – folgende gute Gedanken“ (die Passage zeigt im besonderen die zeitkritische Perspektive des Textes): „Ich zog eine künftige Zeit ganz nahe zu meiner Einbildungskraft herbei, eine schönere Zeit, da man nicht mehr die

Folgende Seiten: Kutschenentwürfe der Preußischen Post aus den Jahren 1811 bis 1854. Handzeichnungen, aquarelliert.
Zweisitzige Diligence, um 1820.
Postwagen, 1821.
Zweisitzige Diligence, um 1811.
Postwagen, 1811.
Diligence, 1819.
Diligence, 1826.
Diligence, 1820.
Diligence, 1820.
Postwagen, 1840.
Postwagen, 1850.
Postwagen, 1854.
Postomnibus, 1854.

Karikatur auf die Einführung von Schnellposten im ersten Drittel des 19. Jahrhunderts: „Weissagungen einiger Unbefangener beim Erscheinen der Krähwinkler Schnellpost“. Idee und Wirklichkeit deutscher Verkehrs- wie Verwaltungszustände klafften, so wird gezeigt, noch weit auseinander. Lithografie, um 1820.

№ 1.
E. 19.
Gemessen und gezeichnet von J. G. Brüggemann in Hamburg. 1821. Juny.
0 1 2 3 4 5 6 7 8 9
Brüggemann, J. G.
M. 44. A. N. 28.

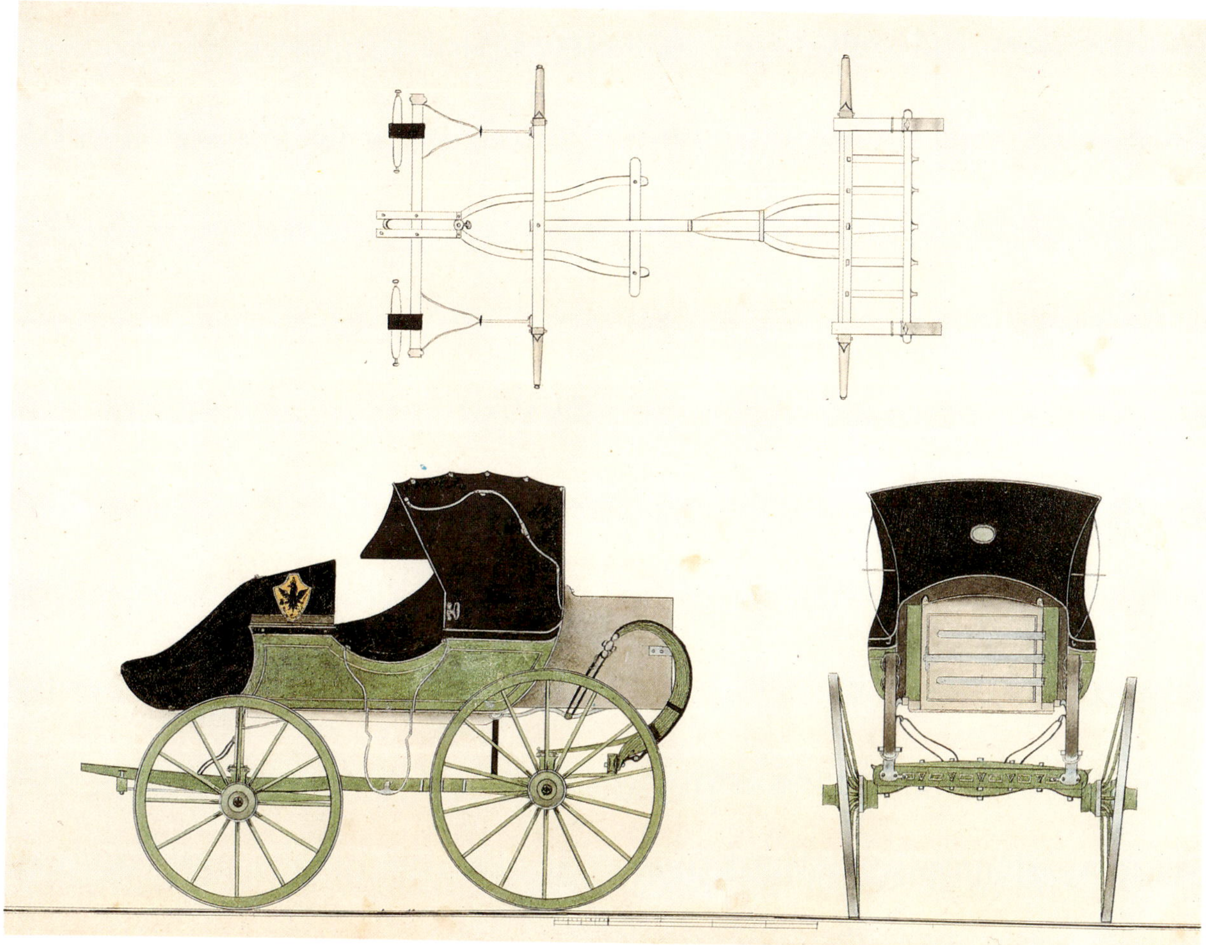

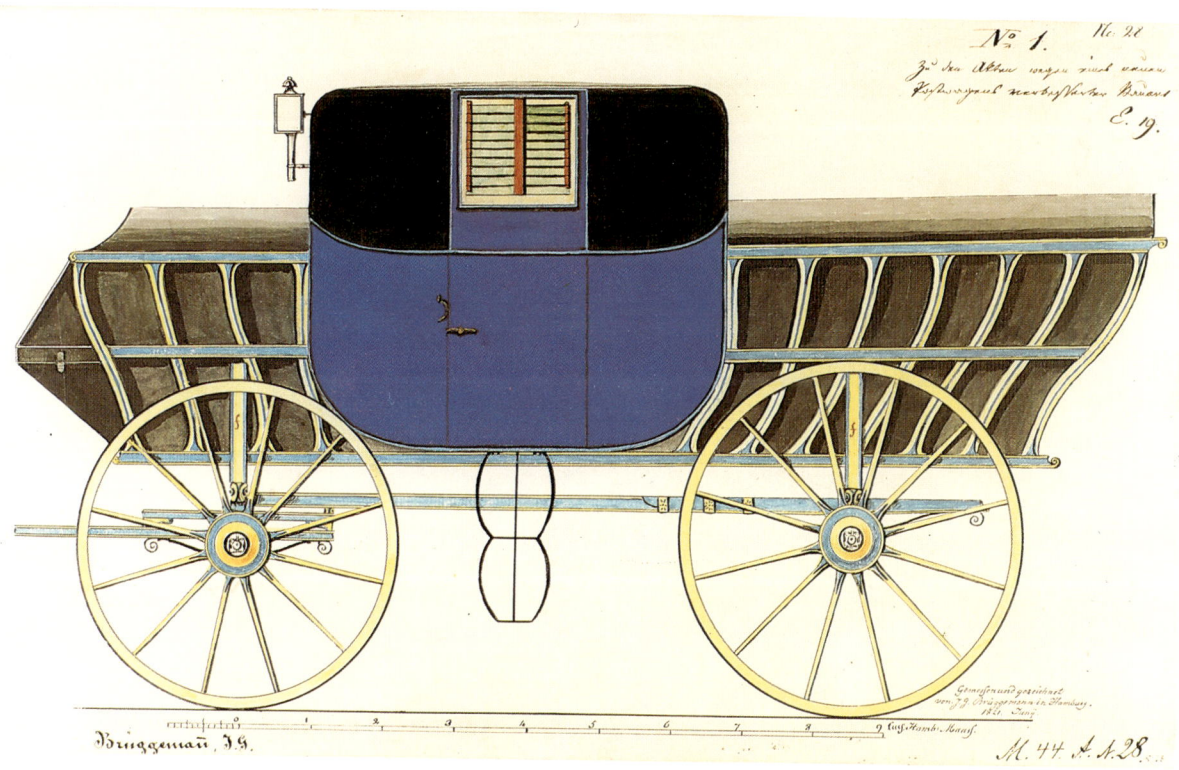

No 33.

Ein auf der Achse liegender Postwagen:
3 Bänke à 2 Personen im Innern, 2 Plätze im Cabriolet. 1811.

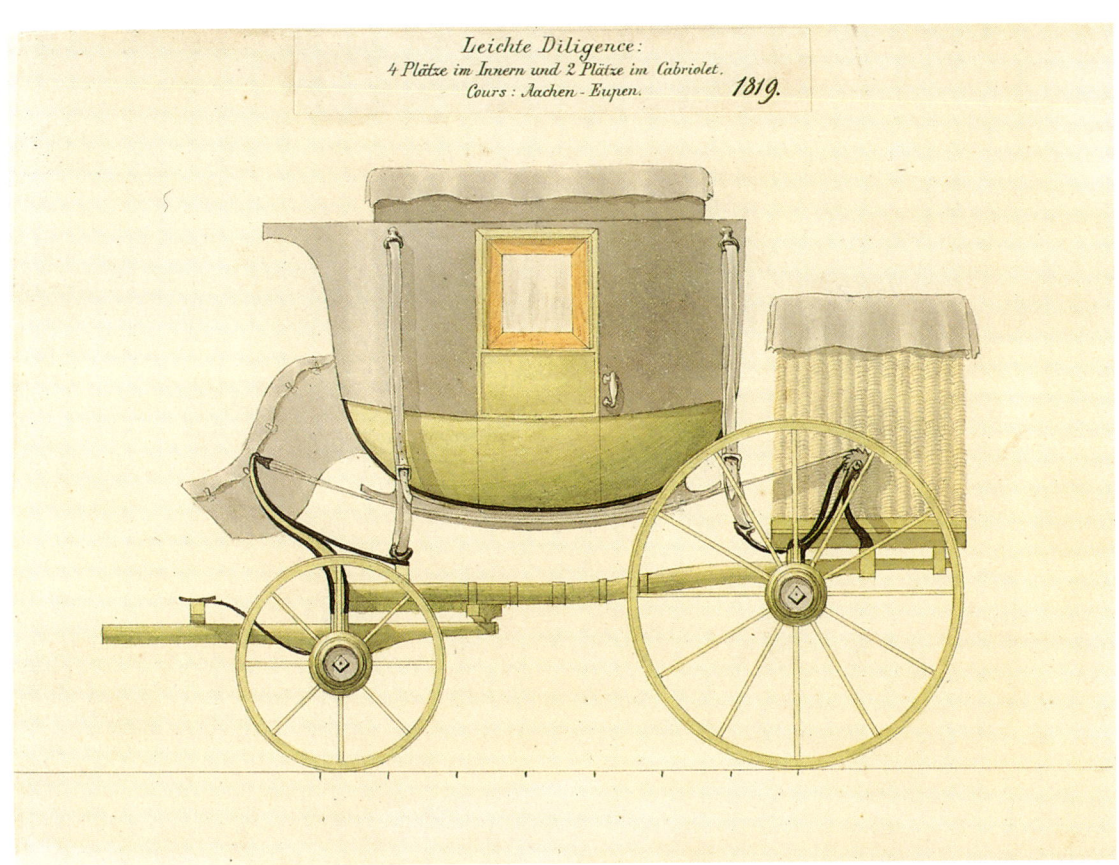

Leichte Diligence:
4 Plätze im Innern und 2 Plätze im Cabriolet.
Cours : Aachen - Eupen.
1819.

Schnellpostwagen. 1826.

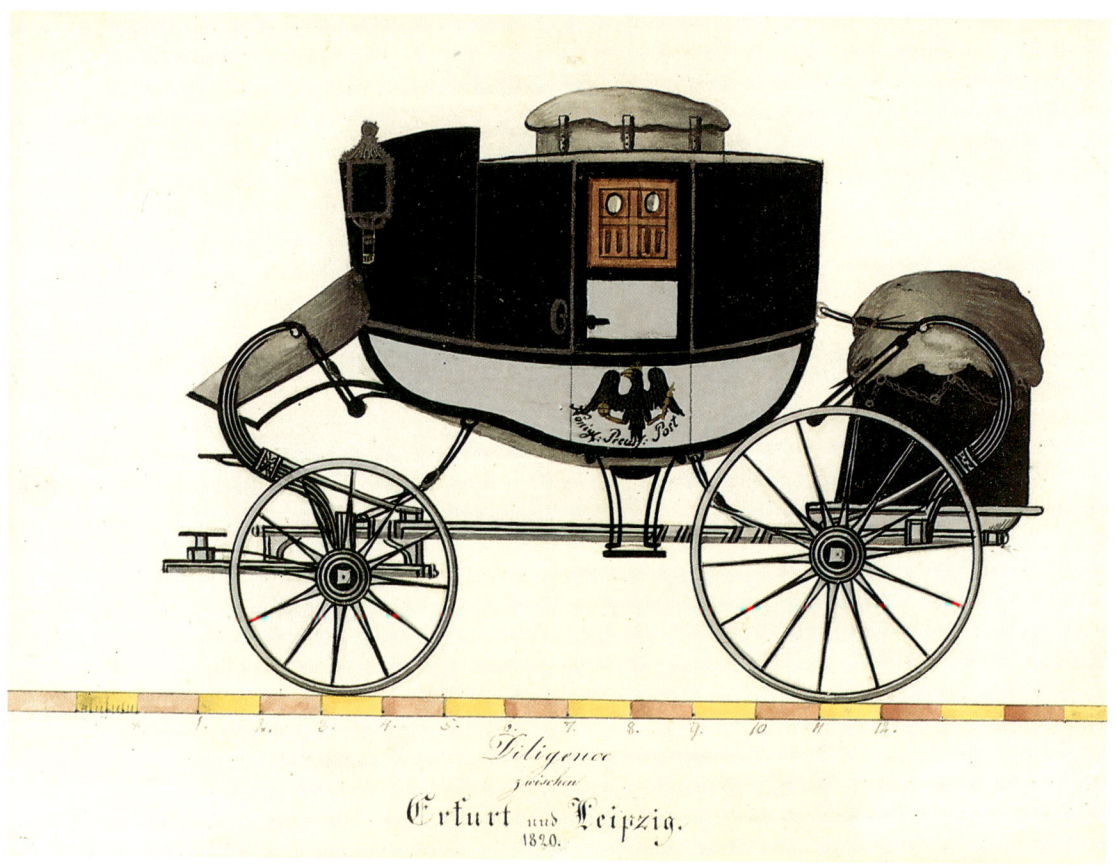

Diligence
zwischen
Erfurt und Leipzig.
1820.

102

FEST TAGE WAGEN.

KOENIGL: PREUSS = POST.

NEUNSITZIGER OMNIBUS.

schlechten Menschen zu geheimen Aufsehern über die guten bestellt, sondern umgekehrt. Ich dachte mir, wieviel besser es alsdann sein würde, wenn lohnsüchtige Wächter durch erlogene Gefahren nicht länger Fürsten und Völker mit Argwohn erfüllten und sie ängstigten. Alsdann, dachte ich, wird man mich wohl auch zum geheimen Kundschafter gebrauchen, und irgend ein unsichtbarer Obertugenddirektor giebt mir den Auftrag, Deutschland zu durchreisen, um die Stimmung des Volkes zu untersuchen und zu erforschen, ob nirgends unzärtliche verdächtige Triebe sich offenbarten."[35] Im dem Bericht an den „Obertugenddirektor" erscheint die Post als Spiegelbild der Friedhofsruhe in den deutschen Landen. Nirgends träfe man auf den gefährlichen bösen Geist der Einwohner, sondern im Gegenteil: Überall fände man eine gute Gesinnung. „Posthalter, Kondukteurs, Postillone, Wagenmeister, Packer, wie überhaupt das ganze Hochfürstlich Turn- und Taxisch fahrende Personal, gehen bei ihrem Geschäft mit solcher Bedächtigkeit zu Werke, daß man wohl sieht, es sind gute, ruhige Bürger die Deutschen, die nichts Gewagtes unternehmen. Desgleichen die Passagiere, deren keiner über das langsame Fahren ungeduldig wurde und etwas aus der Haut fuhr. Ja selbst der junge Mann, der in Heilbronn Hochzeit machen wollte, zeigte mehr Zufriedenheit als Unzufriedenheit, daß der Wagen zwischen Frankfurt und Darmstadt sich dreimal erquickte mit Wein und kalten Speisen, nämlich in Sprendlingen, Langen und Arheiligen. Beweist nicht schon das häufige Trinken die besten Gesinnungen? Menschen, die verdächtige Gedanken hegen, sind auf ihrer Hut und trinken Wasser, weswegen auch die Diligencen-Postillone im revolutionssüchtigen Frankreich kein Trinkgeld fordern, damit sie nicht versucht werden zu trinken. Sie werden, Herr geheimer Obertugenddirektor, aus dem Gesagten mit Vergnügen entnehmen, daß in Deutschland alles ruhig ist und bleiben wird; denn Sie sind viel zu gerecht, eine einzige Ausnahme dem ganzen Volke anzurechnen. Eine solche Ausnahme ist mir allerdings aufgestoßen. Unter den Passagieren war einer, der durch seine Unzufriedenheit mit der bestehenden Ordnung der Postdinge deutliche Spuren neologischer Denkungsart zeigte. Er trippelte vor Ungeduld mit den Füßen, schnalzte mit den Fingern und gebärdete sich überhaupt wie toll. Mehrere Male rief er den Postillonen zu, sie sollten doch ins Teufels Namen nicht so rasch fahren, er verliere den Atem, er werde schwindlich und die schönsten Gegenden flögen an ihm vorüber. Ich hörte, wie jener Passagier auf der Station Langen zum Postillon sagte: Ehrwürdiger Greis, wie Ihr doch noch so sehr munter und rüstig seid! Da habt Ihr nicht bloß die 8 kr. Taxe, sondern noch zwei weitere, und macht Euren jüngsten Enkeln, die noch unverheiratet sein können, eine Freude damit. Dies war deutlich genug gespottet. Ja, in Arheiligen, da der Konducteur etwas Wein zu sich nahm, spottete er noch offener, und sagte: es wäre zweckmäßig, wenn in jedem Postwagen ein Hochfürstlich Turn- und Taxisches Stückfaß gestellt würde, damit das fahrende und gefahrene Personal daraus zapfen und trinken könne, ohne sich aufzuhalten, und eine vollständige Restauration der Postwagen sei noch wünschenswerter. Dieser gefährliche Passagier hat noch auf andere Weise seine verdächtigen Gesinnungen an den Tag gelegt. In Darmstadt machte er beim Aussteigen einen großen Sprung über einen Kothaufen, ob er zwar sehr bequem hätte

Eines der ersten amtlichen Kursbücher dürfte die nach Angaben in der einschlägigen Literatur im Jahre 1752 erschienene „Posttabelle von den vornehmsten Städten, darinnen das Abgehen und Ankommen der Posten nebst den Meilen und Porto für Briefe, Waaren und Gelder, auch die Post-Course und was von einem Ort bis zum anderen bezahlt wird" gewesen sein. Sie wurde herausgegeben „mit Genehmhaltung des Königlich Preussischen Postamts und der Società der Wissenschaften" und enthielt Postberichte für die Städte „Berlin, Cleve, Cöslin, Colberg, Cüstrin, Duisburg, Emmerich, Frankfurt (Oder), Halberstadt, Hamburg, Lippstadt, Magdeburg, Minden, Pillau, Stargard, Stolp und Wesel." … Das amtlich herausgegebene Werk „Post-Course in den Preussischen Staaten, und zwar fahrende und reitende mit Einschluss der fremden und bedeutendsten Nebencourse" (1786 bis 1828) erschien, umgearbeitet und vervollständigt, 1831 unter dem Titel „Die Preussischen Post-Course und die mit denselben in unmittelbarer Verbindung stehenden ausländischen Posten". …
In den Abteilungen sind vermerkt die Fahrpläne von 54 Reitposten (von Aachen–Berlin bis Warnow-Lenzen), 66 Schnellposten (von Aachen–Köln bis Werl–Wimbern), 388 Personenposten (von Aachen–Köln bis Unna–Wiedenbrück), 212 Fahr- und Güterposten (von Aachen–Köln bis Weimar–Weißensee), 354 Karriolposten (von Adelnau–Ostrowo bis Wallendorf-Willenberg), 225 Botenposten (von Aachen-Burtscheid bis Witkowo–Wreschen), 96 Retourposten (von Allenburg–Wehlau bis Zuckmantel–Ziegenhals).

durchgehen können. Es ist gar nicht zu zweifeln, daß er hierbei ein Turnziel zu erreichen gesucht. Bei solchen bedenklichen Zeichen habe ich jenen gefährlichen Passagier stets im Auge behalten, und werde ihn ferner beobachten, auch ihn durch andere Vertrauten beobachten lassen. Ich bin so gewisser, daß er keinen Schritt thun und kein Wort reden kann, das ich nicht erführe, da ich selbst dieser Passagier bin."[36] Einen zweiten Höhepunkt erreicht die Zeitkritik, als Börne vom Zusteigen eines deutschen Turners berichtet. Sein Erscheinungsbild und seine Verhaltensweise kontrastiert deutlich genug zu der Lebensart und Geistigkeit der in der Postkutsche mitreisenden Französin. Auch wenn diese Deutsch nur wenig versteht, so erfährt sie doch sofort aus den Handlungen der „fürchterlichen Gestalt in langem Bart und Schwert an der Seite", daß sie hier Höflichkeit nicht erwarten kann. Nachdem der Turner in polternder Direktheit bekundet hat, daß ihm engbrüstig werde, sobald er die Sprache des Erbfeindes höre, stopft er sich eine Pfeife, obwohl die anderen männlichen Passagiere sich bislang aus Rücksicht des Rauchens auf der ganzen Reise enthalten hatten. Die Französin führt deshalb Klage beim Posthalter und beruft sich auf einen Heidelberger Postzettel, worin er heißt, daß das Rauchen untersagt sei; der Turner zeigt einen Stuttgarter Postzettel, in dem Rauchen aus wohlverschlossenen Pfeifen erlaubt wird. „Der Posthalter wagte weder das badische noch das württembergische Landrecht zu beleidigen, und enthielt sich der Entscheidung. Ich aber hatte einen glücklichen Gedanken. Ich trat ernst vor den Turner hin und sprach: Wandersmann, die alten Deutschen haben nie geraucht. Da warf er heftig die Pfeife zur Erde, umarmte mich, drückte mich an seine Brust und sprach: ‚O Bruder!'"[37]

Wie aus dieser und fast jeder anderen Szene ersichtlich, gehen bei Börne Politik- und Verkehrssatire Hand in Hand. Die inzwischen eingetretenen wesentlichen Verbesserungen (anstelle schlechter Wege Kunststraßen, auf den überregionalen Kursen statt des ordinären Postwagens die Diligence nach französischem Vorbild) lassen Börne unberührt. Weil das junge Deutschland, nicht nur in Hinblick auf die Entwicklungsgeschichte des Geistes, sondern insgesamt, eine rasche Evolution bzw. Revolution erhoffte – die Eisenbahn wird bald als Erfüllung zivilisatorischer Geschwindigkeitsträume in Erscheinung treten –, gerade weil das hier zutage tretende Modernitätsgefühl auf Beschleunigung und raumübergreifende Verbindung drängte, wird die immer noch vorhandene postalische Schwerfälligkeit als besonders fortschrittshemmend empfunden und satirisch beleuchtet. Die Diligence, wie die Postkutsche des frühen 19. Jahrhunderts meist genannt wird (ein in Riemen hängender Postwagen), wird als Etikettenschwindel dekuvriert. In Heilbronn, im „Falken", hält die Französin an der Wirtstafel „öffentliche satirische Vorlesungen über unsere vaterländischen Postwagen"; sie fragt, warum so ein lourd animal diligence heißt und nicht, was richtiger wäre, paresse oder négligence. Man solle ihr Kamillentee machen; sie sei von dem starken Schaukeln ganz seekrank geworden, und es „wäre ihr jämmerlich um das Herz".[38] Nichts ist zu spüren von französischer Eleganz und Lebensart – der deutsche Postwagen holpert schwerfällig dahin: Er ächzt, seufzt, stöhnt, klappert, grunzt, schnurrt, rasselt, zischt, mault, bellt, knurrt, schnattert, quäckt,

Karriolposten dienten zur Postbeförderung (Briefbeutel, Pakete) auf Nebenlinien. Auf dem Bocksitz der einachsigen und im allgemeinen nur mit einem Pferd bespannten Karren hatte häufig neben dem Fahrer noch ein Passagier Platz. Der Fahrpreis war günstig; er betrug 1841 im allgemeinen nur 4 oder 5 Silbergroschen je Meile (= in Preußen 7532 m). Unter Retourposten sind Gelegenheiten zur Postbeförderung durch die Benutzung „ledig" zurückgehender Postpferde zu verstehen. Hatten zum Beispiel Pferde ihre Zugleistung vor einem Postwagen von A nach B erbracht, und konnten sie nicht innerhalb absehbarer Zeit vor einen Postwagen von B nach A gespannt werden, so führte sie der Postillion „ledig" zurück. Man war jedoch bestrebt, den dabei entstehenden betriebswirtschaftlichen Verlust wenigstens zum Teil durch die Mitnahme von Postsendungen auszugleichen.

(Herbert Leclerc: Von der Botenordnung zum Reichskursbuch. In: Archiv für deutsche Postgeschichte, Heft 1/1985, S. 15 f.)

brummt, klimpert, pfeift, murmelt, schluckt, singt, klagt, schmollt. Alle
Klagetöne des Jeremias gibt er von sich. (Die muntere Französin macht
zudem alle Laute mit Zunge und Lippen akustisch nach, „welches artig
genug war".) Die deutsche Post ist und bleibt nach Börne eine Schnecke.
Bei der Beschreibung der Langsamkeit der Postkutsche dekuvriert Börne
auch den bürokatischen Schlendrian – im Gegensatz zur französischen
Perfektion. Innerhalb einer Reisedauer von 46 Stunden, darunter 14
nächtlichen, habe er bei 15 Stunden Rast 12 Schoppen Wein getrunken
und noch einige mehr für den Kondukteur bezahlt; bei einer Fahrt von
Straßburg nach Paris und von Paris nach Metz auf der Diligence habe er

Titelkupfer zu Christian Friedrich Nico-
lai: „Leben und Meinungen Sempronius
Gundibert's eines deutschen Philoso-
phen ..." von 1798. Die Darstellung von
Wilhelm Juri bezieht sich auf eine Passage des satirischen Romans: Drei Reisende, am Wegrand durch eine steckenge-
bliebene Postkutsche (rechts im Hintergrund) festgehalten, diskutieren über
postalische Verhältnisse. Eine leichte Kutsche steht bereit – Zeichen des Aufbruchs
in eine neue Ära raschen, wohlorganisier-
ten bürgerlichen Fortkommens.

sich im Wagen („kein Sohlleder unter mir, sondern gute Verwiersmittel-tücher") nicht mehr als 10 Stunden aufgehalten.

Knigges Ratschläge fürs Reisen

Börne verweist in seiner Satire *Monographie der deutschen Postschnecke* auf das Buch *Über den Umgang mit Menschen* des Adolf Freiherrn von Knigge: Die Kondukteure und Postillione könnten hinlänglich beweisen, daß sie „jenes Werk über feine Lebensart"niemals gelesen hätten; denn sie führen selbst innerhalb der Städte langsam, obwohl doch Knigge hier besondere Beschleunigung empfehle: damit, wenn am Wagen etwa Zer-brechliches sei, es da zerbräche, wo Hilfe in der Nähe wäre.

Der 1752 geborene Knigge war zunächst Assessor der Kriegs- und Domä-nenkammer in Kassel (beim Landgrafen von Hessen), dann Kammerherr in Weimar und schließlich Oberhauptmann in Bremen, wo er 1796 starb. *Über den Umgang mit Menschen* erschien 1788, auf dem Scheitelpunkt einer Periode, die mit dem 17. Jahrhundert beginnt und im besonderen durch eine Zunahme des Reiseinteresses, der Reisetätigkeit, ja der Reiselei-denschaft charakterisiert ist. Dies wiederum führte notwendigerweise zu einer verstärkten Auseinandersetzung mit den Reisebedingungen bzw. Verkehrsverhältnissen.

Knigges Ratschläge für ein „Behagen auf Reisen" kennzeichnen den aufgeklärten „Erfahrungsvorrat", wie er sich vor allem aus dem bedarfs-gerichteten Reiseverkehr ergeben hatte. (Der „beseelte" Reiseverkehr konnte dann auf der Basis des dergestalt entwickelten Reisepragmatismus in die unbekannten Weiten neuer Welt-Anschauung vorstoßen).

Zum Reisen gehörten Geduld, Mut, guter Humor, das Vergessen aller häuslichen Sorgen; und daß man sich durch kleine widrige Zufälle, Schwierigkeiten, böses Wetter, schlechte Kost und dergleichen nicht nie-derschlagen lasse. Diese Empfehlung gelte doppelt, wenn man einen Gesellschafter bei sich habe, denn nichts sei langweiliger und verdrieß-licher, als mit einem Manne zu reisen und in einem Kasten eingesperrt zu sitzen, der stumm und mürrischer Laune sei, bei der geringsten unangeneh-men Begebenheit aus der Haut fahren wolle, über Dinge jammere, die nicht zu ändern sind, und in jedem kleinen Wirtshause so viel Gemächlich-keit, Wohlleben und Ruhe fordere, als er zu Hause habe.[39]

Das Reisen mache gesellig; man werde da mit Menschen bekannt und auf gewisse Weise vertraut, die man ansonsten schwerlich zu Gesellschaftern wählen würde. Man solle sich aber hüten, in der Vertraulichkeit gegen Fremde, die man unterwegs antreffe, zu weit zu gehen und dadurch Abenteuerern und Spitzbuben in die Hände zu fallen.

In seinen „Überschlägen der Reisekosten" verrechne man sich leicht; man täte gut daran, nach gemachtem Etat sich immer etwa auf ein Drittel mehr einzustellen; auch solle man besorgt sein, „daß man in den Hauptörtern, durch welche man komme, an sichere Männer adressirt sei, oder sonst Mittel habe, im Fall unvorhergesehene Umstände eintreten, sich aus der Verlegenheit zu reißen."[40] Beim Geldwechseln müsse man sich in Acht nehmen, denn schelmische Gastwirte neigten dazu, den Fremden dabei zu

Die Selbstbestimmtheit, die Fähigkeit, sich seines Verstandes ohne Leitung eines anderen zu bedienen – und sie auch nach außen erkennen zu lassen –, schien Knigge ebenso erstrebenswert wie schwer erreichbar. Denn der Satz, daß jeder Mensch in der Welt nur so viel gilt, wie er aus sich selbst macht, erlegt dem einzel-nen eine schwere Last auf: Jeder hat sei-nen legitimen Platz in der Gesellschaft selbst zu suchen und zu finden. Knigges Ratschläge wollen eine Orientierungshilfe geben im neuzeitlichen Prozeß der Indivi-dualisierung. Insofern sind sie gerade das nicht, wofür man sie lange gehalten und wozu man sie eifrig entstellt hat: ein Leit-faden zur Konvention. Jeder einzelne soll vielmehr lernen, sein Verhalten indivi-duell nach Situation, Charakter und Ge-wissen einzurichten.

(Wolfgang Hardtwig: Die Lebensbilanz eines verhinderten Umstürzlers. Adolph Freiherr von Knigges Werk „Über den Umgang mit Menschen". In: Frankfurter Allgemeine Zeitung, 24. 12. 1988)

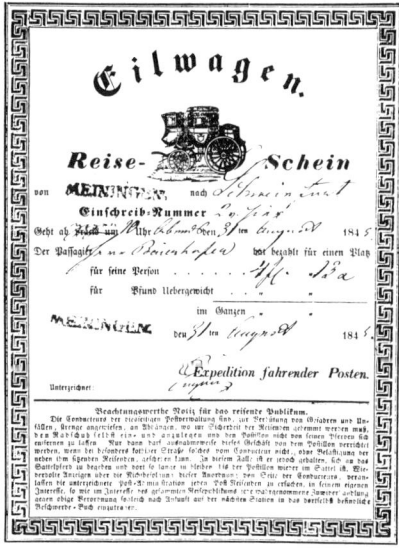

Eilpost-Reiseschein für eine Fahrt von Meiningen nach Schweinfurt, 1845.

Posthof der Thurn und Taxis'schen Post beim Roten Haus an der Zeil, Frankfurt am Main. Lavierte Federzeichnung von J. B. Bauer, 1840.

hintergehen. Leute von gewissem Stand pflegten Tag und Nacht fortzurollen, ohne sich unterwegs aufzuhalten: „Dies mag recht gut sein, wenn man die theuren Zehrungen in den Wirthshäusern ersparen will, wenn man eilig ist, um den Ort seiner Bestimmung zu erreichen, oder wenn man mit den Gegenden, welche man durchreist, schon so ist bekannt geworden, daß man da nichts mehr sehn kann, das unsrer Beobachtung werth wäre. Außerdem aber rathe ich, lieber kleine Reisen aufmerksam zu unternehmen, als große, auf denen man bis in die Hauptstädte hinein nur Postmeister und Postknechte kennen lernt. Auch mische man sich, wenn es uns ein Ernst ist, unsre Menschen- und Länderkenntniß zu erweitern, unter Personen von allerlei Ständen. Die Leute von gutem Tone sehen einander in allen europäischen Staaten und Residenzen ähnlich, aber das eigentliche Volk, oder noch mehr der Mittelstand trägt das Gepräge der Sitten des Landes. Nach ihnen muß man den Grad der Cultur und Aufklärung beurtheilen."[41] Man kleide sich bequem; ein „ungemächlicher Anzug" mache unbehaglich, ungeduldig und müde.

Am unrechten Ort solle man nicht sparen, z. B. den Postillions zwar nicht übertriebene, aber doch nach den Umständen reichliche Trinkgelder geben; sie sagten sich das einer dem anderen auf den Stationen; man kommt dann schneller fort und habe manchen Vorteil davon: „Deutsche Posthalter, Wagenmeister und Postknechte pflegen in dem Ruf einer ausgezeichneten Grobheit zu sein. Es kommt aber Alles auf die Art an, wie man mit ihnen umgeht, und ein ernsthaftes, von einer gewissen Würde begleitetes Betragen und, wo es anzubringen ist, ein freundliches Wort, das wird bei diesen Leuten selten ohne gute Wirkung angewendet."[42]

Neuruppiner Bilderbogen der Firma
Oehmigke und Riemenschneider, um
1840; Würfelspiel. Die Reise beginnt mit
der Postkutsche und endet an einer
Bahnstation.

Die Reise um die Welt.

Ein neues Würfelspiel.

Spiel-Regel.

Ein Jeder, der die Reise mitmachen will, zahlt 15 Marken in die gemeinschaftliche Reisekasse. Dann fängt man mit einem Würfel der Reihe nach zu spielen an und setzt sein Zeichen, wohin es der Wurf bestimmt. Wer auf ein Bild trifft, gewinnt 2 Marken, wer auf eine Nummer ohne Bild zu stehen kommt, bleibt hier so lange, bis ein anderer ihn ablöst oder er zahlt 2 Marken Strafe. Wer auf den Schweizer oder den Eskimo kommt, erhält extra noch 2 Marken. Wer aber auf den Seemann oder den Türken kommt, muß warten bis ihn ein anderer ablöst. Wer zuerst auf 49 kommt, erhält die ganze Kasse.

№ 8376. Neu-Ruppin zu haben bei Gustav Kühn.

Neuruppiner Bilderbogen der Firma
Gustav Kühn. Allerlei Verkehrsmittel zu
Wasser, Luft und Land benutzt der
‚Weltreisende' auf seiner Würfeltour, bis
er per Postkutsche am Ziel angelangt.

Die Postknechte seien größtenteils von den Gastwirten bestochen, oder ein Wirt verabrede sich mit dem anderen in der nahegelegenen Stadt, um den Fremden gewisse Gasthöfe zu empfehlen, die sich aber deshalb nicht als die besten und auch nicht als die wohlfeilsten erwiesen. Es sei daher vernünftig, sich hierauf nicht zu verlassen, sondern sich bei anderen sicheren Leuten zu erkunden, wo man am besten und billigsten behandelt werde. Wenn der Gastwirt übermäßig viel für die Zehrung fordere und sich nicht auf einen starken Abzug einlassen wolle, so solle man dennoch nicht schriftliche Rechnung und genaue Spezifikation jedes einzelnen Punktes verlangen; es müsse denn der Mühe wert sein, ihn bei der Polizei zu belangen: „Fängt er an aufzuschreiben, so rechnet er immer noch mehr heraus, als er anfangs gefordert hatte – und wer kann denn mit einem solchen Taugenichts über die Preise der Lebensmittel sich herumzanken?"[43] Auch solle man, ausgenommen in den renommiertesten Gasthöfen, keinen fremden Wein, sondern nur gemeinen Tischwein begehren. Es komme doch alles aus demselben Fasse, nur mit dem Unterschiede, daß das, was man als alten oder fremden Wein verkaufe, „kostbareres Gift" sei als das, womit man am allgemeinen Wirtstische versorgt werde. „Manche Postmeister, die zugleich Gastwirthe sind, brauchen folgenden Kunstgriff zu ihrem ökonomischen Vortheile: Wenn man Pferde wechselt und indeß eine kleine Mahlzeit bestellt, so dauert es ungebührlich lange, ehe diese fertig wird. Indeß werden die Pferde gefüttert und angeschirrt. Kaum aber steht unser Essen auf dem Tische, so meldet schon der Postillon mit dem Horn, daß er fertig sei und fort wolle." Man müsse also in Eile essen, esse deshalb wenig, habe aber die ganze Mahlzeit zu bezahlen. „Ich rathe aber, wenn man nicht sehr eilig ist, sich nicht irremachen zu lassen, sondern mit voller Muße zu speisen."[44] Mit Knigge im Reisegepäck verlor man nicht den Boden unter den Füßen, auch wenn man – beflügelt von Reiselust – auf „Lebenssinn" hin abhob, „Lebenszweck" hinter sich ließ.

Blick in eine Postkutsche; Bleistiftskizze von Johann Erdmann Hummel, um 1800.

Rasch ins Leben hinein

„Spude dich, Kronos!
Fort den rasselnden Trott!
Bergab gleitet der Weg;
Ekles Schwindeln zögert
Mir vor die Stirne dein Haudern.
Frisch, holpert es gleich,
Über Stock und Steine den Trott
Rasch ins Leben hinein!

Nun schon wieder
Den eratmenden Schritt
Mühsam Berg hinauf!
Auf denn, nicht träge denn,
Strebend und hoffend hinan!

Weit, hoch, herrlich der Blick
Rings ins Leben hinein,

Haudern: gewerbsmäßig Reisende für Lohn mit Pferd und Wagen fahren. 1627 bei Julius Wilhelm Zincgref belegt, mit eingetretenem d aus spätmittelhochdeutsch „hûren", „auf einem Mietpferd reiten, in einem Mietwagen fahren" (vgl. auch Heuer). *Hauderer:* Miet-, Lohnkutscher. Als „Huderer" in Johann Fischarts Werk „Gargantua und Pantagruel" (nach Rabelais), 1575/1590.
(Nach: Deutsches Wörterbuch von L. K. Weigand. Erster Band. Gießen 1909, S. 819)

Vom Gebirg zum Gebirg
Schwebet der ewige Geist,
Ewigen Lebens ahndevoll.

Seitwärts des Überdachs Schatten
Zieht dich an
Und ein Frischung verheißender Blick
Auf der Schwelle des Mädchens da.

Labe dich! – Mir auch, Mädchen,
diesen schäumenden Trank,
Diesen frischen Gesundheitsblick!

Aber denn, rascher hinab!
Sieh, die Sonne sinkt!
Eh sie sinkt, eh mich Greisen
Ergreift im Moore Nebelduft,
Entzahnte Kiefer schnattern
Und das schlotternde Gebein,

Trunknen vom letzten Strahl
Reiß mich, ein Feuermeer
Mir im schäumenden Aug,
Mich geblendeten Taumelnden
In der Hölle nächtliches Tor.

Töne, Schwager, ins Horn,
Rassle den schallenden Trab,
Daß der Orkus vernehme: ein Fürst kommt,
Drunten von ihren Sitzen
Sich die Gewaltigen lüften."[45]

Für Goethe (*An Schwager Kronos;* der Zeitengott = griech. Chronos; Goethe schreibt Kronos, wie den Vater des Zeus und damit der Götterwelt, 1774) wird die Postkutschenreise zum Gleichnis für die Lebensreise schlechthin. (Goethe befand sich nach einem Treffen mit dem fünfundzwanzig Jahre älteren Dichter Friedrich Gottlieb Klopstock auf der Rückreise mit der „Postchaise" von Karlsruhe nach Frankfurt.) Die Zeit führt den Zügel; schnell ist die Fahrt – rasch ins Leben hinein. Die Hindernisse, die Fortbewegung im Raum erschwerend, werden mit vorwärtsdrängender Kraft überwunden. Der Gipfelblick vergißt, was hinter ihm liegt – die Beschwernisse der Bergfahrt; es lohnt das Aufwärts, vom Streben und Hoffen bewegt. Ist die Höhe erreicht, weitet sich die Lebensperspektive, gestärkt vom Gesundheitsblick. Nach der Peripetie treibt das Vorwärts hinunter; die Sonne sinkt, die rasende Fahrt geht dem Ende zu, kann nicht mehr gebremst werden. Doch wer das Leben genossen, es von oben betrachtet hat, dem kann der Hornruf des Schwagers keine Angst einflößen. Goethe, der Stürmer und Dränger, fordert die Gewaltigen heraus: als Fürst kommt, wer sich auf der Lebensfahrt nicht von Widrigkeiten hat anhalten lassen, wer – von Lebenslust angetrieben, an Abgründen vorbei, einem Dämon folgend – auf dem Weg dahinstürmte.

Ungeheuer, was Goethe sich da erlaubt. Kronos, den Gott, der seine Kinder verschlang, setzt er als *Schwager*, will sagen: als ordinären Kutscher auf den Bock und erteilt ihm, einem besseren Sklaven gleich, einen Befehl nach dem andern: beeil dich, sei nicht so faul, mach endlich fort. Beschwichtigend haben die Kommentatoren behauptet, Goethe habe den Vater des Zeus mit Chronos, dem Zeitengott, verwechselt. Aber wenn es denn überhaupt eine Goethesche Fehlleistung war, so ist sie höchst aufschlußreich: Mache dir die Gewaltigsten untertan, birgt sie als Botschaft wohl. Noch übertroffen werden jedenfalls die Provokationen der Prometheus-Hymne, die, aus gleichem Geist gezeugt, ebenfalls im Herbst 1774 entsteht. Denn anders als im *Prometheus* verzichtet das lyrische Ich in *Schwager Kronos* für sich auf jede mythische Maske, es spricht nur von sich selbst – und damit zugleich von der reinen Hybris, vom Größenwahn des Verfassers.

Entsprechend fallen die Bilder aus: *Entzahnte Kiefern schnattern* ist bis heute das ungewöhnlichste, frappierendste unter ihnen. Entsprechend kühn die Ellipsen und Abbreviaturen: *Weit hoch herrlich,* keine Zeit fürs Komma; *Vom Gebürg zum Gebürg / Über der ewige Geist,* unnötig die logische Folge, unwichtig das Verb. Die Kutschfahrt nach Frankfurt wird auf diese Weise emporstilisiert zur Lebensreise eines Unaufhaltsamen, der sich seine Rechte selber setzt und am Ende gebieterisch die Privilegien einfordert: Als *Fürst* imaginiert sich der junge Goethe in der Postkutsche und weiß, wie ihn die versammelten Götter im Orkus dereinst zu empfangen haben – erhaben sich erhebend. Vorab aber gedenkt er die Gipfel des gelingenden Lebens zu erreichen und das Höchste des irdischen Glücks: *Schwelle des Mädchens* ist deutlich genug.
(Jochen Hieber: Weit hoch herrlich oder Die reine Hybris. In: Frankfurter Allgemeine Zeitung, 26. 8. 1989)

Die mythische Postkutschenreise signalisiert ein neues Reisegefühl, das auch die reale Fortbewegung anders beurteilen läßt. Die häufig ironisch bzw. satirisch kommentierte Langsamkeit der Fortbewegung – ein objektiver Tatbestand, der bis zur Erfindung der Eisenbahn die Postkutschenreise bestimmte – wird subjektiv-irrational uminterpretiert: Nicht die *Wirklichkeit* der Raumüberwindung steht im Mittelpunkt der Beschreibung, sondern das Geschehen vollzieht sich auf der Metaebene der Projektion: Innere Unruhe, Bewegung als Lebensform, Sehnsucht nach Ortswechsel, Hoffnung auf Er-fahrung bestimmen das Reisegefühl, das nach vorwärts drängt und, idealistisch, über Zwischen-räume souverän hinwegsetzt. Goethe auf dem Weg nach Rom: „der nordische Pilger, hochklopfenden Herzens sich der ewigen Stadt nähernd" – er vergißt die Mühsal, die hemmend „dazwischen" liegt; denn in Arkadien möchte er bald sein. Das Prinzip Hoffnung überbrückt die Hemmnisse.

Während der aufklärerische Reiseschriftsteller die Vielfalt der auftretenden Hindernisse bedenkt und pragmatische Ratschläge zu ihrem Wegräumen gibt, schwebt der „sentimentalisch" Reisende, der sich beeilt, Bisheriges hinter sich zu lassen, „ahndevoll" dahin. „Früh drei Uhr stahl ich mich aus Karlsbad, weil man mich sonst nicht fortgelassen hätte. Die Gesellschaft, die den achtundzwanzigsten August, meinen Geburtstag, auf eine sehr freundliche Weise feiern mochte, erwarb sich wohl dadurch ein Recht mich festzuhalten; allein hier war nicht länger zu säumen. Ich warf mich, ganz allein, nur einen Mantelsack und Dachsranzen aufpackend, in eine Postchaise und gelangte halb acht Uhr nach Zwota an einem schönen stillen Nebelmorgen. Die obern Wolken streifig und wollig, die untern schwer. Mir schienen das gute Anzeigen. Ich hoffte nach einem so schlimmen Sommer einen guten Herbst zu genießen."[46] So beginnt Goethes *Italienische Reise;* am 3. September 1786 machte er sich auf den Weg. Holpriges glättet sich im Wegeilen; was Wunder, daß der Entschwindende die „treffliche Chausee von Granitsand" lobt: „Es läßt sich keine vollkommenere denken: denn da der aufgelöste Granit aus Kiesel- und Tonerde besteht, so gibt das zugleich einen festen Grund und ein schönes Bindungsmittel, die Straße glatt wie eine Tenne zu machen."

Den auf Orts-Veränderung Süchtigen kutschiert Schwager Kronos – in „schallendem Trab", geschwind ins südliche Leben hinein: „Die Postillons fuhren, daß einem Sehen und Hören verging, und so leid es mir tat, diese herrlichen Gegenden mit der entsetzlichsten Schnelle und bei Nacht wie im Fluge zu durchreisen, so freuete es mich doch innerlich, daß ein günstiger Wind hinter mir herblies und mich meinen Wünschen zujagte."[47] Dann rasch vom Gebirge hinab; aber nicht dem Orkus zu; die Ebene erweist sich als elysäisches Gefilde. Dort Rom. Befördert in die Hauptstadt der Welt. Augen-Blick 1. November 1786: „Endlich kann ich den Mund auftun und meine Freunde mit Frohsinn begrüßen. Verziehen sei mir das Geheimnis und die gleichsam unterirdische Reise hierher. Kaum wagte ich mir selbst zu sagen, wohin ich ging, selbst unterwegs fürchtete ich noch, und nur unter der Porta del Popolo war ich mir gewiß, Rom zu haben. Und laßt mich nun auch sagen, daß ich tausendmal, ja beständig eurer gedenke, in der Nähe der Gegenstände, die ich allein zu sehen niemals glaubte. Nur da ich jedermann mit Leib und Seele in Norden gefesselt, alle Anmutung nach

Je mehr man sich an das Reisen in der Postkutsche gewöhnte, je entspannter man dabei wurde, desto mehr konnte man auch die Reise selbst genießen. Die Behäbigkeit des Postverkehrs bot auch den körperlich Empfindlichen eine Chance dazu. In der Sicherheit des Kutschen-Bauches konnte man sich den fremden Mitreisenden zuwenden und – wie eh und je – die Zufallsabenteuer des Unterwegsseins annehmen. In der Beobachtung der Mitreisenden, im Geplauder mit ihnen schulte man seine Menschenkenntnis, erlebte sich außerhalb der Ordnungen, denen man durch Herkunft und Beruf angehörte, als Mensch unter Menschen. Man konnte sich seiner eigenen Voraussetzungslosigkeit im Umgang, seiner Leutseligkeit, seiner aufgeklärten Mitmenschlichkeit erfreuen. Zugleich waren die eigenen in der Studierstube erworbenen Kenntnisse zu verwerten: als Rahmen und Raster, in die das Erlebte sich einordnen ließ; man konnte den ,geschulten Blick' spielen lassen und fand immer noch etwas, was man dazulernte. – Hervorragend reise-fit war offenbar Goethe, als er zu seiner Reise nach dem Süden aufbrach. Seine Reisenotizen strotzen von Beobachtungen, die teils Neues aufnehmen, teils Vor-Gewußtes anschaulich machen, überprüfen, variieren.
(Dietrich Krusche: Reisen. Verabredung mit der Fremde. Weinheim/Berlin 1989, S. 62).

diesen Gegenden verschwunden sah, konnte ich mich entschließen, einen langen einsamen Weg zu machen und den Mittelpunkt zu suchen, nach dem mich ein unwiderstehliches Bedürfnis hinzog. Ja die letzten Jahre wurde es eine Art von Krankheit, von der mich nur der Anblick und die Gegenwart heilen konnte. Jetzt darf ich es gestehen; zuletzt durft' ich kein lateinisch Buch mehr ansehen, keine Zeichnung einer italienischen Gegend. Die Begierde, dieses Land zu sehen, war überreif: da sie befriedigt ist, werden mir Freunde und Vaterland erst wieder recht aus dem Grunde lieb und die Rückkehr wünschenswert, ja um desto wünschenswerter, da ich mit Sicherheit empfinde, daß ich so viele Schätze nicht zu eignem Besitz und Privatgebrauch mitbringe, sondern daß sie mir und andern durchs ganze Leben zur Leitung und Fördernis dienen sollen."[48]

„Reisen mußte ich . . ."

Auf den Spuren Goethes reist im August 1788 Johann Gottfried Herder nach Italien. Seine Briefe und Tagebuchaufzeichnungen unterscheiden sich von Goethes Eindrücken, die sie – aufgrund einer anderen biographischen Situation und einer anderen Welt-Anschauung – differenzieren und relativieren. Beide, als die wohl geistvollsten Italienreisenden des späten 18. Jahrhunderts, sollen exemplarisch das neue Fernweh charakterisieren, das dann in der Romantik seinen mondscheintrunkenen Höhepunkt erreicht.

Dem in ständiger Finanznot lebenden Superintendenten Herder – er hatte sieben Kinder zu ernähren – bot das mit einer generösen Spende verbundene Angebot des Domherrn von Dalberg aus Trier, der seine Werke bewunderte, die lang erhoffte Möglichkeit, sich dem provinziellen Dasein in Weimar zu entziehen. „Reisen mußte ich, wenn es auch auf den Walfischfang gewesen wäre."[49] Doch nun war es sogar Italien; und Herzog Carl August gewährte „mit gnädiger Antwort" vom 28. April 1788 die brieflich erbetene Vakanz seines „untertänigsten Herder": „Der Antrag, den die Beilage Ihres Briefes enthielt, überraschte mich sehr angenehm. Schon lange wünschte ich eine gute, annehmbare Gelegenheit, die Ihnen den Vorteil verschaffen könnte, Ihre Atmosphäre zu erfrischen, welche hinter dem hohen Schieferdache der Stadtkirche zusammengepreßt werden mag."

Die Postkutsche werde, so mutmaßt der Landesfürst, „zur erquickenden Quelle" führen. „Der Schwager Chronos (Goethe brauchte ihn einmal zum Postillion) ist doch im Grunde ein guter Fuhrmann, der seine Passagiers zu beurteilen weiß, und führt sie, wenn sie auch zuweilen auf seinem Postwagen vor Stößen geflucht oder zu anderer Zeit vor Langsamfahren gegähnt haben, doch endlich auf die Straßen, die ihnen angemessen und erwünscht sind. Selten verfehlt er ganz des Wegs, wenn er Reisende bedient, die seiner Aufmerksamkeit würdig sind. Aber auch ein Trinkgeld für ihn! das beste ist gewiß harren und vertrauen auf seine Geschicklichkeit. Glück zu!"[50]

Herders „psychotopographische" Situation ist derjenigen Goethes vergleichbar: er will der „Einkerkerung" entfliehen. Er wurde nicht nur von

Deckel einer Spanschachtel (Hut-
schachtel) mit Volksmundvers, um 1830.

„Königlich Württembergische Ochsen-
post nach Waldstetten"; aquarellierte
Zeichnung, 1861.

„Postwagen nach Gotha"; Lithografie
von Georg Emanuel Opitz, um 1825.

„Ankunft in Köln"; kolorierter Zeitungs-
holzstich nach einer Vorlage von Johann
Baptist Sonderland , 1846.

„Station auf der Eisenbahn"; Ölgemälde
von Jacob Munk, 1844.

„Passagierstube einer Poststation der
Königlich-Preussischen Fahrpost"; Kopie
nach einem Ölgemälde von Felix
Schlesinger, 1859.

„Poststation in den Pontinischen Sümp-
fen"; Ölgemälde von Heinrich Bürkel,
um 1860.

„Ankunft der Postkutsche in Partenkirchen";
Ölgemälde von Adolf Schmidt, 1870.

„Winterreisende"; Ölgemälde von Wilhelm
Alexander Meyerheim, um 1870.

„Ankunft des Postwagens"; Ölgemälde
von Carl Spitzweg, um 1860.

„Gotthardpost"; Ölgemälde von Rudolf
Koller, 1873.

„Die Postkutsche"; Kopie nach einem
Ölgemälde von Paul Friedrich Meyerheim
von 1875 im Märkischen Museum Berlin,
ehemals für die Gartenhalle der Villa
Borsig entstanden. Teil eines Gemälde-
zyklus zur Geschichte des Lokomotivbaus.

„Winterliche Szene"; lavierte Federzeichnung
von Emil Rumpf, 1879.

„Postkutsche im Schnee"; Lithografie
von K. F. Lippert, um 1900.

„Mittagsrast vor einer Poststation"; Ölgemälde
von Paul Hey, um 1910.

„Winterliche Platenstraße in München";
Ölgemälde von Gustav Köhler, um 1900.

der Last seiner Kirchenämter zusehends erdrückt und befand sich mit seiner siebenköpfigen Familie in akuter Geldnot; „es war ihm auch nie richtig gelungen, am Weimarer Herzoghof eine dominierende Rolle einzunehmen – neben Goethe, dem als Günstling des Glücks der Erfolg in den Schoß zu fallen schien".[51]

Der mißlichen persönlichen Situation entsprechend, verliert der Postillion an Aura – ein vorwärtsstürmender Schwager Kronos ist er nicht, der Herder nach Süden befördert. „Reisen Sie glücklich, liebster Vater, und holen Sie sich Erquickung und Leben in jenem Lande, und kommen dann fröhlich zu uns wieder", schreibt der Sohn Gottfried an seinen Vater, um gleich darauf fortzufahren (unter Bezug auf die Realität des Reisens): „Wir bitten Gott täglich Ihnen gut Wetter zur Reise zu geben; es wird gewiß auch gut werden, wenn Sie nur erst aus dem Thüringernest heraus, und nach Franken kommen. Lassen Sie sich nur zugemachte Chaisen geben, wenn es schlecht Wetter ist, damit Sie ja unterwegs nicht krank werden."[52]

Auch sonst ist an Ernüchterung kein Mangel; Dalberg reiste, entgegen Herders Erwartung, nicht allein; seine Geliebte, Sophie von Seckendorff, kam mit und gefährdete Herders erträumte Rolle als „Seelenführer des katholischen Klerikers". Dazu kam der ungewöhnlich kalte Winter; (beim „Götterliebling Goethe" hatte sich natürlich auch das Wetter von seiner allerbesten Seite gezeigt!) Schließlich waren Herders finanzielle Verhält-

Historisierende Szene aus dem 18. Jahrhundert: Bewaffnete Posträuber bedrohen die Fahrgäste einer Postkutsche. Zeitungsholzschnitt, um 1860.

nisse nicht so geartet, daß er sich unbeschwert den südländischen Ablenkungen hingeben konnte.

Wenn man Herders Italienerlebnisse mit denen Goethes vergleicht, so waren vor allem die mentalitäts- und ideengeschichtlichen Rahmenbedingungen unterschiedlich. Die Italien-Erfahrung ist im Kontext der Bildungsreise insgesamt zu sehen, deren Bedeutung für die Geschichte der Post im besonderen darin besteht, daß die Überwindung des Raumes als realer Vorgang endgültig geistig-seelisch überwölbt und Er-fahrung untrennbar mit Erfahrung, also Mobilität mit Bewußtsein amalgiert wird – ein Phänomen, das bald nicht nur mehr für wenige zutrifft, sondern im Gefolge der „klassischen Seelenreisenden" viele erfaßt. „Bezeichnend für das 18. Jahrhundert: das Reisen selbst wird zur Manie, nimmt zuvor nie gekannte Formen an und greift, so ein zeitgenössischer Beobachter, mit der Kraft einer ,fast epidemischen Seuche' um sich. Nicht erst im 19. Jahrhundert geraten, wie die moderne Tourismus-Kritik es uns zu sehen gewöhnt hat, die ,Massen' in Bewegung. Bereits im Zeitalter der Aufklärung, vor allem aber nach der Mitte des 18. Jahrhunderts läßt sich eine gesteigerte Reisetätigkeit verfolgen, deren ganzes Ausmaß man erst in jüngerer Zeit zu überschauen beginnt. Die materielle Basis für diese neue Dimension des Reisens schafft die Post." (Klaus Beyrer)[53]

Bürgerliche Bildungsreise

Was die Art dieser Reisen betrifft, so trifft August Ludwig Schlözer in seinen zwischen 1772 und 1795 immer wieder gehaltenen *Vorlesungen über Land- und Seereisen* folgende Unterscheidung: „Man reist entweder a. in Geschäften oder b. um zu reisen. Im ersten Fall ist Reisen nur ein Mittel. Ist es Zweck, so ist es entweder a. special oder b. die Reise ist an sich Zweck, beabsichtigt Humanität."[54]

Humanität bedurfte der Weltkenntnis. Diese war (so Hans Erich Bödeker) eine der Haupterfordernisse für den bürgerlich Gebildeten in der noch aristokratisch bestimmten Welt. „Die Gebildeten verlagerten ihre Selbstverständigungsprozesse aus der etablierten höfisch-ständischen Kultursphäre heraus in die Aufklärungsgesellschaft, denn innerhalb der repräsentativen Handlungs- und Selbstdarstellungszwänge der ständisch-absolutistischen Ordnung konnten sie keine eigene soziale Identität mehr ausbilden. Die Sensibilisierung der Aufklärer gegenüber den Normen der überkommenen Lebenskultur und dem altständischen Wertsystem wird deutlich. Selbständigkeit, Unabhängigkeit, Selbstbestimmung, wenn schon nicht in einem äußeren Sinne – dafür fehlten in den meisten Fällen die materiellen Voraussetzungen –, so doch innerlich, waren das erste Ziel der bürgerlichen Emanzipation. Praktische Tugenden wie Streben nach Selbständigkeit, Aufstiegswillen und Fortschrittsoptimismus schoben sich in den Vordergrund. Diese aufklärerischen Gebildeten wurden durch gemeinsame Werte, Normen und Leitbilder zusammengehalten und integriert. Ihre Erfahrung der Ausdehnung der sozialen Verkehrskreise durch Bildung, die Lockerung ihrer Einbindung in die festen Bezüge der Gesamtgesellschaft und ihre geographische und soziale Mobilität wurden als

Individualisierung und Einsamkeit erfahren. Die Herauslösung des Gebildeten aus dem ständischen Sozialgefüge innerhalb des umfassenderen gesellschaftlichen Veränderungsprozesses der Modernisierung gestaltete den Erwerb der Individualität und Identität zum problematischen Prozeß. Die durch den Verlust der vorgegebenen sozialen Beziehungen und Rollen als Belastung erfahrene Befreiung des Individuums ließ persönliche Beziehungen wichtig werden. Es entstand eine personale Affinität, die sich in der Selbstorganisation, in der Bildung von Freundesgruppen, Freundschaftsbünden, Konventikeln, Clubs und Lesegesellschaften niederschlug. Die Schicht der bürgerlichen Gebildeten, der Juristen, der Beamten, der Professoren, der Lehrer, der Männer also im Dienste der Fürsten oder auch lokaler Obrigkeiten, waren relativ stark isoliert, waren im hohen Maße individualisiert und empfanden dies oft als Einsamkeit, lebten sie doch häufig weitflächig verstreut."[55]

Die Ausweitung des Bewußtseins durch Orts- und damit auch Standpunkt-Veränderung vollzog sich zunächst „fiktiv", durch das Medium Literatur, das stellvertretende Lebenserfahrung ermöglichte. Die gleiche Funktion hatte der Briefwechsel, der den Gebildeten ebenfalls die Möglichkeit bot, ihre isolierte Existenz zu überwinden, Selbstbestätigung zu finden, die Erlebenssphäre auszuweiten, Verbindung zu geistigen oder wissenschaftlichen Auseinandersetzungen anderenorts aufzunehmen. Weltkenntnis und Erfahrung aber vermochten die Gebildeten vor allem, wenn sie es sich leisten konnten, auf Reisen zu erwerben. „Reisen wurden von den Aufklärern als ein wichtiges, wenn nicht gar, wie der ursprüngliche Wortsinn von Erfahrung es nahelegt, das einzige Mittel angesehen, dem traditionell vorgegebenen Erfahrungsraum und damit den Erwartungshorizont zu erweitern. ,Wie anders lernt man die Welt kennen; je weiter man in sie tritt: jeder Schritt ist Erfahrung; und jede Erfahrung bildet', bekannte Herder 1769 am Ende seiner Reise nach Frankreich."[56] In seiner *Apodemik oder die Kunst zu reisen. Ein systematischer Versuch zum Gebrauch junger Reisenden aus den Gebildeten Ständen überhaupt und angehender Gelehrten und Künstler* (1795) meinte Franz Posselt, daß das theoretische Wissen doch immer nur eine unsichere, mangelhafte, bloß theoretische und tote Kunst bleibe; damit es praktisch und lebendig werde, zur eigenen Erfahrung und Beobachtung der Menschen im wirklichen Leben führe, bedürfe es des Reisens; denn wer die „Menschen nach ihren verschiedenen Charakteren und den Verschiedenheiten, die Alter, Geschlecht, Stand, Lebensart, Staatsverfassungen oder Religion in denselben hervorbringen, kennenlernen will, muß sie selbst beobachten und mit ihnen umgehen."[57]

Zu dem Mittel der Erweiterung der Anthropologie gehöre das Reisen, so Immanuel Kant; und sei es auch nur durch das Lesen von Reisebeschreibungen.

Die „sentimentale Reise" öffnete einerseits das Tor zu den vielfältigen und „farbigen" Wirklichkeitsbereichen, die es weltweit, also in vielen anderen Räumen (jenseits des eigenen Raums), zu besichtigen und deren Phänomene es zu sammeln, zu verarbeiten und „einzuverleiben" galt; andererseits, neben der „Enzyklopädie des Erfahrbaren", erfolgte durch Reisen eine neue „Vertikalisierung"; eine Vertiefung in Seelenstrukturen, die durch horizontale Bewegung (eben Reisen) evoziert wurde. Die Italien-

Da Gebildete, auch wenn sie auf der Suche nach sich selbst sind, selten zu den wagemutigsten Menschen gehören, war die Postkutsche nun die erfüllte Bedingung für Seelen-Reisen. Jetzt konnte man wirklich „herumkommen". Friedrich Nikolai, einer der führenden Aufklärer in Berlin gegen Ende des 18. Jahrhunderts, bekämpfte rastlos reisend seine Gefühle der Isolation und Depression. Im Jahre 1781 fuhr er in sieben Monaten folgende Stationen an: Leipzig, Jena, Kloster Banz, Bamberg, Nürnberg, Regensburg, Passau, Wien, Preßburg, Karlsruhe, Heidelberg, Frankfurt, Mainz, Gotha, Kassel, Göttingen, Hannover, Braunschweig, Wolfenbüttel, Helmstedt, Magdeburg. Aus den zahllosen Reiseberichten dieser Zeit – denn diese Reisenden pflegten ihre Reisen als literarisches Thema zu nutzen – könnte man so etwas wie einen Atlas der Bildungszentren erstellen, mit den Namen der dort jeweils residierenden Ober-Gebildeten und ihren Zirkeln.
(Dietrich Krusche: Reisen. Verabredung mit der Fremde. Berlin 1989, S. 61 f.)

reise, inauguriert durch Johann Joachim Winckelmann, erweist sich in diesem Sinne als ein zentraler Topos für solche in der Expansion vollzogene Introspektion – und zwar nicht nur, was die individuelle, sondern auch was die kollektive Psyche betrifft.

Für Goethe, Herder und andere Reisende (vorher, zu gleicher Zeit und darnach) ist Italien, das seit zwei Jahrtausenden das Zentrum der europäischen Kultur darstellt, nicht nur eine unvergleichlich reichhaltige abendländische Schatzkammer, die jeder gebildete Mensch in Augenschein nehmen sollte; es geht auch und vor allem um den mentalitätsgeschichtlich entscheidenden Kontrast zwischen dem sinnlichen, heiteren „Arkadien" und dem kunstfeindlichen, düsteren „Cimmerien". „Goethes ‚Italienische Reise', vor allem aber der ‚Zweite römische Aufenthalt', liest sich deshalb als eine Entdeckung der Sinnlichkeit, der Natur- und Kunstschönheit ebenso wie der eigenen Sexualität. Der deutsche Künstler glaubt, seine beschädigte Sensibilität und Kreativität in der Freiheit der mediterranen Kultur heilen zu können, um dann – als umfassend entwickelte Persönlichkeit – wieder nach ‚Cimmerien' heimzukehren und dort als schöpferischer Künstler weiterzuleben. Goethes Bedürfnis nach Italien beruht gerade deshalb darauf, daß es ihm als eine Gegenwelt zum Norden vorschwebt. Er durchbricht das normative Denken der Aufklärung und lernt in und durch Italien, die andere Kultur in deren Eigenständigkeit wahrzunehmen." (Albert Meier / Heide Hollmer)[58]

„Ankunft der Alpenpost von Partenkirchen nach Innsbruck"; Kaltnadelradierung von Hans W. Schmidt, 1888.

Vor allem lernt er, die Einseitigkeit seiner „nordischen Einengung" in Richtung ganzheitlicher Persönlichkeitsentwicklung zu überschreiten, ein nord-südliches (später west-östliches) „versöhntes" Kulturbewußtsein zu entwickeln. Bewirkt wird dadurch die „Totalität des gelungenen Lebens", die in sich ruhende Persönlichkeit:

„Volk und Knecht und Überwinder,
Sie gestehn zu jeder Zeit,
Höchstes Glück der Erdenkinder
Sei nur die Persönlichkeit.

Jedes Leben sei zu führen,
Wenn man sich nicht selbst vermißt;
Alles könne man verlieren,
Wenn man bliebe, was man ist."[59]

Fernweh

Ich bin nicht Goethe, meinte Herder in einem Brief vom 4. November 1788 an seine Frau. Der Gegensatz zwischen dem „grämlichen Theologen" und dem „leichtsinnigen Dichter" verweist auf den entscheidenden kulturgeschichtlichen Wandel von der Aufklärung zur Romantik. „War insbesondere das 18. Jahrhundert vom Primat der Ethik bestimmt gewesen, so trat nun zunehmend das Ästhetische aus der moralischen Rückbindung heraus und begann, sich als autonomer Wert zu behaupten. Dieser zum Weimarer Neoklassizismus Goethes und Schillers führende Prozeß des Auseinanderdriftens von Ethik und Ästhetik fand in Goethes Italienerlebnis, mit dem Herder in Rom unablässig konfrontiert wurde, einen seiner ersten Höhepunkte und machte die Tendenz unübersehbar deutlich: ‚Sinnlichkeit' lautete das neue Schlüsselwort."[60]

Nach Albert Meier / Heide Hollmer ist die Erfahrung, „unter einem ganz sinnlichen Volke zu leben", für Goethe zum Auslöser der eigenen sinnlichen Befreiung geworden. Obschon Herder dieselbe Beobachtung macht, reagiert er konträr: „Wo alles sinnlich ist, wird man unsinnlich; man sucht mit seiner Seele etwas, das man mit den Sinnen nicht findet."[61] In seiner Interpretation der mediterranen Kultur stimmt Herder im Grunde mit Goethe völlig überein. Er übernimmt dessen sensualistische Sicht, und erst bei der Bewertung kommt die Differenz zum Tragen. „Wo sich Goethe den sinnlichen Eindrücken öffnen will, neigt Herder zur Verweigerung und Distanzierung. Auf die von Goethe beschworene römische Erotik will er sich ebensowenig einlassen wie auf das in seinen Augen eher liederliche Leben in der Künstler-Wohngemeinschaft."[62]

Die romantische Mentalität ist nicht nur – wie bei Goethe – durch immanente Sinnlichkeit (Genuß im Hier und Nun) charakterisiert; sie ist durch „aufgehobene" Sensualität bestimmt. Das Gegenwärtige wird zugunsten des Zukünftigen aufgehoben (überwunden); das Diesseitige aufs Jenseitige hin aufgehoben (erhöht); aber aufgehoben (bewahrt) soll auch bleiben, was an Sinnlichkeit in Arkadien erworben worden ist.

Der Postillion, der in sein Horn stößt, intoniert die Musik zu solcher „Aufhebung". Das Hier- und Hiesig-Sein wird als Option auf Heimat in

Mittwoch, den 24. September 1755 bestieg ein hochgewachsener, schon ein wenig ältlich aussehender Herr von olivenfarbigem Teint, hastigen und schwerfälligen Bewegungen und gelehrtem Gesichtsausdruck in Dresden die Extrapost, um sich über Bayern und Tirol nach Italien zu begeben. Am 18. November fuhr er durch die *porta del popolo* in Rom ein und nahm damit gewissermaßen die ewige Stadt in Besitz. Dieser Herr war der preußische Literator Johann Joachim Winckelmann, Verfasser einer in Fachkreisen sehr beifällig aufgenommenen kleinen Kunstabhandlung über die Nachahmung der griechischen Werke, und dieser Alpenübergang und Einzug in Rom war eine der denkwürdigsten Tatsachen der neueren Kulturhistorie, ebenso bedeutsam für die Geschichte der deutschen Kunst und Literatur, wie es die Romfahrten der Staufer für die Geschichte der deutschen Politik und Religion gewesen waren, und zugleich der Ausgangspunkt einer der verhängnisvollsten Verirrungen des deutschen Geistes, die diesen viele Jahrzehnte lang beherrscht und in höchst eigentümlicher Weise von seiner normalen Entwicklungsbahn abgelenkt hat … Durch den Genius dieses einen Mannes taucht nun das Phänomen Hellas wie eine verzauberte Insel aus dem Meer der Vergangenheit, freilich nur als täuschende Luftspiegelung, aber gleichwohl in einem reinen und scharfen Glanz, der die Zeitgenossen beglückte.

Gegen Winckelmanns berühmten Programmsatz, der einzige Weg für uns, groß, ja, wenn möglich, unnachahmlich zu werden, sei die Nachahmung der Griechen, richtete Klopstock die Verse: „Nachahmen soll ich nicht und dennoch nennet dein ewig Lob nur immer Griechenland. Wem Genius in seinem Busen brennet, der ahm' den Griechen nach! Der Griech' – erfand!" In der Tat: womit könnte ein Denker oder Künstler sich und seiner Zeit ein größeres Armutszeugnis ausstellen als durch den Rat, irgend etwas, wie groß es auch sei, nachzuahmen? Und doch war Winckelmann nichts weniger als ein ideenloser und phantasiearmer Kopf, vielmehr ein Genie der Invention so gut wie der Grieche; denn auch er hat etwas erfunden: nämlich den Griechen.

(Egon Friedell: Kulturgeschichte der Neuzeit. Die Krisis der europäischen Seele von der Schwarzen Pest bis zum Weltkrieg. Zweiter Band. München 1929, S. 371 f., 376)

die Ferne projiziert. Die Überwindung des Raums, vom Fernweh beflügelt, transzendiert auf Höheres. Wenn der Lockruf zum Aufbruch ertönt, wird Welt „romantisiert" erfahren; dem Gemeinen ist ein hoher Sinn, dem Gewöhnlichen ein geheimnisvolles Ansehen, dem Bekannten die Würde des Unbekannten, dem Endlichen ein unendlicher Schein verliehen (Novalis). Der Postillion als romantische Wunschfigur, in den sich die Poeten „hineindichten", erweist sich als Symbol für eine Freiheit, die immerfort ins Unbekannte aufbricht. Der Klang des Posthorns verzaubert wie eine Pansflöte, erweckt eine ganze Welt von Empfindungen; deren Eigenart ist ihre Unschärfe, die als „Ahndung", Anmutung, Sehnsucht fasziniert.[63] So in Joseph von Eichendorffs Gedicht „Sehnsucht":

„Es schienen so golden die Sterne,
Am Fenster ich einsam stand
Und hörte aus weiter Ferne
Ein Posthorn im stillen Land.
Das Herz mir im Leibe entbrennte,
Da hab ich mir heimlich gedacht:
Ach, wer da mitreisen könnte
In der prächtigen Sommernacht!

Zwei junge Gesellen gingen
Vorüber am Bergeshang;
Ich hörte im Wandern sie singen
Die stille Gegend entlang:
Von schwindelnden Felsenschlüften,
Wo die Wälder rauschen so sacht,
Von Quellen, die von den Klüften
Sich stürzen in die Waldesnacht.

Sie sangen von Marmorbildern,
Von Gärten, die überm Gestein
In dämmernden Lauben verwildern,
Palästen im Mondenschein,
Wo die Mädchen am Fenster lauschen,
Wenn der Lauten Klang erwacht,
Und die Brunnen verschlafen rauschen
In der prächtigen Sommernacht."[64]

Der romantische Postillion „befördert" eine Gefühlswelt, die von der Erfahrung des Transitorischen „heimgesucht" wird: Das Weiterfahren erweist sich als ein „Vorübergehen"; Willkommen und Abschied prägen die Existenz. „Wehmut" ergibt sich, weil Ortsfindung ständig in Ortswechsel übergeht, dem Aufenthalt die Weiterfahrt innewohnt. Beweglichkeit läßt auch das Glücksgefühl des Weiter-seins aufkommen, freilich eingetrübt von dem Bewußtsein, daß Geliebtes zurückbleibt. Die „ferne Heimat" ist ein ambivalenter Topos: sie liegt in dem, was verlassen wurde, und in dem, was man am Reiseziel als Zu-fall erhofft: Option auf „zeit-weilige" Geborgenheit. Im Aufbruch wird man schuldig – an den Zurückbleibenden, Zurückgebliebenen. Würde man jedoch nicht aufbre-

Posthornsignale aus den Dienstanweisungen der Großherzoglich-Mecklenburgischen Postverwaltung für Postillione, Mitte 19. Jahrhundert.

chen, ließe man die Rätsel der Welt ungelöst, bliebe Dasein unerlöst. Der romantische Postillion überwindet spielend, was Realität auftürmt; hinauf, hinab geht die Fahrt – mit frischem Gesundheitsblick. Gipfel ermutigen; ertönt das Horn, wird Schwerkraft aufgehoben.

Titelkupfer des offiziellen Posthandbuchs der Schweiz von 1893 „Die Schweizerischen Alpenpässe und die Postkurse im Gebirge"; Text und Illustrationen: J. M. Steiger.

Über Berg und Tal ...

Lokalisiert man die Psychotopographie der romantischen Postkutschenreise, so stößt man zum Beispiel auf das Phänomen der „aufgehobenen" Alpen. Der „Taugenichts" (bei Eichendorff) überwindet sie, in folgender Zeitraffer-Textmontage dargestellt, etwa so:
„Endlich kam ein Bauer des Weges daher, der, glaub' ich, nach der Kirche ging, da es heut eben Sonntag war, in einem altmodischen Überrock mit großen silbernen Knöpfen und einem langen spanischen Rohr mit einem sehr massiven silbernen Stockknopf darauf, der schon von weitem in der Sonne funkelte. Ich frug ihn sogleich mit vieler Höflichkeit: ‚Können Sie mir nicht sagen, wo der Weg nach Italien geht?' ...
‚Nach Italien, nach Italien!' rief ich voller Vergnügen aus, und rannte, ohne an die verschiedenen Wege zu denken, auf der Straße fort, die mir eben vor die Füße kam. ...
Dann nahm der fremde, grämliche Herr die beiden Pferde der Maler am Zügel, die Maler sprangen in den Wagen, ich auf den Bock, und so flogen wir schon fort, als eben der Postmeister mit der Schlafmütze aus dem Fenster guckte. Der Postillon blies lustig auf dem Horne, und so ging es frisch nach Italien hinein. ...
Es mochten wohl ein paar Stunden ins Land gegangen sein, als mich ein Posthorn aufweckte, das lange Zeit lustig in meine Träume hereinblies, ehe ich mich völlig besinnen konnte. Ich sprang endlich auf, der Tag dämmerte

Eine Postkutsche mit Beipackwagen auf der Julier-Paß-Straße auf dem Weg in den Süden, 1893; Kupfertiefdruck aus dem Werk von J. M. Steiger.

schon an den Bergen, und die Morgenkühle rieselte mir durch alle Glieder. Da fiel mir erst ein, daß wir ja um diese Zeit schon wieder weit fort sein wollten. ...

Wir fuhren nun über Berg und Tal Tag und Nacht immerfort. Ich hatte gar nicht Zeit, mich zu besinnen, denn wo wir hinkamen, standen die Pferde angeschirrt, ich konnte mit den Leuten nicht sprechen, mein Demonstrieren half also nichts; oft, wenn ich im Wirtshause eben beim besten Essen war, blies der Postillon, ich mußte Messer und Gabel wegwerfen und wieder in den Wagen springen, und wußte doch eigentlich gar nicht, wohin und weswegen ich just mit so ausnehmender Geschwindigkeit fortreisen sollte. Sonst war die Lebensart gar nicht so übel. Ich legte mich, wie auf einem Kanapee, bald in die eine, bald in die andere Ecke des Wagens, und lernte Menschen und Länder kennen, und wenn wir durch Städte fuhren, lehnte ich mich auf beide Arme zum Wagenfenster heraus und dankte den Leuten, die höflich vor mir den Hut abnahmen, oder ich grüßte die Mädchen an den Fenstern wie ein alter Bekannter, die sich dann immer sehr verwunderten und mir noch lange neugierig nachguckten. ...

Ich war Tag und Nacht eilig fortgegangen, denn es sauste mir lange in den Ohren, als kämen die von dem Berge mit ihrem Rufen, mit Fackeln und langen Messern noch immer hinter mir drein. Unterwegs erfuhr ich, daß ich nur noch ein paar Meilen von Rom wäre. Da erschrak ich ordentlich vor Freude. Denn von dem prächtigen Rom hatte ich schon zu Hause als Kind viele wunderbare Geschichten gehört, und wenn ich dann an Sonntagsnachmittagen vor der Mühle im Grase lag und alles ringsum so still war, da dachte ich mir Rom wie die ziehenden Wolken über mir, mit wundersamen Bergen und Abgründen am blauen Meer, und goldnen Toren und hohen glänzenden Türmen, von denen Engel in goldnen Gewändern sangen. – Die Nacht war schon wieder lange hereingebrochen, und der Mond schien prächtig, als ich endlich auf einem Hügel aus dem Walde heraustrat, und auf einmal die Stadt in der Ferne vor mir sah. – Das Meer leuchtete von weitem, der Himmel blitzte und funkelte unübersehbar mit unzähligen Sternen, darunter lag die heilige Stadt, von der man nur einen langen Nebelstreif erkennen konnte, wie ein eingeschlafener Löwe auf der stillen Erde, und Berge standen daneben, wie dunkle Riesen, die ihn bewachten."[65]

Die Post, kutschiert von Meistern poetischer Schwerelosigkeit, vermag sich recht leicht(sinnig) über den „Querriegel" der Alpen, der jahrhundertelang die verkehrsgeographische wie psychotopographische Verbindung des Nordens mit dem Süden ver- oder behindert hatte, hinwegzusetzen. Die „Aufhebung" dieses Hindernisses zeigt exemplarisch, wie sehr die Reiselust nicht nur neue Kulturen, Städte, Menschen erschloß, sondern auch neue Naturräume erfahrbar machte.

„Nun ging mir eine neue Welt auf. Ich näherte mich den Gebirgen, die sich nach und nach entwickelten",[66] heißt es in Goethes *Italienischer Reise*. Von Innsbruck herauf werde es immer schöner, da helfe kein Beschreiben. „Auf den gebahntesten Wegen steigt man eine Schlucht herauf, die das Wasser nach dem Inn zu sendet, eine Schlucht, die den Augen unzählige Abwechslungen bietet. Wenn der Weg nah am schroffsten Felsen hergeht, ja in ihn hineingehauen ist, so erblickt man die Seite gegenüber sanft

Der *Taugenichts* ist [gegenüber Eichendorffs Novelle „Das Marmorbild"] etwas ganz Anderes, Neues, ein Abschied von der Romantik. Der ganze jugendliche Aufschwung ist darin, der die Romantik beseelte, die funkelnde Kraft des Ich, dem sein Gefühl das All ist und das die ganze Welt mit seinem Gefühl umschließt, die unendliche Sehnsucht nach ewig fernen Zielen, die Vielfältigkeit und die Tiefe der Empfindung, der Segen der voll erlebten Natur, die innige Frömmigkeit und das über allem schwebende Klingen der Musik, der Ton der Lieder und des Waldhorns – dargeboten als leichtes Spielgebilde des überlegen lächelnden Dichterschöpfers. Aber das Romantische steht hier schon in letzter Reife. Es ist nicht mehr die esoterische Ideenlehre wie vor einem Menschenalter. Es ist die allgemein gewordene, allenthalben eingedrungene und angeeignete, phantasiebewegende Bilderwelt. Der Taugenichts ist nirgends spirituell, aber überall romantisch. Das romantische Ideengut ist überall der tragende Boden, aber überall verkürzt und überaus anschaulich in Bilder gebracht. Die romantische Unendlichkeit bleibt hier ganz im Räumlichen, sei es des märchenhaft fernen Italien, sei es der fernen Heimat. Die romantische Wirrnis, das fruchtbare Chaos vertritt eine unübersichtliche Reihung ergötzlicher Vertauschungen und Verwechselungen. Die romantische Subjektivität schließlich wird durch den Kunstgriff einer kleinen sozialen Herabstimmung ins liebenswürdig Beschränkte, zugleich aber auch Allgemeine verschoben: das romantische, immer individuelle und immer künstlerische Ich des Helden, weithin mit dem Dichter-Ich identifiziert, schrumpft hier zu dem Erzähler-Ich eines kleinen Taugenichts, den Eichendorff mit einem leichten spöttischen Lächeln wandern und singen und plaudern läßt, dessen Wesensart und Lebenshaltung aber keineswegs individuell, sondern weithin ganz allgemein menschlich gültig geschildert werden. Der heitere Spott des Dichters über den Taugenichts, der keiner ist, gilt nicht nur ihm, sondern allen, die etwas von seinem Wesen haben.
(Wolfgang Baumgart: Die Zeit des alten Goethe. In Heinz Otto Burger (Hrsg.): Annalen der deutschen Literatur. Stuttgart 1971, S. 608)

abhängig, so daß noch kann der schönste Feldbau darauf geübt werden. Es liegen Dörfer, Häuser, Häuschen, Hütten, alles weiß angestrichen, zwischen Feldern und Hecken auf der abhängenden hohen und breiten Fläche. Bald verengert sich das Ganze: das Benutzbare wird zur Wiese, bis sich auch das in einen steilen Abhang verliert ... Nun wurde es dunkler und dunkler, das einzelne verlor sich, die Massen wurden immer größer und herrlicher; endlich, da sich alles nur wie ein tiefes geheimes Bild vor mir bewegte, sah ich auf einmal wieder die hohen Schneegipfel, vom Mond beleuchtet, und nun erwarte ich, daß der Morgen diese Felsenkluft erhelle, in der ich auf der Grenzscheide des Südens und Nordens eingeklemmt bin."[67]

Alles, alles zeige, so Johann Gottfried Herder (in einem Brief vom 9. August 1788 an seine Frau Caroline), daß die hohen Berge der Schöpfungsort und das Paradies der ersten Menschen waren und aller Menschen sind, die noch in dieser Einfalt und Armut zu leben das Herz hätten.[68]

Verfolge man, so Jacek Wozniakowski in seinem Buch *Die Wildnis. Zur Deutungsgeschichte des Berges in der europäischen Neuzeit,* den im Laufe des 18. Jahrhunderts sich anbahnenden, mentalitätsgeschichtlich so außerordentlich wichtigen Durchbruch in der Beziehung des Menschen zur Natur, so könne man sich in diesem Dickicht durchaus verirren – zeigten sich nicht am Horizont Orientierungspunkte: nämlich die Berge. Vor allem die Schweiz wurde zu einem Arkadien in den Bergen. Das dort vermutete freiheitliche, einfache, von der Natur geleitete Leben wurde der zivilisatorischen (städtischen) Degeneration entgegengesetzt. So auch der Tenor der Dichtung *Die Alpen,* die der junge Berner Patrizier Albrecht von Haller 1729 verfaßte (nach einer Gebirgswanderung, die er zusammen mit seinem Freund Johannes Geßner unternommen hatte).

„Ihr Schüler der Natur, geborn' und wahre Weisen!
Die ihr auf Schweitzerlands beschneyten Mauren wacht;
Ihr, und nur ihr allein kennt keine Zeit von Eisen,
Weil Tugend Müh zur Lust, und Armuth glücklich macht."[69]

Nach der zweiten Auflage (1734) des Buches kam eine kleine Lawine ins Rollen: „Im Laufe eines halben Jahrhunderts erlebten die *Alpen* – in verschiedensten Sammlungen der Hallerschen Schriften – ein gutes Dutzend Auflagen des Originals sowie dreißig Übersetzungen in fünf Sprachen. Es war dies überhaupt das erste deutsche literarische Werk, das ins Französische übersetzt wurde und das von da an (1750) in Frankreich mindestens ein Vierteljahrhundert lang einmal in zwei Jahren erschien. Viele Schriftsteller beginnen nun, ihr eigenes Land mit Hallers Augen zu sehen. Im Angesicht der Berge rezitieren Reisende seine Verse. Den damaligen Generationen war nämlich diese Dichtung des gelehrten Arztes nicht bloß bedeutende Literatur, sondern die plastische Verkörperung eines neuen Weltgefühls. Christian Ludwig von Hagedorn, der kunstverständige Bruder des ... Dichters, schreibt im Jahre 1762, daß weite Ansichten allein schon durch ihre Größe unsere Phantasie erfreuen, und zitiert als Beispiel Haller, an dessen Dichtung er das Neue und Ungewöhnliche lobt. Schiller wirft zwar in seinen Betrachtungen *Über naive und sentimentalische Dichtung* den *Alpen* ein Übermaß an Didaktik vor, begeistert sich aber an Hallers hohen Idealen: „... sein glühendes Gefühl für Wahrheit sucht in den stillen Alpentälern die aus der Welt verschwundene Unschuld.' Noch Goethe legt in *Wilhelm Meisters Wanderjahren* (1821) Gretchen das Bekenntnis in den Mund, drei Werke hätten eine ganze Generation den Kult der Natur gelehrt: Hallers *Alpen,* Ewald von Kleists *Frühling* sowie Gessners *Idyllen.*"[70]

Was Reisepioniere über die Jahrhunderte hinweg beherzt, mit oder ohne Erfolg, versucht hatten, nämlich die Alpen zu durch- bzw. überqueren, sie in ihrer Naturschönheit zu erschließen und diese den „Daheimgebliebenen" zu vermitteln, schließlich als Dorado des natürlichen Menschen der zivilisatorischen Fehlentwicklung entgegenzuhalten – diese psychotopographische Errungenschaft wurde nun mit dem Ausbau des Verkehrswesen, vor allem der Ordinari-Post, zu einer immer häufiger werdenden Er-

Teufels-Brücke.

Die neue Teufelsbrücke von 1830 auf der Gotthard-Paßstrecke. Aus dem schweizerischen Posthandbuch; Kupfertiefdruck von J. M. Steiger, 1893.

141

fahrung und damit Erfahrung. Der Weg vom Norden in den Süden (wie viele andere Strecken auch) war lang und steil, mit unendlichen Mühen und großen technischen Schwierigkeiten verknüpft. Die Schwerelosigkeit, mit der die romantischen Postillione „gen Italien" fuhren, sei deshalb kontrastiert mit einer Schilderung von G. H. von Schubert, der 1833 mit der Postkutsche über das Stilfser Joch reiste (wobei dieses Beispiel sich freilich auf eine extreme Höhenlage bezieht): „Die Kunst des Menschen hätte nimmermehr durch diese Felsenmauern eine Bresche machen können, wäre nicht ein Teil der Zinnen, die einst das Kesseltal umgaben, anderen gewaltigen Kräften der Natur erlegen und von selber zusammengestürzt. Mitternachtwärts von dem eigentlichen Gipfel des Ortler, doch schon so weit von ihm abgelegen, daß seine Schatten, die fast beständig über dem Tal der Gletscher liegen, ihn nicht mehr treffen können, erhebt sich das Gehäufe der zusammengestürzten Felsen- und Steinmassen, welches an seiner Oberfläche von einem lockeren, feinen Gerölle bedeckt ist; über den südlichen Abhang des Trümmerberges ist mit ungemeiner Kunst der Übergang ins Veltlin gebahnt ...

Der Schnee, der diese Anhöhen schon seit den letzten Tagen des August bedeckte und welcher gestern durch frisch gefallenen vermehrt war, wurde mit jeder neuen Wendung der Straße immer höher; doch ragte noch, wo die Sonne stärker aufzutreffen vermocht hatte, ein Gesträuch der Alpenrosen aus dem Schnee hervor. Zuletzt zeigten sich nur noch auf dem vom Schnee entblößten Gerölle die schönfarbigen, gewürzhaft duftenden, zierlichen Blumen der höchsten Alpen, klein vor dem Auge des vorüberziehenden Reisenden. Unser Postillion räumte von Zeit zu Zeit an kräuterreichen Stellen mit dem Stiel der Peitsche und mit der Hand den Schnee hinweg und reichte uns, wie er's eben traf, Gras und Kraut und Blumen zugleich mit dem Erdreich der Wurzeln in den Wagen hinein. ... Wir näherten uns jetzt jenen 14 hochgemauerten, mit dicken Balkendächern gedeckten Galerien, die hier zum Schutz der Straße und der auf ihr reisenden Menschen gegen die abrollenden Lawinen und Steinfälle errichtet sind. Da hallte vom Tal herauf der ferne Donner einer Lawine, welche neben einem der Gletscher herabgerollt war, bald darauf hörte man das Getöse von noch einer. Wir zogen jetzt im Schutz der bedeckten Galerien. Da, wo sich die Straße aus der einen bedeckten Wendung ins Freie hinauszog, um sich nach der nächsten höheren hinaufzukrümmen, hinderte ein Berg von Schnee das Weiterkommen. Wir stiegen aus, und der Postillion machte Anstalt, den leichten Wagen über den Schnee zu bringen ... Endlich hatten wir denn an der Grenze Graubündens und des Veltlins den höchsten Punkt des Passes, das Wormser- oder Stilfser Joch, erreicht. So hatten wir den unvergeßlich schönen Gebirgsweg über das höchste Joch in Europa zurückgelegt, über welches eine wirkliche, für Reisewagen gangbare Straße hinwegführt."[71]

Briefe als Gefühlsträger

Sentimentalische Reiselust, das Verlangen nach fernen Räumen, verbunden mit der „Sehnsucht zurück" (nach dem, was man hinter sich gelassen und verlassen hatte), also die Gleichzeitigkeit von Erfahrungs-wille *und*

Heim-weh, erhält im Brief eine eigene Dimension. Aus dem bislang vorwiegend der Weitergabe von Nachrichten und Informationen dienenden Vermittlungsmedium wird nun ein „Gefühlsträger", mit dessen Hilfe Personen als Seelen miteinander korrespondieren. Bezeichnenderweise entwickelt Goethe die *Leiden des jungen Werthers* – eines Mannes, „der mit einer tiefen, reinen Empfindung begabt, sich in schwärmende Träume verliert, sich durch Spekulation untergräbt, bis er zuletzt, durch dazutretende unglückliche Leidenschaften, besonders eine endlose Liebe zerrüttet, sich eine Kugel vor den Kopf schießt"[72] –, entwickelt Goethe die Geschichte einer empfindsamen Seele in Form eines Briefromans.

Pars pro toto: aus Johann Gottfried Herders Briefwechsel mit seiner Frau und seinen Kindern während der italienischen Reise kann man den Stellenwert von „Post" im nun angebrochenen Zeitalter der Empfindsamkeit ablesen. Dabei wird auch deutlich, daß die Briefe weniger realistischer Kommunikation dienen, sondern viel mehr der Projektion von Gefühlen und Stimmungen. So wie die Wirklichkeit der Postkutschenreise zurücktritt gegenüber einem leidenschaftlich bewegten Fernweh, das von den Schwierigkeiten auf holpriger Straße abhebt, löst sich der Brief von der „parterren" Situation (bei Herder etwa die berufliche und familiäre Lage betreffend), um sich im affektiven Überbau (in Seelengefilden) zu ergehen. Die Hoffnung auf Post ist ein Warten auf Erbauung; mit der Entfernung voneinander steigt die Zuneigung untereinander. Johann Gottfried Herder

„Die Vertrauten"; Kupferstich von Messonier nach einer englischen Vorlage, erschienen bei Froex in Stuttgart, um 1860.

an seine Frau Caroline, Augsburg, den 23. August 1788: „Heut morgen, da ich aufwachte, war mein Erstes auf die Post zu schicken, ob Briefe von Dir dawären; eine gewisse Unruhe hatte mich nach Augsburg getrieben, von der ich keinen Grund wußte, da es mir im Knebelschen Hause so äußerst wohl ging; und siehe ich fand Briefe. Zuerst einen Brief von Dir, eine Antwort auf meinen ersten Bamberger n. 3., der so erquickend, lieb u. heiter für mich war, daß ich den ganzen Tag mehr geschwebt habe, als gegangen bin unter diesem viel schönern Himmel, u. in einer Stadt, die die heiterste Stadt ist, die ich in Deutschland gesehen habe. Wie eine Taube kamst Du mit Deinen zwei kleinen Täubchen zu mir geflogen, u. hast mich ordentlich umschwebet. Wunderbar ists, daß Du mich fragst, ob ich in der Nacht vom Dienstag auf die Mittwoch in Nürnberg an Dich gedacht habe? so sonderbar innig und gleichsam unwillkürlich an Dich gedacht, daß ich glaube, du müßtest es empfinden. Es ist mir ein neuer Beweis, daß Seelen auch in der Entfernung untrennbar zusammenhangen, u. dieser Glaube, u. sein neuer Beweis soll mich auch in unsrer Untrennbarkeit stärken. Du bist mein, u. Du sollst mein sein: ich will dich mit Geistesarmen zu mir ziehen u. an mir halten.“[73]

Der „hohe Seelenton“ solcher Briefe ist freilich nicht nur Ausdruck sublimierter Kommunikation; er hat auch die Absicht, die Daheimgebliebene über entgangene Freuden hinwegzutrösten und ihren Eifersüchteleien entgegenzuwirken. Die Briefe an den Herzog Karl August, in ihrer ebenfalls rhapsodischen Art, sind „in erster Linie als Briefe eines Untertanen zu lesen, der sich bei seinem Landesherrn für die großzügige Freistellung von Amt und Würden bedankt, und die Briefe an die Freunde wiederum konnten nicht vorsichtig genug abgefaßt werden, da nicht sicher war, wem sie sonst noch zu Ohren kommen würden. So verlangt die Lektüre von Herders italienischem Briefwechsel dem Leser gewiß ein hohes Maß an Psychologie und Einfühlungsvermögen ab, wenn er die wirkliche Dynamik – dieser nicht immer wohlerzogenen und unkontrollierten – Berichte aus dem Süden und aus Weimar erahnen will.“[74]

Das konkrete Beispiel (Herders Briefwechsel) ist zu verallgemeinern, kann als Paradigma verstanden werden: Seit dem 18. Jahrhundert bedeutet „Post“ als Briefverkehr interpsychische Kommunikation. Die Briefeschreiberinnen und Briefeschreiber gewinnen Nähe über Distanz; sie schaffen mit dem Brief einen Intimraum, der durch das Briefgeheimnis geschützt ist (freilich oft genug später durch die Neugierde der Herausgeber von Briefwechseln gestört wird).

In ihrer Einleitung zu der Sammlung *Deutsche Briefe 1750–1950* schreiben Gert Mattenklott / Hannelore Schlaffer / Heinz Schlaffer, daß das, was im wirklichen Leben Sitte und Ordnung mäßigen oder gar verbieten, im Privatbrief eine Lizenz ohne Auflage erhalte sowie das „Reden à propos und übrigens“ zum bevorzugten Stilmittel werde. Die gesamte moderne Briefgeschichte lasse erkennen, daß die Vorstellung, Briefe seien mehr oder weniger treue Abbilder des wirklichen Lebens der Person des Briefeschreibers, keineswegs stimme. „‚Ich soll ein sehr geschwätziges Mädchen seyn‘, werden Sie sagen‘, fingiert Gellerts begabteste Schülerin der Kunst, ‚natürliche Briefe‘ zu schreiben, Caroline Lucius, einen Einwand ihres berühmten Korrespondenten nach einer dreiseitigen Plauderei über dies und das;

Nicht nur Rainer Maria Rilke hat, wie er selbst schrieb, „von gewissen Jahren ab, einen Teil der Ergiebigkeit meiner Natur gelegentlich in Briefe“ geleitet. Jahrhundertelang waren Briefe immer auch Medium einer zwar individuell und privat orientierten, doch die Öffentlichkeit nicht unbedingt ausschließenden Mitteilung und tendenziell, wie auch die Briefromane der Literaturgeschichte belegen, eine fast naturwüchsige literarische Form. Briefromane haben allerdings nur selten den lange nachwirkenden Reiz, den bestimmte direkt adressierte Briefe selbst, den einige große, nicht fiktive Briefwechsel der Geschichte bis heute behalten haben und der ihnen zu Recht das Ansehen eines eigenen literarischen Genres eingetragen hat.
(Heinrich Vormweg: Reiz der Briefe. In: Süddeutsche Zeitung, 26./27. 9. 1987)

Paketbegleitadresse Johann Wolfgang
von Goethes, Weimar 1829, adressiert
nach Frankfurt an der Oder: „Mit einem
langen Bündel, Strohemballiert, enthalten
Rosenpflanzen im Werth 3. Thaler" an
die Generalsgattin Zielinska.

Der Lindauer Postmeister von Kray;
Ölgemälde von unbekannter Hand, um
1825.

„Preußischer Postillion mit Beipferd";
Ölgemälde von unbekannter Hand,
um 1840.

„Bayerischer Postillion zu Pferd"; Ölgemälde
von Gustav Wie, um 1860.

„Der erwartete Brief"; Ölgemälde von
Adolf van der Venne, 1883.

„Posthornklänge"; Ölgemälde von Friedrich
Ortlieb, 1890.

„Preußischer Postillion im Schneesturm";
Ölgemälde von unbekannter Hand, um
1850.

„Postillionsgrab"; Ölgemälde von Ernst
Bosch, 1854.

„Erfreuliche Nachrichten"; Ölgemälde
von Franz Ortlieb, um 1870.

„Der Brief"; Ölgemälde von Friedrich
Adolph Hornemann, 1871.

„Landbriefträger im Sommer"; Ölgemälde
von Hans Karl Traeger, um 1900.

„Geldbriefträger"; Ölgemälde von Hermann
Karow, 1895.

„Beim Schreiber"; Ölgemälde von Carl
Wilhelm Hübner, 1863.

sie repliziert: ‚Ja, das bin ich auch, aber nur im Schreiben, sonst rede ich nicht leicht zu viel. Und darin gleiche ich Ihnen, wie ich glaube.' (Brief vom 21. 10. 1760)"[75]

Von seinem Beginn an spreche sich der Privatbrief von den Regeln des Bürgerlich-Normalen los, so daß der Eingang des zitierten Schreibens der Caroline Lucius an den „hochzuverehrenden Professor Gellert" gut auch symbolisch am Anfang aller je geschriebenen Briefe stehen könnte: „„Ich bitte Sie nicht, daß Sie mirs erlauben an Sie zu schreiben: denn ich bin doch entschlossen es nicht zu unterlassen, Sie möchten es nun erlauben oder nicht. Die Freyheit zwar, deren ich mich bediene, ist sehr neu; allein eben weil sie neu ist und mir gefällt, bin ich nicht davon abzubringen.' Wenig später erlaubt sie sich den Übermut: ‚Ich muß mich satt schreiben.' Sättigung aber stellt sich erst dann ein, wenn das zum Leben Nötige wenigstens in der spirituell luftigen Briefform um all den Überfluß ergänzt worden ist, der es schön macht, um die freie philosophische Reflexion und das anmutige Spiel mit Rollen und Worten, um das Behagen bei der Pflege von nutzlosen Nebensächlichkeiten, wie es der Austausch von Neigungen und die Bekundung von Sympathie sind. Im persönlichen Brief ist der Bürger, den sonst Pflicht und Verantwortung, Geschäft und Familie begrenzen, ganz ein freier Mensch und so darf er, entlastet vom Druck, sich zu rechtfertigen für die Verschwendung von Zeit und Gelegenheit, einfach vor sich hin und für den andern plaudern.

Der Privatbrief, der seinen Stil ausdrücklich im Unterschied zum Geschäftsbrief findet, entsteht eben zu der Zeit, da der private Bereich sich vom öffentlichen abgrenzt. Als hätte er ein Programm zu formulieren, schreibt in diesem Sinne Friedrich von Gentz an Carl Gustav von Brinckmann: ‚Hindert uns regelmäßige Führung unserer Geschäfte, so frei, so liederlich, so lasterhaft, so rednerisch, so dichterisch zu sein, als wie wir nur immer wollen?' (Brief vom 2. 3. 1803)"[76]

Die Einbindung des Briefes in den lebendigen Zusammenhang des Alltags verpflichtet ihn nicht dazu, diesen abzubilden. Briefe, welche die Anstrengung und Langeweile des Alltäglichen im verkleinerten Maßstab verdoppeln, würden selbst langweilen und Verdruß über den trockenen Ton des Schreibens decken. Eine Aufgabe des Briefes ist es stattdessen, das Phantastische im Normalen zu entdecken und dessen gewohnte Ordnung durcheinanderzuwirbeln. Von Poesie werde erwartet, daß sie anstelle der aufgekündigten Ordnung des Wirklichen eine erfundene von vergleichbarer Kohärenz und womöglich höherer Überzeugungskraft setze; nicht so vom Brief, der darin die Anarchie der Dichtung übertreffe. Noch ehe die Bürger von der höfischen Konversationskultur den Salon übernehmen, um ihn in frühromantischer Zeit zum Mittelpunkt ihrer städtischen Gesellschaft zu machen, prägen sie unter Anleitung ihrer großen Briefschreiber, Gellerts, des Ehepaars Klopstock und Lessings den persönlichen Brief als Schriftform des Gesprächs dauerhaft für zwei Jahrhunderte. Während der Salon nach der ebenso intensiven wie kurzen romantischen Blüte bis ins 20. Jahrhundert ein melancholisch gepflegter Wunschtraum bleibe, kann sich die Briefkultur differenziert und ausdrucksstark entfalten, weil sie nicht daran krankte, woran in Deutschland der Salon kümmerte: an dem Mangel großer, wohlhabender Städte mit einer vielfältig gemischten, zum

Überfluß fähigen und auf freie Entfaltung bedachten Einwohnerschaft. „Für die Briefkultur genügten im wesentlichen spirituelle Bedingungen. Gewiß, es bedurfte einer genügend großen Zahl von Schreibern, deren Interesse aneinander stark genug und deren Lebensumstände so vielfältig und doch vergleichbar waren, um den Austausch anzuregen. Doch war die städtische Konzentration keine Voraussetzung, ja das Pathos der Briefkultur – wie zugleich ihr meist verschwiegener idealischer Charakter – beruht sogar darauf, daß sie äußeren Verhältnissen abgetrotzt ist, die ihrer inneren Freiheit entgegenstehen, wie es in dem Wunsch Niebuhrs an Adam Moltke anklingt, ,daß das Band des Briefwechsels ungeschwächt unsere Geister zusammenhalte'. (Brief vom 9. 10. 1798) ... Zum Briefeschreiben gehört Muße, ein Spazierengehen des Geistes, in dessen Verlauf sich die Feder dem Rhythmus von Nachdenklichkeit und der Assoziationsgeschwindigkeit der Einbildungskraft anbequemt. Die allgemeine Zunahme der Verkehrsgeschwindigkeit unter dem Druck, aus Zeit Geld zu machen, ist dem Brief feindlich, und zwar nicht nur bei Schriftstellern. Man merkt es dann seiner Sprache an, der Tendenz, sich kurz und bündig und in Beschränkung aufs Wesentliche mitzuteilen, als müßten die Worte einzeln bezahlt werden wie im Telegraphenverkehr. Der Briefumfang schrumpft entsprechend. Auf Reisen reicht schließlich die Postkarte."[77]
Der Privatbrief als „Seelenbrief", charakteristisch für postalische Kommunikation vor allem seit dem 18. Jahrhundert, ist Ergebnis der „stillen Stunde", in der Schreiber oder Schreiberin dem Adressaten sich zuwenden. Man hat sich aus den Zerstreuungen des Tages in den engen Bezirk des Schreibtisches zurückgezogen, um imaginär mit dem Entfernten zu sprechen: „Dieses Sprechen erfordert einen erhöhten Aufwand: einen besonderen Entschluß, eine freie Stunde, einen ruhigen Ort, vor allem aber die Mühe der Formulierung. Die Umstände, die das Briefeschreiben macht (weshalb es oft wie eine lästige Pflicht verschoben wird), wirken sich auf den dennoch geschriebenen Brief so aus, daß er – strenger als bei der

mündlichen Unterhaltung – aus dem Mitteilbaren immer schon das Mit-
teilenswerte ausgewählt hat. Die Notwendigkeit, sich aufs Wesentliche zu
konzentrieren, eröffnet in dieser stilleren Stunde dem Schreibenden die
Möglichkeit, sein wesentliches Ich, das in den Geschäften des Tages
untergegangen war, zu Wort kommen zu lassen."[78]
Die „stille Stunde" brieflicher Kommunikation steht im Kontrast zur
„panischen Stunde", in der Schicksal geschieht, das dann mit zeitlicher
Verzögerung, bewirkt durch „Zwischenraum", den Briefempfänger heim-
sucht. Der Erwartung von Post entspricht die Angst vor der Post; zwischen
beiden Polen – Euphorie und Verzweiflung – entwickelt sich die ganze
Bandbreite schriftlicher Kommunikation.

Enzyklopädie brieflicher Motive

Die von Gert Mattenklott, Hannelore Schlaffer und Heinz Schlaffer
vorgenommene Einteilung „deutscher Briefe" berücksichtigt die äußeren
wie inneren Strukturmerkmale:
– Die „Absagebriefe" an Amt und Familie, mit der sich z. B. junge
Männer von Laufbahn und Karriere ausschließen, sind Protest gegen
Bürgerlichkeit. Der Lebensplan verläuft außerhalb des „Schicklichen", des
durch Herkunft und Konvention Festgelegten. „Ich will kein Amt nehmen.
Warum will ich es nicht? – O wie viele Antworten liegen mir auf der Seele!
Ich kann nicht eingreifen in ein Interesse, das ich mit meiner Vernunft nicht
prüfen darf. Ich soll tun was der Staat von mir verlangt, und doch soll ich
nicht untersuchen, ob das, was er von mir verlangt, gut ist. Zu seinen
unbekannten Zwecken soll ich ein bloßes Werkzeug sein – ich kann es
nicht. Ein eigner Zweck steht mir vor Augen, nach ihm würde ich handeln
müssen, und wenn der Staat es anders will, dem Staate nicht gehorchen
dürfen. Meinen Stolz würde ich darin suchen, die Aussprüche meiner

Vernunft geltend zu machen gegen den Willen meiner Obern – nein, Wilhelmine, es geht nicht, ich passe mich für kein Amt." (Heinrich von Kleist an seine Braut Wilhelmine von Zeuge, 13. 11. 1800)[79]
– In Briefen öffnen sich Frauen, vor allem diejenigen, die, sensibilisiert für die Chance der Emanzipation und damit das Schmachten und Schwärmen hinter sich lassend, an den starren Verhältnissen leiden. „Nicht länger wollen sie von *einem* Mann abhängig sein, doch bleiben sie von *den* Männern abhängig: angewiesen auf ihre finanzielle Unterstützung, kritische Anerkennung, emotionale Bindung und sogar auf die intellektuelle Fundierung solcher Emanzipation. Zu schnell sind die Frauen bereit, mißratene Verhältnisse mit dem ehrwürdigen, recht für die weibliche Existenz ausgedachten Wort vom ‚Opfer' zu akzeptieren. Von Klagen, Plänen, Hoffnungen hören wir, und von der Resignation aller Klagen, Pläne, Hoffnungen – aber nie vom fröhlichen Besitz jener Freiheit, für die so viel aufs Spiel gesetzt war. Allein am Mißglückten wird sichtbar, was Glück gewesen wäre."[80]
– Lebenskrise konkretisiert sich als enttäuschte Liebe, als Scheitern an einer Aufgabe, als Beeinträchtigung des Schaffens. Larmoyanz oder Aggressivität, Resignation oder Zynismus charakterisieren die Stimmungslage. „Das Leben ist ein Traum, und ich träumte hier ein schönes Leben. Ich bin nun aufgewacht, es ist zu Ende. Haltet mich fest, ihr guten Engel, kettet mich an diesen fürchterlich schönen Gedanken: ich will sterben. Sie stößt mich von sich, das schmerzt; sie tut es mit feindlicher Kälte, das bringt mich zur Verzweiflung. Sie liebt mich nicht, das will wenig sagen; aber sie haßt mich nicht, das ist das schrecklichste. – Nicht lieben und nicht hassen. Gleichgültig. Gleichgültigkeit und meine glühende Liebe, Feuer und Wasser. – Was habe ich nun von meinem ganzen Leben?" (Ludwig Börne an Henriette Herz, 19. 3. 1803)[81]
– Träume werden beschrieben; sie ermutigen zum Leben oder lähmen es. Abgründe, fiktiv erlebt, können sich jederzeit als Wirklichkeit auftun. Visionen bewegen zum Handeln, antizipieren aber auch schreckliche Bedrohung. Solche Briefe zeugen von Verwirrung und Verstörung; ihre Autoren sind oft, im Sinne medizinischer Symptomatik, krank gewesen. „Doch überlagern sich die Anzeichen der Krankheit mit solchen, die von der Geistesgeschichte als Symptome des Zeitalters diagnostiziert worden sind. Die Übergänge von der medizinischen Diagnose zur Kulturkritik sind denn auch gleitend. In den charakteristischen Phänomenen der Moderne, in Melancholie, Nervosität und Schizophrenie haben sie einen gemeinsamen Gegenstand."[82]
– Briefe berichten von Krankheit, die die physische, aber auch geistig-seelische Existenz gefährden. Vielfach sind die individuellen Klagen zugleich Protest gegen soziale Mißstände. Die persönlichen und gesellschaftlichen Situationen sind stark miteinander verwoben. „Der Kampf gegen den Körper, heute lediglich noch im Luxus von Schlankheitskuren alltäglich, erscheint in den Briefen früherer Jahrhunderte geradezu als die Bedingung einer geistigen Existenz. Ausführliche Beschreibungen des Krankheitszustands finden sich jedoch nicht oft, denn leichte Krankheiten wurden einer Erwähnung kaum wert erachtet, schwere führten ohnehin schnell zum Tode."[83]

kommunikationsproblem

schreiben
schwarz auf weiß

bilder
gefühle
wissen

schreien
dagegen
in allen
farben

briefe

zeile für zeile
kleine wellen
fließen ab und
kehren nicht wieder

hat je
die quelle
klage geführt
weil der fluß
nicht zurückkehrt

auf gleichem wege

(Hans-Peter Schwöbel: Wir müssen uns das Leben nehmen. Gedichte. Mannheim 1983, S. 70, 69)

Postsclave Postsecretair in Dienstanzug Postsecretair in Staatsuniform Ober-Post-director in Staatsuniform Postillion in Winteranzug Conducteur Postmeister.
Briefträger Postinspector in Dienstanzug Geh Postrath in Staatsuniform. Postillion in Staatsuniform Postillion in Dienstanzug Postbote

DIE KÖNIGL: PREUSSISCHEN POST-OFFICIANTEN
in Staats- und Dienstuniform.

„Die Königlich-Preussischen Post-Offi-
zianten in Staats- und Dienstuniform";
Lithografie von Ludwig Burger, 1855.

163

Musterzeichnungen von Postillions-
Uniformen, aquarellierte Bleistiftzeich-
nungen mit Randtexten zu den Kleider-
vorschriften, 1820. Die Auswahl zeigt
Postillione aus unterschiedlichen Herr-
schaftsgebieten Deutschlands.

Koeniglich Baiersche Postillons.

„Königlich-Baierische Postillions": Blau-
Weiß in Erkennungsfarben und Details
bis hin zu Hutzier und Befestigungs-
schnur für das Posthorn. Obligatorisch
waren überall die hellgelbe Lederhose,
die langen steifen Stiefel mit den „Spor-
nen", der steife Hut von schwarzem Filz
und das Herrschaftswappen (in diesem
Falle das Königlich-Bayrische, „ein ge-
prägtes weißes Schild").

Großherzoglich Badische Postillons.

Rot-Gelb galt bei den „Großherzoglich
Badischen Postillions"; der Mantel war
von grauem Tuch. Am Lackhut statt des
bayrischen Federbuschs die weiße Agraffe
mit schwarzer Rosette, auf der Armbinde
das aus gelben Schnüren aufgenähte
Wappen. Jedes Detail war genau vorgeschrieben.

Postillons der Hamburger u. Lübecker Communion Post.

Bei den „Hamburger und Lübecker Com-
munion-Postillions" wurde das Blau-Rot
der schlichten Kleidung veredelt durch
ein Brustschild „von massivem Silber,
worauf das Hamburger Wappen in erha-
bener Arbeit", sowohl an Jacke als auch
an Überrock getragen, prangte. Die weiter südlich so beliebten Quasten entfallen
hier ganz.

Fürstlich Preussische Postillons.

Die „Fürstlich Preussischen Postillions" unterschieden sich durch Schnitt der Uniform und das Schwarz-Gelb an Zylinder und Hornschnur von ihren badischen Kollegen in Rot-Gelb.

Fürstlich Hohenzollernsche Postillons.

Prächtig waren Hutschmuck, Bandquasten und das Gold-Dunkelblau der „Fürstlich Hohenzollernen Postillions", deren Jacken ganz mit Schnurbordüren verziert waren. Das Fürstliche – mit dem kleineren Thurn- und Taxis'schen Wappen – befand sich auf der Armbinde.

Fürstlich Hildburghausische Postillons.

Blau-Gold ebenfalls bei den „Fürstlich Hildburghäusischen Postillions". Auch hier liegt der besondere Akzent auf der Kopfbedeckung und der Armbinde mit dem geprägten Wappen. Am „Huth": „weißes Bortenband mit weißer Rosette, weißen Agraffen, woran oben die Kokarde, gelb u. blauen Federbusch".

Paketpostkutsche auf dem Münchener
Posthof; Fotografie, um 1880.

Postillion mit ledigem Gespann auf einem
Münchener Posthof; Fotografie, um
1880.

„Königlich-Preussischer Feldpostillion";
aquarellierte Zeichnung von Ludwig
Burger, um 1835.

„Königlich-Preussischer Briefträger";
aquarellierte Zeichnung von Ludwig
Burger, um 1835.

„Brief zurück"; Holzschnitt von Sella Hasse, 1918.

— Briefe als Plauderei über häusliches und geselliges Leben kompensieren den Mangel an öffentlicher Geltung. Privatheit wird mit Kultur „ausgestattet" und so verschönt. „Während in den Weltstädten des Auslandes, in Paris, London, Wien, die Bohème sich in der Öffentlichkeit, auf der Straße, im Caféhaus geriert, verläßt der gebildete Deutsche das Haus selten. Dieser Ort bestimmt denn auch die Form der Zusammenkünfte. Der Intellektuelle in der Großstadt ist von den Themen der Öffentlichkeit, der Politik, der Kultur bewegt; die Unterhaltungsformen des häuslichen Kreises hingegen bewegen sich zwischen bubenhaftem Klamauk und spezialisiertem wissenschaftlichen Disput. Zu seltenen Besuchen zueinander gelangt durch weite Fahrten über einsame Landwege und durch die buschige Natur, können sich die oft seit Knabenjahren und Seminarzeiten miteinander bekannten Freunde die überflüssige Parteilichkeit des Großstadtintellektuellen nicht leisten. Freunde, die sich zu Hause treffen, verbinden sich einander in wechselseitigem Einverständnis und machen selbst eine geistige Provinz."[96]

– In Briefen vollzieht sich der Umgang mit der Obrigkeit; diese dekretiert und verordnet – der Untertan bittet und fleht. Seltener, aber durchaus „ablesbar", das Aufbegehren, nur noch äußerlich in ein devotes Kommunikationsmuster verpackt. „Es hat mein Herz gedrängt, an Ew. Majestät noch ein letztes, ehrliches, wenn auch leidenschaftliches Wort zu richten, ein Wort, was nur die Diener des Fürsten, nicht die Fürsten selbst anklagen soll, ein Wort unter vier Augen, das aber doch nicht bloß mein Wort, sondern das vieler Tausende, ein Wort, das ich mit dem ganzen heiligen Eifer und Vertrauen meiner Seele vor Ew. Majestät gesprochen, und das Ew. Majestät danach würdigen und schätzen werden. In tiefster Ehrfurcht Ew. Majestät ergebenster." (Georg Herwegh an König Friedrich Wilhelm IV. von Preußen, Dezember 1842)[97]

– Briefe als revolutionäre Manifestationen haben zum Pendant Briefe aus dem Gefängnis; dieses erweist sich vor allem dann als Ort staatlicher Repression, wenn unter Verdrehung oder Dispensierung des Rechts individuelles Aufbegehren gegen obrigkeitliche Willkür durch Verfolgung geahndet wird. „Dennoch behält kaum einmal die Verzweiflung das letzte Wort. Anstelle der Hoffnung auf die Gerechtigkeit und Milde des Fürsten überfliegt dann die Philosophie des deutschen Idealismus die Mauern: die Gedanken sind frei. Dem Körper mag geschehen, was des Körpers ist, wenn nur der Geist seiner selbst mächtig bleibt. Die Briefe der politischen Häftlinge sind oft von diesem Pathos erfüllt, und ihren Verfassern gelingt es auch am ehesten, dem Leben in der Zelle die Würde und Welthaltigkeit zurückzugewinnen, die mit der Einbuße des freien Willens verloren zu gehen drohte."[98]

– Die Briefe aus dem Exil künden vom Sieg einer staatlichen Gewalt, die keine Toleranz kennt und die Meinung des Anders-Denkenden unterdrückt. „Was deutsche Kultur hätte sein können, tritt vielleicht nirgendwo so ausdrucksstark zutage wie in den Briefen der Ausgewanderten und Vertriebenen. Denn durch ihre Empörung, Enttäuschung und Verachtung klingt die Leidenschaft für das Ideal einer Nation hindurch, das sie in der Klage über das Verlorene auf paradoxe Weise lebendig halten."[99] Zur Zeit der Französischen Revolution ging man als Republikaner, im deutschen Vormärz als Demokrat oder Anarchist, während der NS-Herrschaft als Antifaschist außer Landes. Der Antisemitismus, vor allem der nationalsozialistische Rassenhaß, bewirkte den Exodus deutscher Juden.

– Die Kriegsbriefe bewegen sich zwischen heroischer Verblendung und einem an der Menschheit verzweifelnden Pessimismus; sie bekunden Gleichgültigkeit und illusionäres Verdrängen, aber auch die unerbittliche Bewußtheit vom Entsetzlichen. „Das Leben hier berührt mich überhaupt nicht mehr; es ist als wäre es schon nicht mehr wirklich und gegenwärtig; ein rein formalistisches Dasein, dem man gehorcht. ,Der gute Soldat wider Willen' wäre kein schlechtes Thema für einen, der philosophisch genug wäre, die ganze Tragik und Merkwürdigkeit dieses gegenwärtigen Zustandes zu begreifen." (Franz Marc an seine Frau Maria Marc, 21. 7. 1915)[100]

Die aphoristisch und zitatologisch skizzierte Enzyklopädie brieflicher Motive wie Inhalte macht deutlich, auf welch nachdrückliche Weise die Seelen- bzw. Mentalitätsgeschichte der Kommunikation durch das Schreiben als Medium und Message geprägt wird. Der Brief war für lange Zeit

neulich über
raschte ich

unseren

briefträger
in flagranti

wie er den
briefkasten
des nachbarn
füllte

den ich hasse

unseren briefkasten
würdigte er
keines briefes

unser
briefträger
kommt mit dem fahrrad
und geht
mit dem fahrrad

sich abstoßend
mit dem linken fuß
den rechten auf
der linken pedale

anfrage an die
oberpostdirektion:

unser
briefträger
hat er nicht
anspruch auf
verstärktes
linkes schuhwerk

einmal im jahr

(Hans-Peter Schwöbel: Wir müssen uns das Leben nehmen. Gedichte. Mannheim 1983, S. 68 f.)

das postalische „Kernstück", zumal auch die beförderten Personen – vor allem, wenn sie auf Bildungsreise unterwegs waren – ihre Erfahrung in Briefen artikulierten.

Der Brief als Emblem kann zur Entschlüsselung des zeit- wie genregebundenen, des persönlichen wie kollektiven Bewußtseins, seiner Veränderungen, Verwerfungen, Umbrüche, Kontinuitäten und Zäsuren verhelfen.

Dem zu „ebener Erde" sich vollziehenden Transport von Briefen, Sachen und Personen entspricht auf der Metaebene Vermittlung emotionaler und kognitiver Befindlichkeiten. Die hermeneutische, d. h. den jeweiligen Text erklärende und auslegende Betrachtungsweise postalisch vermittelter „Texte" zeigt die fundamentale Bedeutung von „Post", und zwar als Kollektivbezeichnung für die beförderten Schrift-Stücke wie für die Methode der Beförderung.

Ohne den materiellen Unterbau – von der Straße und der sich auf ihr bewegenden Wagen bis zu den standardisierten Formen des Transfers (Briefformat, Briefmarke, Briefkasten, Briefzustellung, Briefbote) – hinge der Überbau „in der Luft". Die Unterbau-Überbau-Relation ist dabei als gegen- und wechselseitige Beeinflussung zu verstehen: Da die Post die im Brief festgehaltenen bzw. niedergeschriebenen Erkenntnis- und Gefühlszustände vermittelt, wird sie selbst, jenseits ihrer Faktizität, emotional interpretiert. Für denjenigen zum Beispiel, der einen Liebesbrief auf die Reise gibt, gerät der Postillion zum „Postillon d'amour"; derjenige wiederum, der eine Hiobsbotschaft durch den Postboten übermittelt erhält, sieht im Überbringer einen düsteren Schicksalsboten.

Das Taxis'sche Posthaus zu Augsburg,
Kaiserliche Postenzentrale. Kupferstich
von Lucas Kilian, 1616.

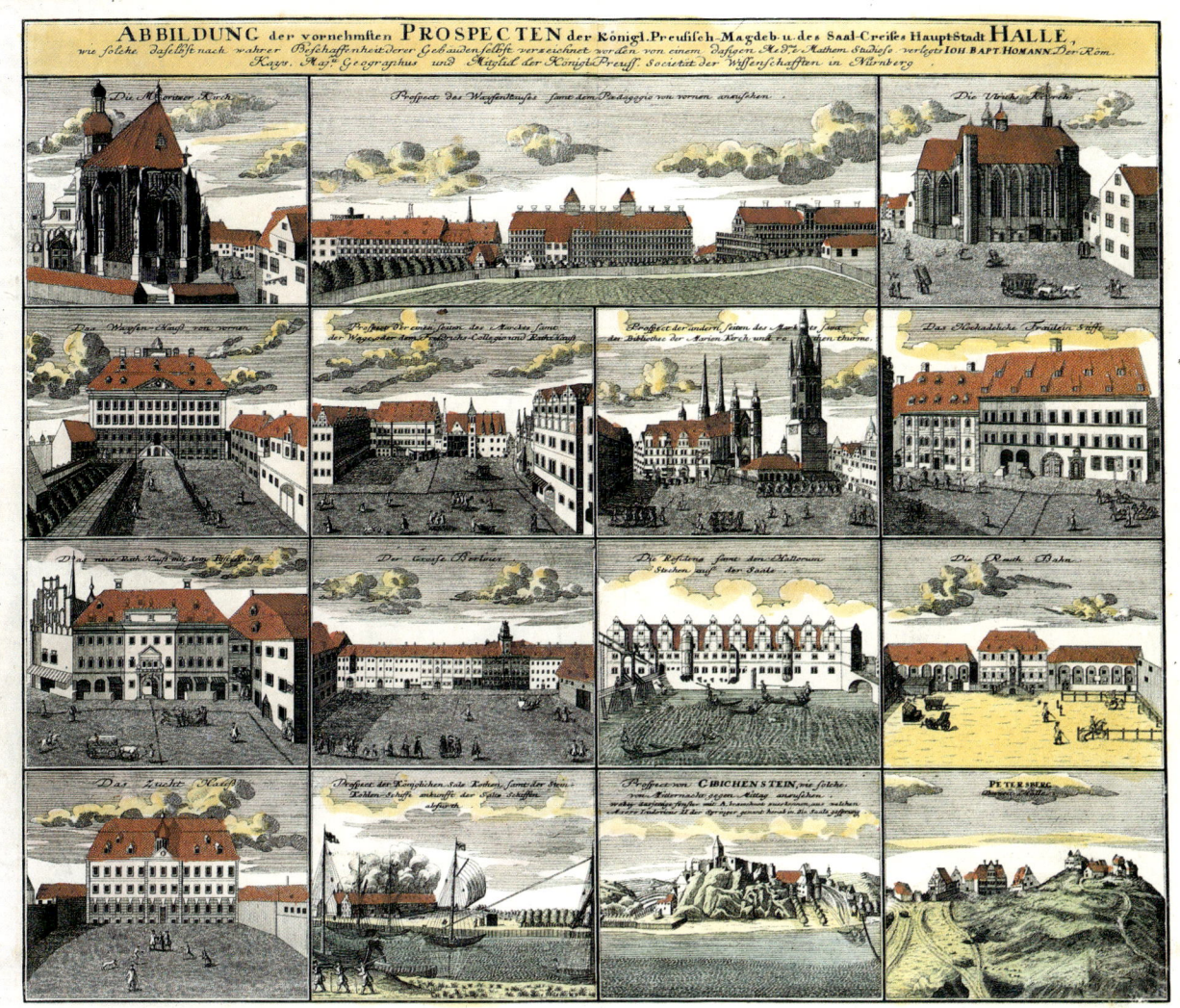

Stadtprospekt von Halle. Eine der Detailabbildungen (erste Abbildung in der dritten Reihe) zeigt das „neue Rath Hauß mit dem Post Hauß". Kupferstich von 1740 aus dem „Homann'schen Atlas".

Postgebäude in Dresden; Lithografie, um
1840, herausgegeben bei C. F. Meser,
Dresden.

„Posthaus in Potsdam"; Ölgemälde von
Johann Friedrich Meyer, 1784.

„Das Postgebäude in Hamburg"; Lithografie von Wilhelm Heuer, um 1850.

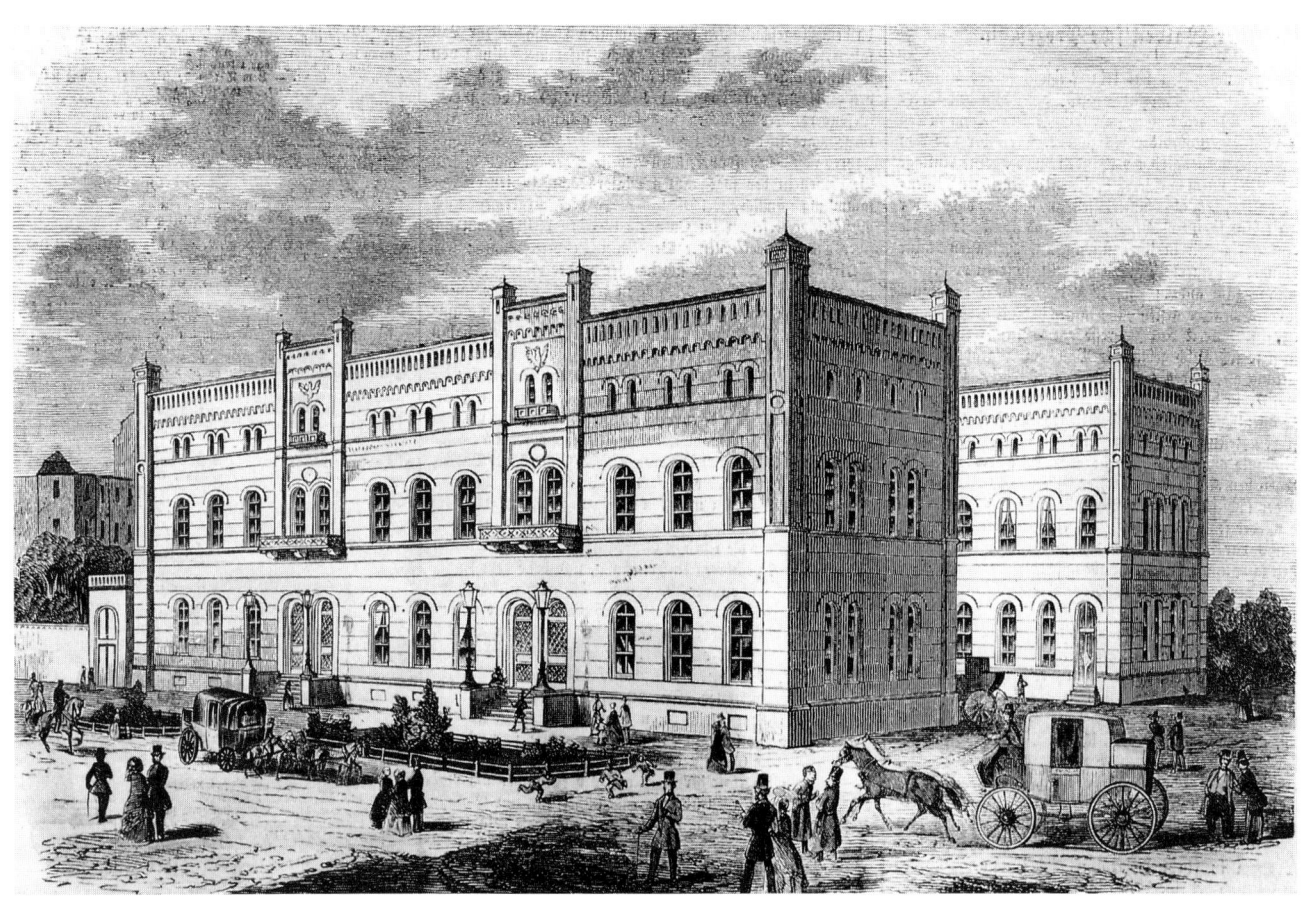

„Das neue Postgebäude zu Königsberg";
Holzstich aus dem „Pfennig-Magazin",
1849.

Das Postgebäude von 1755 in Eger;
Fotografie, um 1910.

Die alte Posthalterei in der Oranienburger
Straße in Berlin; Fotografie, um 1875.

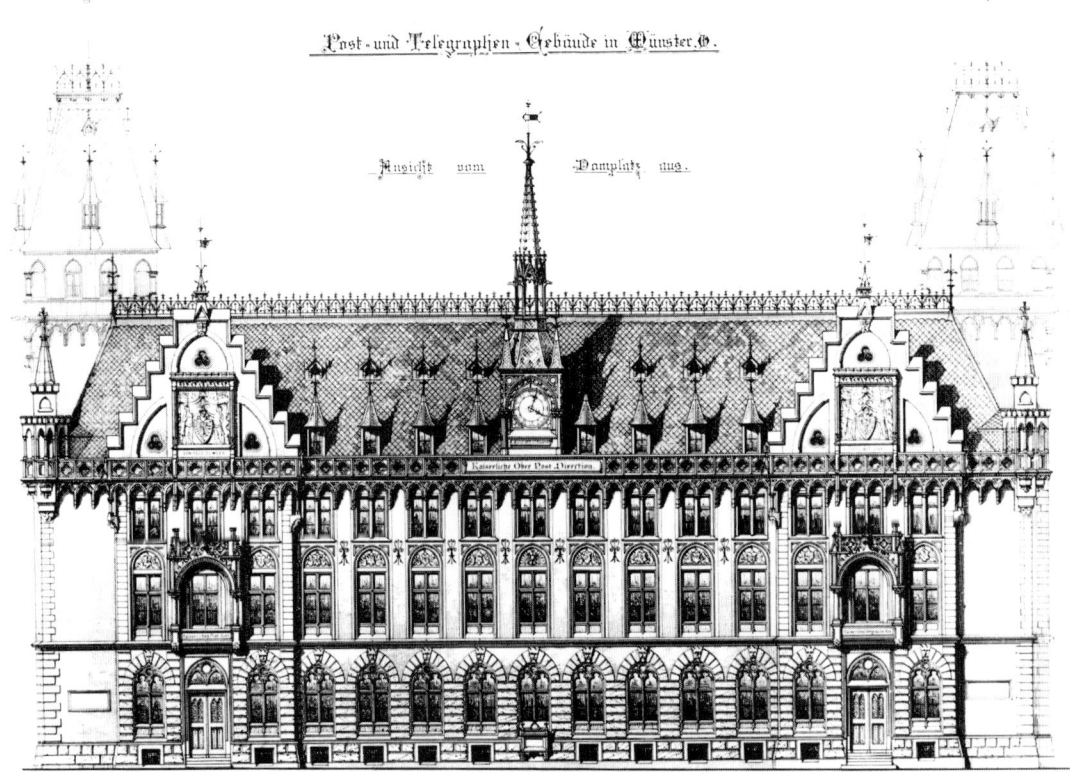

Post - und Telegraphen - Gebäude in Münster.

Ansicht vom Domplatz aus.

Kaiserliche Ober Post Direction

188

Das Postgebäude in der Oranienburger
Straße in Berlin von 1880; Fotografie aus
den 20er Jahren.

Das Dortmunder Postamt von 1895;
Fotografie aus den 20er Jahren (oben).

Fassadenansicht vom Post- und Telegraphen-
Gebäude in Münster (unten); Lithografie, um
1890.

Die Überwindung der Zeit

Geschwindigkeit als Lebensprinzip

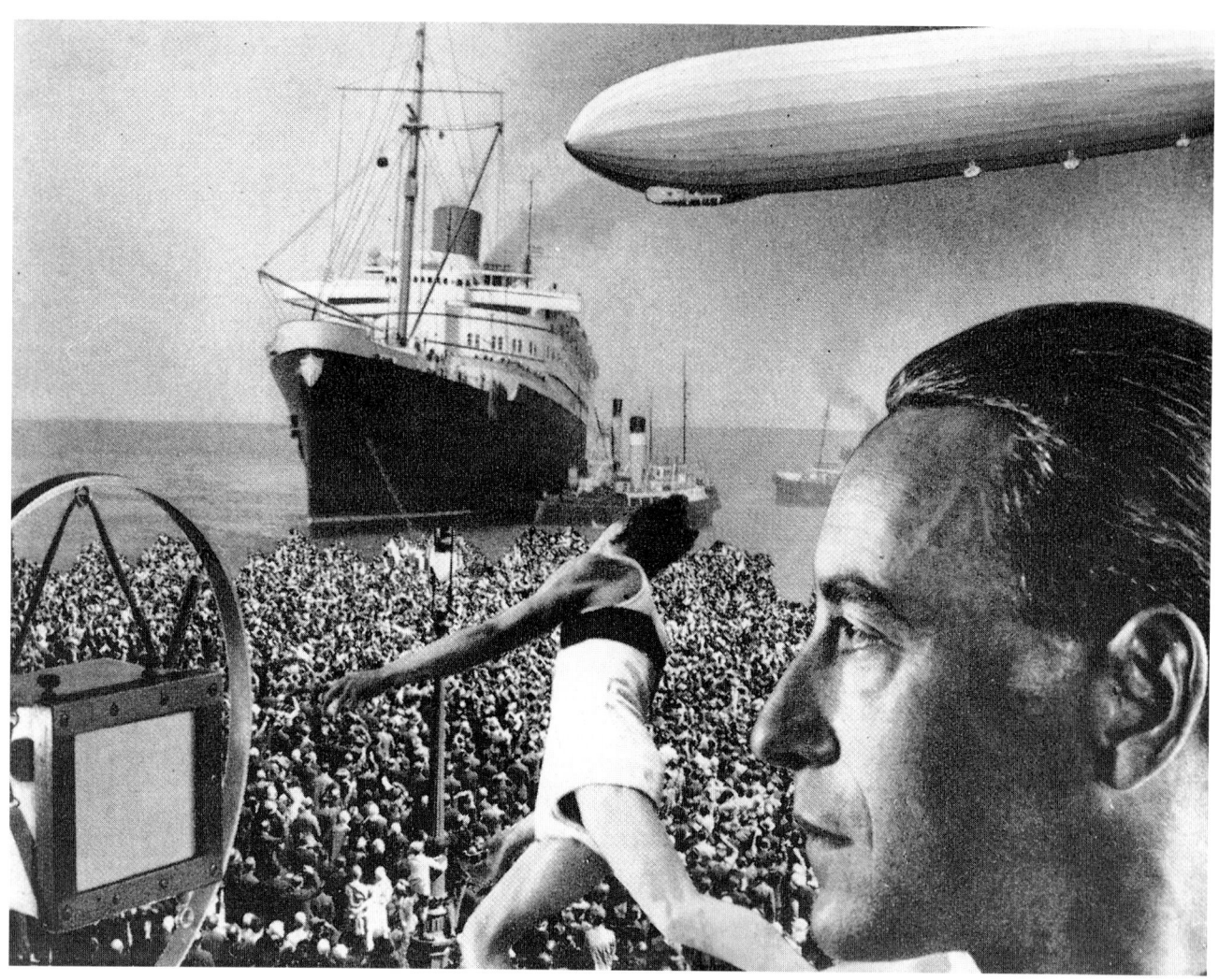

Fotomontage aus dem „Reichspost-
Kalender" von 1931 unter dem Motto:
„Der Rundfunk als Schnellbericht-
erstatter".

Die erste Periode der neuzeitlichen Post- und Kommunikationsent-wicklung ist durch das Bestreben nach Überwindung des Raumes bestimmt. Diese Tendenz nimmt mit der Romantisierung der Post – als mentalitätsgeschichtlichem Höhepunkt – geradezu Formen der Obsession an; Fern-weh und Heim-weh negieren dabei in ihrem „Höhen-flug" nicht nur den Zwischen-raum, sondern auch die Zeitdimension, die dadurch (e contrario), zumindest im Unterbewußtsein, zum Phänomen wird. Der „Durchgerüttelte", sich schon in Arkadien wähnend, über-springt zwar seelisch die Zeit; wo sie – bei Er-fahrung parterre – aber wahrgenommen werden muß, erscheint sie, die Verwirklichung von Sehn-sucht behindernd, als besonders störend und schmerzlich.

„Gleichzeitigkeit" bestimmt in der zweiten Periode der neuzeitlichen Postgeschichte den Vernetzungstraum. Die romantische Entrückung be-reitet das velizoferische Prinzip vor; die Geschwindigkeit verspricht Erlö-sung von der Last der „Verspätung". Von nun an wird es auf Ubiquität und Synchronizität ankommen. Diese steht unter dem „Gebot" rasanter Beschleunigung; die Zwischen-räume schrumpfen weiter. Die Eisenbahn macht dies möglich. Die Postkutschenzeit geht zu Ende.

Die „Tötung" des Raumes

„Ein sonderbarer Zug bewegte sich am 1. December verflossenen Jahres durch die Straßen Breslaus", heißt es in einem Bericht der *Gartenlaube* (10/1887); „ein Fest und ein Trauerzug war es zugleich, denn wohl schmetterten die Postillone zu Pferd, welche ihn eröffneten, frische Fanfa-ren: aber der ‚Schwager', welcher in Gala-Uniform auf dem Bocke der dicht dahinter folgenden Personen-Post-Wagens saß, hatte Hut und Peit-sche mit Trauerflor versehen. Diesem Wagen, welcher mit Blumengewin-den geschmückt war, galt die Feier: es war die letzte Breslauer Personen-post mit den letzten Passagieren, die man feierlichst eingeholt hatte. Den offenen, gleichfalls mit Blumen geschmückten Wagen folgten die Chefs und Beamten der Postbehörden, den Schluß des Zuges bildend."
Das 19. Jahrhundert, welches so viel Neues geschaffen habe, lasse auch vieles zugrunde gehen; die Eisenbahn verdränge die Postkutsche, und wie in vielen anderen Städten Deutschlands so habe nun auch in Breslau der Personenpost die letzte Stunde geschlagen – aus Anlaß der Eröffnung der Eisenbahn Breslau–Trebnitz. „In dem geräumigen Posthofe des neuen Postgebäudes hatte sich inzwischen eine größere Zahl von Beamten der Post versammelt, und hier machte auch der Festzug Halt. Die Festtheilneh-mer verließen die Wagen, und nun ergriff der Ober-Postdirektor von Breslau das Wort, um ein Hoch auf den Kaiser auszubringen. Der festliche Moment wurde noch erhöht, als nach verklungenem Hurrahruf aus sämmtlichen Posttrompeten das Lied ‚Heil Dir im Siegerkranz' ertönte. Der Zug setzte sich hierauf wieder in Bewegung und nahm seinen Weg durch die Schweidnitzer Vorstadt nach der Posthalterei, um hier der nunmehr durch das Dampfroß verdrängten letzten Breslauer Personen-post ihr Lebewohl zu sagen. Ihren Abschluß fand diese postalische Feier in einem solennen Frühschoppen, der die Theilnehmer des Festzuges mit

einer größeren Zahl von Berufsgenossen in den geschmückten Räumen des ‚Tauenzien' vereinigte."[1]

Diese rückblickende Beschreibung läßt das Gefühl „mythischer Rasanz" unberücksichtigt, das die sensibilisierten Zeitgenossen in Form von „Eisenbahnfieber" sehr früh ergriff. Als der dänische Dichter Hans Christian Andersen auf einer Deutschlandreise 1840 die ersten Eisenbahnen kennenlernt, sieht er den uralten Traum des Menschen, fliegen zu können, verwirklicht. „Oh, welche Großtat ist doch diese Erfindung! Man fühlt sich so mächtig wie ein Zauberer der alten Zeit! Wir spannen unser magisches Pferd vor den Wagen, und der Raum entschwindet; wir fliegen wie die Wolken im Sturm, tun es den Zugvögeln nach! Unser wildes Pferd schnaubt und prustet, aus seinen Nüstern quillt der schwarze Rauch. Schneller konnte Mephistoles nicht mit Faust auf seinem Mantel fliegen! Durch natürliche Mittel sind wir in unserer Zeit ebenso mächtig, wie man im Mittelalter es nur vom Teufel glaubte, unser Scharfsinn hat ihn eingeholt, und ehe er sich's noch versieht, sind wir an ihm vorbei."[2]

Heinrich Heine zeigte sich in einem Brief aus Paris (für die *Augsburger Allgemeine Zeitung*, 5. 5. 1843) von dem mit der raschen Überwindung des Raumes zutage tretenden Phänomen der Gleichzeitigkeit fasziniert. Die Eröffnung der beiden neuen Eisenbahnen, wovon die eine nach Orléans und die andere nach Rouen führe, verursache eine Erschütterung, die jeder mitempfinde, wenn er nicht etwa auf einem sozialen Isolierschemel stehe. Die ganze Bevölkerung von Paris bilde in diesem Augenblick gleichsam eine Kette, wo einer dem anderen den elektrischen Schlag mitteile. „Während aber die große Menge verdutzt und betäubt die äußere Erscheinung der großen Bewegungsmächte anstarrt, erfaßt den Denker ein unheimliches Grauen, wie wir es immer empfinden, wenn das Ungeheuerste, das Unerhörteste geschieht, dessen Folgen unabsehbar und unberechenbar sind. Wir merken bloß, daß unsre ganze Existenz in neue Gleise fortgerissen, fortgeschleudert wird, daß neue Verhältnisse, Freuden und Drangsale uns erwarten, und das Unbekannte übt seinen schauerlichen Reiz, verlockend und zugleich beängstigend. So muß unsern Vätern zumut gewesen sein, als Amerika entdeckt wurde, als die Erfindung des Pulvers sich durch ihre ersten Schüsse ankündigte, als die Buchdruckerei die ersten Aushängebogen des göttlichen Wortes in die Welt schickte. Die Eisenbahnen sind wieder ein solches providentielles Ereignis, das der Menschheit einen neuen Umschwung gibt, das die Farbe und Gestalt des Lebens verändert; es beginnt ein neuer Abschnitt in der Weltgeschichte, und unsre Generation darf sich rühmen, daß sie dabeigewesen. Welche Veränderungen müssen jetzt eintreten in unsrer Anschauungsweise und in unseren Vorstellungen! Sogar die Elementarbegriffe von Zeit und Raum sind schwankend geworden. Durch die Eisenbahnen wird der Raum getötet, und es bleibt uns nur noch die Zeit übrig. Hätten wir nur Geld genug, um auch letztere anständig zu töten! In vierthalb Stunden reist man jetzt nach Orléans, in ebensoviel Stunden nach Rouen. Was wird das erst geben, wenn die Linien nach Belgien und Deutschland ausgeführt und mit den dortigen Bahnen verbunden sein werden! Mir ist, als kämen die Berge und Wälder aller Länder auf Paris angerückt. Ich rieche schon den Duft der deutschen Linden; vor meiner Türe brandet die Nordsee."[3]

… Während die Kleine von Himmelslust
Getrillert und musiziert,
Ward von den preußischen Douaniers
Mein Koffer visitieret.

Beschnüffelten Alles, kramten herum
In Hemden, Hosen, Schnupftüchern;
Sie suchten nach Spitzen, nach Bijouterien,
Auch nach verbotenen Büchern.

Ihr Toren, die Ihr im Koffer sucht!
Hier werdet Ihr nichts entdecken!
Die Contrebande, die mit mir reist,
Die hab ich im Kopfe stecken.

Hier hab ich Spitzen, die feiner sind
Als die von Brüssel und Mecheln,
Und pack ich einst meine Spitzen aus,
Sie werden Euch sticheln und hecheln.

Im Kopfe trage ich Bijouterien,
Der Zukunft Krondiamanten,
Die Tempelkleinodien des neuen Gotts,
Des großen Unbekannten.

Und viele Bücher trag ich im Kopf!
Ich darf es Euch versichern,
Mein Kopf ist ein zwitscherndes Vogelnest
Von konfiszierlichen Büchern.

Glaubt mir, in Satans Bibliothek
Kann es nicht schlimmere geben;
Sie sind gefährlicher noch als die
Von Hoffmann von Fallersleben! –

Ein Passagier, der neben mir stand,
Bemerkte mir, ich hätte
Jetzt vor mir den preußischen Zollverein,
Die große Douanenkette.

„Der Zollverein" – bemerkte er –
„Wird unser Volksthum begründen,
Er wird das zersplitterte Vaterland
Zu einem Ganzen verbinden.

Er gibt die äußere Einheit uns,
Die sogenannt materielle;
Die geistige Einheit gibt uns die Zensur,
Die wahrhaft ideelle –

Sie gibt die innere Einheit uns,
Die Einheit im Denken und Sinnen;
Ein einiges Deutschland tut uns not,
Einig nach Außen und Innen."

(Heinrich Heine: Deutschland, ein Wintermärchen, Caput II, 1844)

In seiner *Geschichte der Eisenbahnreise* spricht Wolfgang Schivelbusch davon, daß mit der Eisenbahn das überlieferte Raum-Zeit-Kontinuum „vernichtet" werde; dieses war geprägt von der organisch in die Natur eingebundenen alten Verkehrstechnik; deren mimetisches Verhältnis zum durchreisten Raum (in diesen sich „einfügend") sei das einer „lebendigen Einheit". Das Raum-Zeit-Verhältnis, das nun die Eisenbahn schaffe, erweise sich als abstrakt und desorientierend, weil die Eisenbahn all das negiere, was den frühtechnischen Verkehr charakterisiert habe; sie erscheine nicht mehr wie Kutsche und Straße eingebunden in den Landschaftsraum, sondern durch diesen „geschlagen".[4] Das Leben „entgleist" aus seinen gewohnten, natürlichen Bahnen. In einer anonymen Schrift aus dem Jahre 1839 heißt es: „Wenn wir in der Postkutsche mit einer Geschwindigkeit von acht oder zehn Meilen pro Stunde reisen, so begreifen wir sehr wohl die Natur der Kraft, die das Fahrzeug in Bewegung setzt. Wir erkennen, was die Natur der Tierkraft ausmacht, wir sehen, wie schnell sie sich erschöpft; eine Stunde um die andere beobachten wir, wie die Tiere in ihren Geschirren keuchen und dampfen, und im Verlauf einer Tagesreise werden wir gewahr, welch ungeheure Anstrengung es erfordert, ein beladenes Fahrzeug von London in eine entfernte Stadt zu transportieren. Reisen wir dagegen mit der Eisenbahn, so können wir nur selten sehen, welche wunderbare Kraft uns so schnell befördert. Es ist eine ganz andere Situation; der Wagen wird nicht von Tieren gezogen, für deren ebenso unzulängliche wie anstrengende Arbeit wir Mitleid aufbringen könnten; wir hören den Dampf durch das Sicherheitsventil ausströmen, während die Lokomotive eine kurze Zeit lang stillsteht; dann vernehmen wir eine schnelle Folge von Stößen: wir spüren, daß wir uns in Bewegung gesetzt haben; die Bewegung nimmt schnell zu, und die in der Postkutsche so langwierige Reise ist beendet, bevor wir uns ihrer noch bewußt geworden sind. Der Passagier ist erstaunt über diese Schnelligkeit seiner Reise und wünscht sich oft, die Mittel, mit denen sie vollbracht wurde, zu betrachten und zu verstehen."[5]

Federzeichnung aus einem Brief Adolf Menzels, um 1850.

In dieser Zeit berichtet Victor Hugo in einem Brief – angesichts des (für uns heute gemächlich anmutenden) Tempos der Eisenbahn – von der völlig veränderten Wahrnehmungsweise, die in einem „Übersehen" näherliegender Phänomene bestehe: „Die Blumen am Feldrain sind keine Blumen mehr, sondern Farbflecken, oder vielmehr rote oder weiße Streifen; es gibt keinen Punkt mehr, alles wird Streifen; die Getreidefelder werden zu langen gelben Strähnen; die Kleefelder erscheinen wie lange grüne Zöpfe."[6] Die Landschaft läßt sich nicht mehr in ihrer Gesamtheit und Ganzheit betrachten; was das romantische Fernweh ausmachte, wird nun zum physiologischen Zwang: man *muß* in die Ferne blicken, weil die Nähe (in „rasender" Geschwindigkeit vorbeigleitend) sich der Fixierung entzieht. Der Reisende werde möglicherweise deshalb sogar bewußtlos.

Während die Postkutsche mit ihrer natürlichen Art der Fortbewegung bei langsam vorbeiziehender Landschaft alle Sinne des Reisenden anspreche, bewirke (so Peter Zec) die neue Art der Fortbewegung eine Entsinnlichung der früher ursprünglichen Er-fahrung.[7] Dementsprechend wird die Eisenbahnreise zu Anfang von vielen damaligen Zeitgenossen nicht als ein neuer Komfort, sondern als ein Verlust der gewohnten Sinnlichkeit verstanden.

Abbildung von der Schmuckleiste einer „Post- Reise- & Eisenbahnkarte von Mitteleuropa", verlegt bei G. N. Renner & Comp. in Nürnberg; Stahlstich von J. A. Bühler, nach 1850.

Immer wieder wird in diesem Zusammenhang vom „nervösen Menschen" gesprochen, dem in der Eisenbahn Sehen und Hören und damit zugleich der beruhigende Anblick der Natur verloren gehe.

Der Verlust der Landschaft betrifft, wie Schivelbusch bemerkt,[8] alle Sinne; so wie die Eisenbahn die Newtonsche Mechanik realisiere, schaffe sie die Bedingung dafür, daß die Wahrnehmung der in ihr Reisenden sich „mechanisiere". Bei Heine würden nun die das neue Raum-Zeit-Gefühl bestimmenden widersprüchlichen Momente klar benannt: „Auf der einen Seite schließt die Bahn neue Räume auf, die bisher nicht verfügbar waren, auf der anderen Seite geschieht dies, indem Raum vernichtet wird, nämlich der Raum dazwischen. Dieser Zwischenraum oder Reiseraum, der im langsamen und arbeitsintensiven eotechnischen Transport sozusagen voll ausgekostet wurde, verschwindet im Eisenbahntransport. Die Eisenbahn kennt nur noch Start und Ziel. In einem französischen Text von 1840 heißt es: ‚Sie [die Bahnen] kennen nur Abfahrt, Aufenthalt und Ankunft als Orte, und die liegen gewöhnlich weit voneinander entfernt. Mit den Räumen dazwischen, die sie voller Geringschätzung durchqueren und denen sie nur einen nutzlosen Anblick bieten, verbindet sie nichts.' Indem der Raum zwischen den Zielorten, der traditionelle Reiseraum, vernichtet wird, rücken diese unmittelbar aneinander, sie prallen geradezu aufeinander. Sie verlieren ihr altes Hier und Jetzt. Dieses war bestimmt von den Zwischen-Räumen. Die Isolation, in welche die räumliche Entfernung die Orte zueinander brachte, machte deren Hier und Jetzt, ihre selbstbewußte und in sich ruhende Individualität aus."

Heines Vision von der an seine Pariser Haustür anbrandenden Nordsee sei deshalb von „unheimlichem Grauen" begleitet, weil beide Orte – Paris und die Nordsee – noch in ihrem voneinander isolierten, gleichsam durch Welten getrennten Hier und Jetzt vorgestellt werden. Ihr Aufeinanderprallen erscheine unbegreiflich. Dreißig Jahre später, als ein engmaschiges Streckennetz alle wesentlichen Landschaften Frankreichs und Europas zusammenschließt, habe dieses Bewußtsein keine Realität mehr. „Die Landschaften erscheinen, unabhängig von ihrer geographischen Entfer-

Stahlstich von der Schmuckleiste der Renner'schen Karte.

nung, so nahe und so leicht verfügbar, wie die Eisenbahnen sie machen. Eine Generation nach Heine besteht für die bessergestellten Kreise der Pariser Bevölkerung die Möglichkeit, sich innerhalb von Stunden in eine Gegend transportieren zu lassen, die von Paris so weit entfernt ist wie Heines Nordsee. Zwar brandet das Mittelmeer nicht direkt vor den Pariser Haustüren, wohl aber ist es in einer so verkürzten Zeit zu erreichen, daß die Reise dahin nicht mehr als solche wahrgenommen wird. Die Pariser, die im Winter nach Süden aufbrechen, haben nur den blauen Himmel und das Meer vor Augen."[9]

Das romantische Fern-weh ist einem realistischen Fern-sein gewichen: man *kann* rasch anderswo sein, wenn man sich, wie es John Ruskin kritisch formulierte, wie ein Paket per Eisenbahn verschicken läßt, also Zwischen-Raum und Zwischen-Zeit nicht wahrnimmt, auch kaum mehr wahrnehmen kann.

Postkutsche in Konkurrenz zur Eisenbahn

In den Wettlauf mit der Zeit traten freilich zunächst (ehe sie dann „abgehängt" wurden) die Postkutschen mit ein – zumal die Eisenbahnen faktisch noch recht langsam fuhren und, schienengebunden, wenig „Mobilität" ermöglichten. Der traditionelle Postreiseverkehr erfuhr entscheidende qualitative Veränderungen, die Klaus Beyrer für diesen von einer neuen Epoche sprechen lassen. Die Marktgesetze änderten sich; der Gesichtspunkt der größtmöglichen Beschleunigung trat in den Vordergrund und verdrängte „die alte fiskalische Maxime, nach der die Post lediglich als ertragreiche Einnahmequelle zur Aufwertung des staatlichen Finanzhaushalts galt. Eine Vielzahl von interterritorialen Postverträgen regelt die Verkehrsabwicklung unter den – von ehemals 300 weltlichen Herrschern – auf 39 souveräne Mitglieder geschrumpften Staaten des Deutschen Bundes. Die Personenbeförderung durch die Post erlebt die Zeit ihrer Hochblüte. Zum Markenzeichen wird ein Verkehrsprinzip, das sich

Folgende Seiten: Auszüge aus Eisenbahnfahrplänen von der Randleiste der Renner'schen „Post- Reise- & Eisenbahnkarte".

bemerkenswert rasch etablieren kann, freilich unterschiedliche Namen erhält: Preußen führt es unter dem Begriff *Schnellpost*, die übrigen Länder des deutschen Staatenbundes führen es unter der Bezeichnung *Eilwagen* ein."[10]

In seiner *Geschichte der preußischen Post* stellt Heinrich von Stephan fest, daß die Idee, den Brieftransport mit dem Personentransport zweckmäßig zu vereinigen, die Schnelligkeit des ersteren mit der Sicherheit des letzteren zu verbinden, eine neue Ära im Posttransportwesen begründet habe. Dieser Beginn falle in ein für die Geschichte der Verkehrsanstalten denkwürdigen Zeitraum: in die Zeit der Begründung der ersten Dampfschifffahrt Deutschlands (durch die preußische Postverwaltung auf der Ostsee), der Vollendung und Erprobung der ersten praktischen Eisenbahnlokomotiven Stephensons, der Entdeckung des Elektromagnetismus und der ersten Triumphe der Prinzipien der Handelsfreiheit in Preußen und in England.

An den Ufern des Rheins, welche vor dreihundert Jahren die erste deutsche Reitpost haben entstehen sehen, sei im Jahr 1821 zwischen Koblenz, Köln und Düsseldorf die erste Schnellpost in Gang gesetzt worden, „die sich so vortrefflich bewährte, daß das ihr zugrundeliegende Postbeförderungssystem sich alsbald in Preußen wie in den anderen Staaten des Europäischen Continents allgemein ausbreitete".[11] Bei reiflicher Erwägung unseres Posttransportsystems, hieß es in einem staatlichen Memoire vom 8. Juli 1821, das den Ursprung der Schnellpost-Einrichtung enthielt, dürfe man die Überzeugung haben, daß die preußischen Briefposten dahin umgestaltet werden könnten, daß sie zugleich ein vorzügliches Transportmittel für Reisende darstellten. „Im Anfange wird die Sache freilich manche Hindernisse und Schwierigkeiten finden, besonders bei unseren Posthaltern, die, ihren eigenen Nutzen verkennend, in der Regel ohne alle Prüfung schreien, sowie etwas eingeführt wird, was von dem gewohnten Schlendrian abweicht. Mit Beharrlichkeit und richtigem Verfahren werden sich aber auch diese Schwierigkeiten beseitigen lassen ... Wir werden ein Posteinrichtung erhalten, die alle Bequemlichkeiten gewährt und die Reisenden, den Briefen gleich, so schnell an den Ort ihrer Bestimmung bringt, als wenn sie mit Courierpferden reisen würden ... Und wenn dafür gesorgt wird, daß von dem Reisenden nichts weiter als das Personengeld zu entrichten ist, und die Plackereien Seitens der Wagenmeister und Postillons um Gebühren, Trinkgelder u. sowohl unterwegs, als bei der Abfahrt und Ankunft gänzlich aufhören, so werden diese Wagen immer besetzt und eben so vortheilhaft für den Ruf unserer Posten, als für die Postkasse sein."[12]

Genugtuung verbreitete sich auch angesichts der technischen Verbesserungen im Wagenbau, was eine kurierähnliche Personenbeförderung ermöglichte. Zeitgenössische Beobachter heben die Leichtigkeit, Eleganz und Bequemlichkeit der veränderten Wagen hervor, die ein völlig neues Reisegefühl ermöglichten. Anstelle der bisherigen Zweiteilung von Fahrzeuggestell und Wagenkasten, für welche die in Riemen hängende Postkutsche ein typisches Beispiel darstelle, zeichnete sich der Eilwagen jetzt durch seine selbsttragende Konstruktion aus. Der Wagenaufbau saß direkt (vertikal) auf der Federung auf, wodurch sich die schweren horizontalen Stütz- und Dämpfungselemente erübrigten, die den Wagen vormals in

EISENBAHNEN

von München nach	II.Classe		Fahrzeit		Entfernung
	fl.	kr.	St.	Mn.	St.
Augsburg	1	36	2	15	17
Donauwörth	2	36	3	36	28
Kaufbeuren	3	15	4	15	35

v. Nürnberg n.	II.Cl.		Fahrzt.		Entf.
	fl.	kr.	St.	Mn.	St.
Fürth	-	9	-	15	1
Erlangen	-	36	-	41	4
Forchheim	1	-	1	17	8
Bamberg	1	36	2	-	15
Lichtenfels	2	30	3	-	24
Culmbach	3	18	4	50	31
Hof					

v. Stuttgart n.	II.Cl.		Frt.		Entf.
	fl.	kr.	St.	Mn.	St.
Cannstadt	-	6	-	8	1
Esslingen	-	18	-	32	4
Plochingen	-	33	-	50	6
Ludwigsburg	-	18	-	32	3
Heilbronn					

v. Mannheim n.	II.Cl.		Frt.		Entf.
	fl.	kr.	St.	Mn.	St.
Heidelberg	-	33	-	36	4
Carlsruhe	2	3	2	35	16
Rastadt	2	42	3	27	21
Appenweiher	3	54	4	46	31
Kehl	4	15	5	23	33
Freiburg	5	54	7	33	47
Müllheim					
Basel					

seinem Gleichgewicht hielten. „Bedingt durch die enorme Belastung, der die Federung ausgesetzt wird, erforderte der praktische Einsatz des neuen Kutschentyps allerdings das feste Steinfundament einer Chaussee. Deshalb forcierte nun auch Preußen energisch den Ausbau seiner Kunststraßen. Ungeteilten Beifall fanden neben der modernen Ausführung der Eilwagenmodelle die von seiten der Postbehörden angestrengten Maßnahmen zur organisatorischen Straffung des Reiseverkehrs. Auf einzelnen ‚Diligence‘-Kursen bereits erprobt, setzte sich bei den Eilwagen eine strenge Limitierung des ‚Handgepäcks‘ durch: ‚die großen Packereyen (wurden) von dem Transport mit denselben ausgeschlossen.‘ Auf diese Weise entfiel das zeitraubende Ein- und Ausladen auf den Stationen. Charakteristisch für die neue Verkehrsführung ist der Beiwagen *(Beichaise)*, der das schwere Gepäck, bei Bedarf auch weitere Passagiere, aufnimmt und ‚dem Eilwagen vorausgeht, oder nachfolgt‘. Das Interesse der Anstalten ging ferner dahin, die Fahrpreise im Sinne einer Aufhebung aller ‚Nebengelder‘ zu vereinheitlichen. Erstmals stößt man in den Reisehandbüchern auf den Hinweis, daß ‚das einmal bezahlte Passagiergeld (...) in der Regel für den ganzen Cours entrichtet wird‘. Das Fahrgeld wurde also vor Antritt der Reise in Form einer einmaligen Aufwendung beglichen. Die Postregie knüpfte an diese neue Bestimmung die Hoffnung, daß ‚die Plackereien ... um Gebühren, Trinkgelder usw. – sowohl unterwegs als auch bei der Abfahrt und Ankunft gänzlich aufhören‘. Derartige Reiseerleichterungen trugen ohne Zweifel den Stempel einer demonstrativen Aufwertung des ‚gewöhnlichen‘ Fahrpostverkehrs. Zu seinem Durchbruch und Erfolg verhalf dem Eilwagen dann jedoch etwas ganz anderes, nämlich die unerhörte, neue Geschwindigkeit." (Klaus Beyrer)[13]

Das für die neue Epoche der Post- wie Verkehrsgeschichte, Kommunikations- wie Kulturgeschichte charakteristische Prinzip: die immer größer werdende Geschwindigkeit bei der Überwindung von Zeit und Raum (die „Vernichtung von Raum und Zeit") nennt Dirk Hoeges in Anlehnung an eine Bemerkung von Goethe in seinen *Maximen und Reflexionen* „veloziferisch". Was Goethe in *An Schwager Kronos* „mythisch" vorwegnahm, analysierte er angesichts der raschen technischen Entwicklung in seinen späten Lebensjahren: „Man verspeist im nächsten Augenblick den vorhergehenden, und so springts von Haus zu Haus, von Stadt zu Stadt, von Reich zu Reich und zuletzt von Weltteil zu Weltteil. Alles veloziferisch."[14]

In einem Brief an den Freund Zelter 1825 heißt es: „Reichtum und Schnelligkeit ist, was die Welt bewundert und wonach jeder strebt; Eisenbahnen, Schnellposten, Dampfschiffe und alle möglichen Fazilitäten der Kommunikation sind es, worauf die gebildete Welt ausgeht."[15]

Rückblickende Romantisierung – futurische Vision

Wie Goethe sind viele Zeitgenossen von der Angst bestimmt, daß durch die Beschleunigung des Verkehrs als Teil einer allgemeinen Unrast ein Wertewandel sich vollziehen werde, der, fasziniert vom Transitorischen, mit dem „Bleibenden" auch das „Wesentliche" aufgebe. Hatte die Romantisierung der Post auf der einen Seite dazu geführt, die realen Widrigkeiten

EISENBAHNEN

von Breslau nach	II.Classe Th Sg	Fahrzeit St Mn	Entfernung St
Schweidnitz	1 –	1 40	14
Freiburg	1 –	2 –	19
Brieg	– 25	1 30	12
Oppeln	1 19	3 –	23
Cosel	2 14	4 40	33
Ratibor	3 3	5 30	40
Oderberg	3 29	6 25	45
Wien	9 23	20 45	128
Gleiwitz	3 6	5 50	43
Myslowitz	3 29	7 20	54
Krakau	5 12	9 30	72
v. Cöln n.	**II.Cl.** Th Sg	**Fzt.** St Mn	**Entf.** St
Düsseldorf	– 20	1 15	9
Elberfeld	1 8	2 15	16
Essen	1 14	2 32	22
Dortmund	2 3	3 52	30
Hamm	2 20	5 –	40
Bonn	– 10	1 –	8
Aachen	1 15	2 45	19
Verviers	2 6	4 30	26
Lüttich	2 18	6 15	31
Brüssel	4 4	11 15	57
Antwerpen	4 8	11 20	61
Gent	4 25	12 30	70
Ostende	5 16	14 45	89
London	11 17		
v. Amsterdam n.	**II.Cl.** Holländ. fl.C.	**Fzt.** St Mn	**Entf.** St
Haarlem	– 70	– 30	4
Leyden	1 85	1 –	11
Haag	2 45	1 24	15
Rotterdam	3 40	2 49	22
Utrecht	1 40	1 –	12
Arnheim	3 80	1 40	25
v. Altona n.	**II.Cl.** Mk Schilling	**Fzt.** St Mn	**Entf.** St
Kiel	5 –	3 –	24
Glückstadt	2 4	1 15	12
Rendsburg	5 4	2 45	26
v. Budweis n.	**II.Cl.** fl. kr. C.M.	**Fzt.** St Mn	**Entf.** St
Linz	3 –	13 50	33
Gmunden	4 20	20 20	51

von Beförderung zu „übersehen" (beflügelt vom Fernweh, emotional „abhebend"), und damit Beschleunigung mentalitätsmäßig vorweggenommen, so wird nun auf der anderen, da „flugartige Geschwindigkeit" wirklich zu werden beginnt, das „alte Reisen" wegen seiner Gemächlichkeit und Menschlichkeit rückblickend romantisiert. Vorweggreifend-originelle und rückwärtsorientierte Romantisierung gehen dabei ineinander über. Dementsprechend ist zum Beispiel eine Vielzahl von Gedichten nostalgisch orientiert: Sehnsucht nach einer „Bewegungsform" bekundend, bei der die Umwelt vom Individuum, das eben nicht als Ware verpackt werden will, wahr-genommen werden kann.

„Schöner war's, da Hörnerton
Durch die Gassen hallte;
Da der muntre Postillion
Mit der Peitsche knallte.

Heute, wie ein Vogelflug,
Wie ein Schwarm von Bienen
Eilt's dahin. Am Eisenzug
Rasseln die Maschinen.

Düstre Tunnel, Berggeröll,
Flücht'ge Elemente –
Seh nicht Baum, nicht Wiesenquell,
Den ich grüßen könnte."[16]

Unter dem Aspekt wehmütiger Rückbesinnung mutet das Gedicht *Der letzte Postillion* von Joseph Victor von Scheffel wie eine kurzgefaßte lyrische Postgeschichte an – zugleich Ausdruck einer Kultur- bzw. Zivilisationskritik, die ein mentalitätsgeschichtliches Resümee der vergangenen Jahrhunderte zieht:

„Bald ist, soweit die Menschheit haust,
Der Schienenweg gespannt;
Es keucht und schnaubt und stampft und saust
Das Dampfroß rings durchs Land.

Und wiederum in fünfhundert Jahr
Weiß der Gelahrtste nicht,
Zu sagen, was ein Hauderer war,
Was Fuhrmanns Recht und Pflicht.

Nur in der Nacht der Sonnenwend',
Wo dunkle Schemen gehn,
Wir zwischen Erd' und Firmament
Ein fremd' Gespann gesehn.

Der Schimmel trabt, die Peitsche schwirrt,
Laut schmettert Posthornton,
Als Geist kommt durch die Luft kutschiert
Ein greiser Postillion.

„Wohlauf, die Luft geht frisch und rein!" sang Victor von Scheffel (1826–86; geb. in Karlsruhe) im weinlaunigen Liederbuch *Gaudeamus!* (1868). Der minniglichen *Frau Aventiure* widmete er 1863 eine Nachdichtung mittelalterlicher Poesie. Seine Versgeschichte *Der Trompeter von Säckingen* (1854), von einem armen Studenten, der schließlich sein Schloßfräulein heiraten darf, war ebenso aufs rührsame Gemüt abgestimmt wie sein Roman über den St. Gallener Mönch *Ekkehard* (1855), den Verfasser des Walthariliedes, der heimlich und entsagend die schwäbische Herzogin Hadwig liebt.

200

Fahl glänzt am gelben Sperlingsfrack
Thurn-Taxis' Wappenknopf;
Er raucht uralten Rauchtabak
Aus braunem Ulmerkopf.

Er raucht und spricht: ‚O Erdenball,
Wie anders schaust du drein,
Seit ich mit Sang und Peitschenknall
Reichspostdienst tat am Rhein!

O Zeit des Paßgangs und des Trabs,
Des Trinkgelds und des Trunks,
Des Poststalls und des Wanderstabs,
Des idealen Schwungs!

Jetzt geht die Welt aus Rand und Band,
die Besten ziehn davon,
Und mit dem letzten Hausknecht schwand
Der letzte Postillion.

Jetzt rennt der Dampf, jetzt brennt der Wind,
Jetzt gilt kein Fruh und Spat,
Die Sonne malt und blitzgeschwind
Briefschreibt der Kupferdraht.

O neues Rüstzeug, alter Kampf!
Wo treff' ich Glück und Ruh?
O Erdenphosphor, Gas und Dampf!
Fahr zu, mein Schimmel, fahr zu!'"[17]

„Am Ufer eines oberbayerischen Sees vor dreißig Jahren und jetzt"; Adolf Oberländer aus dem „Oberländeralbum" 7. Teil, um 1900.

Der romantische Rückblick hatte auch eine sehr handfeste politische Motivation: Man spürte oder wußte, daß die neue Epoche nicht nur durch Geschwindigkeit, sondern auch durch die „Demokratisierung von Geschwindigkeit" bestimmt werde. Somit bestand Gefahr, daß die patriarchalisch-, hierarchisch-, feudalgegliederte Gesellschaftsstruktur eingeebnet werde; die Mobilität der Massen begünstigte wiederum den „Aufstand der Massen". Was Ortega y Gasset im gleichnamigen Buch 1932 von elitär-aristokratischem Standpunkt aus beklagt – die Nivellierung (überall träfe man auf Überfüllung, in den Wartezimmern der Ärzte, in den Urlaubhotels, in den Reisezügen) –, diese Kritik an der gleichmacherischen Vermassung kann man bereits in der ersten Hälfte des 19. Jahrhunderts antreffen. In seinen *Erinnerungsblättern aus der Biedermeierzeit* legt Alexander von Sternberg einem Bekannten, mit dem er zum Bahnhof geht, eine ironische Charakteristik des damals gängigen „Wertkonservativismus" in den Mund: „Sehen Sie nur unsere Vornehmen und Exklusiven, wie erbittert und mit Recht sie gegen die Eisenbahn sind. Daß sie rasch an irgendeinen Ort hinkommen, daran liegt ihnen wenig, aber daß sie nicht mehr auf ihre Weise die Reise machen sollen, das ist ein Gräuel. Wie? ein Häuflein untergeordneter Kreaturen, Krämer, Handwerker, Künstler, reisender Possenreißer, alles das hat sich zusammengefunden und zwingt einen Vornehmen, mit ihnen gemeinschaftliche Sache zu machen? Er muß so recht eigentlich nach der Pfeife dieser Menschen tanzen, denn sie wollen reisen, und er soll mit ihnen reisen, wenn er überhaupt reisen will. Und der Staat, was tut er? Er begünstigt diese teuflische demokratische und revolutionäre Erfindung, ja auch noch mehr, das Oberhaupt desselben fährt selbst mit Gevatter Schneider und Handschuhmacher zugleich ab. Früher hatte man seinen Reisewagen, seine Dienerschaft, alles das hing von dem Befehl des Herrn ab, er ließ stundenlang bei grimmer Kälte oft Postillon und Diener warten, dann bewegte sich der prächtige Wagen so wie der Herr es wollte, langsam oder schnell, und nie konnte es sich ereignen, daß besagter Wagen oder sein Inhalt mit der Krapüle in Berührung kam. Das ist anständig, da hatte man doch sichtlich und greifbar etwas vor der Menge voraus, aber jetzt, wenn man auch noch so teuer ein Kupee mietet, das Fatale ist, man muß anhalten, wenn die Menge anhält; das Fatale ist, man muß fahren, wenn die Menge fährt. Wahrlich, der Spaß ist ganz verdorben worden, und es bleibt für unsere Hochtories nur noch übrig, daß sie ihre Landhäuser oder Schlösser gar nicht mehr verlassen und kleine Hofhaltungen darauf etablieren, wo sie nur ihresgleichen zu sehen bekommen.“[18]

Was sich für die rückwärtsgewandten Vertreter „politischer Romantik" als „verdorbener Spaß" erwies, erschien einem progressiven, vorwärts drängenden Zukunftsoptimismus (Friedrich Bodenstedt) als demokratische Vision:

„Kommt einst die Zeit, und sie wird kommen,
Da wir auf luftigen Bahnen fliegen,
Wo nur der Aar den Flug genommen
Bis jetzt, und sich nur Wolken wiegen,
Dann wird uns selbst die Kraft des Dampfes
Schwach scheinen bei der neuen Praxis,
Wie die des weiland Roßgestampfes
Der deutschen Reichspost Thurn und Taxis.“[19]

Seit Beginn des 19. Jahrhunderts entwickelt sich ein für die Kulturgeschichte der Kommunikation signifikanter Antagonismus: auf der einen Seite die romantische Position, die die angestrebte Souveränität des komplexen Subjekts durch den Triumph des Rationalismus gefährdet sieht und in ihrer Zivilisationsabwehr bzw. -ablehnung immer wieder regressiven Strömungen anheimfällt; auf der anderen Seite die realistisch-futuristische Position, die technischen Fortschritt mit dem Fortschritt der Vernunft gleichsetzt und für die „Dialektik der Aufklärung" (den Umschlag von Aufklärung in ihr Gegenteil) unzugänglich bleibt. Die Romantik, so Dirk Hoeges,[20] begreife zwar die Gefahr der Zerstörung ihrer Elementarbegriffe von Raum und Zeit, die von der Entwicklung der Technik und insbesondere von der Eisenbahn und ihren Möglichkeiten drohe; sie reduziere aber „reaktiv", wenn auch sensibel und luzide, die Möglichkeiten der technischen Entwicklung auf die Gefahren, die mit ihr einhergingen. Mit dieser Kritik verbunden, immer gleichzeitig sich regend, sei die Opposition gegen die Entwicklung der Demokratie und Ökonomie; diese drei Kritiken gingen stets Hand in Hand, träten gemeinsam auf und schafften eine Tradition, die bis heute weiterwirke. Befürworter und

Ein deutsches Eisenbahnsystem bedeutet für Friedrich List
– ein „Nationalverteidigungsinstrument", denn es erleichtere die Zusammenziehung, Verteilung und Direktion der Nationalstreitkräfte;
– ein „Kulturbeförderungsmittel", denn es beschleunige die Distribution aller Literaturprodukte und aller Erzeugnisse der Künste und Wissenschaften; es bringe Talente, Kenntnisse und Geschicklichkeit jeder Art in Wechselwirkung; es vermehre die Bildungs- und Belehrungsmittel aller Individuen, von jedem Stand und Alter;
– eine „Assekuranzanstalt" gegen Teuerung, Hungersnot und gegen übermäßige Fluktuationen in den Preisen der ersten Lebensbedürfnisse;
– eine „Gesundheitsanstalt", denn es vernichte die Entfernungen zwischen den Leidenden und dem Heilmittel;
– einen Vermittler des gemütlichen Verkehrs, denn es verbinde den Freund mit dem Freund, den Verwandten mit dem Verwandten;
– ein „Stärkungsmittel des Nationalgeistes", denn es vernichte die Übel der Kleinstädterei und des provinziellen Eigendünkels und Vorurteils;
– einen „festen Gürtel um die Lenden der deutschen Nation", der ihre Glieder zu einem streitbaren und kraftvollen Körper verbinde;
– ein „Nervensystem des Gemeingeistes" wie der gesetzlichen Ordnung, denn es verleihe im gleichen Maße Kraft der öffentlichen Ordnung wie der Staatsgewalt.

(Vgl. Friedrich List: Das deutsche Eisenbahn-System II, 1841)

Anhänger des Fortschritts, der technischen Moderne und der Eisenbahn als ihrem Symbol machten im Gegenzug die romantische Dichtung als eigentlichen und offenbar mächtigen Widersacher der modernen Gesellschaft und der Zukunft der Menschheit, ihrer Gewißheiten und Hoffnungen aus. Selten sei die Kontroverse zwischen beiden Positionen so deutlich zutage getreten wie in dem etwa einhundertzwanzig Seiten langen Artikel *Eisenbahnen* in *Meyers Conversations-Lexicon für die gebildeten Stände* aus dem Jahr 1846; er enthält eine umfängliche scharfe Kritik und radikale Absage an die Dichtung der Romantik, die als schimärengeplagter, hypochondrischer Feind des Fortschritts bezeichnet und verdächtigt wird. „Der Wille zur Herrschaft über Raum, Zeit und Welt, oftmals anmutend wie von einem biblischen ‚macht Euch die Erde untertan‘ beseelt und beherrscht, reagiert unwillig, abschätzig und mit barscher Polarisierung auf die Warnung vor der Zerstörung von Raum, Zeit und Welt, auf die Gefahr der Zerstörung seiner Gewißheiten und Hoffnungen."

Der Lexikon-Artikel attackiert mit Vehemenz die Zweifler und Heuchler, die die Baulust verleiden möchten, die mit den „Jeremiasbildern einer gänzlichen Zerstörung alles Gemüthlebens" die Eisenbahnen schrecken wollen, die in den Werken der Mechanik nichts weiter zu sehen vorgeben als Faktoren eines krassen Materialismus: „Es gibt keine lächerlichere Phantasmagorie als die, daß durch das Eisenbahnwesen die Prosa zur Herrschaft gelangen und die Poesie verschwinde. O ihr Freunde der Miethkutschen, der Knitteldämme, der Moräste, der Hohlwege – schöpft Muth und seyd getröstet. Es wird trotz Eisenbahnen, immer noch Miethkutschen, Eilwagen, Knitteldämme … auf der Welt geben, an welchen sich euer Gemüth erfreuen und begeistern mag. Wahr ist es freilich, daß die Poesie die Stereotypenbilder von flüchtigen Rossen und von Wagen, die am olympischen Grenzstein zerschellen, nicht mehr lange vorbringen kann und daß sie aus ihrer Stabilität herausgetrieben wird auf die Fluthen des

Allegorischer Humor um 1890; Holzstich: „Das eiserne Jahrhundert". Aus einem Buch dieses Titels von Armand, Freiherr von Lerchenfeld.

grünen Frühlingslebens – um entweder ohnmächtig zu schweigen oder unter dem wolkenblauen Himmel mit den Sängern der Lüfte zu wetteifern." Das Postkutschenzeitalter wird abserviert; indirekt erscheint das gängige Negativbild: die Postkutsche als Postschnecke, die sich mühselig parterre bewegt; stattdessen wird die Lokomotive als „schönes Ungeheuer" gepriesen, das spielend Raum und Zeit überwindet. „Welcher Anblick ist imposanter und zugleich begeisternder, der Anblick eines Wagengauls, der eine Miethkutsche mühselig im Koth langsam fortschleppt, oder der Anblick einer unabsehbaren Bahn, die mitten durch die Felder ihres Weges zieht, Gräben und Flüsse überspringt, durch Wälder fliegt, die Berggelände erklimmt, Brücken über Abgründe schlägt, weiten Thälern das Joch auflegt und die Ebene durch den Bauch der Berge sucht? Dazu denke man sich die im Fluge auf metallenem Geleise daher brausende Maschine, *das schöne Ungeheuer*, mit dem Eingeweide voller Flammen und den Adern voll siedenden Wassers, ungestüm und gewaltig wie der Sturm und doch gehorchend der Hand eines Kindes. Sieht man sie von fern, während sie von den Bäumen am Wege zwischen den blumigen Wiesen, den bewaldeten Bergen und den prangenden Erndtefeldern dahingleitet, so ist nichts ihrer Eleganz, ihrer Behendigkeit, ihrer ruhigen, immer gleichen Grazie vergleichbar. Steht man ihr nahe, während ihr Räderwerk lärmt, ihr Feuerherd knistert, das Horn ihrer Esse zittert, ihre Hebel wie eiserne Fangen, mit Riesengewalt in die Getriebe greifen, sieht, wie ihre Luftklappen auf- und zuschlagen und hört ihr Schnaufen, während der kleine Mensch auf dem Rücken des Ungeheuers, von Rauchwolken umhüllt und Funken umsprüht, so geruhig des Ungeheuers Lauf bald willkürlich hemmt, bald beschleunigt: – wer fühlt sich da nicht erhaben als *Mensch* durch das Schauspiel der gewaltigen Macht und der vollkommenen Sicherheit gegenüber der ungeheuersten Kraft. Und dann ihr Lauf! Wie eine gerüstete Amazone, wie eine Tänzerin leichten Fußes, gleitet sie einher und doch bringt sie tausende von Reisenden und tausende von Centnern an allerlei Gütern. So ist freilich der klappernde Miethkutscher, der abgesetzte Karrengaul und der dumme Wagenlenker nicht, und darum sind diese drei Pretiosen der Vergangenheit in den Augen derer, die vor Hypochonderie den Geist unserer Zeiten nicht verdauen können, ungleich poetischer. Wenn es zur Poesie führt, nichts zu wissen, die Welt im Großen nicht zu kennen, und sich mit Ekel von den über die Erdrinde zerstreuten Schätzen der Kunst, von der Herrlichk. der Natur, v. dem Angesicht der Völker u. ihrer Städte abzuwenden, wenn sie nicht unter Mühseligkeiten und für das fünffache Geld in fünffacher Zeit zu schauen sind; wenn es zur Poesie führt, von den großen Pulsschlägen des Weltlebens nichts zu erfahren; wenn Hohlwege, prellende Wirthe und grobe Postmeister die Wege und Genien sind, auf und mit denen die Poesie allein zur Quelle der Begeisterung gelangen kann: dann sagen wir ihr lieber Heute Valet als Morgen – denn was sich für Poesie ausgibt, ist ja dann doch nur dummes Philistertum."[21]

Die rhapsodische Bejahung der Technik, der durch Geschwindigkeit die Überwindung von Raum und Zeit gelingt, hat „Nervosität" zum Pendant – Ausdruck der neuen, durch Mobilität geförderten Sensibilität, die das zumindest im individuellen wie kollektiven Unterbewußtsein vorhandene

Quer durch Europa von Westen nach Osten
Rüttert und rattert die Bahnmelodie
Gilt es die Seligkeit schneller zu kosten?
Kommt er zu spät an im Himmelslogis?
FortfortfortFortfortfort drehn sich die Räder
Rasend dahin auf dem Schienengeäder,
Rauch ist der Bestie verschwindender Schweif,
Schaffnerpfiff, Lokomotivengepfeif.

Länder verfliegen und Städte versinken,
Stunden und Tage verflattern im Flug,
Täler und Berge, vorbei, wenn sie winken,
Traumbilder, Sehnsucht und Sinnenbetrug.
Mondschein und Sonne, noch einmal die Sterne
Bald ist erreicht die beglückende Ferne,
Dämmerung, Abend und Nebel und Nacht,
Stürmisch erwartet, was glühend gedacht.
Dämmerung senkt sich allmählich wie Gaze,
Schon hat die Venus die Wache gestellt.
Nur noch ein Stündchen!
Dann nimmt sich die Straße,
Trennt, was sich hier aneinander gesellt:
Reiche Familien, Bankiers, Kavaliere,
Landrat, Gelehrter, ein Prinz, Offiziere,
„Damen und Herren", ein Dichter im Schwarm
Liebliche Kinder mit Spielzeug im Arm.

Nun ist das Dunkel dämonisch gewachsen,
In den Coupées brennt die Gasflamme schon,
FortfortfortFortfortfort, glühende Achsen,
Schrillt ein Signal, klingt ein wimmernder Ton?
FortfortfortFortfortfort, steht an der Kurve,
Steht da der Tod mit der Bombe zum Wurfe?
Halthalthalthalthalthalthalthaltein
Ein andrer Zug fährt schräg hinein.

Folgenden Tags, unter Trümmern verloren,
Finden sie sich zwischen verkohltem Gebein,
Finden sich schuttüberschüttet zwei Sporen,
Brennscheren, Uhren, ein Aktienschein,
Geld, ein Gedichtbuch: „Seraphische Töne",
Ringe, ein Notenblatt: „Meiner Camöne",
Endlich ein Püppchen, im Bettchen verbrannt,
Dem war ein Eselchen vorgespannt.

(Detlev von Liliencron: Blitzzug)

Nicola Tesla um 1900 in seinem Labor.
Tesla (1856–1943) war Physiker und
Elektrotechniker und arbeitete mit hoch-
frequenten Wechselströmen. Der Tesla-
Transformator ist nach ihm benannt. Auf
dem Foto eine Widmung an den deutschen Kollegen Adolf Slaby (1849–1913),
einem Pionier der Funktechnik.

und sich dann auf die Jahrhundertwende zu verstärkende Gefühl der Sinnkrise hervorruft. Die „hektische Zeit" bewirkt, daß man sich nicht mehr im „Bleibenden" einzurichten, auf Traditionen zu bauen und deren Verläßlichkeit zu erproben vermag; anhebende Modernität reißt los, reißt mit, reißt fort; der Halt fehlt; am besten, man stürzt sich in die Turbulenzen hinein, mit der Hoffnung, nicht unterzugehen, sondern den Kopf über Wasser halten zu können. Die Seelenentwicklung kann allerdings bei der technischen, industriellen und wirtschaftlichen Beschleunigung nicht mithalten. Die Auflösung von Raum und Zeit als überschaubare, geschlossene Erlebnisdimensionen bewirkt eine Atomisierung von Leben und Welt.

Moderne Nervosität und Gleichzeitigkeit

Die „Erfindung" der Elektrizität treibt das veloziferische Prinzip auf die Spitze. Mit Schalterdrehung (später Schalterdruck) ist sie da, sofort verfügbar. Elektrizität wird zum Synonym für Energie und Leben. Der weibliche Genius, der – etwa auf einem Gemälde von Ludwig Kandler (1880) – barbusig und barfüßig vom Himmel auf die Erde herabsteigt, um ihr ein irdisches Paradies zu verheißen, trägt in der erhobenen rechten Hand eine leuchtende Kugellampe; sein Haar ist von Glühbirnen um-

strahlt. Die begleitenden Engelchen sind miteinander und mit der Elektri-
zitäts-Iphigenie durch Telefone verbunden.

In den Jahren 1880 bis 1920, so Wolfgang Schivelbusch in *Lichtblicke –
Zur Geschichte der künstlichen Helligkeit im 19. Jahrhundert*, begann die
Elektrizität die moderne großstädtische Zivilisation zu durchdringen.
„Das Nahverkehrssystem, die Aufzüge, das Telefon, das Radio, das Kino,
eine immer größere Anzahl von Haushaltsgeräten waren ohne Elektrizität
undenkbar. Die elektrische Energie wirkte auf die materielle Zivilisation
nicht anders als auf den Körper. ‚Das Publikum ist der Auffassung, wenn
es irgend etwas unter der Sonne gibt, das Elektrizität nicht zu tun vermag,
ist es nicht wert, überhaupt getan zu werden.‘"[22] „Elektrisiert" sein, das
bedeutete zu ahnen, zu spüren, zu wissen, daß sich ständig sehr viel zu
gleicher Zeit ereignet. Die Eindrücke folgen so dicht aufeinander, daß sie
das Gefühl der Gleichzeitigkeit hervorrufen. Wie beim Kinematographen
(seit 1895) hetzt ein Bild das andere so sehr, daß sie ineinander übergehen.
Vor allem die Großstadt wird als Ort simultaner Reize empfunden; ihre
Hast und Betriebsamkeit kennt kein Einhalten oder Verweilen. In den
Aufzeichnungen des Malte Laurids Brigge von Rainer Maria Rilke (1904
begonnen, 1910 veröffentlicht) erscheint Paris als Ort „moderner Nervosität": „Daß ich es nicht lassen kann, bei offenem Fenster zu schlafen.
Elektrische Bahnen rasen läutend durch meine Stube. Automobile gehen
über mich hin. Eine Tür fällt zu. Irgendwo klirrt eine Scheibe herunter, ich
höre ihre großen Scherben lachen, die kleinen Splitter kichern. Dann
plötzlich dumpfer, eingeschlossener Lärm von der anderen Seite, innen im
Haus. Jemand steigt die Treppe. Kommt, kommt, unaufhörlich. Ist da, ist
lange da, geht vorbei. Und wieder die Straße. Ein Mädchen kreischt: Ah
tais-toi, je ne veux plus. Die Elektrische rennt ganz erregt heran, darüber
fort, fort über alles. Jemand ruft. Leute laufen, überholen sich."[23]

In seinem weit verbreiteten Buch *Die geistigen und sozialen Strömungen
im 19. Jahrhundert* (1899) spricht Theobald Ziegler davon, daß die moderne Zwiespältigkeit (zwischen Fortschrittseuphorie und Fortschritts-
angst schwankend) ihren Grund in der Rasanz bei der Überwindung von
Raum und Zeit habe. Dampfmaschine, Fabrik, Arbeiterbevölkerung und
soziale Frage, Lokomotive, Eisenbahnen, Produktenverkehr und Bevölke-
rungsverschiebungen, Telegraph und Telefon, Automobil und Luftschiff,
Welthandel und Weltverkehr, Zeitungswesen bewirkten ein hastiges Leben; die Reibungen würden häufiger. „Man ist nicht mehr bei sich zu
Hause, wird nicht heimisch und kommt nicht zu sich selbst; deshalb hat
die Eisenbahnzeit über die Ortszeit gesiegt. Daß die Welt unter dem
Zeichen des Verkehrs steht, ist zwar ein Triumph der Technik und ein
Beweis des Fortschritts, kommt aber dem Innenleben nicht in gleichem
Maße zugute; die Zeitungen tragen Bildungskeime in die abgelegensten
Dörfer, aber sie schädigen auch die Bildung und machen sie flach und
individuallos. Wie nach oben, so haben wir aber andererseits auch nach
unten hin den Raum ‚überwunden‘: Neben dem Teleskop steht das
Mikroskop und enthüllt uns eine ganz neue, die Welt des unendlich
Kleinen. Das hat durch die Erkenntnis der Bakterien nicht nur die Medizin
umgestaltet; es weckt den Sinn für das Kleine überhaupt; in der Naturwis-
senschaft versteht sich das von selbst. Aber nicht nur sie, auch die

Es ist so still; die Heide liegt
Im warmen Mittagssonnenstrahle,
Ein rosenroter Schimmer fliegt
Um ihre alten Gräbermale;
Die Kräuter blühn; der Heideduft
Steigt in die blaube Sommerluft.

Laufkäfer hasten durchs Gesträuch
In ihren goldnen Panzerröckchen,
Die Bienen hängen Zweig um Zweig
Sich an der Edelheide Glöckchen,
Die Vögel schwirren aus dem Kraut –
Die Luft ist voller Lerchenlaut.

Ein halbverfallen niedrig Haus
Steht einsam hier und sonnbeschienen;
Der Kätner lehnt zur Tür hinaus,
Behaglich blinzelnd nach den Bienen;
Sein Junge auf dem Stein davor
Schnitzt Pfeifen sich aus Kälberrohr.

Kaum zittert durch die Mittagsruh
Ein Schlag der Dorfuhr, der entfernten;
Dem Alten fällt die Wimper zu,
Er träumt von seinen Honigernten.
– Kein Klang der aufgeregten Zeit
drang noch in diese Einsamkeit.

(Theodor Storm: Abseits)

Elektrizitäts-Reklame um 1900: Drei Holzschnitt-Vignetten von Ludwig Sütterlin für die Berliner Elektrizitäts-Werke.

Geisteswissenschaften, die Geschichte, die Psychologie sind mikroskopisch geworden: Die Einzelforschung wird höher geschätzt als die zusammenfassende Darstellung, die oft wie ein Unwissenschaftliches und Dilettantisches angesehen wird ... Selbst die Kunst kann sich diesem Mikroskopieren nicht entziehen; auch sie lernt auf das Kleine und Verborgene achten und setzt an die Stelle der auf der Oberfläche liegenden, dem unbewaffneten Auge sichtbaren Motive und Gefühle die zerfasernde psychologische Analyse und das Eindringen in die geheimsten Tiefen des Seelenlebens, in das, was unbewußt auf ihrem Grunde mitschwingt.“[24]

Die Grundstruktur der Gesellschaft und der sie durchdringenden Kultur (darauf kommt Theobald Ziegler immer wieder zurück), bestehe im Festhalten und Sichanklammern an das Bestehende, als wäre es durchweg ein Vernünftiges und bleibend Wertvolles; und auf der anderen Seite im Anstürmen gegen dieses Bestehende, als wäre es bereits von allen guten Geistern der Vernunft und der Sittlichkeit verlassen und könne nicht eilig genug bis zum letzten Baustein abgetragen und in Trümmer geschlagen werden. Dem historischen Sinn des Jahrhunderts stehe ein revolutionärer Sturm und Drang gegenüber, der gäre und brodle und alle in seinen Strudel hineinreißen wolle; man bemühe sich, neu Fuß zu fassen; ob dies gelinge, werde das Glück oder Unglück des neuen Jahrhunderts ausmachen. „So war es eine Welt voller Gegensätze, dieses ‚Fin de siècle‘, in der alles chaotisch durcheinander quirlte und wogte, Karneval und Aschermittwoch zugleich, kraftvoll aufstrebende Renaissance und pessimistisch müde Dekadence; eine Zeit der ‚Ruhelosigkeit und Reizbedürftigkeit‘, aber auch der Ruhebedürftigkeit und Reizübersättigung, des sich Verlierens an das Zerstreuende der Außenwelt und des sich Sehnens nach Wiedergewinnung eines Innerlichen und Einheitlichen. Und die Menschen dieser Zeit auf der einen Seite voll Überschätzung des Intellektuellen, von des Gedankens Blässe von früher Jugend auf angekränkelt und deshalb in ihrer Nervosität von unausgesprochenen und unaussprechlichen Stimmungen bewegt, und daneben doch praktisch, utilitaristisch, voll Willen und Streben nach Macht; pessimistisch und blasiert tief innerlich müde auf der einen Seite und der andern vom Willen zum Leben, vom Lebensdrang und Lebensfreudigkeit emporgerissen und emporgepeitscht, tatkräftig vorwärts, ehrgeizig aufwärts strebend; frei von Vorurteilen, ungläubig und kritisch, kühl bis ans Herz hinan, und daneben ergriffen von allerlei Mystik oder doch anempfinderisch damit spielend, voll Neugier und Interesse für alles Rätselhafte und Geheimnisvolle, für alles Tiefe und Hinterweltliche und die Wissenschaft selbst in den Dienst das Aberglaubens herabziehend oder gar diesen in die Form okkultistischer Wissenschaft kleidend.“[25]

Die vorwaltende „Stimmung“ bzw. Befindlichkeit wird von Ziegler mit einem Schlüsselwort der Epoche gekennzeichnet: nämlich mit „Nervosität“. Heute, so Hugo von Hofmannsthal in einem Feuilleton der *Frankfurter Zeitung* vom 9. August 1893, scheinen zwei Dinge modern zu sein: die Analyse des Lebens und die Flucht aus dem Leben. Gering die Freude an Handlung, am Zusammenspiel der äußeren und inneren Lebensmächte, an wilhelm-meisterlichem Lebenlernen und am shakespearischen Weltlauf. Man betreibe die Anatomie des eigenen Seelenlebens oder man träume. Reflexion oder Phantasie, Spiegelbild oder Traumbild – das sei die Frage. „Modern sind alte Möbel und junge Nervositäten. Modern ist das psychologische Graswachsenhören und das Plätschern in der reinphantastischen Wunderwelt. Modern ist Paul Bourget und Buddha; das Zerschneiden von Atomen und das Ballspielen mit dem All; modern ist die Zergliederung einer Laune, eines Seufzers, eines Scrupels; und modern ist die instinktmäßige, fast somnambule Hingabe an jede Offenbarung des Schönen, an einen Farbenaccord, eine funkelnde Metapher, eine wundervolle Allegorie … Die landläufige Moral wird von zwei Trieben verdunkelt: dem Experimentiertrieb und dem Schönheitstrieb, dem Trieb nach Verstehen und dem nach Vergessen.“[26]

Viele theoretische Analysen und künstlerische Manifestationen der Zeit kreisen um das Phänomen der „Nervenkunst“, der „Kunst der Nerven“, der individuellen wie kollektiven Nervosität oder Neurasthenie. Die kommunikative Kultur, vor allem in der zweiten Hälfte des 19. Jahrhunderts

Karikatur aus dem Kladderadatsch von 1878 unter dem Titel: „Postdienstvereinfachung“. Die Deutsche Reichspost hatte kurz vorher die bislang getrennten Bereiche Post und Telegrafie vereinigt. Erstes Opfer der einsetzenden Verkabelungswelle: „… der fernsprechende Beamte zugleich als Signal-, Sprech-, Hör- und Schreib-Apparat.“

und zur Jahrhundertwende, stellt sich als „nervöse Kultur" dar. Geistig-seelische Unausgeglichenheit, Erregbarkeit, Übersteigerung, extensive Phantasie, vielerlei Ängste und Sehnsüchte, Introversion und Extraversion gingen eine faszinierende Mischung ein.

Die durch den geschichtlichen Phasenwechsel und Umbruch bewirkte gesellschaftliche „Vibration" hat Sigmund Freud in seiner 1908 erschienenen Abhandlung *Die ,kulturelle' Sexualmoral und die moderne Nervosität*[27] als eine in seiner gegenwärtigen Gesellschaft sich rasch ausbreitende Nervosität diagnostiziert. Der Arzt werde häufig genug durch die Beobachtung nachdenklich gemacht, daß gerade die Nachkommen solcher Väter der Nervosität verfielen, die, aus einfachen und gesunden ländlichen Verhältnissen stammend, Abkömmlinge roher, aber kräftiger Familien, als Eroberer in die Großstadt kämen und ihre Kinder in einem kurzen Zeitraum auf ein kulturell hohes Niveau sich erheben ließen. Modernes Leben und seine Gestaltung bewirkten eine erotische Sensibilisierung, die den ungelösten Widersprüchen moderner Zivilisation entspränge.

Freud zitiert Ausführungen von W. Erb aus dem Jahre 1893 *(Über die wachsende Nervosität unserer Zeit)* und identifiziert sich mit ihnen: Die Ansprüche an die Leistungsfähigkeit des einzelnen im Kampfe ums Dasein seien erheblich gestiegen, und nur mit Aufbietung all seiner geistigen Kräfte könne dieser sie befriedigen; zugleich seien die Bedürfnisse des einzelnen, die Ansprüche an den Lebensgenuß in allen Kreisen gewachsen, ein unerhörter Luxus habe sich auf die Bevölkerungsschichten ausgebreitet, die früher davon ganz unberührt waren; zugenommen hätten die Religionslosigkeit, die Unzufriedenheit und die Begehrlichkeit; durch den ins Ungemessene gesteigerten Verkehr, durch die weltumspannenden Drahtnetze des Telegraphen und Telefons hätten sich die Verhältnisse in Handel und Wandel total verändert. Alles gehe in Hast und Aufregung vor sich, die Nacht werde zum Reisen, der Tag für Geschäfte benützt, selbst die „Erholungsreisen" würden zu Strapazen für das Nervensystem; große politische, industrielle, finanzielle Krisen trügen ihre Aufregung in viel weitere Bevölkerungskreise als früher. Politische, religiöse, soziale Kämpfe, das Parteitreiben, die Wahlagitationen, das ins Maßlose gesteigerte Vereinswesen erhitze die Köpfe und zwinge die Geister zu immer neuen Anstrengungen, raube die Zeit zur Erholung, zu Schlaf und Ruhe. Das Leben in den großen Städten sei immer raffinierter und unruhiger geworden; die erschlafften Nerven suchten ihre Erholung in gesteigerten Reizen, in stark gewürzten Genüssen, um dadurch noch mehr zu ermüden. Die moderne Literatur beschäftige sich vorwiegend mit den bedenklichsten Problemen, die alle Leidenschaften, die Sinnlichkeit und Genußsucht aufwühlten, die Verachtung aller ethischen Grundsätze und aller Ideale förderten; sie bringe pathologische Gestalten, psychopathisch-sexuelle, revolutionäre und andere Probleme vor den Geist des Lesers; sein Ohr werde von einer in großen Dosen verabreichten, aufdringlichen und lärmenden Musik erregt und überreizt; die Theater nähmen alle Sinne mit ihren aufregenden Darstellungen gefangen; auch die bildenden Künste wendeten sich mit Vorliebe dem Abstoßenden, Häßlichen und Aufregenden zu und scheuten sich nicht, das Gräßlichste, was die Wirklichkeit biete, in abstoßender Realität vor unser Auge zu stellen.

Dem Bürger fliegt vom spitzen Kopf der Hut,
In allen Lüften hallt es wie Geschrei,
Dachdecker stürzen ab und gehn entzwei
Und an den Küsten – liest man – steigt die Flut.

Der Sturm ist da, die wilden Meere hupfen
An Land, um dicke Dämme zu zerdrücken.
Die meisten Menschen haben einen Schnupfen.
Die Eisenbahnen fallen von den Brücken.

(Jakob van Hoddis: Weltende, 1912)

Freud bezieht sich dann weiter auf O. L. Binswanger (*Die Pathologie und Therapie der Neurasthenie*, 1896) und R. von Krafft-Ebing (*Nervosität und neurasthenische Zustände*, 1895): „Man hat speziell die Neurasthenie als eine durchaus moderne Krankheit bezeichnet und Beard, dem wir zuerst eine übersichtliche Darstellung derselben verdanken, glaubte, daß er eine neue, speziell auf amerikanischem Boden erwachsene Nervenkrankheit entdeckt habe. Diese Annahme war natürlich eine irrige, wohl aber kennzeichnet die Tatsache, daß zuerst ein amerikanischer Arzt die eigenartigen Züge dieser Krankheit auf Grund einer reichen Erfahrung erfassen und festhalten konnte, die nahen Beziehungen, welche das moderne Leben, das ungezügelte Hasten und Jagen nach Geld und Besitz, die ungeheuren Fortschritte auf technischem Gebiete, welche alle zeitlichen und räumlichen Hindernisse des Verkehrslebens illusorisch gemacht haben, zu dieser Krankheit aufweisen." Die Lebensweise unzähliger Kulturmenschen zeige heutzutage eine Fülle von antihygienischen Momenten, die es ohne weiteres begreifen lasse, daß die Nervosität in fataler Weise um sich greife, denn diese schädlichen Momente wirkten zunächst und zumeist aufs Gehirn. „In den politischen und sozialen, speziell den merkantilen, industriellen, agrarischen Verhältnissen der Kulturnationen haben sich eben im Laufe der letzten Jahrzehnte Änderungen vollzogen, die Beruf, bürgerliche Stellung, Besitz gewaltig umgeändert haben, und zwar auf Kosten des Nervensystems, das gesteigerten sozialen und wirtschaftlichen Anforderungen durch vermehrte Verausgabung an Spannkraft bei vielfach ungenügender Erholung gerecht werden muß."[28]

Was hier von Freud im Rückgriff auf zeitgenössische Schriften registriert und – zumindest in der Oberflächenbeschreibung – als Deutung akzeptiert wird, ist die konservative Klage über den Zustand einer Welt, die, als Folge des technischen und industriellen Fortschritts, der Hektik verfiel und so die Ruhe, Gediegenheit und Gemüthaftigkeit der „guten alten Zeit" verloren hat, erbebend vor der Neuartigkeit des Kommenden. 1902 veröffentlichte Willy Hellpach seine Abhandlung *Nervosität und Kultur*. Er geht davon aus, daß das Grelle und Laute in der Zeit seinen Ursprung in den technischen Bedingungen der modernen Arbeit habe. Der moderne Wirtschaftssinn finde in der Nervosität seinen Ausdruck. Die moderne Nervosität erinnere sich dabei mit Heimweh an das „Dörfchen der Vergangenheit", „wo abends unter fröhlichem oder elegischem Singen die Sensen gedengelt werden und die Spinnrocken ihr Rädchen surren lassen; wo die gute Arbeit bewundert, die mißlungene in Liedern verspottet wird"; dem gegenüber stehe der moderne Fabriksaal, in dem die Saalordnung drohend von der Wand herniederblicke, die Maschinen hämmerten und rasselten, und nur der Gedanke an den Samstagslohn und die mechanische Gewohnheit den einzelnen soviel gleichgültige Teilchen als nur möglich schaffen heiße; Teilchen, an deren Qualität er oft nicht das mindeste ändern könne, weil er im Grunde weiter nichts als der Bedienstete der alles besorgenden Maschine geworden sei. So wie die modern-hektische mit der rural-gediegenen Arbeitsweise, die neue mit der alten Zeit konfrontiert wird, stellt der Verfasser in einer mehr unfreiwillig-komischen als analytischen Schilderung auch ein nervöses Nord-Süd-Gefälle fest: „In Berlin und Hamburg, in Hannover und Cöln beginnt das

„Du gehst durch die Straßen: was kann da nicht alles geschehen! Abenteuer lauern, Autos bedrohen deinen Leib, Dirnen deine Seele. Es schwankt dein Gleichgewicht; du sitzest im Café, die Geliebte erwartend; links drüben zeigt ein Mädchen graue Seidenstrumpfbeine, während hinter dir zwei Gauner ein Geschäft abschließen. Es heult dir ein Kinoplakat seine Wunder entgegen; mit unfehlbarer Eleganz will dir eine idealer Einbrecher die Souveränität der weltmännischen Gebärden beweisen. In die Bar, in die Wunder-Bar, trittst du mit bangem Herzklopfen: So traten früher fromme Pilger in den Glasfensterraum ihres Heiligtums. Man zelebriert dir einen Cocktail; der Klavierspieler trampelt anmutig die Sentiments seiner Musik dir in die Seele. Nun ist wieder stählern Alltag; das Rad dreht sich; dem Dasein blickst du ins Antlitz; du bist ein Atom des Rekords, den die Zeit aufgestellt hat, um über die Welt hinwegzukommen."

(Paul Hatvani, zit. nach Paul Rabe: Die Revolte der Dichter. Die frühen Jahre des literarischen Expressionismus 1910–1914. In: Der Monat, Heft 191/1964, S. 90)

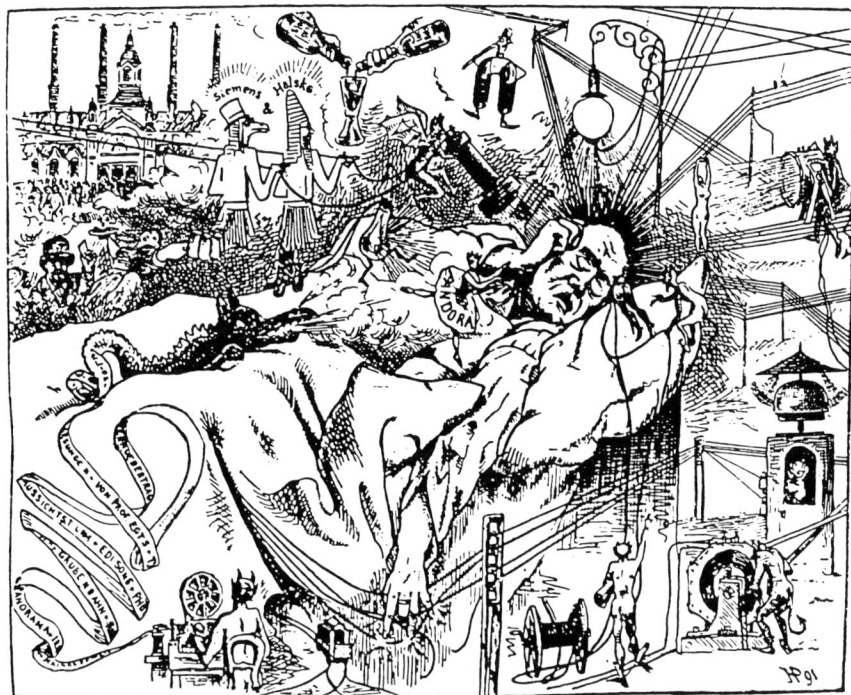

rechte Treiben erst um elf Uhr. Man strömt aus den Konzertsälen und Theatern, und die Nerven sind viel zu erregt, um den Gedanken ans Schlafen zu fassen. Rechnet man dazu, daß das gute Bier sehr teuer und sehr schwer, das durchschnittlich getrunkene schlecht ist – der Süddeutsche würde es ohne Zögern weggießen –, so weiß man, warum die meisten Norddeutschen nachts im Restaurant sitzen; um sich zu zerstreuen. Im Süden findet man die Weinwirtschaften und Bierhäuser auch am Tage nie so verlassen, wie im Norden; denn der Süddeutsche trinkt, wenn er Durst hat und weil er Durst hat und Appetit auf einen ‚guten Tropfen‘ dazu. Wie verkehrt, dem Süddeutschen größere Vergnügungssucht anzudichten! Nicht im Entferntesten erreichen in Zerstreuungen aller Art die süddeutschen Mittelstädte den Rekord selbst der norddeutschen kleinen Nester; im Süden sitzt man breit und behaglich vor seinem Kruge, im Norden wird ungleich mehr geschwatzt, gelacht und gelärmt und ungleich weniger getrunken. Das Restaurant ist eben dort und hier etwas ganz anderes; und der Gegensatz prägt sich am schärfsten aus zwischen den beiden Großstädten, deren eine die größte und deren andere die geringste Intensität wirtschaftlichen Schaffens verkörpert: Berlin und München."[29]

Für den Zivilisationspessimisten und Kulturkritiker bedeutete Gemüthaftigkeit und Gemütlichkeit vor allem „Entschleunigung"; dementsprechend die Romantisierung Süddeutschlands. Berlin dagegen galt, vor allem in den Tagen der Weimarer Republik, als die schnellste Stadt der Welt, oder zumindest als das New York Europas. In einer Berliner Werbebroschüre für den Welt-Reklamekongreß 1929 hieß es, die „Symphonie" dieser Großstadt intonierend, in einer „atemlosen Sprache voller Stakkato, Pathos, Emphase, aus Expressionismus, Kriegs- und Sportberichterstattung, im Rhythmus von Lokomotien und Rotationsmaschinen": „Man überquert den Potsdamer Platz, den Spittelmarkt, den Alexanderplatz, die Straße am Stettiner Bahnhof, den Wedding und dergleichen Punkte mehr. Da merkt man die gigantische Bewegung, das Flitzen, Flirren, Huschen und Sausen. Welle auf Welle jagt heran und flieht. – Rasendes Tempo! Das Herz des Reiches, dies Berlin, pulst Leben! 4 Millionen Menschen in Betrieb, ein Fünfzehntel des deutschen Volkes im Schnellschritt! Und während unten alles eilt und drängt, singt aus den Lüften der Motor! Großartiger Anblick: Flughafen Tempelhof!"[30]

Der schnelle Transport von Briefen, Gütern und Menschen (durch die Eisenbahn, das Auto, später das Flugzeug) erbrachte bei der Überwindung des Raumes enormen Zeitgewinn; die immer größer werdende Geschwindigkeit bei der Beförderung ließ das Gefühl von Ubiquität und Synchronizität aufkommen. Wirkliche Gleichzeitigkeit war jedoch nicht beim Transport von Sachen und Menschen zu erreichen, sondern „nur" bei der Übermittlung von Nachrichten. Telegraph, Telefon, Rundfunk und Fernsehen erwiesen sich als Erfindungen, welche die anhebende Ära der Telekommunikation prägten und die Informations- bzw. Kommunikationsgesellschaft unserer und zukünftiger Tage einleiteten.

Was einst (etwa bei den Babyloniern und Persern, Chinesen und Indianern) mit Nachrichtentrommel, Fackelsignalen und anderen Formen optischer Telegraphie begann, führte zu einer Entwicklung der Fernmeldetechnik, die am Ende des 20. Jahrhunderts in dem schnellen Bildnachrichtenaustausch auf dem Wege der Zusammenschaltung von Fernsehnetzen über Satelliten und der vieltausendfachen gleichzeitigen Benutzbarkeit der mit Laserstrahlen beschickten Glasfaserkabel seinen vorläufigen Höhepunkt findet. Die „Erfindung" der Elektrizität hat all dies möglich gemacht. Die letzten 140 Jahre bescherten uns eine Entwicklung, die von der ersten funktionsfähigen Telegraphenverbindung über eine noch begrenzte Entfernung bis hin zu den heutigen weltweiten Kommunikationsnetzen für Sprach-, Text- und Bildinformationen führte.[31] Dabei zeigten sich (nach Heinz Körber/Karlheinz Heyer) folgende Entwicklungsphasen:

– Realisierung der ersten Überlegungen, Strom für nachrichtentechnische Zwecke auf längeren metallischen Leitungen zu übertragen. Lange vor der Jahrhundertwende konnte man bereits auf ein gut funktionierendes weltweites Telegraphennetz stolz sein.

– Einführung des Telefons. Die vorhandenen Leitungsnetze waren nicht in der Lage, die elektrischen Fernsprechsignale über weite Strecken zu übertragen. Hier half in erster Linie der Einsatz der neu erfundenen Verstärker, diese Nachteile zu beseitigen.

– Der starken Nachfrage nach den neuen Kommunikationsdiensten Fernsprechen und Fernschreiben konnte die Leitungsverlegung nicht folgen; außerdem verursachen zusätzliche Kabel immense Investitionssummen. Deshalb mußten Verfahren zur Mehrfachausnutzung geschaffen werden.

– Die in allerneuester Zeit sich bietende Vielfalt an unterschiedlichen Kommunikationsmedien besonders auf dem Sektor der Datenverarbeitung fordert immer mehr und immer leistungsfähigere Übertragungswege. So befinden sich z. B. zur Zeit Leitungsnetze im Aufbau, welche neben dem inzwischen traditionellen Fernsprech- und Fernschreibbetrieb auch Kabelfernsehen und alle möglichen Datenübertragungen für jedermann zulassen.[32]

Der Telegraph

„In der City steht das Gebäude des Haupttelegraphenamtes, das pochende Haus. In großen Sälen sitzen an langen Arbeitstischen Hunderte von Menschen. Jeder hat einen Apparat vor sich stehen. In leisem Arbeitsticken nehmen die Morseschreiber die Nachrichten aus allen Richtungen der Erde auf. Was draußen in der Welt vorgeht, strömt hier als Nachrichtengebung zusammen. Politische Ereignisse, Erdbeben, Revolution in dem Völkerleben, Katastrophen der Naturgewalt, der Tod berühmter Zeitgenossen, der Kurssturz eines Börsenpapiers, das Resultat einer neuen Erfindung, ein Sensationsprozeß, große und kleine Begebenheiten, nichts bleibt verborgen und unbekannt. Über die ganze Erde hinweg laufen die Telegraphendrähte, der Ozean wird durchschnitten von Kabelleitungen, und der Mensch ist überall gegenwärtig."[33] In seinem Buch *Die Arbeitswelt der Technik* (1926) beschrieb Richard Woldt dergestalt die durch den Telegraphen ermöglichte Vernetzung der Welt, durch die ein Pulsieren des modernen Lebens „im stärksten Rhythmus" – ein „Überwinden von Zeit und Entfernungen" – ermöglicht wurde.

Im Bereich der Nachrichtenübermittlung erwies sich die Telegraphie (griech. telos = fern, graphein = schreiben), zusammen mit dem Telefon, als die entscheidende Verwirklichung des velozlferischen Prinzips; die wichtigste Entwicklungsphase beginnt Ende des 18. Jahrhunderts. In den Jahren 1784 bis 1788 veröffentlichte der Konsistorialrat J. A. P. Bergsträßer, Professor zu Hanau, Hessen-Darmstadt, Vorschläge zur militärischen Verwendung eines optischen Telegraphen, den er „Synthematograph" nannte und als Signalschreiber definierte. Die verschiedensten Möglichkeiten sollten zur Weitergabe von Meldungen genutzt werden: Feuer- und

213

Rauchsignale, Glockentöne, Raketenexplosionen, Musik, Uhrenzeiger-stellungen, Flaggen und andere Hilfsmittel.[34]

Das Thema lag in der Luft. Hofrat J. L. Boeckmann, Professor zu Karls-ruhe, Professor Abel Burja, Professor der Mathematik an der Königlichen Militärakademie zu Berlin, entwickelten ähnliche Gedanken; der Privatge-lehrte Buschendorf, Leipzig, beschrieb im *Journal für Fabrik, Manufaktur, Handlung und Mode* (1794) einen „Telegraphen für Deutschland", zu dessen Bedienung nur zwei Offizianten erforderlich seien.[35] Der Direktor der Maschine fasse Nachrichten, die man ihm zur Versendung übergebe, kurz und bestimmt in telegraphische Sprache; er lasse all die abgeschmack-ten langen Titel und Komplimente, die gewisse Leute für Höflichkeit und gute Lebensart hielten, weg, knete die Perioden zusammen, wähle die natürlichste Wortfolge, ergreife die geschmeidigste Wendung, drücke mit wenigen und kleinen Worten richtig, gedrängt und schön aus, was un-glückliche schwatzhafte Stilisten mit hundert großen schief und gedehnt herbeischleppten. „Den drey Quartseiten langen Brief einer sehnsuchts-vollen Mutter an ihren entfernten Sohn, in welchem sie diesen ermahnt, bittet und beschwört zu ihr, und zu der schmachtenden liebekranken Braut Friederike, die ihm tausend Grüße und hunderttausend Küsse mit bey-gelegt hat, zurükzukommen, drängt er in sechs Worte oder zehn Sylben zusammen, und schreibt: Son ich und friederike bangen: Kom!"

Der Telegraphenseher müsse sehr gut im Beobachten geübt sein, alle telegraphischen Zeichen genau kennen und verstehen, und sie schnell zu nennen, zu bemerken, zu lesen und zu deuten wissen. Ein Mann „ mit blöden Augen" sei zu diesem Amte nicht zuzulassen.

Die erwähnten und eine Reihe weiterer Autoren bzw. Experimentatoren – wobei die Wegbereiter der optischen Telegraphie im besonderen in Preu-ßen anzutreffen waren – orientierten sich vielfach an den Arbeiten und Erkenntnissen des Franzosen Claude Chappe, der 1792 der Nationalver-sammlung in Paris einen Telegraphen vorführte und 1794 eine optische Telegraphenlinie von Paris nach Lillie über 225 km mit 22 Stationen eröffnete.[36] (Zeitgenossen meinten, der wirkliche Erfinder der Telegraphie sei ein Monsieur Linguet gewesen, der während der Französischen Revolu-tion hingerichtet wurde, wovon Chappe, ein Bekannter Robbespieres, profitiert habe[37]).

Die optische Telegraphie wurde von Napoleon benutzt; sie fand in ver-schiedene Länder bei der militärischen Nachrichtenübermittlung Eingang. In Preußen schlug 1830 Dr. Carl Philipp Heinrich Pistor, Geheimer Postrat, dem Ministerium der Auswärtigen Angelegenheiten mit einer Denkschrift „die Anlegung telegraphischer Linie innerhalb des König-lichen Staates" vor; die Verbindung zwischen Berlin und Koblenz bestand im Endausbau aus 62 Stationen. „Bei den einzelnen Stationen ragte aus dem Dach oder der Plattform ein Mast hervor, an dessen oberem Ende sechs Flügel, zu zweien einander gegenüberstehend, drehbar angebracht waren. Von dem Telegraphisten mußten mit Hilfe eines Fernrohrs die Flügelstellungen erkannt werden. Die Bedeutung der Zeichen war den Telegrafisten im allgemeinen nicht bekannt. Erst an den Endstellen in Berlin, Köln und Koblenz wurden sie mit Hilfe eines Codebuches ent-schlüsselt. Im Codebuch waren etwa 2200 Begriffe aufgeführt, die aus den

Bey einer vollständigen Telegraphic im Grossen scheint mir das *wesentlichste* auf folgende Stücke anzukommen:
daß nämlich

1. Jede *willkührliche* Gedankenreihe da-durch müsse mitgetheilt werden können.
2. Daß diese für *alle Zwischenstationen, wenn* es erfordert wird, ein *Geheimniß* bleibe; aber auch
3. Eben so leicht auf jeder Station, *wenn* man es haben will, *bekannt* werden könne.
4. Daß die Mittheilung mit grosser *Schnelligkeit* geschehe.
5. Daß alle Gelegenheit zu *Verwirrungen* und *Irrthümern* möglichst vermieden werde.
6. Daß die Mittheilung bei *Tage* und bei *Nacht,* und bei *jeder* Witterung möglich sey.
7. Daß sie auch in der *Nachbarschaft ei-nes Feindes* nicht *ganz* unthätig werde.
8. Daß sie leicht anzuordnen und zu er-lernen; folglich sehr *einfach;* und endlich
9. Nicht zu kostspielig sey.

(J. L. Boeckmann's Professor zu Carls-ruhe Versuch über Telegraphic und Tele-graphen. Carlsruhe 1794)

Der elektrochemische Telegraph des
Samuel Soemmering. Kolorierte Modell-
zeichnung von Christian Koeck, einem
Mitarbeiter Soemmerings, 1809.

sich aus den Flügelstellungen ergebenden Zahlen abgeleitet werden mußten. Das Übermitteln von kurzen dienstlichen Zeichen dauerte bei günstiger Witterung von Berlin nach Koblenz und zurück nur etwa 15 Minuten.
Bei Benutzung der Codebücher nahm die Durchgabe mehrerer Sätze meist
einige Stunden in Anspruch. Da die Gebrauchsfähigkeit des optischen
Telegrafen von den Sichtverhältnissen und der Tageszeit abhing, war die
optische Telegraphenlinie im Tagesdurchschnitt nur sechs Stunden betriebs-
fähig. Jährlich wurden etwa 500–700 Telegramme übermittelt." (Gottfried North)[38]
Nach ersten Versuchen mit Reibungselektrizität bei der Konstruktion von
Telegraphen (seit 1753) schufen erst die Experimente und Erkenntnisse
der Italiener Galvani und Volta sowie anderer zeitgenössischer Wissenschaftler, ferner die Entdeckungen des Professors für Anatomie Samuel
Thomas von Soemmering in München, des dänischen Physikers Hans
Christian Oersted und des russischen Barons Schilling von Cannstadt die

Voraussetzungen für die Entwicklung eines funktionierenden Fernschreibers. Im Jahre 1833 übermittelten die Professoren der Physik Carl Friedrich Gauß und Wilhelm Weber erstmals Nachrichten auf elektromagnetischem Wege über eine Doppelleitung und eine größere Entfernung. In einem Brief von Gauß an Alexander von Humboldt (13. Juni 1833) heißt es: „Eine Drahtverbindung zwischen der Sternwarte und dem Physikalischen Cabinet ist eingerichtet; ganze Drahtlänge circa 5000 Fuß. Unser Weber hat das Verdienst, diese Drähte gezogen zu haben (über den Johannisthurm und Accouchirhaus) ganz allein. Er hat dabei unbeschreibliche Geduld bewiesen. Fast unzählige Male sind die Drähte, wenn sie schon ganz oder zum Theil fertig waren, wieder zerrissen (durch Muthwillen oder Zufall). Endlich ist seit einigen Tagen die Verbindung, wie sie scheint, sicher hergestellt; statt des frühern feinen Kupferdrahts ist etwas starker Eisendraht (gefirnisst) angewandt.“[39] Kurz vorher war an den Göttinger Magistratsdirektor Ebell ein Brief gegangen, indem die „ergebendste Bitte“ unterbreitet wurde, dem Unternehmen Schutz zu gewähren: „sowohl dadurch, daß Sie gestatten, daß der genannte Bindfaden einige Zeit am Johannisthurm angeknüpft bleibe, als besonders dadurch, daß Sie den Polizeibeamten, Nachtwächtern usw. gütigst einige Aufmerksamkeit anempfehlen, daß nicht durch Mutwillen ein Schade daran geschieht.“[40]

Der Göttinger Apparat wurde von Karl August Steinheil, Professor für Physik und Mathematik an der Universität München, verbessert; er baute 1836 eine Telegraphenanlage, bei der die Zeichen nicht nur durch den Ausschlag der Magnetnadel aufgrund des Stromstoßes, sondern auch durch Eindruck von Punkten auf einem Papierstreifen sichtbar gemacht werden konnten. 1838 fand er heraus, daß für eine Telegraphenleitung ein Draht genüge, da man die Erde als Rückleitung benutzen konnte.[41]

Tänzerinnen aus dem Ballett „Pandora“, getanzt vor Besuchern der Frankfurter Elektrotechnischen Ausstellung 1891. Sie verkörpern: „Telephonie“, „Photographie“, „Phonographie“ und „Telegraphie“. Holzstich von Hermann Junker aus der „Gartenlaube“, 1891.

Auf der Basis des von dem Amerikaner Samuel F. B. Morse entwickelten Code entstanden die sich mit jeder „Generation" wesentlich verbessernden Drucktelegraphen – von Alfred Vail (1837, ein noch „sehr verwickelter, leicht Störungen ausgesetzter und darum wenig leistungsfähiger Apparat", von Ch. Wheatstone (1841), A. Bain (1843), D. E. Hughes (1855), Siemens & Halske (1874/1899/1903).⁴² Von den Telegraphen, die den übermittelten Text sogleich in Klarschrift aufzeichneten, ging der Weg zu den modernen Fernschreibanlagen. 1933 begann in Deutschland der „Öffentliche Fernschreibdienst" (Telex); 1964 waren auf der Erde 104 Telexnetze in Betrieb. Die Einführung des Telefax-Dienstes, des Fernkopierens über das öffentliche Fernsprechnetz, fiel in das Jahr 1979. Der raschen Vervollkommnung der Fernschreibapparate entsprach diejenige des Leitungssystems. Aus den fragilen Drähten bei Gauß und Weber entwickelten sich einigermaßen widerstandsfähige Eindrahtleitungen. In dem 1850 erschienenem Buch *Der elektromagnetische Telegraph in den einzelnen Stadien seiner Entwicklung* heißt es dazu: „Wo die Erde als Rückleitung benutzt und nur ein einziger Draht durch die Luft ausgespannt wird, werden in Entfernungen von 100 bis 120 Fuß, 10–15 Fuß hohe, gegen 4 Zoll dicke Stangen von trockenem Fichten- oder Lerchenholze, welche an dem unteren Ende schwarz gebrannt sind, fest in die Erde eingegraben. Es wird das obere Ende derselben nach der Quere durchbohrt

Schlußszene des Balletts „Pandora" in der der „Siegerin Kultur" gehuldigt wird. Im Zentrum stehen die Namen der Erfinder Galvani und Volta. Holzstich von Hermann Junker aus der „Gartenlaube", 1891.

und hierauf von oben nach unten bis zu dem Loche eine Spalte gesägt. Durch diese Spalte wird der Draht, nachdem er an dieser Stelle durch Umwicklung mit einer Kautschuk- oder Guttapercha-Platte gegen die Berührung mit dem Holze geschützt, also isoliert ist, in das Loch hineingelegt. Durch einen Holzpflock wird hierauf der Draht, nachdem er angespannt worden ist, in dem Loche festgeklemmt. Ein kleines Blechdach über der Tragsäule schützt den eingelegten Teil des Drahtes und der Stange gegen Regen."[43]

Die von Werner von Siemens gemachte Entdeckung, daß sich Guttapercha als Isoliermaterial gut eigne, führte zu dem Versuch, Fernmeldestromwege in Form von Erd-, See- oder Flußkabeln zu verlegen. „Aber hier tritt die Schwierigkeit, den Draht gehörig von der ihn umgebenden Erde zu isolieren, besonders stark hervor. Gelingt aber auf irgendeine Weise diese Isolierung, so sind damit fast alle Übelstände beseitigt, welche im Gefolge der Stangenleitung aufzutreten pflegen. Die unterirdische Leitung ist den Augen der Böswilligen entzogen und ihre Zerstörung gelingt nicht ohne einige Mühe."[44] Freilich zeigte sich, daß das Guttapercha rasch brüchig wurde und sich vom Draht loslöste; dazu kam das Abfressen durch Tiere und Beschädigungen bei Feld- und Eisenbahnarbeiten. Wesentliche Fortschritte brachte die Bleiummantelung und die später eingesetzte Technik der Kunststoffisolierung. Mit der immer stärker werdenden Belastung der Erde für den Stromrückfluß (durch Telegraphie, Fernsprechleitungen und elektrische Bahnen) nahmen die Störungen so zu, daß Ende des 19. Jahrhunderts wieder Doppelleitungen gebaut und betrieben werden mußten, doch wurden Verfahren zur Mehrfachausnutzung der Leitungen entwickkelt. Die Einführung der Elektronenröhre brachte die Entwicklung der Übertragungstechnik einen großen Schritt voran. „Jetzt war es erst möglich, mit Hilfe des Verstärkers eine große Reichweite zu erzielen und mit tragbarem technischen Aufwand eine viel höhere Zahl von Stromwegen zu schaffen. Der erste Fernsprechverstärker ging 1912 in Betrieb."[45]

Das Telefon

Vor allem mit Hilfe des Telefons wurde Gleichzeitigkeit zur Massenerfahrung. Die ausgesandte Stimme ist am Ankunftsort fast in dem Augenblick präsent, in dem sie sich am Absendeort artikuliert.

Auf den 26. Oktober 1861, 19.00 Uhr kann man die Geburtsstunde des neuen „Mediums der Synchronizität" festlegen: damals hielt der 1834 in Gelnhausen als Sohn eines Bäckermeisters geborene Johann Philipp Reis, Lehrer für Physik und Chemie am Knabenpensionat in Friedrichsdorf bei Homburg v. d. Höhe, einen Vortrag mit dem Thema *Über Fortpflanzung musikalischer Töne auf beliebige Entfernung durch Vermittlung des galvanischen Stromes.* Die Niederschrift des Vortrages erschien im Jahresbericht 1860/61 des Physikalischen Vereins, der Reis eingeladen hatte. Vorausgegangen waren Sprechversuche in Friedrichsdorf mit einer etwa 300 Fuß langen Telefonleitung, über die ein längerer Text aus einem Turnbuch und spontan eingesprochene Sätze übertragen wurde – z. B. „Die Sonne ist von Kupfer" (Reis verstand: „Die Sonne ist von Zucker").[46]

218

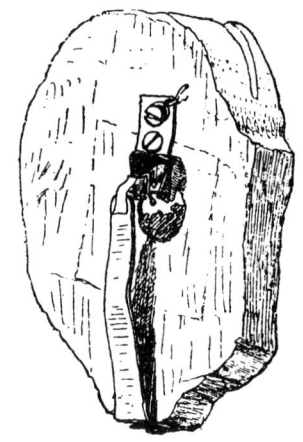

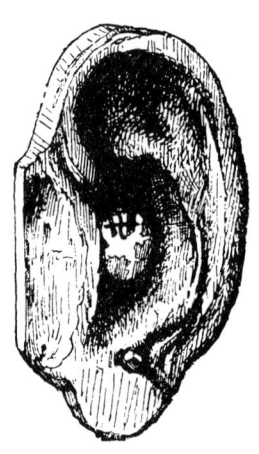

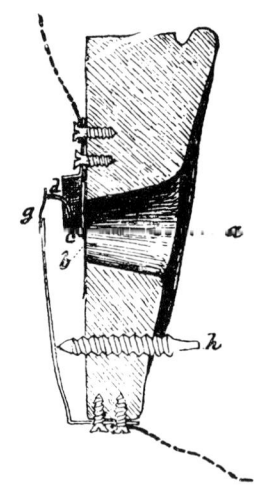

Mit dem Gedanken einer elektrischen Sprachübertragung hatten sich eine Reihe von Forschern theoretisch beschäftigt. Reis gilt als der erste, der die praktische Verwirklichung des Fernsprechers demonstrierte. Seine Konstruktion bestand aus einem Geber und einem Empfänger. Im Geber wurden die durch Sprache erzeugten mechanischen Luftschwingungen in elektrische Schwingungen verwandelt. Dem menschlichen Ohr weitgehend nachgebildet, bestand er aus einem würfelförmigen Gehäuse mit einer seitlich schräg angebrachten Einsprache und einer auf der Oberseite über einem kreisrunden Ausschnitt gespannten Membrane aus Schweinedünndarm; an ihr war als Elektrode ein Streifen Platinfolie befestigt, auf dem als zweite Elektrode das Hämmerchen, ein kleines winklig gebogenes Metallstück, lose auflag. Die in der Einsprache erzeugten mechanischen Luftschwingungen brachten die Membrane zu Schwingungen, die sich auf den elektrischen Kontakt übertrugen, der in einem Stromkreis eingeschaltet war; der Stromfluß wurde auf diese Weise synchron mit den mechanischen Schwingungen der Membrane reguliert. Im Empfänger erfolgte die Rückwandlung der elektrischen Schwingungen: der vom Geber in Verbindung mit einer Batterie produzierte Stromfluß wurde durch eine Kupferdrahtspule geleitet, die mit einer als Eisenkern fungierenden Stricknadel versehen und auf einem Resonanzkästchen befestigt war. Die durch unterschiedliche Stromstärken ausgelöste Magnetisierung und damit mechanische Bewegung der Stricknadel teilten sich dem Resonanzkästchen mit und wurden, sogar etwas verstärkt, als Schallwellen wieder wahrnehmbar.[47]

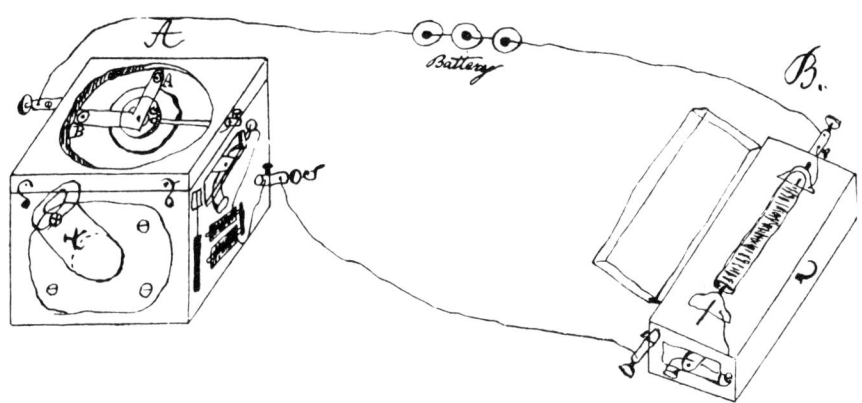

Handskizze von Philipp Reis zum Konstruktionsmodell seines Telefons von 1863.

Reis und andere verbesserten das Gerät. In Deutschland blieb jedoch zunächst die Resonanz aus. Der Siegeszug des Telefons begann erst mit dem Jahr 1877, als der aus Schottland kommende, von der Universität Boston an den Lehrstuhl für Sprachphysiologie berufene Taubstummenlehrer Alexander Graham Bell für ein technisch gebrauchsfertiges Telephon ein Patent erhielt; auch andere Erfinder, darunter Thomas A. Edison und David Edward Hughes (der das Kohlekörnermikrophon erfand), waren an der Arbeit, wobei der Reis-Apparat und die Forschungen von Hermann von Helmholtz eine große heuristische Rolle spielten.
In Deutschland erklärte der Generalpostmeister Heinrich Stephan den 26. Oktober 1877 zum Geburtstag des Fernsprechens, nachdem eine

Reihe von Versuchen mit dem Bell-Telefonen gelungen waren. Einen Monat später erreichte die Tagesproduktion bei Siemens bereits 200 Stück; im Dezember 1877 waren es bereits 700 Telefone.[48] 1912 gab es im Deutschen Reich 39 500 Orte mit Fernsehanstalten, von denen aus 2 327 000 Gespräche vermittelt wurden.

In der Frühzeit des Telefons waren zwei Sprechzellen direkt miteinander verbunden; bald ergab sich die Notwendigkeit von Vermittlungseinrichtungen – den Fernmeldeämtern. In Klappenschränken waren die Teilnehmeranschlüsse zusammengefaßt. Wenn ein Teilnehmer den Kurbelinduktor seines Fernsprechers betätigte, machte er sich beim Vermittlungsbeamten bzw. beim „Fräulein vom Amt" mit Hilfe der seiner Rufnummer zugeordneten elektromagnetischen Fallklappe bemerkbar.[49] Die Verbindung wurde durch entsprechendes Einstöpseln hergestellt. In Berlin wurde die erste Stadtfernsprecheinrichtung am 1. April 1881 mit 48 Anschlüssen in Betrieb genommen; im Mai 1889 betrug die Zahl der Sprechstellen 10 000. Ein Fräulein vom Amt erinnert sich: „Nahm ein Teilnehmer den Hörer ab und drehte an der Kurbel, dann erschien seine Anruflampe am zugehörigen Arbeitsplatz. In die unter ihr liegende Klinke führte die Beamtin den nächstgelegenen freien Abfragestöpsel ein, zog den Hebel in Richtung auf sich zu und befand sich so in unmittelbarer Sprechverbindung mit dem Anrufer. Sie meldete sich mit ‚Hier Amt', worauf der

Alexander Graham Bell, seit 1873 Professor für Stimmphysiologie in Boston, bei einer Demonstration seiner telefonischen Experimente vor einem Bostoner Auditorium. Zeitungsholzschnitt.

Teilnehmer die gewünschte Nummer nannte. Kaum ausgesprochen, stand bei ihr schon fest, ob sie die Verbindungsschnur mit der linken oder der rechten Hand ergreifen, ob sie sitzenbleiben konnte oder aufstehen mußte – je nach Lage der angeforderten Nummer im Klinkenfeld (wie im Unterricht täglich in immer schnellerem Tempo geübt. Schließlich wollte man seiner Arbeit ja gewachsen sein, zunächst aber die Prüfung bestehen). Mit der Schnurspitze berührte sie nun die Klinke des gewünschten Teilnehmers. Falls dieser bereits ein Gespräch führte, hörte man ein Knistern. Dann lautete ihr Bescheid: ‚Leitung besetzt, rufen Sie bitte später wieder.' Andernfalls wurde der Stöpsel in die Klinke geschoben. Die Beamtin schaltete sich aus und gab einen Stromstoß in Richtung des Anzurufenden ab, indem sie den Hebel aus der Abfragestellung über die Ruhestellung nach vorn drückte, ihn also als Rufhebel betätigte. Im gleichen Augenblick, wo der Gewünschte den Hörer abnahm, verschwand das bei der Zuschaltung aufgeglühte Lämpchen und erschien erst wieder als Schlußlampe, gewöhnlich gleichzeitig mit der des Anrufers. Hierauf löste die Beamtin die Verbindungsschnur; tat dasselbe mit der Abfrageschnur aber erst nach Drücken des Zahlknopfes.“[50]

Die Telefonistin, die die „Verbindungen" herstellt, also die Begegnung im unmittelbaren Gespräch über kleinere oder größere Distanz hinweg ermöglicht, avancierte zur magischen Kultfigur, was auch im Schlager, also auf der trivialmythischen Ebene, zur Geltung kommt:

„Hier in der Zentrale
geb ich Signale,
wenn ich grad will.
Doch wenn man schreit
und ist nervös gleich,
dann werd' ich bös gleich
und bleibe still.

Und wird ein Herr dann wild
und strengt sich an und brüllt:
Zweihundertzwanzig, zwei!
Dann ruf ich roh:
Zwo, zwo, zwo!
Bis er schließlich brav wird
und bettelt süß und zart:
Ach, sei doch nicht so hart:

Hallo!
Du süße Klingelfee!
Hallo! . . .“[51]

Die mechanische Wähltechnik verbreitete sich im letzten Jahrzehnt des 19. Jahrhunderts zunächst in Amerika, wurde dann aber schnell nach Europa importiert. 1908 konnte die erste europäische Wählvermittlungsstelle, damals Selbstanschlußamt genannt, eröffnet werden.
Oktober 1986 existierten in der Bundesrepublik Deutschland 26,6 Millionen Telefonhauptanschlüsse; in der Welt 670 Millionen Sprechstellen

Erfunden ist es, wie man weiß,
Von einem *Deutschen, Philipp Reis;*
Der drahtete den Klang und Ton
In Frankfurt (Main) gar lange schon,
Bevor ein Andrer daran dachte
Und seine „Nachempfindung" brachte.
Der Fremden Forschungskraft in Ehren:
Den Ruhm soll Deutschland Keiner wehren!

Daß jetzt der Klang so deutlich, hell,
Verdanken wir zunächst Herrn *Bell,*
Und dem, was noch dazu erdacht
Herr *Werner Siemens* über Nacht. –
Ein Röllchen Draht, Membran, Magnet,
Ein Holzgehäuse – und es geht!
Wie billig, staunt man weit und breit
ob solcher großen Einfachheit.

Der Postchef von dem Deutschen Reich
Begriff die Wichtigkeit sogleich
Und ging auch hierbei allvoran;
Legt Fernsprechstellen schleunig an:
So daß, was Deutschen Geist entsproß,
Den Deutschen sich zuerst erschloß.

Nach solchem Vorgang alle Welt
Das Wunder jetzt in Händen hält.
Im platten Lande kreuz und quer
Spannt sich der Fernsprechdrähte Heer;
In Städten ruft man lange schon
Prost Mahlzeit sich per Telephon.

(Fernsprechregeln oder der Angeschlossene. Zugleich Winke für Anschlußlustige. Von einem Postmann. Berlin 1884; Reprint Heidelberg 1983, S. 4 f.)

als Haupt- und Nebenanschlüsse. „Die Gesamtzahl von Telefonen in allen Netzen bzw. spezifischen Anwendungen betrug 1 Milliarde, davon 50 Millionen allein in der Bundesrepublik Deutschland."[52]

Wie der Brief zu Zeiten der gemächlichen Postkutsche, wird das Telefon im Zeichen des neuen Tempos zum zentralen Kommunikationsmedium, die ganze Breite und Tiefe menschlicher Befindlichkeit einschließend: Vom Scheitern der Kommunikation („falsch verbunden") bis zu deren persönlichster Verwirklichung („Liebesgeflüster"); vom Anruf, der eine Hiobsbotschaft übermittelt, Angst bewirkt, Drohung bedeutet, bis zum Telephongespräch, das wichtige Entscheidungen vorbereitet, möglicherweise sogar Weltkatastrophen zu verhindern vermag („rotes Telefon"). In ihrem *Poetischen Telefonbuch* hat Helga Lange-Garritsen in Form einer Anthologie das Psychogramm telefonischer Komunikation skizziert.[53] Der Telefonkontakt erweist sich als ein Ineinander und Nebeneinander, Zueinander und Gegeneinander menschlicher Strebungen und Gefühlszustände; die versäumte oder hergestellte, unterbrochene oder gelungene „Verbindung" läßt die Kontur eines anthropologischen Kosmos ahnen:

– Der Anruf in der Nacht: je nach Ort und Lage, Beruf und Botschaft läßt er gleichgültig oder ruft Panik hervor. „Von Zeit zu Zeit läutete das Telephon; jedesmal ein wiederholter, hartnäckiger Ruf, der traurig und bedrohlich durch das öde Zimmer schrillte. Dann erhob sich der Schreiber vom Dienst und schritt aus seinem Lichtkreis zu dem Apparat hinüber. Er nahm den Hörer ab, und die unsichtbare Bedrohung schwand: ein ruhiges Gespräch klang halblaut aus dem Schatten. Dann kam der Mann gleichgültig wieder an seinen Schreibtisch zurück, das Gesicht ausdruckslos von Einsamkeit und Müdigkeit. Bedrohlich ein Anruf aus der Nacht draußen, wenn zwei Flugzeuge unterwegs sind. Rivière dachte an die Telegramme, die in den Kreis der Familie unterm Schein der Abendlampe eindringen, dann an das Unheil, das ein paar endlose Sekunden lang noch Geheimnis im Gesicht des Vaters bleibt. Kraftlose Welle vorerst noch, so still, so fern vom ersten Schrei, dessen fernes Echo er jedesmal schon in diesem einsamen Aufschrillen zu vernehmen meinte. Und jedesmal, wenn der Mann da langsam aus dem Schatten wieder in seinen Lampenschein hervorkam wie ein Taucher, schienen ihm seine Bewegungen schwer von geheimem Wissen." (Antoine de Saint-Exupéry)[54]

– Großstadthektik artikuliert sich als „Telefonitis": zerhackte Zeit, überlastete Leitungen, Angst vor Verbindlichkeit, in Redundanz flüchtend, Hoffnung auf Anschluß. „Ständig Nachrichten, Neues und Treibendes, Erregendes von anderswo, und so schießen Zeitungen in die Höhe. Telefon und Radio können nicht rasch genug von überall her berichten und das Draußen zu einem Hier machen. Jede Wohnung wird gesprengt, es wohnt niemand allein unter seinem Dach und in seinen vier Wänden. Ja, da muß ein anderer Menschentyp entstehen, in seinem Denken weit gespannt, in seinem Fühlen unsicher und nicht angepaßt, aber fordernd, heißhungrig, kritisch." (Alfred Döblin)[55]

– Der Anruf bringt den Alleinstehenden und Einsamen Abwechslung; Monotonie wird durchbrochen, Verlorenheit gebannt – freilich oft nur für kurze Zeit; Hoffnung verfließt rasch. Mascha Kalćko fängt solche Stimmung ein:

Eine der ersten öffentlichen Fernsprech-
zellen in Deutschland, aufgestellt in Berlin-
Schöneberg; Fotografie, 1912.

Telefonzellen mit Münzfernsprecher am
Bahnhofsplatz in Nürnberg; Fotografie,
1928.

Telefonzelle im „stummen Postamt" des
sogenannten „Plärrer-Automats", eines
Pavillon-Flachbaus auf einem der belebtesten
Verkehrsplätze Nürnbergs; Fotografie,
1933.

Pressefotos aus den 30er Jahren.

Spannungseffekte am Telefon im Deutschen
Kino. Links J. Fuchsberger in
einem Edgar-Wallace-‚Klassiker'; rechts
Susi Eckener in: „Die Stadt ist voller
Geheimnisse", 1955.

„Ruf mich doch an!
Zwo Zwo Acht Eins Null Neun.
So gegen sieben, wenn es dämmert.
Man fühlt sich dann so schrecklich übriggeblieben
Und ziemlich belämmert
Mit seinem einsamen Whisky
Und der matten gelben Rose
Im schwedischen Glas
Und dem Abendrefrain:
Wozu? Wozu.
Nach wieder einmal eines Tages Mühen.
Das kann einem schon auf die Nerven gehen.
Ich werde doch endlich das Gas aufdrehen.
Und dir einen ordentlichen Kaffee brühen
– Was dachtest denn du?"[56]

Was ist der „Sinn" des Telefons? Hat es als Inbegriff von Vernetzung die Kultur weitergebracht? Wird die Gleichzeitigkeit von Humanität befördert oder die Veroberflächlichung von Beziehung gefördert? Je besser die Kommunikationskanäle ausgebildet seien, so Heinz Körber / Karlheinz Heyer, also je vielfältiger und umfassender der Informationsaustausch gestaltet werden könne, um so rascher schreite die Entwicklung auf allen Gebieten voran, um so größer werde aber auch die Informationsmenge, mit der jeder Mensch täglich im beruflichen und privaten Bereich umgehen müsse. Unser heutiges Leben setze eine gut funktionierende Technik zur Übertragung und Verarbeitung von Informationen voraus; die Nachrichtenübertragungstechnik könne somit als eine der tragenden Säulen unserer Zivilisation angesehen werden.
Doch entspricht der Dialektik der Aufklärung (der Umschlag von Vernunft in ihr Gegenteil) die Dialektik der Zivilisation: Räsonieren wird durch Rationalisieren ersetzt; Kommunikation erstarrt in nichts-sagendem Ritual. Die Apparaturen beantworten die Sinnfrage mit dem Belegtzeichen.

Die künstliche Zeit

Das veloziferische Prinzip ist weitgehend identisch mit dem Prinzip der Mechanisierung; bei diesem handelt es sich zum einen „um die Erzeugung eines monoton ablaufenden Bewegungsvorganges, der aus der natürlichen Umwelt herausgelöst ist und nicht länger nach organisch gesteuerten Gesetzmäßigkeiten erfolgt"; zum anderen wird mit der Mechanisierung „gleichsam eine Zerlegung einzelner Geschehnisse, Abläufe und Bewegungen in Teilprozesse vorgenommen". (Peter Zec)[57] Die Diskrepanz zwischen „natürlichem Empfinden" als Ausdruck organisch gesteuerter Gesetzmäßigkeiten und künstlicher Strukturierung als Folge mechanischer Abläufe kann man am Beispiel „Eisenbahnzeit" illustrieren.
Zugunsten eines geregelten Verkehrs vereinheitlichte man die Ortszeiten; eingeführt wurde die Eisenbahnzeit, die zunächst nur mit der Fahrplanzeit

Ähnlich wie das Wien der Jahrhundertwende brachte das Berlin der Zwanziger Jahre eine besonders sensible literarische Kleinkunst hervor; die gleichermaßen gefühlvolle wie satirische Prosa und Lyrik stellte eine Art Partitur für die reichhaltig instrumentierte „Großstadtmelodie" dar. *Mascha Kaléko* (1912–1974) war zwar kein Ringelnatz, kein Tucholsky und kein Erich Kästner, aber sie hat in ihren Texten den Ton und das Timbre der Berliner Szene, zwischen Sentimentalität und Schnoddrigkeit hin und her pendelnd, treffend eingefangen. Ihr Revier waren der Reiz der Tiefe und der Hautreiz der Oberfläche, das Sich-einsam-Fühlen, über das man die Schale kalten Spotts goß, und die Liebe zu den kleinen Dingen und kleinen Menschen.

identisch war und erst gegen Ende des 19. Jahrhunderts zur allgemeinen Standardzeit avancierte. 1852 hatte man sich, obgleich jede längere Zugfahrt mit einem ständigen Regulieren der Uhren verbunden war, bei den Eisenbahnverwaltungen noch gegen die „Normalzeit" gewehrt: „Was nun den Vorschlag betrifft, die diesfalls angenommene gemeinschaftliche mittlere Zeit überall zugleich als gesetzliche Ortszeit einzuführen und sie gleichsam als Regulator aller Geschäfte und Handlungen des Volkes festzustellen, erscheint diese Maßregel als eine in das Volksleben tief einwirkende Abnormität nicht nur naturwidrig, sondern auch als unnötig. Die unwandelbare Bewegung der Gestirne, vorzüglich der mittleren Sonne, ist der natürliche Regulator der Zeit eines jeden Ortes und der von derselben abhängigen Tagesgeschäfte seiner Bewohner."[58] Eine solche Feststellung war freilich genauso anachronistisch wie die Tatsache, daß in manchen Städten die Türmer die Stunden von Hand schlugen, während längst überall Normaluhren etabliert und zu wichtigen Orientierungs- wie Kommunikationsorten geworden waren. Eine derartige Ungleichzeitigkeit im Gleichzeitigen spiegelte sich nicht nur in der Unterschiedlichkeit von Eisenbahnzeit und Ortszeit, die Eisenbahn selbst nahm in sich agrargesellschaftliche Lebensformen auf, sie mehr bewahrend denn vernichtend. Während sie als Schnellzug der Industrialisierung den Rhythmus vorgab, erwies sie sich als Lokalbahn oder Vizinalbahn lediglich als Verlängerung des Postkutschenzeitalters. Bei den vielen Nebenstrecken in Deutschland waren Standardisierung und Normierung zugunsten regionaler Besonderheit „aufgehalten"; die Uhren etwa auf der „schwäb'schen Eisenbahn" schlugen anders, zeit-loser. Die Bauern, die mit der Bahn fuhren, blickten nicht auf die Uhr, um sich bei Abfahrts-Zeit am Bahnhof einzufinden; sie warteten, bis sie die Lokalbahn von Ferne herbeidampfen hörten; dann war es „höchste Eisenbahn".

Die durch die Mechanisierung bewirkte Zerlegung einzelner Geschehnisse, Abläufe und Bewegungen in Teilprozesse gipfelt im arbeitsteiligen Verfahren, das dann zum Fließband („Fordismus"), also zur äußerst effizienten, menschliche Bedürfnisse jedoch mißachtenden Zeiteinteilung und Zeitnutzung bei den Produktionsprozessen (Taylorismus) führte. War die Arbeitsorganisation im vorindustriellen Zeitalter unregelmäßig, aber sinnvoll, so ist sie nun, in den Maschinenhallen, regelmäßig; sie steht jedoch im Widerspruch zu den persönlichen Intentionen. Deshalb konnte sie nur durch Kontrolle bewirkt werden. Der Arbeitsprozeß wird in ein strenges, rationales und geschlossenes Organisationssystem eingespannt. Zeittakt wie Zeitnot bestimmen die mechanisierte Produktion; Disziplin war die wichtigste Tugend. Die Fabrik- bzw. Werkstattordnung kodifizierte die erwartete Arbeitsmoral; es waren Regeln der Repression. Die 1844 erlassenen Vorschriften für die Arbeiter in der Eisengießerei und Maschinenfabrik von Klett & Comp. seien als symptomatisches Beispiel angeführt. „... Die festgesetzten Arbeitsstunden sind von 6 bis 12 Uhr vormittags und von 1 bis 6½ Uhr nachmittags. Von 8 bis 8½ Uhr früh wird eine halbe Stunde zum Frühstück freigegeben, zu welchem Endzweck sämtliche Arbeiter die Werkstätten zu verlassen haben. Wer außer dieser Zeit Bier oder geistige Getränke sich verschafft, verfällt in eine Strafe von ½ Tag Abzug. Den Gießern ist gestattet, wenn dieselben über die Zeit mit

Normaluhr-Säule mit öffentlicher Fernsprechzelle. Pressefoto vom Tag der Aufstellung in der Berliner Charlottenstraße, dem 18. 7. 1927.

Gießen beschäftigt sind, und die Fabrik nicht verlassen dürfen, von 6½ bis 7 Uhr durch einen dazu bestimmten Handlanger sich bis 1 Maß Bier holen zu lassen. ... Sämtliche Arbeiter müssen sich pünktlich zur bestimmten Arbeitszeit in der Fabrik einfinden; 10 Minuten nach Glockenschlag 6 Uhr morgens wird die Tür geschlossen und kein Arbeiter mehr eingelassen. Wer öfter als 2mal fehlt, wird mit Abzug gestraft. Wer ¼, ½ oder 1 Tag fehlt, verliert nicht nur den verhältnismäßigen Lohn, sondern wird auch noch um ebensoviel gestraft; besondere Ausgänge sind nur dann gestattet, wenn gültige Beweise für deren Notwendigkeit beigebracht werden, Täuschungen haben augenblickliche Entlassung zur Folge. Wer blauen Montag hält, wird der Polizei angezeigt."[59]

Die Ablösung der Postkutsche durch das Eisenbahnwesen, zusammen mit den neuen Produktions- und Kommunikationsformen (Telefon, Telegraph), machte deutlich: „Gemächliche Geschwindigkeit" wich „rasanter Geschwindigkeit"; „Organizität" wurde durch Künstlichkeit ersetzt; die Welt war den Gesetzen der Regel-mäßigkeit unterworfen.

Im Zeichen des Films

Geschwindigkeit war auch das Prinzip, das die Weiterentwicklung der Fotografie zum Film bestimmte. Das stehende Bild wird bewegt; die Bilder lernten laufen.

Das Foto wurde zunächst als Gemälde begriffen und interpretiert. Wirklichkeit sollte so, in der vorimpressionistischen Zeit, in ihrer Essenz erfaßt werden. Besonders aus den Porträtfotos spürt man, daß es dem Fotografierenden wie dem Fotografierten darum geht, nicht einen beliebigen Augenblick festzuhalten, sondern „Biographie", Leben in seiner Personalität und Totalität, auf die Platte zu bannen. Natürlich ist Fotografie immer Ausschnittskunst; sie will aber wie die Malerei des 18. und des beginnenden 19. Jahrhunderts das zunächst unüberschaubare Wirklichkeitsganze *in nuce* einfangen und „ordnen". Man blickt auf Einzelelemente – und erfährt Wesentliches: von einer Landschaft, einer Person, einer Familie.

Im Zeichen moderner Nervosität und Unrast erfährt das statische Bild der Fotografie eine Dynamisierung. Das Foto wird als Schnappschuß Element der Reportage; es ist Teil serieller Reproduktion. Vor allem aber wird der Film zum Ausdruck der Zeit.

In seiner *Sozialgeschichte der Kunst und Literatur* sieht Arnold Hauser die Kultur des anbrechenden 20. Jahrhunderts (die Krise des Kapitalismus) „im Zeichen des Films".[60] Auflösung, Atomisierung, Dekomposition, „Flimmerstruktur" stellten den gemeinsamen Nenner vieler künstlerischer Strömungen dar. Kubismus, Konstruktivismus, Futurismus, Expressionismus, Dadaismus und Surrealismus verzichteten grundsätzlich auf jede Wirklichkeitsillusion und drückten ihr Lebensgefühl durch die bewußte Deformation der Naturobjekte aus. Der Impressionismus habe – obwohl selbst noch an Natur und Wirklichkeit gebunden – diese Entwicklung vorbereitet, als er keine integrierende Darstellung der Realität, keine Konfrontierung des Subjekts mit der Objektwelt als Ganzem anstrebte, sondern vielmehr den Beginn jenes Prozesses markierte, den man die „Annektierung der Wirklichkeit durch Kunst" genannt hat. Symbolisten und Surrealisten, die den Gemeinplatz, die konventionellen Formen, die fertigen Klischees aus der Sprache vollkommen ausscheiden wollten, bekämpften jede „Befestigung" und Erstarrung des lebendigen, flüssigen, intimen Lebens des Geistes, jede Veräußerlichung, jede „Veranstaltlichung". Koinzidenz, Automatik, Hektik, Diffusion, Assoziation, Kombination, Simultaneität, Montage, zeiträumliches Kontinuum – nirgends würden die neuen Wesensmerkmale der Epoche deutlicher hervortreten als im Film. „Der Film unterscheidet sich von den andern Künsten am wesentlichsten gerade dadurch, daß in seinem Weltbild Raum und Zeit fließende Grenzen haben, – der Raum, mit einem quasi-zeitlichen, die Zeit mit einem gewissermaßen räumlichen Charakter. ... Der Raum verliert seine Statik, seine in sich ruhende Passivität und gewinnt einen dynamischen Charakter; er entsteht sozusagen vor unseren Augen. Er ist fließend, unbegrenzt, unabgeschlossen, ein Element, das seine Geschichte, seine einmaligen Momente, Etappen und Stadien hat." Im Medium des Films verlöre die Zeit ihre ununterbrochene Kontinuität, andererseits ihre unumkehrbare Richtung. „Sie kann zum Stehen gebracht werden: in Großaufnahmen; zurückgeschraubt werden: in Retrospektionen; wiederholt werden: in Erinnerungsbildern; und übersprungen werden: in Zukunftsvisionen. Parallellaufende, simultane Vorgänge können nacheinander, und zeitlich auseinanderliegende – durch Zusammenkopieren oder durch alternierende Montage – gleichzeitig gezeigt werden; das Frühere kann später, das Spätere vorzeitig erscheinen. Diese filmische Zeitkonzeption hat der empirischen, aber auch der dramatischen gegenüber einen durchaus subjektiven und scheinbar unregelmäßigen Charakter. Die Zeit der Erfahrungswirklichkeit ist eine gleichmäßig progressive, lückenlos kontinuierliche, durchaus irreversible Ordnung, in welcher die Vorgänge einander wie ‚auf dem laufenden Band' folgen."[61]

Peter Zec deutet die Erfindung von Fotografie und Film dahingehend, daß diese die in Einzelprozesse und Teilansichten aufgelöste Wirklichkeit (eine in rasante Bewegung geratene Welt) „fest-zuhalten" vermochten, also Fixierungen vornahmen, die mit den organischen Fähigkeiten des menschlichen Auges und einem guten Erinnerungsvermögen nicht mehr zu leisten waren. Das menschliche Wahrnehmungsvermögen wurde damit wieder auf die Höhe des aktuellen Zeitgeschehens gebracht.[62]

Aufgrund der besonderen mechanischen Abbildungsgesetzmäßigkeiten der beiden Medien sei es möglich geworden, die mechanisierte Welt aus ihrem fotografischen Abbild heraus zu verstehen. Was der natürlichen Sichtweise des Menschen beim direkten Anblick der Wirklichkeit in vielen Fällen naturgemäß verborgen bleibe, das könnte plötzlich mittels der Fotografie in aller Deutlichkeit sichtbar gemacht werden. Insofern stimme es tatsächlich, „daß es eine andere Natur ist, die zu der Kamera als diejenige, die zum Auge spricht". Im fotografischen Bild erfahre man oftmals erst gewisse Details, die im tatsächlichen Ablauf unbewußt untergegangen sind; die Wirklichkeit scheine vielfach erst im Abbild zu ihrer eigentlichen Bedeutung zu gelangen. Von der natürlichen Wahrnehmung des Menschen unterscheide sich die fotografische Abbildung insbeson-

1895 war in Paris die erste öffentliche Vorführung „lebender Photographien" erfolgt. Die Filme hatte ein Länge von zwanzig Metern; man sah Bilder des täglichen Lebens, Arbeiter beim Verlassen der Fabrik oder die Ankunft eines Zuges. Im selben Jahr wurde ein Programm von acht „lebenden Photographien", das eine Viertelstunde dauerte, im Berliner Winter-Garten vorgestellt. 1905 wurden die ersten Ladenkinos in den Berliner Arbeitervierteln aufgemacht. Der Kinematograph war nicht nur ein technisches Produkt; die ersten Kinofilme wandten sich im besonderen, neben Slapstick- und romantischen Szenen, der Technik zu. Motive waren etwa: Ein Eisenbahnunglück / Die Sirene / Ein Automobilunfall.

Von der Frühzeit des Kinos, das häufig als Wanderkino von Ort zu Ort zog, berichtet der 1883 geborene Schauspieler Josef Ponten: „Man schreibt 1901. Etwas Neues: Der Kinematograph! Mein Vater schaut – ‚mit Seherblick', nicht wahr? – ungeheure Möglichkeiten. Er kauft einen Apparat. Ich weiß, er kostete tausend Mark. Wir gaben Vorstellungen in Aachen, in Verviers in Belgien (im Theater Globe; als wandernder Handwerker hatte mein Vater zwanzig Jahre früher darin getischlert). Die Filme lieferte Pathé frères in Paris. Auch ein paar deutsche zeitchronistische Filme hatten wir: ‚Der Kaiser in Hildesheim'. Ferner Bilder aus dem Burenkriege – aber Stehbilder, zum Füllen zwischen die Laufbilder einzuschieben, ein kleiner Betrug. Feste Schrift im Laufbild gab es noch nicht, die Titel mußten ausgerufen werden. Ich rief mit meinem Schulfranzösisch: ‚L'empereur à Hildesheim'. ‚Les Anglais attaquant les Boers'. Das Publikum war geduldig. Die Filmspule mußte noch mit der Hand gedreht werden, was ich auch zu tun hatte.

(Zit. nach L. Greve / M. Pehle / M. Westhoff: Hätte ich das Kino: Die Schriftsteller und der Stummfilm. Eine Ausstellung des Deutschen Literaturarchivs im Schiller-Nationalmuseum Marbach a. N. Stuttgart 1976, S. 16)

dere dadurch, daß sie die Wirklichkeit in stillstehende Augenblicke zerlege, womit sie jegliches Geschehen einem augenblicklichen Stillstand unterwerfe. Aus dieser Fähigkeit gehe gleichsam die besondere mechanisch-analytische Sichtweise der Fotografie hervor.

Daß die mechanisch-perfekt nachgebildete Wirklichkeit viel mehr zu faszinieren vermag als die erlebte Wirklichkeit, erweist sich als das besondere Charakteristikum der Informationsgesellschaft, die zwar überall und zu jeder Zeit dabei sein will, aber nicht direkt-persönlich, sondern mit Hilfe telematischer Vermittlung. Abbilder genügen; sie haben zudem den „Vorteil", daß sie nicht willkürlich, sondern ausgewählt und geordnet präsentiert werden, eine sinnstiftende Funktion haben. Die Bemerkung von Peter Zec generalisieren, der davon spricht, daß die Fotografie ein den Bewegungen herzustellen (weshalb sie dann als „in Ordnung" empfunden werden), gilt generell, gerade für die komplexen Informations- und Kommunikationstechniken. Gleichermaßen kann man die Feststellung von Peter Zec generalisieren, der davon spricht, daß die Fotografie ein tiefes Bedürfnis der Menschen im Industriezeitalter erfüllte: nämlich in einem Augenblick, in dem die voranschreitende Mechanisierung den Sinn des Lebens schlagartig zu zerstören drohte, zu einer neuen Identität verhalf. Erschien die mechanisierte Welt der Realität nur als ein einziges Chaos, was dazu führte, daß man „von Sinnen" war – sei es in der Eisenbahn, am Arbeitsplatz oder im Verkehr der Großstadt –, so wurde die jeweilige Befindlichkeit im fotografischen Abbild festgehalten, analysierbar und anschaulich erfahrbar.

Radio – das Medium als Botschaft

Neben Fotografie und Film erwies sich der Rundfunk als wichtiges Kommunikationsmedium, zugleich als weiterer Ausdruck moderner Nervosität wie Sensibilität. Er ermöglichte eine Vernetzung ohne Verdrahtung; akustische Signale überwinden mühelos Raum und Zeit. Der Durchbruch erfolgte in den 20er Jahren; der Lautsprecher war die adäquate „Maschine" dieser gleichermaßen häßlichen wie goldenen Epoche.

Auf der Grundlage der in den 80er Jahren des 19. Jahrhunderts erzielten Forschungsergebnisse des deutschen Physikers Heinrich Hertz über die Ausbreitung elektromagnetischer Wellen entwickelte der Italiener Guglielmo Marconi die erste Sendeantenne für drahtlose Nachrichtenübermittlung. Bereits in den Jahren vor dem Weltkrieg wurde die Radiotechnik vervollkommnet, während des Krieges dann intensiv ausgebaut. Damit war auch die Grundlage für die wirtschaftliche Nutzung des Funks geschaffen. Das Ursprungsland der Rundfunkindustrie waren die Vereinigten Staaten; es folgten Großbritannien und Deutschland. 1921 wurde in Pittsburgh der erste, für die Öffentlichkeit bestimmte Rundfunksender in Betrieb genommen; Ende 1922 gab es in den USA dreißig Stationen mit Sendelizenz, 1924 bereits fünfhundert. In Deutschland begann der Unterhaltungsrundfunk am 29. Oktober 1923.[63]

Maßgebend für die Entwicklung des Rundfunks in Deutschland war Hans Bredow, den man mit Recht „Vater des deutschen Rundfunks" genannt

Das vermutlich erste drahtlose Fernge-
spräch zwischen London und New York;
im Büro des Präsidenten der New Yorker
Telefongesellschaft; Fotografie, 1910.

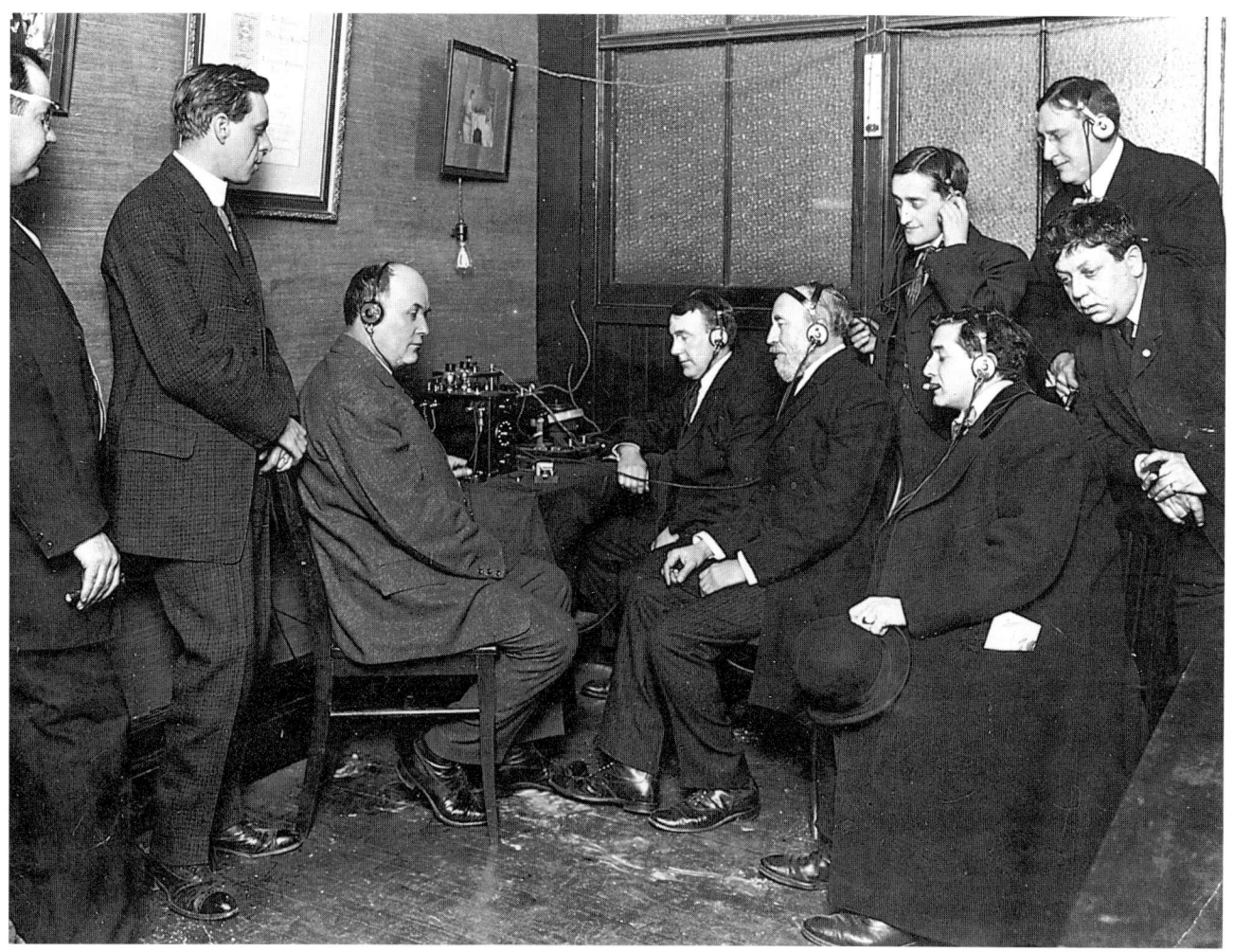

Frühe Funkübertragung oder auch
„drahtlose Telefonie": Zuhörer einer
Funkübertragung aus der Metropolitan
Oper in New York; Fotografie, 1910.

hat.[64] Er wurde 1879 in Hinterpommern geboren; sein Hochschulstudium konnte er aus Geldnot nicht abschließen; ohne jedes Diplom ging er in die Ingenieurspraxis, wurde jedoch bald Leiter der von den Firmen AEG und Siemens getragenen *Gesellschaft für drahtlose Telegraphie GmbH* (Telefunken). Damals beherrschte die britische Firma Marconi den internationalen Funkverkehr, speziell den Schiffs- und Küstenfunk, auch den deutschen. Als Bredow einen eigenen Funkdienst aufbaute, verweigerte Marconi jeden Verkehr mit Schiffen, die nicht von Marconi ausgerüstet waren. Vier Jahre dauerte der Kampf; Bredow setzte sich durch; 1912 wurde auf einem Kongreß in London, bei dem Bredow nebenbei die erste Funkausstellung der Welt veranstaltete, ein allgemeiner „Weltfunkfrieden" geschlossen.

1917 führte Bredow vor Reims mit Grammophonmusik für Soldaten die erste Rundfunksendung durch. Die Idee eines allgemeinen „Rund-Funks", den jedermann empfangen könne, trug er 1919 dem Hauptausschuß der Nationalversammlung vor; bald darauf wurde er ins Reichspostministerium berufen. Der Schriftsteller Hans Dominik schrieb im Berliner *Lokalanzeiger:* „Trotzdem der Vortragende streng auf dem Boden der Sachlichkeit blieb, konnte er doch gelegentlich Zukunftsperspektiven von Jules Vernescher Kühnheit entwerfen, so beispielsweise den künftigen politischen Redner, der seine Rede an einer Stelle in den drahtlosen Sendeapparat spricht, während sie gleichzeitig in ganz Deutschland von Millionen gehört wird."[65] Bald darauf war die Fiktion Wirklichkeit. „Eine Sensation" – unter dieser Überschrift vermittelte die *Berliner Illustrirte Zeitung* am 6. Januar 1924 ihren Lesern in einem Schemabild die praktische Anwendung des Radios: „Mitteilung von Wahlergebnissen in London durch Lautsprecher an die wartende Menge." Sie zeigte den „Spezialapparat", der für diese Zwecke aufgestellt war. Und darunter veröffentlichte sie ein Bild des deutschen Reichskanzlers bei seiner Weihnachtsansprache, die durch das „Radio" verbreitet wurde. (Radio schrieb man damals noch in Anführungszeichen!)[66] Der Weimarer Rundfunk war staatsnah, zentralistisch, kommerziell. Die einzelnen regionalen Sendegesellschaften waren florierende Aktiengesellschaften. Man wollte unpolitisch, vor allem belehrend sein: besonders der Deutschlandsender (1925 gegründet) diente diesem Ziel.

1926 schied Bredow aus seinem Beamtenverhältnis als Staatssekretär beim Reichspostministerium aus und übernahm mit dem Titel „Rundfunk-Kommissar" als Vertrauensmann der Reichspost und der Rundfunkgesellschaften den Vorsitz in dem Verwaltungsrat der eben gegründeten Dachorganisation *Reichs-Rundfunk-Gesellschaft.* 1933 wurde Bredow verhaftet. Der von Goebbels angestrengte Prozeß gegen die Weimarer Rundfunkprominenz versandete freilich aus Mangel an stichhaltigen Anklagepunkten.

Rudolf Arnheim, 1904 in Berlin geboren, von 1928 bis 1933 Redakteur der *Weltbühne,* dann in die USA emigriert, hat die Faszination des neuen Mediums „Rundfunk" in seinem Buch *Rundfunk als Hörkunst,* das Anfang der 30er Jahre konzipiert wurde, wie folgt beschrieben: „Ob von den vielen, seltsamen Sensationen, die das Rundfunkhaus und der Rundfunkempfänger vermitteln, etwas in diesem Buch der Theorien zu spüren ist? Von den

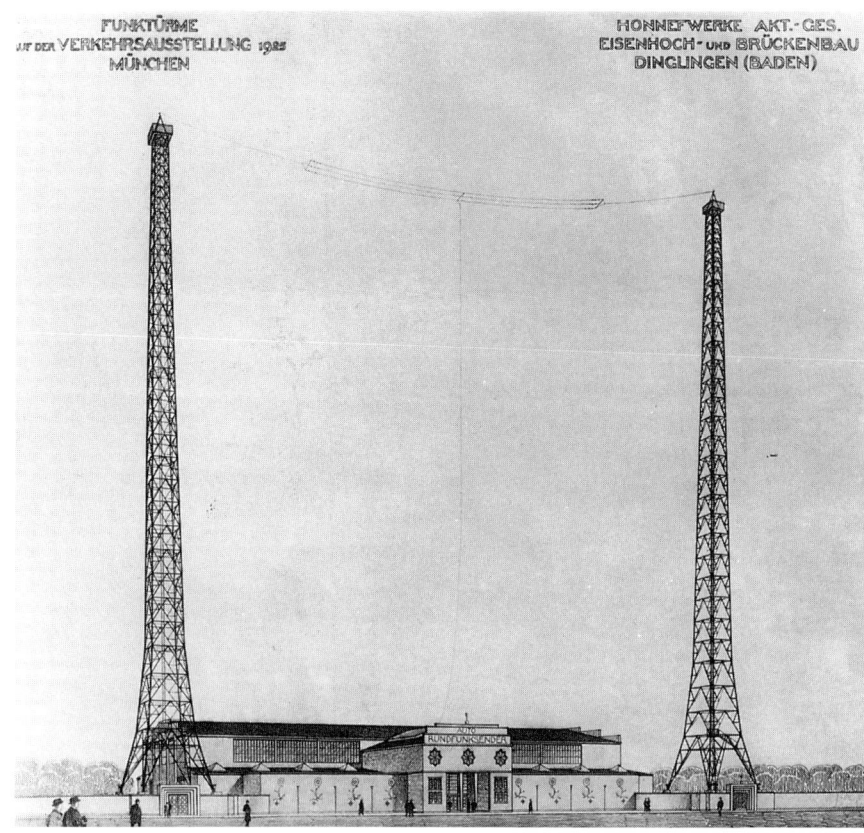

Planskizze mit Ansicht des Rundfunk-
Pavillons auf der Münchener Verkehrsausstellung, 1925.

teppichbelegten Räumen, auf denen kein Tritt hallt und deren Wände die
Stimmen schlucken, von den unzähligen Türen und Gängen mit ihren
bunten Signallämpchen, von dem rätselhaften Zeremoniell der Schauspieler in Hemdsärmeln, die, wie angezogen und abgestoßen vom Mikrofon,
sich dem zahnärztlich anmutenden Metallständer nähern und wieder von
ihm entfernen, und die man durch eine Glasscheibe wie in einem Aquarium
fern agieren sieht, während ihre Stimmen fremd und ganz nah aus dem
Kontroll-Lautsprecher der Abhörkabine schallen; von dem ernsthaften
jungen Mann am Schaltbrett, der mit seinen schwarzen Knöpfen die
Stimmen und Klänge aufdreht und abdrosselt wie einen Wasserstrahl; von
der Einsamkeit des Sendezimmerchens, wo du mit deinem Blatt Papier und
deiner Stimme allein und doch vor dem größten Publikum sitzt, das je einem
Redner zuhörte, von der Zärtlichkeit, die einen für das tote Kästchen
ergreift, das da an Hosenträgergummis in einem Ringe aufgehängt ist,
schätzereicher und geheimnisvoller als die drei Kästchen der Porzia; von
dem Wagnis eines improvisierten Gesprächs vor den Ohren der Welt; von
der Verlockung des stillen Raums zu Vertraulichkeit und häuslicher
Ungezwungenheit und der Angst vor der Öffentlichkeit, die sich hinter ihm
verbirgt; von der Freude des Schriftstellers, der als unbehinderter Schöpfer
im Gedankenreich Symbole und Thesen zu Darstellern phantastischer
Geisterspiele machen darf; und endlich von den langen, überraschungsrei-
chen Abenden am Lautsprecher, wo du, ein Gott oder doch ein Gulliver,
mit einem Fingerdruck die Länder durcheinanderpurzeln lässest und
Begebenheiten erlauschst, die so irdisch klingen, als hättest du sie im eigenen Zimmer, und doch so unmöglich fern, als wären sie nie gewesen?"[67]

Im Reichspost-Rundfunkpavillon der
Münchener Verkehrsausstellung, 1925.
Modellstudio des Rundfunksenders
„Welle 485 München".

Rundfunk in der Laubenkolonie, 1933.
Rundfunkwerbung aus dem „Deutschen
Reichspostkalender" 1934, unter der
Parole: „Rundfunk überall".

Der Rundfunk, so meint Arnheim, sei zusammen mit dem Fernsehen das bisher letzte Glied einer Entwicklung, die mit den ersten Seefahrern und Karawanen begonnen habe. Der Mensch verlasse seinen Stammsitz, überquere Land, Gebirge und Meer, tausche Produkte, Erfindungen, Kunstgegenstände, Sitten, Religion, Kenntnisse aus. Europäische Ärzte, Missionare, Instruktionsoffiziere in Asien und Afrika, Chinesen, Japaner, Inder, Neger an europäischen Universitäten, der afrikanische Fetisch im Großstadtsalon und der steife Herrnkragen um den Hals des schwarzen Häuptlings ... und nun heute die singende, lehrende, predigende, herrschende Stimme, die von überall her überallhin dringe und alle im Augenblick zu Mitwissern an allem mache. Der Wagen und das Segelschiff seien von der Eisenbahn und dem Dampfschiff übertrumpft worden, und diese wiederum vom Flugzeug; aber je einfacher und schneller sich der Mensch von Ort zu Ort bewegen könne, um so mehr vermöge er auf diese Beweglichkeit zu verzichten, denn Hören, Sprechen und Sehen, die einen so großen Teil seiner Tätigkeit ausmachten, würden immer vollkommener und auch über den Raum hinweg möglich. Immer schneller reisten die Briefe um die Welt; der Telegraph schalte die Reisezeit vollkommen aus; das Telefon machte den Umweg über die Schrift überflüssig, die Fotografie ersetze das Augenzeugnis; die Bildtelegraphie erübrige den Posttransport der Bilder, und über Ton- und Bildrundfunk endlich hörten und sähen beliebig viele Menschen gleichzeitig, was allenthalben in der Welt geschehe. Der Rundfunk diene auf unbefangenste Weise allem, was Verbreitung und Gemeinsamkeit bedeute, und schädige alle Absonderung und Isolierung. Während Buch, Film und Zeitung erst „exportiert" werden müßten (ein Vorgang, den Ausfuhr- und Einfuhrland nach Belieben beeinflussen könnten), sei der Rundfunk ebenso unmittelbar diesseits wie jenseits der Landesgrenzen. Er sei kein Brief, kein Bote, kein Telegramm oder Telefongespräch, das unterbrochen oder an der Grenze abgefangen werden könne; er passiere alle Zollposten, brauche kein Kabel, dringe durch alle Mauern und sei selbst bei Haussuchungen schwer zu ertappen. Alle Versuche, gewisse ausländische Sender durch Störsender zu übertönen oder den Hörern den Empfang gewisser ausländischer Stationen zu verbieten, seien bisher ohne rechten Erfolg geblieben. Der Rundfunk plaudere alles aus – jedenfalls überall, wo er sich verständlich machen könne. Er stelle ein neues Werkzeug im Sinne internationaler Sprachentwicklung dar.

„Ist es schon recht wirksam mit anzuhören, was ein fremdes Land seinen Bürgern vorsetzt und mitteilt, so redet der Rundfunk schon heute ganz bewußt immer häufiger auch über die Grenzen hinweg. Man spricht zu den Volksgenossen im Ausland und in den Kolonien und macht so die politischen und soziologischen Gebilde immer unabhängiger von dem alten Begriff des Raumkontinuums. Der Papst ist durch seinen Kurzwellensender in unmittelbarer Verbindung mit allen Legaturen der Welt – bestes Beispiel eines übergeographischen, drahtlosen Geistesreiches. Politiker beteiligen sich über die Grenzen hinweg, die sie leibhaftig nicht passieren dürften, an Wahlkampagnen im Ausland, und Proteste gegen solche ‚Einmischung‘ – die ja nichts weiter ist als ein eindringlicher Beweis dafür, daß sich die Isolierung nicht mehr aufrechterhalten läßt – wirken in

„Ich möcht' einmal am Sender stehn
Und sprechen dürfen. – Ohne Zensur.
Ein einziges Mal. – Eine Stunde nur –
‚Hetzen‘ – und Haß und Feuer säen. –
Laßt einmal mich am Geräte stehn
Und nur einen Tag aus meinem Leben
Wahrhaft und nüchtern ‚zum Besten‘ geben.
– Nichts weiter.
– Es würde ein Wunder geschehn.
– – Ich möchte die wütenden Fratzen sehn
Der satten Bürger und lächelnden Spießer,
Der Jazz- und Rumba-Radau-Genießer. –
All derer, die an der Skala kauern
Auf Hindenburg-Reden
und ‚Funkbrettl‘ lauern,
Wenn's hieße: Achtung! – Deutsche Welle!
Eine Arbeiterin spricht!
– Thema: Die Hölle ...

(Gedicht einer Arbeiterin, 1932. Zit. nach P. Dahl: Arbeitersender und Volksempfänger. Proletarische Radio-Bewegung und bürgerlicher Rundfunk bis 1945. Frankfurt am Main 1978, S. 39)

ihrer Hilflosigkeit ein wenig lächerlich und altmodisch. Rußland, Italien, Deutschland werben durch tägliche Rundfunkberichte in fremden Sprachen um Verständnis für ihr Regierungssystem. Die Möglichkeiten, einem einzelnen Volk Tatsachen vorzuenthalten, über welche die ganze übrige Welt spricht, oder Lügen über andre Völker im Inland zu verbreiten, schwinden, denn die aufklärende Stimme schallt von draußen herein. Der Rundfunkhörer, der am Abend innerhalb einer Stunde die neuesten Nachrichten aus London, Paris, Berlin, Rom, Moskau und Basel hört, findet die gleichen Tatsachen von den verschiedensten Interessenzentren aus subjektiv interpretiert und kann sich auf dieser Basis von ungefähr eine eigene Meinung bilden. Es wird immer schwieriger, die öffentliche Meinung eines einzelnen Volkes unter geistiger Isolierung gegen das Ausland in einem bestimmten Sinne zu steuern, was besonders bedeutungsvoll im Falle eines Krieges wird. Man stelle sich einen Krieg vor, währenddessen jeder Rundfunkhörer in täglichem Kontakt mit dem Leben der feindlichen Parteien bleiben kann, in dem er die Reden und Kriegsberichte von drüben hören, das Leben im Hinterlande der andern auf dem Fernsehschirm betrachten kann. Zur Erzeugung einer kriegerischen Stimmung ist ja doch eine gewisse stilisierende Umformung der Vorstellung, die man von dem fremden Volke hat, notwendig. Man muß vergessen, daß jenseits der Schützengräben Menschen wie man selbst auf die gleiche Weise wie man selbst leben. Wird sich die in früheren Kriegen durch Zeitung, Witzblattzeichnung, Film, Buch und Rede geschaffene Figur des Feindes aufrechterhalten lassen, wenn gleichzeitig der Fernsehrundfunk in Tätigkeit ist? Es sind dies Fragen, welche die Militärfachleute zu studieren haben werden."[68] In dieser optimistisch-kosmopolitisch eingefärbten Deutung erweist sich der Rundfunk als Medium von Industriekultur; das Medium wird zur alles überbrückenden Botschaft.

Telematik auf dem Höhepunkt

Fotoapparat und Filmkamera rüsteten das menschliche Auge, das Radio rüstet das menschliche Ohr mit einem zeitgenössischen, der Industriegesellschaft adäquaten Instrumentarium aus. Beim Fernsehen wiederum werden die physikalisch gespeicherten Sinnesdaten elektronisch beschleunigt und auf die Reise geschickt. So wie Körper und Objekte mit der hohen Geschwindigkeit moderner Fahrzeuge von einem Ort zum anderen befördert werden, so gelangen jetzt Bilder und Worte mit der Geschwindigkeit des Lichts in alle Teile der Welt. Zwangsläufig müssen sie hierbei von ihren materiellen Trägern gelöst und in die elektromagnetische Strahlung transformiert werden. Die reale, an Materialität gebundene Erscheinung des Bildes geht dabei in ein virtuelles Geschehen über. Anders als die photographisch-kinematographischen Aufnahmen seien – so Peter Zec – die vom Fernsehen übermittelten Bilder nicht mehr fixierbar; feste Bildstrukturen würden Sekunde für Sekunde in Millionen von elektronischen Impulsen zerlegt, wodurch eine vollkommen neue Bildqualität entstehe. „Noch niemals zuvor haben Menschen derartig beschleunigte Bilder gesehen. Ebenso ist auch noch niemals der Prozeß des Sehens und der Wahrnehmung einer solchen Dynamik unterworfen gewesen, wie sie das Fernsehen erzwingt. Was von uns als Fernsehbild wahrgenommen wird, ist eine unüberschaubare Menge von einzelnen Informationen, die mit Lichtgeschwindigkeit Punkt für Punkt beziehungsweise bit für bit durch ein Elektronenstrahlsystem direkt durch unsere Augen in unser Gehirn hineingeschossen werden. Wir nehmen Bilder wahr, die zu keinem Zeitpunkt real existieren oder gar als solche zu sehen sind. Sie durchlaufen unsere Augen quasi in entmaterialisierter Form, unsichtbar. Daß wir sie dennoch wahrnehmen, hängt von der Beschaffenheit und Fähigkeit unseres Gehirns ab, die einzelnen Informationsbits, die über die Netzhaut des Auges dorthin gelangen, vorübergehend zu speichern und in eine bildhafte Vorstellung umzusetzen. Wie die amerikanische Psychologin Freda Morris sagt, muß man den Fernsehbildern geistig immer hinterherrennen, weil sie sich schneller bewegen, als der Zuschauer zu reagieren vermag. Deshalb sei es auch nicht möglich, die Informationen kritisch zu sortieren und zu kommentieren, während sie ins menschliche Hirn eindringen. Sofern der Mensch sich also an das Elektronenstrahlsystem des Fernsehens anschließt, wird seine Wahrnehmung weitgehend automatisiert. Die virtuellen elektronischen Bilder bahnen sich, wie Jerry Mander es nennt, einen eigenen visuellen Weg. ‚Ein Bild wächst immer ins nächste hinüber, erscheint in einem stetigen Strom aus Licht und wandert mit seiner – elektronischen – Geschwindigkeit hinein ins Gehirn. Der Zuschauer kann dieses Fließen nicht verlangsamen, es sei denn, er stellt den Apparat ganz ab. Wenn Sie sich nicht entschließen, den Apparat abzustellen, dann haben Sie gar keine andere Wahl, als den Schwall von elektronischen Bildern so zu akzeptieren, wie er aus dem Gerät quillt.' Der Mensch wird dabei gewissermaßen zum Annex eines Systems der elektronischen Informationsbeschleunigung. Durch die Geschwindigkeit, mit der Bilder dabei in jedem Augenblick auf ihn einströmen, wird er, als ob er sich im Cockpit eines modernen Hochgeschwindigkeitsfahrzeuges befinden würde, von der natürlichen Umwelt isoliert. Im gleichen Maße wie er sich hieran mehr und mehr gewöhnt, tritt bei ihm ein Verlernen des natürlichen Sehens ein. Das bedeutet auch, daß die natürliche Umgebung zugunsten des virtuellen Mediengeschehens aufgehört hat, ein festbestimmter Anhalts- und Bezugspunkt für unser Sehen, Wahrnehmen und Erleben zu sein. Statt dessen wird jene erste materielle Realität inzwischen durch eine Vielfalt und Vielzahl von qualitativ neuartigen Realitäten der elektronischen Medien ergänzt und überlagert.“[69] Das Zitat führt mitten in die Problematik der gegenwärtigen Informationsgesellschaft, deren Komplexität immer größer wird, was zugleich auch eine Zunahme ihrer Krisenanfälligkeit bedeutet. Kulturkritischer Betrachtung soll jedoch zunächst eine kulturphänomenologische Beschreibung vorausgehen.

Was heißt „Telematik“? Welche Medien, Informationsverfahren, Kommunikationsmuster umschließt dieser Begriff? Welche neue Phase der Kommunikations- und Mentalitätsgeschichte wird durch die Weiterentwicklung bzw. Neuerfindung audiovisueller Medien, vor allem auch durch die Perfektionierung der Übermittlungsformen, eröffnet?[70]

Wirklichkeit wird weitgehend formalisiert, abstrahiert, digitalisiert – insgesamt kodiert; die zu Immaterialien transformierten Materialien las-

Schematische Darstellung einer „Nipkow-Scheibe“, erfunden von Paul Nipkow 1884; sie ermöglichte die zeilenweise Bildzerlegung- und Übertragung. Ein Lichtstrahl wird durch eine rotierende Lochscheibe geschickt.

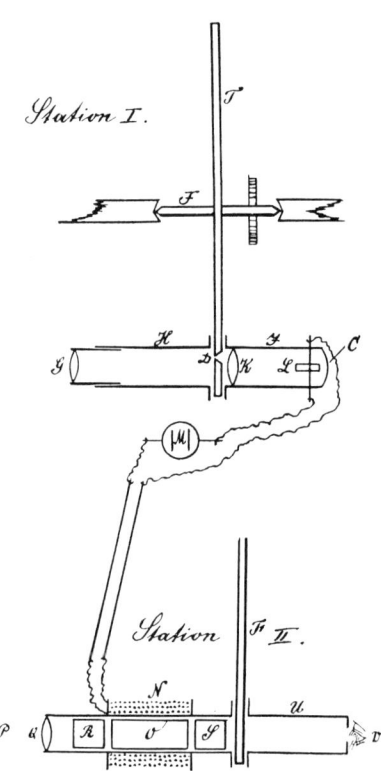

Handskizze des Ingenieurs Paul Nipkow zur Patentierung seines Fernseh-Einschaltplans.

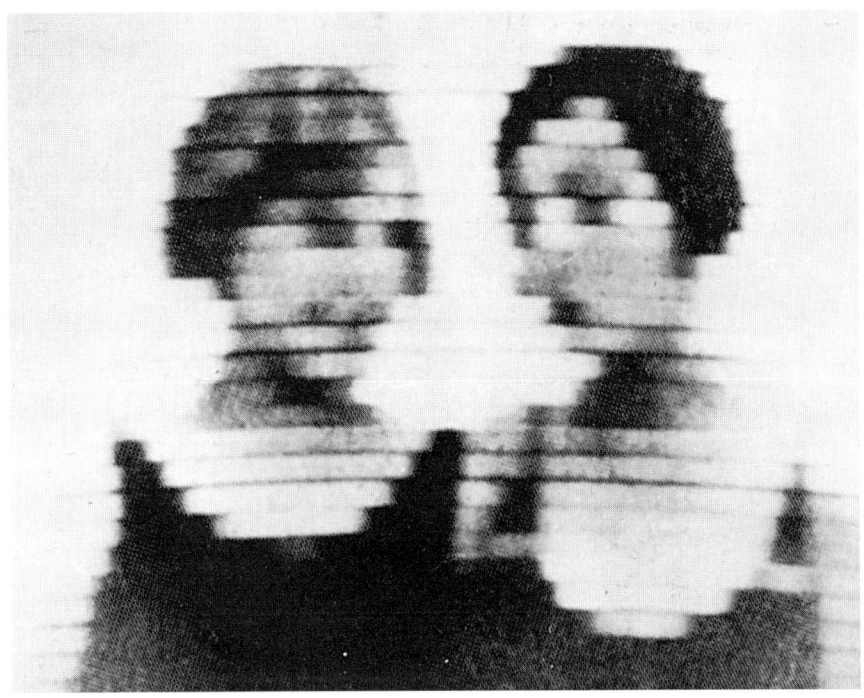

Das erste öffentlich gesendete Fernsehtestbild vom 8. März 1929, ein 30-Zeilen-Fernsehbild. Zustande kam es aufgrund des Nipkow'schen Zeilentast-Verfahrens.

sen sich mit Hilfe von Schall-wellen, Lichtwellen und anderer elektromagnetischer Strahlung grenzenlos und uneingeschränkt nach überall hin versenden.[71] „Telematik" verweist auf die Faktoren der Kommunikation (Sender, Botschaft, Medium, Empfänger, Wirkung) wie auf das sie integrierende Bezugssystem, ihre Koppelung und Rückkoppelung. Die neue Informations- und Kommunikationsgesellschaft ist dreifach „versäult": durch Computertechnik, Mikroelektronik, Telekommunikation; der Techniktrend geht zu der Zusammenführung (Integration) der bisher getrennten Technikbereiche von Datenverarbeitungstechnik, Textverarbeitungstechnik, Nachrichtentechnik. In „integrierten Informationsverarbeitungssystemen" wird der Vernetzungstraum in einer Form, wie er in früheren Zeiten gar nicht geträumt werden konnte, Wirklichkeit.
Den elektronischen Arbeitsplatz bzw. das elektronische Heim (da eben im Rahmen der Telematik auch die Wohnung zum Arbeitsplatz werden kann), charakterisiert eine zunehmende Fülle von Informations- und Kommunikationsapparaturen; der Fernseher (Monitor) erweist sich dabei als Zentrum für konventionelles Fernsehen, für Kabelfernsehen, Kabeltext, Satellitenfernsehen, drahtlosen Rundfunkempfang, Videotext, Heimcomputer mit Drucker, Telespiele, Film- und Diaaufzeichnungen, Bildplattenspieler, Bildschirmtext, Videokamera, Bildtelefon, Videorecorder.

Die Chiprevolution

Die wohl größte Revolution der Technikgeschichte begann und entwikkelte sich in unserem Jahrhundert: Nicht nur Handarbeit, auch Kopfarbeit kann nun Maschinen übertragen werden. Die erste arbeitsfähige, pro-

Erste öffentliche „Fern-Seh-Sende-Stube“
der Deutschen Reichspost im Telefunken-
gebäude in Berlin beim Bahnhof Zoo.
Pressefoto aus der Eröffnungszeit März
1936, im „Olympischen Jahr“.

Erst nach dem Zweiten Weltkrieg konnte
sich das Fernsehen in Deutschland allmählich durchsetzen. Öffentliche Fernseh-
Vorführung im Stadtpark Berlin-Schöneberg,
veranstaltet von der amerikanischen
Fernsehanstalt RCA, August 1951.

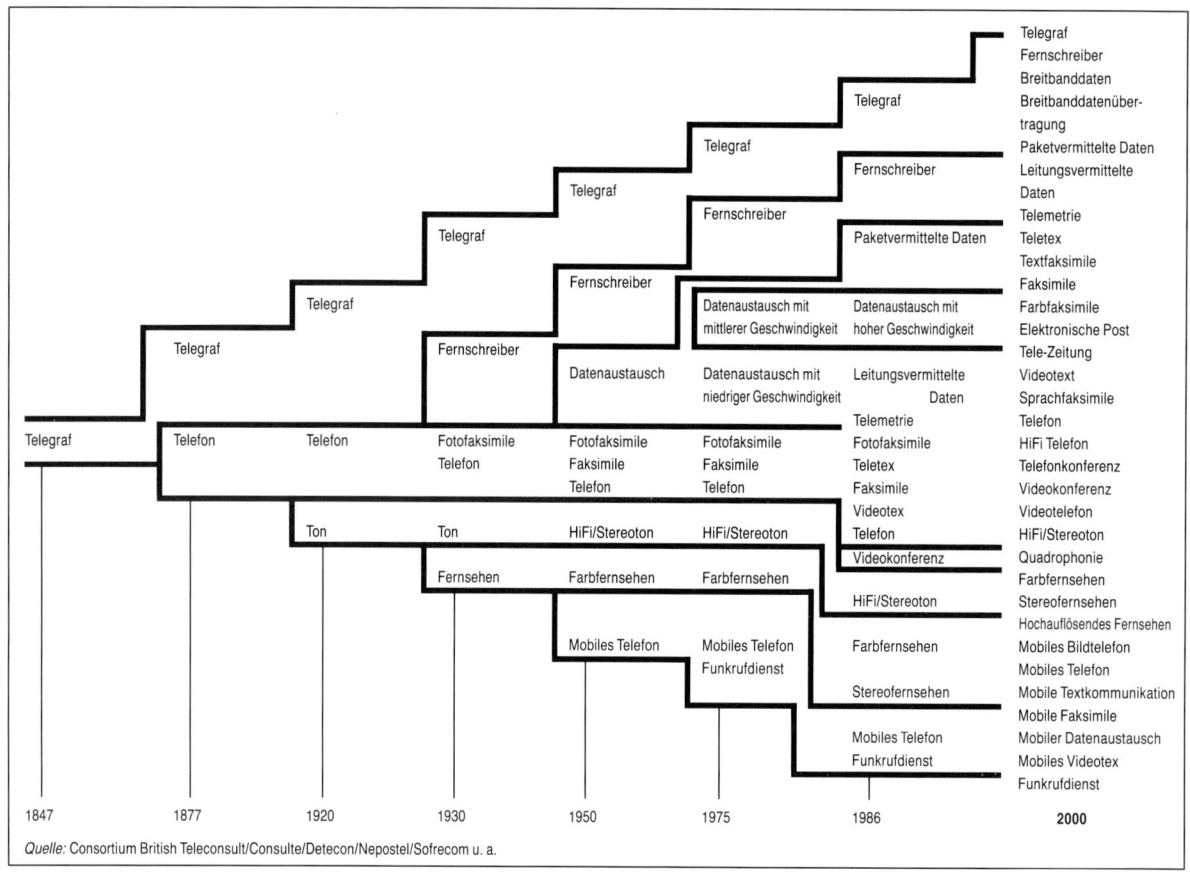

Quelle: Consortium British Teleconsult/Consulte/Detecon/Nepostel/Sofrecom u. a.

grammgesteuerte Rechenanlage der Welt wurde von dem Deutschen Konrad Zuse 1941 fertiggestellt. Doch wurde vor allem von den Amerikanern die Computertechnik (das „Elektronengehirn") auf der Basis der Informatik entwickelt. Elektronenröhren – Vakuumröhren, die den Transport von Elektronen, den kleinsten Mengen negativer Elektrizität, und die Verstärkung der Signale ermöglichen, dabei pro Sekunde etwa zehntausend Impulse empfangen können – eignen sich für Rechenvorgänge: Dem Ruhe-Zustand entspricht die Ziffer Null, dem bewegten Zustand die Ziffer Eins; Null und Eins aber genügen im binären System, um alle anderen Zahlen darzustellen. Der menschlichen Erinnerung, dem Merkvermögen, entspricht im Elektronengehirn die Speicherröhre, in der durch einen schnell bewegten Elektronenstrahl eine größere Anzahl von Kondensatoren aufgeladen wird. „Vom Standpunkt der Rechenmaschine aus besteht geistige Individualität in der Speicherung ihrer früheren Programmierungen und Gedächtnisinhalte und in der Fortsetzung ihrer Entwicklung in bereits angelegten Richtungen." (Norbert Wiener)[72]

Das Elektronengehirn kann äußere Eindrücke mittels künstlicher Sinnesorgane, wie Photozellen, Mikrophone, Thermofühler, aufnehmen; es kann sich „erinnern", auch „lernen", d. h. das eingefügte Programm (die Aufgabe) in zweckdienlicher Weise verändern, wenn die Ergebnisse der Verarbeitung nicht befriedigen oder der Denkvorgang zu lange dauert; es kann „handeln", d. h. das Verhältnis des Automaten zur Umwelt durch

Eingriffe in diese verändern. Dazu benötigt die Denkmaschine „Gliedmaßen", „Servomechanismen" genannt, die aufgrund der im Elektronengehirn getroffenen Entscheidung mechanische Bewegungen vornehmen. Kombiniert man das Wahrnehmen mit dem Erinnern, Lernen und Handeln, so lassen sich Verhaltensweisen erzielen, die an solche von Lebewesen erinnern.

„In den fünfziger Jahren wurden die halbleitenden Eigenschaften von Germanium und Silizium zur Herstellung einzelner Transistoren genutzt. Sie lösten die bis dahin gebräuchlichen, relativ großen Elektronenröhren ab. Forschungsarbeiten erschlossen Möglichkeiten, mehrere solcher Transistoren durch physikalisch-chemische Prozesse auf einem gemeinsamen Basismaterial, dem überwiegend aus Silizium bestehenden ‚Chip', zu erzeugen. Sie ließen den integrierten Aufbau von Verknüpfungsschaltungen zu, die zwei Eingangssignalen ein logisch folgerichtiges Ausgangssignal zuordnen. Damit gelang ein weiterer wichtiger Schritt zur Verkleinerung der Bausteine für elektronische Steuerungen und Rechner. Gleichzeitig ergaben sich infolge verkürzter Leitungslängen höhere Signalübertragungs-Geschwindigkeiten sowie eine verringerte Ausfallrate. Die ständige Verfeinerung der Prozesse und die Entdeckung neuer Effekte führte seit den sechziger Jahren zu einer exponentiellen Steigerung der Integrationsdichte, weil die logischen Zellen (Verknüpfungsschaltungen) in immer dichteren Strukturen erzeugt werden konnten." (Christian Mollenhauer)[73]

Der Weg von der Makro- zur Mikroelektronik war kurz[74]: Der 1946 von den Amerikanern gebaute Röhrengroßrechner ENIAC bestand aus 18 000 Röhren; er wog 30 Tonnen, kostete umgerechnet 1 500 000 DM und verbrauchte 150 Kilowatt. Heute hat ein moderner Ein-Chip-Mikrocomputer mit vergleichbarer Leistung eine Fläche von 25 Quadratmillimetern; er arbeitet 100mal schneller, 10 000mal zuverlässiger und verbraucht nur noch ein Watt; er kostet ein paar Mark.

Seit 1958, da der Amerikaner Kilby die erste „integrierte Schaltung" in Form mehrerer miteinander verbundener Transistoren auf einem Stückchen Silizium bewerkstelligte, erfolgte eine ständige Verfeinerung der Prozesse und die Entdeckung neuer Effekte. Abermillionen Bits können heute im Volumen eines Zuckerwürfels gespeichert und in Sekundenbruchteilen transportiert bzw. transferiert werden. (Ein Bit entspricht einer Speichereinheit, die in zweiwertiger Logik, also nach dem Binärsystem, entweder „Eins" oder „Null" bzw. „Strom" oder „kein Strom" oder auch „Ja" oder „Nein" aufzunehmen in der Lage ist.) Setzt man acht solcher Bits zu einer Gruppe, Byte genannt, zusammen, so kann man damit 256 verschiedene Zeichen oder Codes darstellen). Der Ein-Megabit-Chip wird längst in Großserie gefertigt, und die Elektronikindustrie (darunter die Siemens AG) hat bereits den Vier-Megabit-Chip entwickelt; IMB produziert ihn in Böblingen. Dieses Siliziumplättchen in der Größe von nur 91 Quadratmillimetern kann 4 194 304 Bits speichern; das entspricht dem Inhalt von 250 Schreibmaschinenseiten oder einer Zeitung mit 20 Seiten. (Die Abkürzung Mega steht in der Informatik nicht für exakt 1 000 000, sondern für 2^{20}; das ist ein Wert, mit dem man in der Welt der Dualzahlen bequem rechnen kann und der, auf die Welt des Zehnersystems übertragen, der Zahl 1 048 576 entspricht, weshalb der Vier-Mega-bit-Chip – 4mal 1 048 576 gleich 4 194 304 – denn auch exakt 524 288 Zeichen aufnehmen kann, die durch jeweils acht Bits repräsentiert werden.) Hinsichtlich der weiteren Megachip-Produktion nehmen Fachleute an, daß die physikalischen Grenzen bei unvermindertem Technologiefortschritt in den ersten zwei Jahrzehnten des 21. Jahrhunderts erreicht sein werden. Bis zu 100 Millionen Transistoren sollen dann in einem Baustein integriert sein; der Vier-Megabit-Chip enthält etwa 10 Millionen Schaltelemente. Die „alte Kybernetik" unterstellt, daß alle Systeme, die sie untersucht, „Trivialmaschinen" sind, die durch eine eindeutige Beziehung zwischen Input und Output definiert werden. Trivialmaschinen sind vollständig determiniert, so daß es nur eine Frage der Zeit ist, bis man alle ihre Operationen durchschauen und vorhersehen kann. Künstliche Intelligenz ist somit machbar; die Rechner lernen vom Gehirn, das mit immer höher integrierten Bauteilen nachgebaut wird. Die etwa von Heinz von Foerster vertretene „Kybernetik zweiter Ordnung" hat zum Ausgangspunkt nicht mehr „die Kontrolle und Steuerung von als Regelkreise beobachteten (erfundenen) Systemen, sondern die Autonomie und Evolution von lebenden, psychischen und sozialen Systemen, die selbstreferentiell geschlossen und zur Selbstorganisation fähig sind".[75] Sie nimmt an, daß die Systeme, die sie untersucht, ihrerseits beobachten können, was in ihnen selbst und in ihrer Umwelt vorgeht; die Reaktionen solcher „Nicht-Trivialmaschinen" sind im prinzipiellen nicht vorhersagbar, da sie „nicht nur vom Input, sondern auch von dem mit jeder Operation sich ändernden inneren Zuständen des Systems abhängig sind". Es geht also um die Frage, ob eine reduktionistische oder eine komplexe Kybernetik unser Verhältnis zu, bzw. den Umgang mit der „Maschine" bestimmt.

Digitalisierung

Das Grundelement der computerinternen Umformungs- und Verarbeitungsprozesse liegt in der Digitalisierung; alle Zahlen, Buchstaben, Texte, Bilder, Graphiken, Töne, Sprechelemente werden aufgelöst in Zeichenketten von Null und Eins (0 = ausgeschalteter Strom; 1 = fließender Strom). Bislang ruhte die gesamte telekommunikative Apparatur bei der entscheidenden Umwandlung optischer oder akustischer Ereignisse (Bild, Ton, Stimme) in übertragbare elektrische Signale auf dem Prinzip der Analogie. Analoge Signale stellten eine sich stetig verändernde Größe (z. B. den Schalldruck eines Tones) durch eine sich in gleicher Weise stetig ändernde Größe (z. B. elektrische Wechselspannung) dar. Bei der Digital-Technik erfährt das ursprünglich analoge Sprach-, Ton-, Bild-Signal eine Abtastung, deren Ergebnis in Annährung an den optischen oder akustischen Vorgang digital sich darstellt, d.h. die analogen Signale werden nicht kontinuierlich und lückenlos übertragen, sondern nach Abtastungs-Stichproben, die wiederum die Form diskreter, binärer Zahlenwerte erhalten.[76] Die neue „Netzphilosophie" der Post, Kennzeichen der künftigen Telekommunikationsinfrastruktur, heißt ISDN (Integrated Services Digital Network; dienstleistungsintegriertes digitales Fernmeldenetz).

Codiertabelle und Codierbeispiel für das Wort „Medien".

b8				0	0	0	0	0	0	0	0	1	1	1	1	1	1	1	1
b7				0	0	0	0	1	1	1	1	0	0	0	0	1	1	1	1
b6				0	0	1	1	0	0	1	1	0	0	1	1	0	0	1	1
b5				0	1	0	1	0	1	0	1	0	1	0	1	0	1	0	1
b4	b3	b2	b1		**0**	**1**	**2**	**3**	**4**	**5**	**6**	**7**	**8**	**9**	**10**	**11**	**12**	**13**	**14**	**15**
0	0	0	0	**0**			SP	0	@	P		p				°			Ω	Κ
0	0	0	1	**1**			!	1	A	Q	a	q				¡	±	`		Æ	œ
0	0	1	0	**2**			"	2	B	R	b	r				¢	²	´		Ð	đ
0	0	1	1	**3**				3	C	S	c	s				£	³	^		a̱	ð
0	1	0	0	**4**				4	D	T	d	t				$	×	~		Ħ	ħ
0	1	0	1	**5**			%	5	E	U	e	u				¥	µ	¯		¬	ı
0	1	1	0	**6**			&	6	F	V	f	v				#	¶	˘		IJ	ij
0	1	1	1	**7**			'	7	G	W	g	w				§	·	˙		Ŀ	ŧ
1	0	0	0	**8**			(	8	H	X	h	x				¤	÷	¨		Ł	t
1	0	0	1	**9**			)	9	I	Y	i	y					②			Ø	ø
1	0	1	0	**10**			*	:	J	Z	j	z					°			Œ	œ
1	0	1	1	**11**			+	;	K	[	k				«	»	¸		º	ß
1	1	0	0	**12**			,	<	L		l	l				¼	⊙		Þ	þ
1	1	0	1	**13**			–	=	M	]	m					½	"		Ŧ	ŧ
1	1	1	0	**14**			.	>	N		n					¾	˛		Ŋ	ŋ
1	1	1	1	**15**			/	?	O	①	o					¿	ˇ		'n	

M	1	0	1	1	0	0	1	0
e	1	0	1	0	0	1	1	0
d	0	0	1	0	0	1	1	0
i	1	0	0	1	0	1	1	0
e	1	0	1	0	0	1	1	0
n	0	1	1	1	0	1	1	0

„– I wie Integration. Statt für jeden Fernmeldedienst eine eigene Leitung legen zu müssen, wird die bestehende Telefonleitung digitalisiert, und alle im ISDN angebotenen Dienste gelangen über eine Leitung zum Anwender. Der Kunde kann über eine einheitliche Steckdose den Dienst, den er wünscht, an jeder Stelle abrufen.

– S wie Service. Alle im ISDN angebotenen Sprach-, Text-, Daten- und Bildschirmdienste lassen sich kombinieren und für eine Reihe neuer Anwendungen einsetzen. Bilder, mit Texten unterlegt, oder eine Sprachübertragung, ergänzt durch das Bild des Partners, sind leicht zu realisieren. Alles unter einer Rufnummer!

– D wie Digital. Die einheitliche digitale Übertragung macht die gemeinsame Nutzung des Netzes durch die Dienste überhaupt erst möglich. Bei der Digital-Technik mißt man die Schwingungen in sehr kurzen Abständen (8000 mal pro Sekunde) und übermittelt sie als (binäre) Zahlenwerte. Für den Empfänger werden aus übermittelten Zahlen wieder elektroakustische Schwingungen. Der Vorteil dieser neuen Technik liegt darin, daß alle Kommunikationsarten – nicht nur Sprache, sondern auch Texte,

Die erste Parabolantenne der Erdfunkstelle der Deutschen Bundespost in
Raisting am Ammersee kurz vor der Fer-
tigstellung, 1964.

Daten und Bilder – in der Digitaltechnik einheitlich dargestellt und übermittelt werden können.
– N wie Network. Das vorhandene Telefonnetz bleibt bestehen, durch die Digitalisierung läßt es sich auch besser nutzen. Das heißt, über den ISDN-Anschluß kann beispielsweise gleichzeitig telefoniert und gefaxt werden. Über das Telefonkabel werden zwei Kanäle zur Nachrichtenübertragung und ein Signalisierungskanal angeboten, der die verschiedenen Dienste sowie den Auf- und Abbau der Verbindung steuert."[77]
Für Götz Großklaus verändert Digitalisierung (zusammen mit Miniaturisierung, Synchronizität, Augenblicklichkeit, Feld-Mosaik-Strukturierung) in entscheidendem Maße die menschlichen Lebensbezüge, das Verhältnis zur Wirklichkeit, die Wahrnehmungs- und Orientierungsleistung, insgesamt die von der Kultur zu leistende symbolische Sinnarbeit. Die Elementarbegriffe von Raum und Zeit büßen durch die jüngsten Entwicklungen in der Vernichtung von Distanz und der Wiederherstellung von Nähe Unterscheidungs- und Orientierungsfunktionen ein, die sie lange für die lebensweltliche Wahrnehmung besessen haben. „Alles hat die Tendenz uns gleich nah und gleich-zeitig zu sein. Die Zeit schrumpft zum Augenblick, der Raum zum Punkt. Seriell stellen sich Augenblicks-Folgen und Punkt-Raster her ... Der Digital-Technik gelingt damit die binäre Stichproben-Darstellung unserer gesamten sinnlichen Welt. Es scheint, daß wir uns als ‚Kulturwesen' gegenüber diesen jüngsten Entwicklungen im Zustand der Betäubung befinden: wir wissen noch nicht, was dieser radikale Darstellungswandel für unsere kulturellen Haushalte bedeutet. Der endgültige Abschied von den ‚alten' raum- und zeitanalogen Orientierungen allerdings – wie er in der Avantgardeliteratur der 20er Jahre schon thematisch wurde – tritt ins Bewußtsein von vielen. Die ‚Welt' wird nicht mehr so zusammengesetzt, wie sie vor der Zerlegung angetroffen wurde. Mit dem Fortfall der analogen ‚Gestalt' scheint digital so etwas wie ‚Gestalthaftigkeit' überhaupt wegzufallen: damit auch die Organisation der ‚Informations-Daten' zu ‚Sinn-Daten'."[78]

Die Dialektik der Telematik und Informationsökologie

Die „generative" Weiterentwicklung der Telematik, immer wieder neue Verbesserungen, Differenzierungen und Neuerungen zeugend wie gebärend, wird das 21. Jahrhundert prägen; ein Ende ist nicht abzusehen. Wird es etwa zur „kritischen Masse" kommen, d. h. müssen wir uns vor dem Augenblick fürchten, da die quantitative und qualitative Fülle so groß wird, daß sie „explodiert" bzw. „implodiert"? Wie bei der „Dialektik der Aufklärung" bedeutet „Dialektik der Telematik", daß die ursprüngliche Intention ins Gegenteil sich verkehrt: Aus der Informations- würde die Desinformationsgesellschaft; Kommunikation erstickte an sich selbst. Während immer mehr technisch vernetzt wird, erlitte der Mensch einen psychischen Netzkollaps; es „flimmerte" zwar dann auf allen Kanälen und Bildschirmen weiter, das Verarbeitungs-, Empfindungs- und Denknetz des Menschen aber bräche zusammen. Der Mensch „verflösse" im Strom der Medienflut; es geht ihm dann die Festigkeit, die Konsistenz des ICH verloren. Das Netz der Sinne, das ihn die Wirklichkeitsbruchstücke auffangen läßt, das Netz der Begriffe, das ihm Wirklichkeit verarbeiten hilft, das Netz moralischer Kategorien, das aus Weltauffassung und Weltverbreitung Weltgestaltung macht, reißt.

Die Definition von Schmutz als Materie am falschen Ort läßt sich übertragen. Informationsverschmutzung: das bedeutet, daß die als Meta-Umwelt erscheinende Informationsfülle nicht geordnet, nicht verarbeitet werden kann. Der Umweltverschmutzung als Anhäufung und Ablagerung von Zivilisationsschutt, als Verpestung der Natur, entspricht die Meta-Umwelt-Verschmutzung als Schutthalde von Informationselementen.

Um mit Horkheimer/Adorno zu sprechen: Das Positive, das sich der Mensch erwählte, verwandelt sich in ein Negatives, Zerstörendes. Das Bemühen um Zugang zu und Zugriff auf Information führt in Labyrinthe.[79]

Während früher der Mensch als Subjekt in seine Umwelt eingriff und sie zu gestalten versuchte, bedrängt heute die Meta-Umwelt der Informationen (etwa die Signale des Rundfunks, des Fernsehens, der Reklame) den Menschen; er wird zum Objekt der Informationsfülle; die Informationsimpulse decken ihn ein, überlagern seine Spontaneität, Kreativität, Phantasie, seine Aktivität. Er ist vielfach ein informationsverwirrtes Wesen. Der gänzlich verkabelte Mensch kann zum außengesteuerten Typen werden. Das audiovisuelle Zeitalter erscheint vielen deshalb als ein gigantisches Rollback der ursprünglich vom Menschen scharfsinnig gestalteten Umwelt. Die nach einem amerikanischen Wissenschaftler benannte Brooks-Kurve besagt: Wenn im Jahre 1800 n. Chr. alle Wissensstoffe, die es damals gab, enzyklopädisch aufgereiht, jedoch in keiner Weise nach der Qualität der einzelnen Fakten gewichtet, mit der Größe 1n bezeichnet werden, dann hat sich diese Wissensquantität bis zum Jahre 1900 einmal verdoppelt (2n), von 1900 bis 1950 ist die nächste Verdoppelung eingetreten (4n), im Jahre 1960 – zehn Jahre später – haben wir bereits eine erneute Verdoppelung erlebt (8n). Im Jahre 1966 konnte man 16n annehmen; die Kurve steigt immer steiler an. Die „Wissensexplosion" betrifft dabei den gesamten Lebensbereich wie die einzelnen Sektoren (z.B. die Wirtschaft).

Unter den Topoi der modernen Industriegesellschaft hat die Börse – wie übrigens auch schon im 19. Jahrhundert – herausragende Bedeutung. Sie demonstriert die rasche Verfügbarkeit umfassender wirtschaftlicher Information und deren Verarbeitung. Das veloziferische Prinzip kommt zu voller Entfaltung und garantiert, bei geschickter und kompetenter Anwendung, hohen wirtschaftlichen Erfolg.

Die Börse, so Friedrich Glaser in gleichnamigen Buch 1905 (in der von Martin Buber herausgegebenen Sammlung sozialpsychologischer Monographien)[80], sei nicht nur ein Spiegelbild, sondern gleichsam ein Sinnbild des heutigen wirtschaftlichen und sozialen Lebens. Seine Schilderung vom großen New Yorker Börsenkrach 1869 zeigt die bereits damals ausgeprägte Verknüpfung des wirtschaftlichen Geschehens mit dem Nachrichtenwesen. „Die Hunderte, die hier versammelt sind, die Tausende, die diese Gebote an den Ferndruckern der Kontore in der Stadt ablesen, die Hunderttausende, die ringsum im Lande vor den Telegraphenämtern

stehen, erstarren bei diesen Ziffern. Jeder Punkt mehr bedeutet Millionen-
verluste, während der Gewinn jener Clique zufällt. Sie vermochte auf diese
Weise bis auf 200 Prozent hinaufzugehen, und noch war kein Ende
abzusehen, wenn es ihnen beliebte. Jetzt werden 150 Prozent geboten, und
die Verzweiflung gibt manchem das Leben wieder, um zu bieten und zu
kaufen. Der Telegraph bringt Aufträge, um jeden Preis zu kaufen, Boten
aus allen Teilen der Stadt, die großen Bankiers und Kaufleute bahnen sich
ihren Weg durch die Menge und suchen die Makler wieder zum Bewußtsein der Wirklichkeit zu bringen, das sie wie von einem schrecklichen
Traum gelähmt verloren zu haben scheinen. Auf die Stille folgt plötzlich
eine wilde Erregung. Umsätze von enormem Umfang werden gemacht
inmitten der äußersten Verwirrung und der fürchterlichsten Schreie von
Männern, die temporärem Wahnsinn verfallen sind angesichts ihres sicheren Ruins oder der Möglichkeit schwindelerregender Gewinne."
Eine Beschreibung aus Tom Wolfes Roman *Fegefeuer der Eitelkeiten* fängt
die brutale Hektik ein, die einen modernen Börsensaal kennzeichnet. Das
Beispiel aus New York (Wallstreet) ist gerade deshalb signifikant, weil die
im Topos Börse zutage tretende ökonomisch-telematische Gesamtvernet-
zung eine besondere Folge der „Amerikanisierung" des Lebens darstellt.
Atmosphärisch zeigt das Beispiel die „Stimmung" in Apparaten, die auf
die schnellstmögliche Umsetzung von Input in Output angelegt sind und
deshalb in ihrem Innern die Siedehitze übersteigerter Aktivität bei der
Informationsverarbeitung und -verwertung erreichen. „Es war ein riesiger
Raum, vielleicht achtzehn mal vierundzwanzig Meter, aber mit der gleichen Zwei-Metervierzig-Decke, die einem auf den Kopf fiel. Es war ein
bedrückender Raum mit aggressivem Licht, sich windenden Silhouetten
und diesem Gebrüll. Das grelle Licht drang durch eine Glaswand, die nach
Süden ging und auf den New Yorker Hafen, die Freiheitsstatue, Staten
Island und die Ufer von Brooklyn und New Jersey blickte. Die sich
windenden Silhouetten waren die Arme und Oberkörper junger Männer,
von denen wenige älter als vierzig waren. Sie hatten ihre Jacketts abgelegt.
Sie fuchtelten erregt herum, schwitzten bereits früh am Morgen und
schrien, was dieses Gebrüll verursachte. Es war das Geräusch, das wohler-
zogene junge Weiße erzeugen, die auf dem Rentenmarkt nach Geld
brüllen. ‚Nimm doch bitte das Schweißtelefon ab!' kreischte ein rundli-
cher, rosagesichtiger Harvard-Absolvent des Jahrgangs 1976 jemanden
an, der zwei Schreibtischreihen weißer saß. Der Raum glich der Lokalre-
daktion einer Zeitung. Trennwände und sichtbare Zeichen einer Rangord-
nung gab es nicht. Alle saßen an hellgrauen Schreibtischen vor kalbfleisch-
farbenen Computerterminals mit schwarzen Monitoren, über die Reihen
grünleuchtender Buchstaben und Zahlen glitten.
‚Ich habe gesagt, nimm bitte das Scheißtelefon ab! Wenn ich's sage, meine
ich's auch, heiliger Bimbam!' In den Achselhöhlen seines Hemdes sah man
dunkle Halbmonde, und der Tag hatte eben erst begonnen. Ein Yale-Absol-
vent des Jahrgangs 1973 mit einem Hals, der dreißig Zentimeter aus seinem Hemdkragen herauszuragen schien, starrte auf einen Bildschirm und
schrie durch das Telefon einen Broker in Paris an: ‚Wenn Sie den Scheiß-
monitor nicht sehen können ... Herr du meine Güte, Jean-Pierre, das sind
die fünf Millionen des *Käufers!* Des *Käufers!* Weiter läuft nichts ein!'"[81]

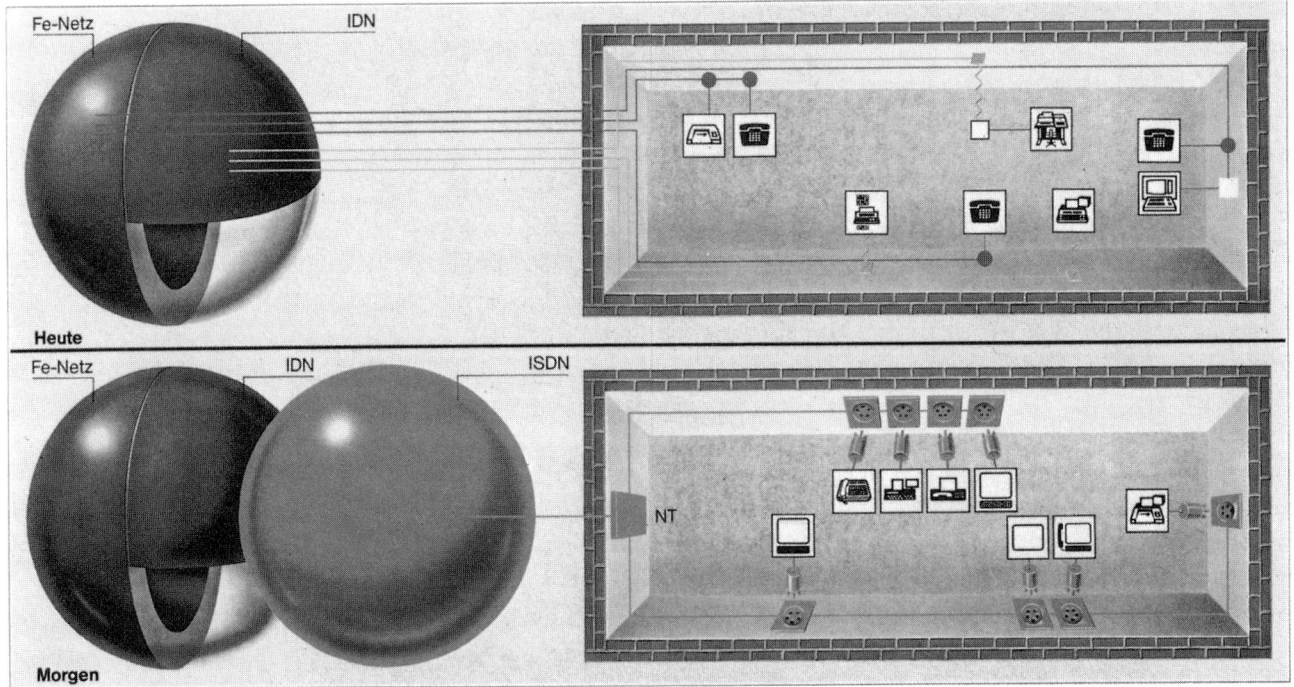

In der modernen Informationsgesellschaft sind die „Apparate" bzw. „Apparaturen" (komplexe Aggregate von Intentionen, Instrumenten, Personen) in Gefahr, angesichts der Informationsüberfülle ihre „klärenden" Aufgaben nicht mehr oder nicht mehr zufriedenstellend erfüllen zu können. In Anlehnung an den medizinischen Begriff der Dysfunktion, nämlich der gestörten Tätigkeit eines Organs, können wir von dysfunktionalen Apparaten sprechen. Was not tut, ist Informationsökologie – die Schaffung eines symbiotischen Verhältnisses des Menschen zu der ihn umgebenden Informations-Metawelt. Wie müssen die Apparate beschaffen sein, damit sie nicht dysfunktional sind, sondern Umwelt gestalten können? Wie muß z. B. ein Verwaltungsapparat aussehen, damit er als Informationsverarbeitungsstätte erfolgreich zu wirken vermag?

Informationsökologie nennt Peter Zec Informationsdesign (Design im allgemeinsten Wortsinne: Gestaltung). Die mit der Elektrifizierung der Welt und der Entfaltung des kybernetischen Denkens und Handelns verbundene Automatisierung und Atomisierung des Sehens, Denkens, Fühlens und Handelns sowie die Informationsabwertung durch Informationsinflation bedrohe sinnvolle Welt-Anschauung und gefährde den Auftrag zur humanen Welt-Gestaltung. Aufgrund der Informatisierung und Entmaterialisierung der Welt gehe der direkte gefühlsmäßige Kontakt mit der Wirklichkeit verloren. Sehen und Wahrnehmen, Sprechen und Kommunizieren, Denken und Erkennen würden zunehmend natürliche Intelligenz überfordern; doch mag es möglich sein, daß man gerade mit Hilfe der Informations- und Kommunikationstechnologie die Sinnkrise sowie die damit einhergehenden gesellschaftlichen Frustrationen überwinden kann. Dazu bedürfe es eines entscheidenden Umdenkens in bezug auf die zukünftigen Anwendungen jener Technologie, die sich in erster Linie an den

Analoge Fernmeldenetze waren Einzelnetze und jeweils einem Dienst zugeordnet. Integrierte Netze werden digital betrieben und gestatten parallele Abwicklung aller Dienste über ein Netz.

tatsächlichen menschlichen Bedürfnissen und auf keinen Fall am bloßen Selbstzweck und der Eigendynamik apparativer Systeme zu orientieren habe. „Ganz allgemein ausgedrückt: Beim Informationsdesign geht es zunächst um die Planung, Koordination und Gestaltung von Prozessen der elektronischen Datenverarbeitung in Informations- und Kommunikationssystemen zum Zwecke einer geordneten und verwertbaren Übermittlung von Informationen. Im Zentrum steht die Notwendigkeit sowie das immer stärker aufkommende menschliche Bedürfnis, der durch die Automation der Kommunikation und des Informationstransportes hervorgerufenen Informationsflut wie auch der damit einhergehenden Gefahr einer Informationsüberlastung wirkungsvoll entgegenzutreten. Die Grundlage hierfür bildet die natürliche Kreativität und Phantasie sowie die daraus hervorgehenden intellektuellen und gestalterischen Fähigkeiten des Menschen. Das Informationsdesign bezeichnet somit zunächst weniger ein neues, abgeschlossenes Berufsbild, sondern vielmehr eine zeitgemäße und problemorientierte integrale Wahrnehmungs-, Denk- und Handlungsweise, bei der es darauf ankommt, die technologisch informatisierte und entmaterialisierte Wirklichkeit besser (als es bislang der Fall war) zu verstehen und durch einen bedürfnisgerechten, humanen Umgang mit dem neuen Rohstoff Information aktiv an ihrer Gestaltung mitzuwirken.“[82]

Der „dritte Weg“

In ihrem Buch *Bildschirmwelt. Die neuen Informationstechniken und ihre Folgen* bemühen sich Doris Angela Zimmermann und Bernhard Zimmermann[83] um eine bilanzierende Gegenüberstellung des Pro und Kontra angesichts der telematischen Entwicklung und um einen „dritten Weg“. Als Chancen und mögliche positive Entwicklungen, die sich aus der Anwendung der neuen I- und K-Technik ergäben, seien anzuführen:
- jederzeitige Verfügbarkeit von Information für jedermann und jedefrau;
- schnellere Informationsverarbeitung in Wissenschaft, Wirtschaft und Verwaltung;
- „intelligente“ Produkte, z. B. Verkehrsmittel, Haushaltsgeräte, Arbeitsmittel, etc.;
- Verkürzung der Zyklen der Produktentwicklung;
- flexible Produktionssteuerung, dadurch optimale Abstimmung von Auftragseingang, Arbeitskräften und Maschineneinsatz;
- erhebliche Steigerung der Arbeitsproduktivität;
- geringere körperliche und seelische Belastung am Arbeitsplatz;
- Dezentralisierung von Entscheidungen innerhalb der Arbeitsorganisation;
- Einsparung von Energie und Rohstoffen;
- Reduzierung des Schadstoffausstoßes in Produktion, Haushalt und Verkehr.

Wenn solche Ziele erreicht würden, so könnten sich als übergreifende Verbesserungen ergeben:
- eine erhebliche Arbeitszeitverkürzung;

– eine umfassende Humanisierung der Arbeitsplätze durch geringere Belastung und mehr Mitspracherechte;
– eine umweltschonende Wirtschaftsweise.

Auf der anderen Seite zeigen sich folgende mögliche umfangreiche Gefahren, die vor allem die wirtschaftlich Schwachen und sozial Unterprivilegierten träfen; sie können die humane Existenzweise tief bedrohen:
– Informationsüberflutung;
– neue körperliche und seelische Belastungen an Bildschirmen und anderen computergesteuerten Arbeitsplätzen;
– „Enteignung" und Entwertung der Qualifikationen der Arbeitskräfte, auch der Techniker und Ingenieure, und ihre Reduzierung auf die Rolle eines „Endgerätes" im computergesteuerten Arbeitssystem;
– Das Bewußtsein ständiger Überwachung und Leistungskontrolle als zusätzlicher Streß;
– umfassende Rationalisierung in Produktion und Verwaltung, vor allem an frauentypischen Arbeitsplätzen;
– Vernetzung von Haushalten und Betrieben, zunächst um die Selbstbedienung auszuweiten, später um Telearbeit zu ermöglichen (was die Aufhebung der festen Grenzen zwischen Arbeit und Privatleben bedeutet);
– inner- und überbetriebliche Vernetzung, elektronische Selbstbedienung und Verschmelzung von Rundfunk, privater und geschäftlicher Kommunikation (die Gefahr implizierend, daß personenbezogene Daten gesammelt, gespeichert, verknüpft und ausgewertet werden);
– geistige, seelische und soziale Verkümmerungen bei Kindern, die mit Bildschirm und Computer aufwachsen;
– Persönlichkeitsveränderungen bei Erwachsenen, die ständig in Beruf und Freizeit elektronisch vermittelte, bildschirmgebundene Information und Unterhaltung konsumieren;
– Information als Ware, die nur noch den Kaufkräftigen zur Verfügung steht;
– Niedergang des Öffentlich-rechtlichen Rundfunks und anderer Quellen relativ unabhängiger Information, was die Grundlagen freier politischer Willensbildung erschüttern würde.

Umfassend könnten sich folgende soziale, wirtschaftliche und politische Konsequenzen ergeben:
– Verschärfung der Massenarbeitslosigkeit;
– Entwertung der betrieblichen Mitbestimmung und Schwächung der Gewerkschaften;
– Entsolidarisierung und Polarisierung der Gesellschaft;
– Entpolitisierung breiter Schichten und neue Chancen für undemokratische politische Kräfte.

Diese negativen Wirkungen zu vermeiden, sei das Ziel einer sozialverträglichen Technikgestaltung. Technologiepolitik heiße freilich nicht, daß der Staat allein darüber bestimme, welche Alternative der technischen Entwicklung ausgewählt und welche Technik angewandt werde. Neben dem Staat entschieden darüber auch die Unternehmer, die Gewerkschaften, die Kirchen, Verbände, Bürgerinitiativen und nicht zuletzt die Verbraucher durch ihre Nachfrage nach bestimmten Dienstleistungen und Waren.

In der Arbeitswelt, auf dem Markt für Produkte und Dienstleistungen, im kommunalen und staatlichen Bereich könnte eine Steuerung erfolgen, die Kriterien der Leistungsqualität und Wirtschaftlichkeit, des Datenschutzes, des Rationalsierungsschutzes, der Dezentralisierung, der Mitbestimmung, der qualifizierten Information zu berücksichtigen hätte. Die detaillierten (hier nicht weiter zitierten) Ausführungen von Angela Zimmermann und Bernhard Zimmermann ergeben einen Werkzeugkasten der Realutopie: an die Stelle eines pauschalen telekratischen Pessimismus bzw. eines pauschalen telematischen Optimismus tritt die nüchterne Abwägung der Möglichkeiten und Chancen, die der Mensch hat, die von ihm geschaffenen Apparaturen, Maschinerien, Systeme „in den Griff" zu bekommen. Das „elektronische Gehäuse" darf kein Ort der Gefangenschaft sein; die „schöne neue Welt" sollte nicht darin bestehen, daß Menschen verzweifelt oder resignativ sich einer (selbst initiierten) Entwicklung überlassen, die ihre Existenzgrundlagen bedroht.

Ein pessimistischer Optimismus bzw. optimistischer Pessimismus geht davon aus, daß autonome Subjekte, bei entsprechender Ichstärke und Kompetenz, durch ihr Denken und Handeln in der Lage sind, wenn schon nicht Pforten auf dem Weg zum Paradies, so doch Barrieren auf dem Pfad zur Hölle zu errichten. Vor allem Primärprävention tut not: die Fähigkeit des Menschen, mit Hilfe antizipatorischer Vernunft, in Absage an augenblickliche Vorteile, Entwicklungen zu vermeiden, die sich später als fatal und gefährlich, vor allem aber als schwer oder nicht mehr reparabel erweisen.

Die High-tech-Gesellschaft, angelegt als technologisches Fortschreiten in Richtung immer größerer Perfektion und Effizienz, impliziert die Vereinseitigung des Vernunftbegriffs. Vernunft als Totalitätsbegriff, im antiken Sinne beglückende Schaukraft im Menschen, logos, nous, lumen naturale, Erkenntnisdrang (am göttlichen Guten als lebenszielsetzender Macht orientiert), hat sich vielfach in instrumentelle Vernunft verwandelt, die, zweckhaft organisiert, apparathaft handhabbar, sich „in Dienst stellen" läßt. An die Stelle des Prinzips Verantwortung, das Vernunft im aufgeklärten Sinne beseelt, tritt die Beliebigkeit der Wertfreiheit. Instrumentelle Vernunft erweist sich als Teil der Maschinerie, die sie konstruiert und produziert hat; sie verliert die Kraft zum Transzendieren auf ein Höheres hin. Die Bindungslosigkeit von instrumenteller Vernunft macht Vernunft zum Objekt. Instrumentelle Vernunft, die mit jedem Modernisierungsschub technologische Triumphe feiert, reflektiert nicht, was sie tut.

Die Vernunft, die ein wesentliches Element der westlich-aufgeklärten Kultur darstellt, befindet sich nach Helmut F. Spinner[84] deshalb in der Krise, da sich zwischen prinzipieller und okkasioneller Vernunft eine tiefe Kluft aufgetan hat. Es stehen sich gegenüber:
– einerseits eine normgebundene, regelgeleitete „Grundsatzvernunft", deren Vorstellungen von bleibender prinzipieller Rationalität sich in allgemeinen, abstrakten, antizipierten (d. h. im voraus aufgestellten), personen- und situationsunabhängigen Maßstäben für grundsatzrationales Denken und Handeln, Sehen und Fühlen nach Prinzipien und Regeln niederschlage, in Grundsätzen oder Prinzipien, Normen, Regeln, Methoden, Doktrinen und sonstigen „idées générales, welche für alle Fälle

gleicher Art gelten und zu allgemeinen Problemlösungen führen sollen.
– Andererseits die normungebundene, nicht in Prinzipien vorgefaßte und
auf allgemeine Regeln verpflichtete „Gelegenheitsvernunft", deren wech-
selnde okkasionale Rationalität sich nach Lage der Dinge von Fall zu Fall
bildet: als besondere Maßnahmen, ohne allgemeine Maßstäbe, zur gele-
genheitsrationalen Lösung des gerade anstehenden Einzelfalls, ohne diesen zu verallgemeinern und seine Lösung grundsätzlich auf alle vergleich-
baren oder ähnlich gelagerten Fälle zu übertragen.

Prinzipielle Vernunft, fundiert in einer christlich-humanistischen Anthropologie, wird vor allem bekämpft von jenen, die sich von „Verbindlichkeit" zu lösen trachten, damit instrumentelle Vernunft beliebig, wertfrei
und zweckgebunden „eingesetzt" werden kann. Der „Abschied vom
Prinzipiellen" kann freilich auch Reaktion darauf sein, daß prinzipielle
Vernunft dazu neigt, dogmatische, ja ideologische Positionen zu beziehen,
und sich gegenüber denjenigen, die normativem Denken gegenüber skep-
tisch sind, repressiver Durchsetzungsstrategien bedient.

Der Kulturbegriff der ursprünglichen Aufklärung basiert auf einer Integration der verschiedenen „Vernunftarten"; er begreift diese als ein vernetztes
Ganzes von analytischer wie synthetischer, okkasioneller wie prinzipieller,
historischer wie antizipatorischer Vernunft. Die Totalität des Vernunftbegriffs zielt auf die Totalität des gelungenen Lebens; theoretische und
praktische Vernunft sind miteinander verbunden.

Um vom derart überwölbenden Vernunft-Prinzip als „Prinzip Hoffnung"
auch und gerade des telematischen Zeitalters zu postalischer Kommunikation zurückzukehren: Was 1490 mit der Einrichtung der ersten
Ordinari-Post durch Thurn und Taxis begann, hat an der Schwelle zum
21. Jahrhundert einen damals ungeahnten Höhepunkt erreicht. Umfassende Vernetzung ist kein Traum mehr, sondern konkrete Wirklichkeit
geworden. Die Alpträume haben freilich auch zugenommen; die Angst
geht um, daß Vernetzung Fesselung bedeutet, und die Freiheit des Individuums erstickt wird. Die Überwindung von Raum und Zeit ist in unvor-
stellbarem Maße geglückt; was aber hülfe es dem Menschen, wenn er die
Welt gewönne, und nähme Schaden an seiner Seele?

Die Post befördert Waren, Menschen, Befindlichkeiten und Bewußtseins-
zustände; die Post zeigt durch ihre Geschichte, daß ihr ein transzendieren-
der, grenzüberschreitender Charakter zueigen ist. Kommunikatives Wer-
tebewußtsein hätte nun dafür zu sorgen, daß die neue Unübersichtlichkeit,[85] wie sie im besondern Maße durch Telematik hervorgerufen wird,
„Aufklärung" erfährt und eine wirklich kommunikative Informationsgesellschaft kein leerer Wahn bleibt. Das Vertrauen der westlichen Kultur in
sich selbst sollte im Mut zu einer neuen Aufklärung bestehen (die die
Dialektik der Aufklärung vermeidet): „Aufklärung ist der Ausgang des
Menschen aus seiner selbst verschuldeten Unmündigkeit. Unmündigkeit
ist das Unvermögen, sich seines Verstandes ohne Leitung eines anderen zu
bedienen. Selbst verschuldet ist diese Unmündigkeit, wenn die Ursache
derselben nicht am Mangel des Verstandes, sondern der Entschließung
und des Mutes liegt, sich seiner ohne Leitung eines andern zu bedienen.
Sapere aude! Habe Mut, dich deines eigenen Verstandes zu bedienen! ist
also der Wahlspruch der Aufklärung." (Immanuel Kant)[86]

„Zug", Tuschzeichnung von Paul Joostens,
1917.

„Lettera Futurista"; Briefobjekt von
Paolo Bury, 1915, auf Vordruckpapier
Filippo Tomaso Marinettis, einem der
Protagonisten des Futurismus.

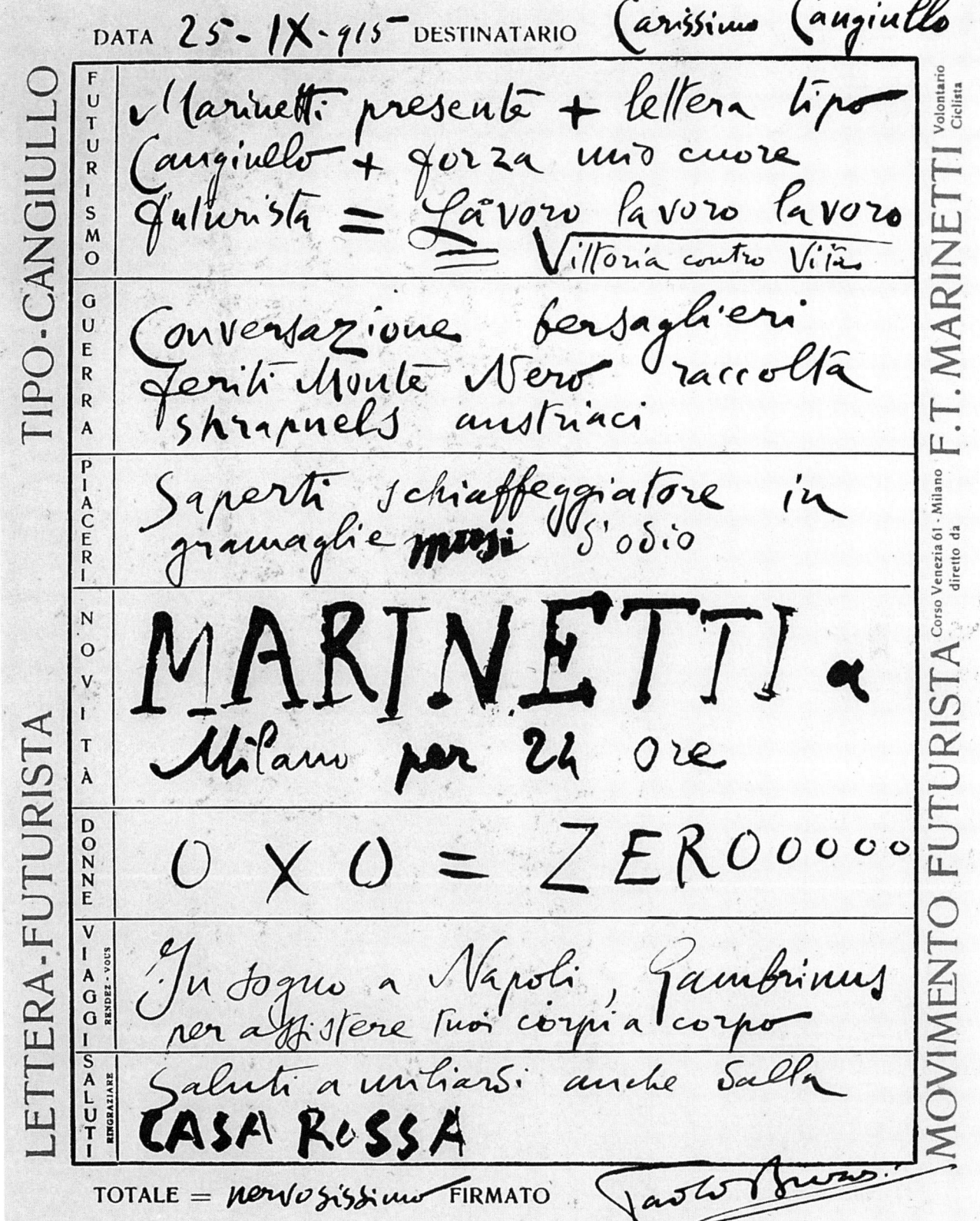

„Gebirgslandschaft mit rotem Schornstein";
Ölgemälde von Alexej Jawlensky, 1910.

„Der Radionist"; Ölgemälde von Kurt
Günther, 1927.

„Der Schieber"; Ölgemälde von Heinrich
Maria Davringhausen, 1920.

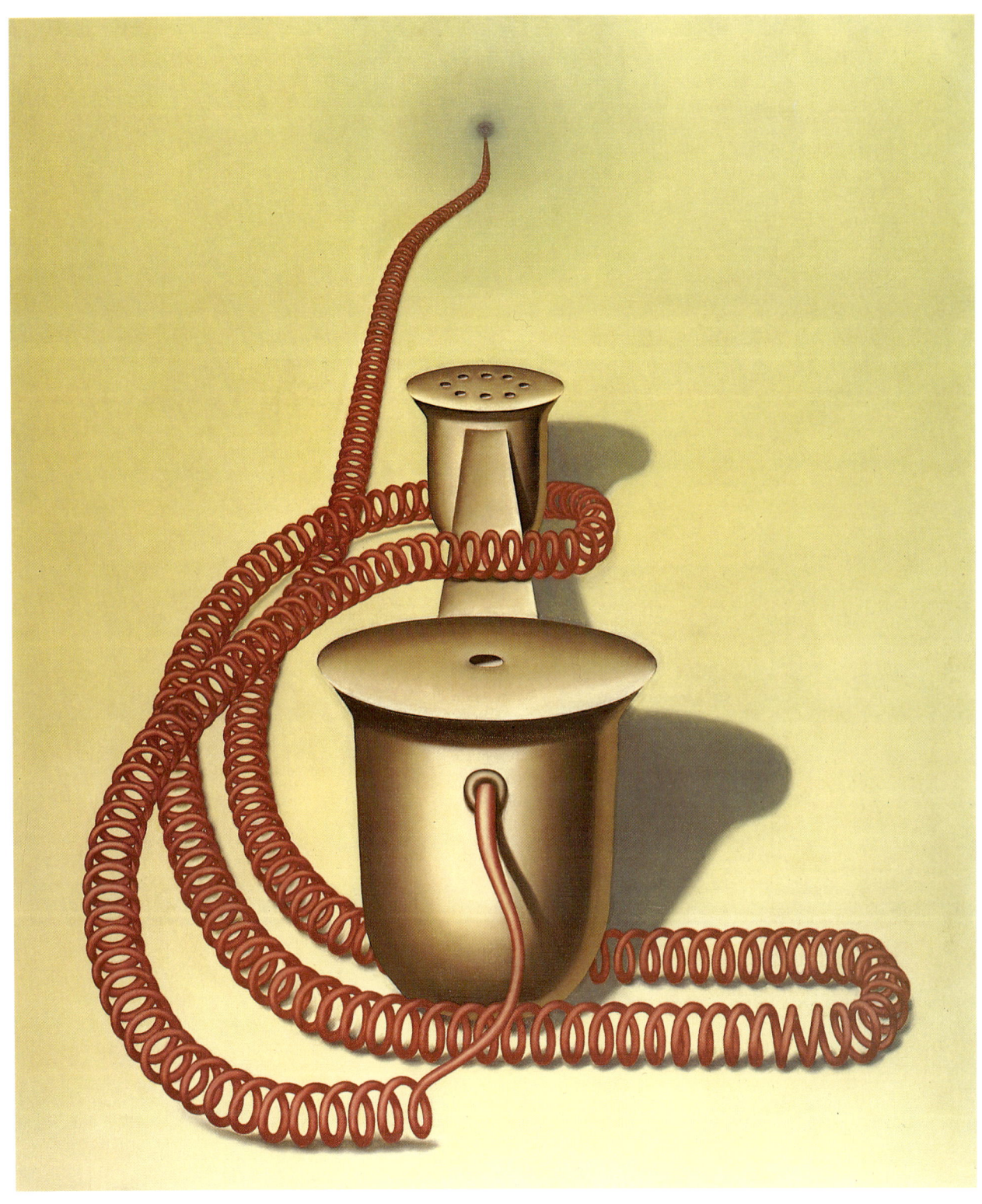

„Der Auserwählte"; Acrylgemälde von
Konrad Klapheck, 1981.

„Geschloßene Anstalt BRD; Ölgemälde
von Constantin Hahm, 1974.

„Telephone"; Acrylgemälde von Richard
Lindner, 1966.

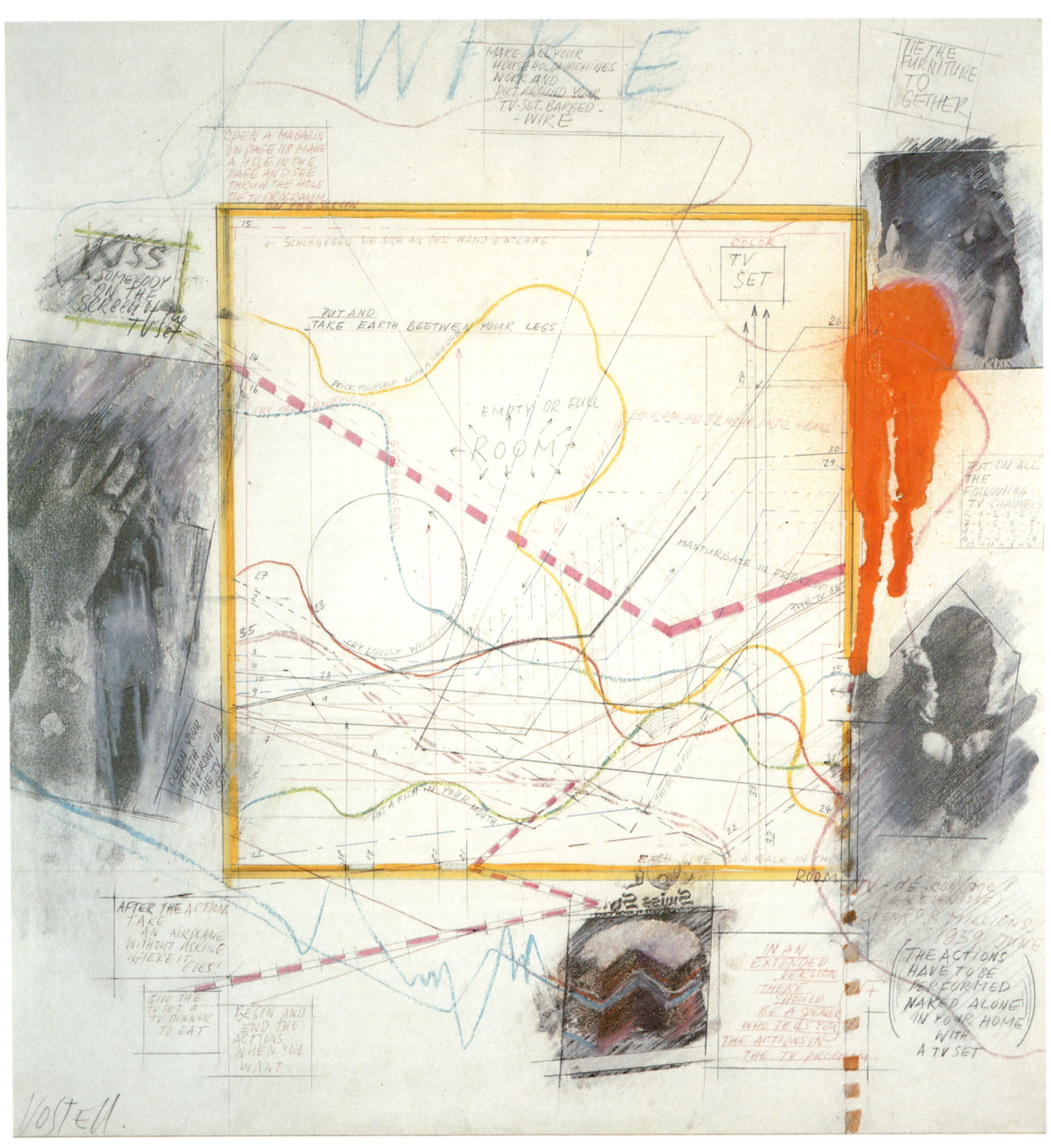

„TV-Décollage for Millions, Notation
2"; ‚Notiz' zu einem Happening von
1963 in der Smolin-Gallery New York;
Mischtechnik auf Leinwand, Wolf
Vostell, 1966.

„Wittgenstein in New York", Blatt aus
der Folge „As is When"; Siebdruck von
Eduardo Paolozzi, 1965.

Diptychon; Acrylgemälde von Gottfried
Helnwein, 1988.

„Enlightened Baby" („Aufgeklärtes
Baby"); Videoskulptur von Nam June
Paik, 1985.

„Marmormeer"; Videoinstallation von
Fabrizio Plessi, 1986.

Einzeldarstellungen

Botenordnung mit Postenabgängen von
1610, kolorierter Holzschnitt, gedruckt
bei Wolff Drechssel in Nürnberg.

Von den Boten

Der Bote ist der Überbringer einer Nachricht. In seiner einfachsten Form ist er ein Brief-Träger, dessen Aufgabe es lediglich ist, die ihm anvertraute Nachricht möglichst rasch und zuverlässig an den richtigen Empfänger zu bringen. Wird ihm die Botschaft zur Kenntnis gegeben, etwa in verbaler Form, so wird er zum Mitwisser und gegebenenfalls zum Geheimnisträger. Wird ihm über das Transportieren und das Vermitteln der Nachricht hinaus noch die Aufgabe gestellt, als Beauftragter des Absenders im Rahmen eines gegebenen Spielraums eine Antwort auf die überbrachte Nachricht zu erwirken, so wird er zum Botschafter. Die meisten Zivilisationen haben die Bedeutung der Übermittlung von Nachrichten für ihre sozialen, politischen und wirtschaftlichen Systeme erkannt. Der Bote wird als neutrales Medium anerkannt, unabhängig vom Inhalt der Botschaft. Um ihn als solchen auszuweisen, muß er kenntlich gemacht werden. Die Boten verfeindeter kriegerischer Parteien kennzeichnen sich durch weiße Fahnen, um unversehrt ihre Nachricht zum Gegner bringen zu können. Die Boten der Staaten untereinander sind zwar nicht mehr als Person gekennzeichnet, genießen aber dennoch den diplomatischen Schutz, äußerlich allenfalls noch an der „CD"-Beschilderung ihrer Kraftfahrzeuge erkennbar.

Die Boten der verschiedenen Nachrichtenanstalten der vortaxisschen Zeit waren in erster Linie durch ihre Kleidung kenntlich gemacht. Diese wurde nach den jeweiligen Wappenfarben geschneidert und gelegentlich auch mit dem Wappen selbst versehen. So protokollierte der Rat der Stadt Freiburg am 24. November 1497: „Man soll den Knechten geben die Röck rot und wiß" und die „stattpotten" aus Überlingen erhielten nach dem Stadtrecht des 16. Jahrhunderts „ain lindischen rock meiner herren farb."[1]

Weiter gekennzeichnet war der Bote durch das – privilegierte – Tragen des Posthorns und eines Schildes mit dem Wappen seines Herrn, das er auf der Brust oder auf dem Arm trug. Die Bedeutung dieses „Hoheitszeichens" wird noch im 18. Jahrhundert folgendermaßen erklärt: „Die königliche Post=Schilde, welche die Postillions und Post=Boten, zu ihrer Distinction, auf denen Post=Livree-Röcken tragen, müssen von ihnen an keinen veräussert, sondern ... dem Post=Amt zurückgegeben werden. Damit nicht dergleichen königliche Wapen in fremde Hände gerathen, oder auch gar, wie an einigen Orten geschehen, zum Betrug und Nachtheil der königlichen Posten selbst gebraucht werden mögen ..."[2]

Bewaffnet war der Bote zumeist mit einem Spieß, der ihm sowohl zur Abwehr von Gegnern und wilden Tieren als auch zur Stützhilfe im unwegsamen Gelände diente. Da der Bote nicht nur briefliche Nachrichten, sondern auch Geld beförderte, war er ständig der Gefahr eines Überfalls ausgesetzt. Deswegen wurden für Nachrichten und insbesondere für Geld besondere Verstecke wie z. B. ausgehöhlte Spieße oder Wanderstäbe benutzt. Neben den uniformähnlichen Insignien hatte der Bote zumeist noch eine schriftliche Autorisierung seines Herrn bei sich, die ähnlich den späteren Reisepässen darum bat, den Boten frei passieren zu lassen und ihm bei Bedarf Unterstützung zu gewähren.

Da die Boten an eine Institution gebunden waren, durften sie normalerweise keine Nachrichten von Privatpersonen befördern, wenngleich diese Möglichkeit des Nebenverdienstes doch genutzt wurde. War dies nicht möglich, so versuchte der Absender seine Nachricht einem Klosterboten zuzustecken, dessen Benutzung insbesondere bei Kaufleuten beliebt war, da er ja „um Gottes Lohn" beförderte.

Nach 1490 existierten verschiedene Botenanstalten parallel zur Taxisschen Post, und zwar meist in bitterer Konkurrenz zu ihr. Erst als aufgrund verbesserter Organisationsformen und internationaler Ausweitung des Taxisschen Netzes dieses zu Leistungen fähig war, mit denen die Botendienste nicht konkurrieren konnten, verloren sie allmählich ihre Bedeutung. „Die Vielfalt (des Botenwesens. Anm. d. Verf.) entstand im Bereich des römisch-deutschen Reiches nicht aus zentralstaatlicher Lenkung und Planung, sondern im Miteinander kaiserlicher und ständischer, adliger, geistlicher und städtischer Anstrengungen und legt Zeugnis ab von der Pluralität, die das Alte Reich ausmachte."[3]

Im „Neuen Reich" mußte diese Vielfalt der neuzeitlichen Rationalisierung weichen.

Briefträger

Hannöverscher   *Preußischer.*

Verlag v. B. S. Berendsohn

Briefträger der Hannoverschen und der
Preussischen Post in Hamburg; Lithografie von Karl Jessen, 1847.

Von der Vielfalt zur Einheit

Am 28. Januar 1867 wurde in Berlin zwischen dem Geheimen Legationsrat Ernst von Bülow, dem Geheimen Postrat Heinrich Stephan und dem Regierungsassessor Otto Hoffmann als Vertretern der preußischen Staatsregierung sowie den fürstlichen Bevollmächtigten Oberpostrat Freiherrn Franz Joseph von Gruben und Generalpostdirektionsassistent Wilhelm Ripperger der sogenannte Postabtretungsvertrag zwischen dem Hause Thurn und Taxis und Preußen geschlossen. „Der Fürst überträgt darin seine gesamten Postrechte in sämtlichen Staaten und Gebieten, in denen die Posten ganz oder teilweise im Besitz des Fürstlichen Hauses waren, mit allen Rechten und Zubehör an unbeweglichem und beweglichem Eigentum, Inventar usw. vom 1. Juli 1867 an auf den preußischen Staat. Als Abfindungssumme zahlt Preußen an das Haus Thurn und Taxis den Betrag von drei Millionen Talern."[1] Dem Fürstlichen Hause bleibt, neben der Brief- und Fahrpost-Portofreiheit, die 1897 ebenfalls gegen eine Entschädigungssumme beendet wird, das Recht, „daß seine Durchlaucht der Fürst von Thurn und Taxis und der jeweilige Chef des fürstlichen Hauses Thurn und Taxis wie bisher so auch ferner in seinem Titel das Prädikat Erb-General, auch Erb-Landpostmeister führt." Am 28. Juni desselben Jahres gibt der Fürst Maximilian Karl den folgenden Erlaß an seine Postbeamten heraus: „Seit dem nahe vierhundertjährigen Bestande Unserer Postverwaltung haben Unsere in Gott ruhenden Vorfahren, wie Wir selbst, Uns stets der treuesten Anhänglichkeit und vollsten Hingebung Unserer lieben und getreuen Postbeamten zu erfreuen gehabt; ihr festes Zusammenhalten, ihre Tüchtigkeit im Dienste, und, mit besonderer Genugthuung sprechen Wir es aus, ihre bewährte Treue und Redlichkeit hat den so langjährigen Bestand einer Verwaltung ermöglicht, welche vom Tage ihrer Entstehung mit unsäglichen Schwierigkeiten zu kämpfen hatte."[2] Mit den „unsäglichen Schwierigkeiten" wird der Fürst wohl weniger auf die organisatorische Entwicklung der Verwaltung, nicht auf die von den Bediensteten ertragenen Strapazen anspielen, sondern vielmehr auf die Probleme, die seiner mit einem Monopol privilegierten Kaiserlichen Reichspost aus der jahrhundertelangen Konkurrenz zu ähnlichen Unternehmungen bestimmter Institutionen oder Länder erwachsen waren, wobei, nach der Niederlegung der römisch-deutschen Krone im Jahre 1806 durch Franz II., dem Hause Thurn und Taxis die Rückendeckung des Heiligen Römischen Reiches Deutscher Nation entzogen worden war. Ohne diese Unterstützung aber waren die Thurn und Taxis nicht mehr in der Lage, sich in einer

sich nach den Befreiungskriegen stetig verändernden politischen Machtsituation dem Königreich Preußen zu widersetzen.

Versuche, ein einheitliches deutsches Postwesen zu schaffen, hatte es schon auf dem Wiener Kongreß 1814/15 gegeben, jedoch ohne Erfolg. Der dort entstandene Deutsche Bund bestand aus 39 unabhängigen Staatsgebilden, von denen viele eine eigene Postverwaltung betrieben, so daß es bis zu 17 voneinander unabhängige Postverwaltungen auf deutschem Boden gab. Da ein über die Grenzen der jeweiligen Verwaltungen hinausgehender Verkehr nur auf der Grundlage bilateraler und multilateraler Verträge möglich war, und zudem die einzelnen Staaten häufig auch noch eigene Maße, Gewichte, Währungen und Tarife hatten, war ein effizienter, auf die Bedürfnisse eines beginnenden wirtschaftlichen Aufstiegs zugeschnittener Reise- und Postverkehr nur sehr bedingt möglich. Die beiden Führungsmächte des Deutschen Bundes, Österreich und Preußen, erarbeiteten nun im März 1847 eine „Proposition der Grundlage eines Deutschen Postvereins" aus, die im selben Jahr von den Vertretern der 17 verschiedenen Landesposten beraten wurde. Da keine Einigung zustande kam, gründeten Österreich und Preußen 1850 den Deutsch-Österreichischen Postverein, dem nach und nach eine Anzahl anderer Verwaltungen sich anschlossen. Nach der Niederlage Österreichs gegen Preußen 1866 wurde von diesem eine Anzahl ehemals eigenständiger Postverwaltungen in den nun annektierten Gebieten in die preußische Postverwaltung integriert. Mit der darauf folgenden Übernahme der Thurn und Taxisschen Postverwaltung hatte Preußen das größte Postnetz auf deutschem Boden. Nach der Auflösung des Deutschen Bundes entstand unter Preußens Führung der Norddeutsche Bund mit einer eigenen Staatspost, in der die Postverwaltungen aller Mitgliedsländer integriert wurden. Nach der Reichsgründung 1871 war dann der Weg frei für eine Kaiserliche Reichspost, die, 1872 gegründet, bis auf die weiterhin eigenständigen Postverwaltungen der Königreiche Bayern und Württemberg das gesamte Deutsche Reich umfaßte. Im Rahmen dieser einheitlichen Organisation war es nun unter Leitung von Stephan möglich, das Postwesen zu rationalisieren und damit zu verbessern. Eine von Stephan entscheidend forcierte Neuerung war auch die Zusammenlegung der Post und des Telegraphenwesens im Jahre 1876, das auf der Grundlage der postalischen Infrastruktur aus einer defizitären Situation heraus einen wesentlichen grenzüberschreitenden Beitrag zur Internationalisierung leistete.

Württembergisches Feldpostschild von
1870/71, Öl auf Leinwand.

… des Hornes Klang

Das Horn als Signalinstrument ist bereits von der römischen Staatspost, dem „cursus publicus", bekannt. Benutzt wurde es als Verkehrssignal, um Wege und Straßen für den Boten oder das Fahrzeug freizumachen (in der Funktion der heutigen Autohupe nicht unähnlich). Bekannt ist desweiteren, daß die Metzgerposten das Horn (vermutlich ein Tierhorn) dazu benutzten, ihre bevorstehende Abfahrt zum Vieheinkauf kundzutun und damit die Bereitschaft zur Briefbeförderung anboten. Bekannt ist das Instrument weiterhin bei Wächtern, Schäfern sowie bei Jägern und im militärischen Bereich. Der Bote jedoch benutzte es speziell, um seine Ankunft zu avisieren, damit Stadt- oder Burgtor, insbesondere bei Nacht, unverzüglich geöffnet werden konnte, um ihm die möglichst schnelle Übergabe seiner Nachricht zu ermöglichen.

Neben den Metzgerposten, die ja bereits vor der Taxisschen Post existierten, waren es die spanischen und italienischen Boten, die das Horn bereits als Signalinstrument und als Symbol benutzten. Insofern ist es wahrscheinlich, daß die Taxis die symbolhafte Bedeutung dieses Instrumentes bereits aus ihrer Zeit als päpstliche Boten kannten und es von dort als Hoheitszeichen für ihr Monopol übernahmen[1]. Die Deutung des Posthorns als Hoheitszeichen leitet sich von den Rechten ab, die mit dem Führen des Posthorns verbunden waren. Neben dem bereits erwähnten Öffnen der Stadttore waren es insbesondere Wegerechte, wie das kostenlose Übersetzen mit Fähren und das Passieren von Schlagbäumen ohne Bezahlen des Wegezolls, die dem Träger des Posthorns zugestanden wurden. Seine Benutzung in der Staffettenorganisation ist ebenfalls von Bedeutung, da durch das Blasen des Horns der nächste Staffettenreiter alarmiert oder geweckt werden konnte, so daß er zur nicht unterbrochenen Weiterleitung der Botschaft bei Ankunft des vorherigen Botens bereitstand.

Da also die praktische Ausübung des Posthorn-Blasens mit hoheitlichen Rechten verbunden war, ist es verständlich, daß diese sich auch symbolhaft manifestierten. So wurde der jahrhundertelange Streit zwischen der Taxisschen Post einerseits und den Metzgerposten und städtischen Botenanstalten andererseits mehr um das Posthorn als Symbol denn um dessen tatsächliche Benutzung geführt. „Übrigens aber ist bey einer Geld=Busse von 12 Thlr. auch, dem Befinden nach, einer Leibes=Straffe, so wohl denen Fuhrleuten als anderen Reisenden verbothen, Posthörner zu führen, und damit auf denen Strassen, oder auch in denen Dörffern und Städten, zu blasen"[2]. Als Maximilian I. Franz von

Taxis und seinen Brüdern die erbliche Adelswürde verlieh, wurden in deren Wappen der Reichsadler, die kaiserlichen Farben Schwarz-Gelb und das Posthorn aufgenommen: insbesondere letzteres wurde seit 1544 bis zum Ende des Heiligen Römischen Reiches von den Taxis' erbittert verteidigt. Die häufige Wiederholung kaiserlicher Verbote, teilweise unter Androhung hoher Strafen, das Posthorn zu führen, läßt darauf schließen, daß diese Edikte in der Praxis nicht sehr ernst genommen wurden. „Unter ausdrücklicher Bezugnahme auf entsprechende Edikte ihrer Vorgänger von 1551, 1556, 1600, 1677 und 1713 untersagt schließlich auch Maria Theresia 1769 in einer Ordonnanz für die Posten in den österreichischen Niederlanden unter Strafandrohung von 300 Gulden sowie Konfiskation der Pferde und des Fuhrwerks erneut ‚jedwedem, wer er auch sei, den Betrieb der Post, das Tragen des Posthorns und das Blasen auf demselben zur Öffnung der Uns unterstellten Städte', sofern er nicht ausdrücklich ‚hierzu angewiesen und bevollmächtigt' ist. ‚Wir verbieten überdies den Vermiethern von Pferden und allen von der Post unabhängigen Personen, Reisende durch Relais und mit dem Posthorn zu befördern oder befördern zu lassen, sowie den Boten, das Posthorn zu führen …'"[3].

Die Entwicklung der Signalgebung geht einher mit der technischen Entwicklung des Instruments Posthorn. In einer Instruktion aus dem Jahre 1698 wird es noch als genügend bezeichnet, wenn ankommende Posten, sowie sie in Hörweite kommen, vier- oder fünfmal ins Horn stoßen, ohne daß ein festes Signal mit einer bestimmten Tonfolge festgelegt ist, die auch auf den einfachen Instrumenten der Zeit wohl kaum hätte gespielt werden können. Aufbauend auf der verbesserten Technik des Instrumentenbaus des Barock kamen im späten 18. Jahrhundert dreifach gewundene Hörner auf, deren technische Vollendung durch Hörner mit Tonlöchern bzw. Ventilen im frühen 19. Jahrhundert erreicht wurde, und die das Blasen komplizierterer Signale und Melodien ermöglichten.

Die Bedeutung des Posthorns mag aus dem folgenden „Circulare, den Gebrauch des Posthorns betreffend" aus dem Jahre 1829 ersichtlich werden:

„Über die Unterlassung des vorschriftsmäßigen Gebrauchs des Posthorns ist schon seit längerer Zeit sowohl von den Extrapostreisenden als von den Kondukteurs, welche die ordinairen Fahrposten begleiten, die nachdrücklichste Beschwerde geführt worden. Die Nichtbeachtung der bestehenden Vorschriften, rücksichtlich des Gebrauchs des Posthorns, hat öfters ihren Grund in der Unkunde der Postillions, sich desselben bedienen zu können ...; in den meisten Fällen aber unterbleibt der Gebrauch des Posthorns aus Bequemlichkeit und Nachlässigkeit der Postillions, welche vorziehen, mit der Peitsche zu knallen, statt mit dem Posthorne ein Zeichen zu geben." Aus diesen und weiteren Gründen wird verfügt:

„1. Bei einer jeden Postdienstleistung, dieselbe mag nun im ordinairen, d. h. beim Felleisen-, Estaffetten- und Fahrpost-Transporte, oder im Extrapostdienste statt finden, muß der Postillion mit einem Posthorn versehen seyn.

2. Die Postillions müssen sich befleißigen, das Posthorn blasen zu können.

3. Dieselben sind verpflichtet, in allen Fällen, in welchen sie voraussehen, daß ein Aufenthalt statt finden könnte, und namentlich wenn Fuhren ihnen entgegen kommen oder voran fahren, dann in Hohlwegen und in solchen Wegen, wo das Ausweichen sehr erschwert wird, ferner jederzeit in einiger Entfernung von geschlossenen Thoren, von Chausseehäusern, Schlagbäumen, in Unterwegsorten, wo Briefpakete abzugeben oder mitzunehmen sind, ein vernehmliches Zeichen mit dem Posthorne zu geben. Ebenso haben die Postillions ein Zeichen mit dem Posthorne zu geben, wenn sie bei einem Posthause vorbeifahren und bei Ankunft auf der Poststation in der Nähe des Poststalls, wo die Pferde gewechselt werden. Es versteht sich hierbei von selbst, daß in denjenigen Residenzstädten, in welchen der Gebrauch des Posthorns untersagt ist, derselbe auch durchaus nicht statt finden darf. Bei Postfuhren das Zeichen mit der Peitsche zu geben, wird hierdurch nachdrücklichst untersagt"[4].

Ähnlich wie die Geschicklichkeit beim Fahren mit einer Ehrenpeitsche belohnt wurde, gab es für geschicktes Blasen ein Ehrenposthorn. Häufiger als Berichte über dessen Verleihung sind allerdings Beschwerden über mangelnde Musikalität beim dienstlichen Umgang mit dem Posthorn. So wird in einem Schreiben der Kaiserlichen Oberpostdirektion vom 4. April 1880 die Entlassung des Postillions L. aus dem Dienst angedroht, „wenn der Erstgenannte nicht binnen 3 Monaten die Signale für Schnellposten und für Extraposten, sowie das Nothsignal rein und deut-

lich zu blasen versteht ..." Am 8. Juli antwortet das angeschriebene Postamt: „Betr. Blasen der Posthornsignale durch die Postillione L. und B. der hiesigen Station. Zur Verfügung vom 4. April d. J. Nr. 5485 gehorsamst zu berichten, daß der Postillion L. keinerlei Fortschritte im Blasen der Posthornsignale gemacht hat und in letzter Zeit das Blasen der Signale mit der Entschuldigung unterlassen hat, er bekäme Nasenbluten hiervon. Von demselben sind unter den obwaltenden Verhältnissen keine Fortschritte zu erwarten ... Dabei ist L. ein roher ungebildeter junger Mann und entspricht nicht den Anforderungen eines Postillions, zeigt auch keinen Willen, sich das Fehlende anzueignen. Aus diesen Gründen dürfte die Entlassung des L. aus dem Postillionsdienst geboten erscheinen."[5].

Diese Berichte stehen, ähnlich wie bei der Romantisierung der Postkutsche und der Figur des Postillions, im Widerspruch zum sehnsüchtigen Hang zur Ferne, der in der Lyrik des 19. Jahrhunderts dem Posthorn unterlegt wird und der in den folgenden Eichendorffschen Versen aus dem Gedicht „Sehnsucht" zum Ausdruck kommt:

„Es schienen so golden die Sterne,
Am Fenster ich einsam stand
Und hörte aus weiter Ferne
Ein Posthorn im stillen Land.

Das Herz mir im Leibe entbrannte,
Da hab ich mir heimlich gedacht:
Ach wer da mitreisen könnte
In der prächtigen Sommernacht!"

Eine anonyme weniger nostalgische Variante der letzten beiden Zeilen lautet dann auch:

„Wenn nur besser er blasen könnte,
In der prächtigen Sommernacht."

Abgelöst wurde „des Hornes Klang"[6] durch das schrille Pfeifen der Dampflokomotive; gereist wurde zunehmend mit der Eisenbahn, und mit dem Beginn der Postbeförderung per Bahnpost wurde das Ende der Postkutschenära endgültig eingeläutet.

„Bayrischer, sächsischer und österreichischer
Postillion und die erste Eisenbahn bei
Franzensbad"; Ölgemälde von Gustav
Müller, 1913.

„Salva-Guardia" – Posthausschild des
Thurn und Taxis'schen Postamts in Lim-
burg an der Lahn; Öl auf Holz,
18. Jahrhundert.

288

Briefkästen und Posthausschilder

Posthausschilder als Erkennungs- und Hoheitszeichen gibt es an Postniederlassungen auf dem Gebiet des Deutschen Reichs seit Beginn des 17. Jahrhunderts. Ihr Erscheinungsbild ist uneinheitlich ebenso wie ihre Ausführung. So gab es sie als Steinmetzarbeit, als geschnitzte oder farbig gefaßte Tafel, in unterschiedlichen Formen und Größen, in bescheidenen und üppigen Ausführungen. Eine zusammenfassende Darstellung ihrer Entwicklung steht noch aus.

Die Funktion des Posthausschildes war eine zweifache: war es einerseits ein schlichtes Hinweisschild auf die Existenz einer postalischen Einrichtung für das diese benutzende Publikum, so hatte es andererseits als Hoheitszeichen eine Schutzfunktion für das derart gekennzeichnete Gebäude, seine Insassen und seine Funktionen. Unter dem Motto „Salva Guardia" verwiesen diese Tafeln unter kaiserlichem Wappen auf den Sonderstatus der postalischen Institution. Beginnend mit dem Dreißigjährigen Krieg bis hin ins 18. Jahrhundert sollte damit in Kriegszeiten Befreiung von Einquartierung, Schutz vor Requirierungen und Plünderungen und anderen Gefahren gewährleistet werden.

„Im Bereich der Reichsposten fanden der Kaiserliche Doppeladler und das kaiserliche Wappen (teils in Verbindung mit dem Taxisschen Wappen und / oder dem Posthorn) vor allem auf den Schildern an Posthäusern, an den Postwagen, in den Amtssiegeln der leitenden Behörden sowie auf vielen postdienstlichen Bekanntmachungen und Vordrucken Verwendung . . ."[1]

Auch die landesherrlichen Posthausschilder wiesen sich durch emblematische Kennzeichnung mit den Wappen und Symbolen und auch den Farben des jeweiligen Landesherrn aus. Bei der Fülle von Kleinstaaten mit zum Teil recht wechselhafter Geschichte entstand, ähnlich wie bei den Uniformen, im 18. und 19. Jahrhundert eine enorme Vielfalt unterschiedlichster Posthausschilder.

Vor der Zeit der einheitlich gestalteten Schilder der Kaiserlichen Reichspost nach der Reichsgründung zeichneten sich die Posthausschilder nicht nur durch ihre unterschiedlichen Herrschaftssymbole, sondern insbesondere durch ihre unterschiedliche Gestaltungsweise aus: so konnte das Schild eines bedeutenden städtischen Postamtes von durchaus hoher künstlerischer Qualität sein und wesentliche Elemente des entsprechenden Kunststils der Zeit beinhalten. Am anderen Ende der Skala gab es bei kleineren Postanstalten Schilder, die entweder von lokalen oder durchreisenden Künstlern gefertigt waren und bei heutiger Betrachtungsweise eher unter dem Aspekt naiver

Kunst gesehen werden könnten. Diese Vielfalt verschwand nach 1872 mit Ausnahme einiger weiterexistierender Landesposten sukzessive, um Posthausschildern mit einheitlicher Gestaltung unter Benutzung des kaiserlich preußischen Wappenadlers und der kaiserlichen Insignien in den Farben Schwarz–Rot–Gold auf weißem Grund Platz zu machen.

Nach dem Zweiten Weltkrieg wurde der vom Reichsadler zum Bundesadler weiterentwickelte Wappenvogel als Hoheitszeichen benutzt. Der Verlust der hoheitlichen Emblematik wurde schon in der Reichspostflagge von 1921 eingeleitet, wo das Posthorn die Insignien des Reichs ersetzte. Mit der Einführung des heute üblichen, stilisierten Posthorns mit zwei waagerechten Pfeilblitzen im Jahre 1979 bzw. dem vollständigen Ersatz jeglicher Symbolik durch das schlichte, in Helvetica ausgeführte Wort „Post" hat sich auch das Posthausschild den heute üblichen Regeln der „corporate identity" bzw. des „corporate design" untergeordnet und damit jegliche hoheitliche Aspekte verloren.

Ein weiterer Aspekt postalischer Manifestationen ist der Briefkasten, der allerdings über das rein Informative hinaus eine Funktion hat. Da er in seiner Frühzeit meist an Postämtern auftauchte, verschmilzt er in unserer Vorstellung leicht mit dem Posthausschild zum äußerlichen Erkennungsmuster einer postalischen Einrichtung. Dies nostalgisch geprägte Bild kam seit der Mitte des vorigen Jahrhunderts in den Städten, Kleinstädten und später auch Dörfern Deutschlands zum Tragen. Nachdem sich die Einrichtung eines Briefkastens nach französischem Vorbild in den preußischen Rheinprovinzen bewährt hatte, wurde 1824 mit postmeisterlichem Dekret die Einrichtung solcher Behältnisse in Preußen eingeführt. Ebenfalls nach französischem Vorbild waren bereits ab 1810 in einigen bayrischen Ämtern sogenannte „boîtes" oder Briefaufnahmeschachteln aufgestellt worden. Hierbei handelte es sich um hochrechteckige Holzkästen mit Einwurfschlitz, die schlicht weiß gestrichen waren. Ihr Erscheinungsbild wechselte mehrfach in ihrer Frühzeit, auch in Württemberg und Sachsen, wo man in den 20er und 30er Jahren des 19. Jahrhunderts ebenfalls mit der Aufstellung solcher Kästen begonnen hatte.

Schon bei dem ersten Einführungsversuch in Preußen im Jahre 1766, der nur drei Jahre lang andauerte, war die „Facilisierung" des Postverkehrs mittels der Briefkästen als Sammelstellen für abgehende Post nicht eingetreten, da die damaligen komplizierten Portoberechnungen weiterhin am Schalter vorgenommen werden mußten. So war denn der Briefkasten auch nur für die

Aufnahme von landesinternen Sendungen gedacht, die unfrankiert aufgegeben werden konnten, da das Porto vom Empfänger zu bezahlen war. Im entsprechenden „Avertissement" des Königlich Preussischen General-postamts vom 14. Juli 1766 liest sich dies wie folgt: „Nachdem das General-Post=Amt zur Gemächlich-keit der Correspondenten und Facilitierung deren Cor-respondance auf dem Fluhr des hiesigen Hof=Post=Hauses, einen verschlossenen Kasten dergestalt anfer-tigen lassen, daß die Correspondenten zu aller Zeit ihre unfrankirte Briefe in sothanen Kasten stecken können; dagegen die zu franquierende Briefe, Paquete und Gelder nach wie vor an die expedirende Secretairs abgeliefert werden müssen; Als wird solches dem Publico hiermit nachrichtlich notificiret, und dasselbe dabey erinnert, von diesen Arrangemens keinen Miß-brauch zu machen, und etwan Briefe, welche bis an die Grentzen oder sonst franquirt werden müssen, in beregten Kasten zu stecken, widrigenfalls zu gewärti-gen, daß solche unbestellt liegen bleiben werden ..."[2] Bewähren konnte sich der Briefkasten erst mit der Ein-richtung festgelegter Voraustarife und der Festlegung genormter Sendungen – und zwar hauptsächlich nach der Einführung der Briefmarke in Deutschland. Nun konnten Sendungen freigemacht oder „franquirt" wer-den, ohne sie am Schalter bei den „Secretairs" aufzu-geben, und zu jeder Tages- und Nachtzeit eingeworfen werden. Gab es 1856 bereits 4809 Briefkästen in 3877 Orten Preußens, so waren es 10 Jahre später bereits mehr als doppelt soviele, nämlich 11 624; allein auf dem Lande waren zu dieser Zeit 7120 Briefkästen auf-gestellt worden. Dies war für die postalische Versor-gung ländlicher Gebiete insofern von großer Bedeu-tung, als auch Orte ohne Postamt für die abgehende Post mit einem Briefkasten versehen werden konnten.

1867 gab das Generalpostamt des Norddeutschen Bundes den ersten Auftrag zu einer Vereinheitlichung des Briefkastens, nämlich der ersten Serienproduktion von gußeisernen Stadtbriefkästen. Auch in Bayern und Württemberg setzte sich der gußeiserne Kasten auf-grund der Möglichkeit der Serienproduktion und sei-ner Stabilität durch. Im Jahre 1873 zählte man im Reichsgebiet (ohne Bayern und Württemberg) bereits 30 665 Briefkästen, 1898 waren es dann bereits 94 838.

Angefertigt wurden mittlerweile spezielle Briefkästen für spezielle Funktionen, prachtvoll historisierende aus Gußeisen für den städtischen Verkehr, einfachere emaillierte, um den klimatischen Bedingungen des außerstädtischen Bereichs zu widerstehen, als Land-briefkästen. Der Hang zur Selbstdarstellung machte, ähnlich wie bei den Postpalästen, so auch bei den Briefkästen keinen Halt. „Im Jahre 1877 aber machte ein Briefkasten mit der seit 1874 bei der Deutschen Reichspost eingeführten Leerungstechnik Furore, der in seiner äußeren Gestaltung alle bisherigen Formen übertraf. Mit seinen Ornamentbändern, dem Blatt-werk und den anderen reichlichen Verzierungen stellte er ein Meisterstück des Eisenkunstgusses dar. Er war bronzegrün, Krone, Wappen und Posthörner sowie die Aufschrift ‚Postbriefkasten' waren vergoldet."[3]

Daß die über das rein Funktionale hinausgehende Ornamentik und Farbgestaltung der Briefkästen sowie die Erhaltung dieses äußeren Erscheinungsbildes nicht ungeteilt wohlwollend aufgenommen wurde, zeigt fol-gender Artikel aus der Zeitung „Berliner Neueste Nachrichten" vom 31. Mai 1908: „Jedesmal wenn der Frühling ins Land kommt, ergreift die Reichspost der Schönheitsdrang und sie läßt *sämtliche Briefkästen Groß Berlins* schön neu anstreichen. Erst kommt ein Mann mit einem Topf blauer Oelfarbe und betätigt sich. Dann wird ein Zettel angebracht! ‚Frisch gestri-chen', und das Publikum ist gewarnt. Es ist ungemein schwierig, ja fast unmöglich, einen so frisch gestriche-nen Kasten zu benutzen, ohne sich die Finger blau zu färben. Die größte Fingerfertigkeit versagt. Kein Absender kann garantieren, daß nicht beim vorsichti-gen Durchschieben des Briefes der Umschlag eine blaue Zierde abbekommt, zur freudigen Überraschung des fernen Empfängers. Wer aber in Anbetracht dieser Schwierigkeiten beim Einstecken auf den Gedanken kommen sollte, daß es noch mehr Briefkästen in Berlin gibt, der erlebt eine bittere Enttäuschung, er wandert von einem Kasten zum anderen, und frisch gestrichen sind sie alle. Nach acht Tagen kommt dann ein ande-rer Künstler und verschönt das Werk mit Goldbronze. Endlich ist noch der weiße Brief mit dem roten Siegel, der den Kasten oben symbolisch ziert, aufzufrischen. Dieser letztere Teil der Auffrischungsarbeit ist der überflüssigste, da man auch ohne dies weiß, daß es ein Briefkasten ist ..."[4]

Württembergischer Postbeamter bei der
Briefkastenentleerung; Fotografie, um
1880.

Stahlstich nach einem Gemälde, zweite
Hälfte 19. Jahrhundert.

Beschwernisse des Reisens

Die mittelalterlichen Reisewagen erreichten selten das Niveau der römischen. Der Wagenkasten ruhte zunächst direkt auf den Achsen; dann fing man an, ihn aufzuhängen; aber die Ketten, die man dafür benutzte, dämpften die Stöße nur unvollkommen und verursachten bei den Reisenden durch das ständige Schaukeln häufig Übelkeit.

In Ungarn wurden seit der Mitte des 15. Jahrhunderts Wagen gebaut, deren Kästen an vier Lederriemen befestigt und damit gefedert waren. Weitere Verbesserungen erfolgten im 17. Jahrhundert: die Riemen wurden durch hölzerne und dann durch stählerne Blattfedern ersetzt, die mittlerweile eingeführten Türen und Fenster der Wagen verglast. Solche Neuerungen kamen vor allem den Prunkkutschen zugute, die bis in das 16. Jahrhundert hinein dem Adel vorbehalten waren. Die normalen Reisewagen übernahmen die Neuerungen erst ganz allmählich.[1]

Die im Laufe eines längeren Zeitraums entwickelte Postkutsche zeigte hinsichtlich Ausstattung und Fassungsvermögen große Unterschiede; insgesamt war auch dieses Gefährt wenig komfortabel. Eine Reise im Postwagen zwischen Münster und Osnabrück beschreibt für das 18. Jahrhundert Schlözers *Staatsanzeiger* – August Ludwig Schlözer hielt an der Universität Göttingen seit den siebziger Jahren Vorlesungen über Land- und Seereisen – wie folgt: „Es läßt sich wirklich für einen Reisenden nichts Gefahrvolleres denken, als ein schwerbepackter, engspuriger, kurzer, mit einem elenden Verdeck versehener Postwagen, welcher durch die schlechten Wege von den gröbsten Postknechten bei stockfinsterer Nacht fortgebracht wird, und der auf so mancher Tour teils mit, teils ohne Verschulden des Postillions umgeworfen wird. Aber nicht allein bei Nacht, auch bei Tage fällt dieses elende Fahrwerk oft um."[2]

1770, nach einer Reise von Salzburg nach München, schreibt Wolfgang Amadeus Mozart an seinen Vater, daß er die ganze Nacht kein Auge zugetan habe. Der Wagen stoße einem doch die Seele heraus; die Sitze seien hart wie Stein; um seinen Hintern zu schonen, habe er sich auf den Händen abgestützt.[3]

Während der Kaffeekonsum durch hohe Steuern gedrosselt wurde, machte man bei den Postkutschen-Passagieren angesichts der Reise-Strapazen (zumindest in Braunschweig) eine Ausnahme. In einem Edikt des Herzogs Carl vom Februar 1764 heißt es: „In Dörfern, durch welche die Poststraße gehet, oder wo eine Poststation ist, soll zwar denen Wirthen, welche dazu privilegiret sind, fernerhin erlaubet seyn, für die Passagiere einen Vorrath von Wein, Coffee, Thee und Zuk-

ker in Bereitschaft zu haben, und denselben das Verlangte davon zu verabreichen. Es soll aber davon bey 20 Thlr. Strafe von jedem Contraventionsfall, welche halb dem Denuncianten zuzubilligen und halb der Obrigkeit anheim fällt, weder an die zur Dorfgemeinde gehörigen Einwohner, noch an andere Landleute, es seyen einheimische oder auswärtige, das mindeste verabfolget werden. Die Wirthe müssen zu dem Ende ein ordentliches Tagebuch halten, worin sowol Tagen und wie viel consumiret worden, zu bemerken. Die Obrigkeiten aber haben sotanes Tagebuch von Zeit zu Zeit nachzusehen und dem Befinden nach, nähere Untersuchung anzustellen."[4]

Die Klagen über Reisebeschwernisse mehren sich mit dem Anbruch des „aufgeklärten Zeitalters" – waren doch vorher nur wenige gereist. Nun geht der bildungshungrige Bürger auf große Fahrt; er muß für seine Welt-Neugier bitter bezahlen: „Willst du Dir einen klaren Begriff vom Postfahren machen, dann betrachte das folgende kleine Bild: Man wird in einen ungeheuren, mehrsitzigen Wagenrumpf gepackt, der bedeckt, aber sonst in jeder Hinsicht unbequem ist, zusammen mit einer Menge Personen von allen möglichen Sinnesstimmungen, Ständen, Vermögen, Jahren und beiderlei Geschlechts; Menschen, die man hier zum ersten Male in seinem Leben sieht und zum größeren Teile sicherlich nie wieder zu sehen bekommt. In dieser Weise wird man ganz piano von vier phlegmatischen Pferden fortgezogen, von denen das eine die Ehre hat, auf seinem Rücken einen livree-geschmückten Lümmel zu tragen, der den Titel Schwager führt und unaufhörlich mit einer himmelstürmenden Fuhrmannspeitsche in der Luft herumknallt, ohne daß deshalb die Reise auch nur im geringsten schneller ginge. Die Wege sind freilich nicht zum Schnellfahren eingerichtet, am wenigsten in der Mark Brandenburg und je näher nach Berlin zu. Die Pferde waten Schritt für Schritt durch schwellenden Sand, während die Munterkeit der Fahrenden, ehe sie sich dessen versehen, durch einen tüchtigen Rippenstoß aufgefrischt wird, indem der Wagen über einen mitten auf der Landstraße liegenden Steinhaufen oder über einen tüchtigen grundfesten Feldstein fährt, den aus dem Wege zu räumen sich niemand die Mühe gibt." So Per Daniel Amadeus Atterboom in einem Brief über eine Reise nach Berlin im Jahre 1817.[5] Der miserable Zustand der Straßen war nicht nur darauf zurückzuführen, daß die Kunst des Pflasterns seit dem Ende der Römerzeit in Vergessenheit geraten war (bis diese von Napoleon wiederentdeckte Technik auch in Deutschland Nachahmung fand); Verbesserungen verhinderte im beson-

deren die deutsche Kleinstaaterei: Man sah keinen Grund, für die Reisenden anderer Staaten etwas zu tun oder gar die Invasion einfallender Heerhaufen zu erleichtern.[6] Bis zur Einführung der Eisenbahn blieb die Unbill des Reisens ziemlich unverändert; die umschlagende Postkutsche zum Beispiel gehörte zur Alltäglichkeit. Karl Immermann schildert Dezember 1821 in einem Brief, wie es ihm auf einer Fahrt von Magdeburg nach Münster erging: „Bis Hildesheim ging's auf ganz abscheulichen Wegen schneckengleich. Vor Hildesheim in der Nacht verfuhren wir uns gänzlich, kamen auf morastige Wiesen, an aufgeworfenen Gräben, mußten aussteigen, u. durch Koth waten, u. waren darauf kaum wieder eingestiegen, als die ganze Postkutsche an einem kleinen Hügel umschlug. Heiliger Gott welche Finsterniß, was für ein Chaos von Beinen, Armen, Gesichtern! Ich kam bei dieser Gelegenheit recht eigentlich unter Menschen, denn über mir lag ein dicker Portd'epeefähnrich, von etlichen Zentnern. Die Berlinerin schrie aus der untersten Hölle: Herr Jesus, ich ersticke! Herr Fähnrich, Sie sperren mir ja in die Beine! – Nachdem jeder seine Gliedmaßen wieder zusammengerafft hatte (ich war übrigens nicht im mindesten verletzt) so krochen wir aus dem Bauch des Unthiers durch das Guckfenster, einer nach dem Anderen, wie Schornsteinfeger aus dem Rauchfange. Was war draußen zu thun. Pechschwarze Nacht, unendliches Regengewässer u. Schmutz am Boden."[7]
Die Wartezeit bis zur Weiterfahrt wird freilich euphorisch überbrückt (die „Heiterkeit der Schiffbrüche" kann eben bei jedem Verkehrsmittel, die Misere mildernd, gegeben sein): „Wir krochen ins nächste Dorf, fanden dort eine schändliche, wegen Diebeshehlerei berüchtigte Kneipe, in ihr viel Volks, beiderlei Geschlechts, worunter zwei Musikanten, die gegen Gr., die bekannte tönende Leier zu Burg, sich ungefähr so verhielten, wie letztgenannter Künstler gegen Bernhard Rhode, Spohr etc. Sofort wurde beschlossen, einen glänzenden Ball zu arrangiren, ich ließ eine Bollenkammer im oberen Stock abfegen, den Künstlern ein Bierglas Schnaps einschenken, u. eröffnete den Tanz mit einer Göttin des Kuhstalls. Gesammtes Passagieru. bäuerliches Personal folgte, u. es entstand eine Wirthschaft, wie auf dem Brocken in der Walpurgisnacht. Bis 1 Uhr dauerte diese anständige Fröhlichkeit im Dorfe Klein Eber (denn es wäre schade, wenn das Gedächtniß dieses merkwürdigen Örtleins verloren gehen sollte.) Dann wurde der Ball aufgehoben, unsre bläuliche Carosse, die mehrere aufgefunde Hebebäume endlich wieder zum Stehn gebracht hatten, fuhr vor, die Herrschaften begaben sich nach Hause, d. h.

hieher nach Münster, bis wohin, bis auf ganz entsetzlichen Sturm, u. dito Regen, nichts Sonderliches passirte."
Sommer für Sommer verbrachte der Münchner Rechtsanwalt und Notar Ludwig Steub (1812–1888) in den Alpen. Zu Fuß und im Stellwagen durchwanderte er das Land. Bei einer Fahrt im Pferdewagen von Miesbach nach Bayrischzell ärgert er sich, daß der Posthalterssohn sich ins Kabriolett des Omnibusses setzte, „welches ich selbst aspiriert hatte, in der Meinung, daß die Posthalterssöhne der Gegend in den Bauch des Wagens gehören, weil sie ihre Landschaft täglich vor Augen haben und die bequemen Schauplätze den Fremden überlassen sollen." Mit den höckrigen Sitzen der engen Kalesche versöhnen Steub freilich die an der Kutsche angebrachten Blumengirlanden: die letzte Fahrt steht bevor, wird doch kurz darauf die Eisenbahn bis Schliers eröffnet. Dabei erinnert sich der Reisende an frühere Fahrten mit bayerischen Omnibussen und Stellwagen, deren Zustand, zerrissen und zerflickt, sich jeder „patriotischen Beschreibung" entzieht. Auf einer Fahrt von Innsbruck nach Landeck erlebt der bayerische Tourist die Tyrannei des Stellwagenkutschers dadurch, daß dieser die vorgegebene Passagierzahl überzieht, eine Frau Doktorin mit etlichen Schachteln noch einsteigen läßt: „O, da sind schon elf und zwölfe drinnen gesessen. Lassen Sie die Frau Doktorin nur einhi und verteilen Sie ihre Schachteln untereinand, damit's keinen Unfrieden gibt; der Weg ist einmal z'naß für a solche Frau." Nicht genug damit: „Da der Kutscher meistens jung ist, so spielt neben Vater Bacchus auch Frau Venus in den Geschäftsgang sehr merklich hinein. Damals war kein Wirtshäuslein talauf und -ab, in welchem unser Hansele nicht beiden Gottheiten opferte. Es wäre ihm aber auch gar zu schwer geworden, sie zu umgehen. Mehreremal schien er mit sich selbst zu ringen, aber wenn die liebliche Schenkin auf die steinerne Vortreppe trat und wehmütig nachrief: ‚Hansele, fahrst gar vorbei?', so bewirkte dies jeweils in seinem Innern einen vollständigen Umschlag. ‚Richtig', sagte er dann, wie wenn ihm etwas Vergessenes wieder eingefallen wäre, ‚richtig, da muß ich ja einen Brief abgeben! Kimm glei wieder.' So ging er hinein in den Venusberg und ließ uns nur das Nachsehen."[8]
Gott bewahre jeden Christenmenschen vor Postfahrten – in diesen Stoßseufzer am Ende von Immermanns Bericht (hier freilich auf den Winter bezogen) hätten viele der Reisenden, über die Jahrhunderte hinweg, einstimmen können; aber die Faszination der Raumüberwindung überwog.

„Nur die Gedanken sind zollfrei"; Helio-
gravure nach einem Gemälde von Carl
Spitzweg, um 1860.

„Der Mensch und sein Beruf", Lithografie von C. Schustler, Wien um 1840, erschienen bei M. R. Thoma, mit Vignetten
zu den Berufen, die zur „Postmeisterei"
gehörten: „Kutscher, Fuhrmann, Fiaker,
Eisenbahner, Dampfschiffer, Sesselträger,
Briefträger, Bote, Telegraphir(-), Post-
und Reitknecht, Wagner."

Leben und Arbeit bei der Post

Der Romantisierung des Reisens in der Literatur und der bildenden Kunst des 19. Jahrhunderts steht eine Realität gegenüber, die sowohl aus der Sicht der Reisenden als auch aus derjenigen der für die Reise Verantwortlichen meist leidend empfunden wurde. Tönt im Gedicht das Posthorn „hell und lustig"[1], fährt die Kutsche „mit Radgebraus und Peitschenknall ... von Lust beseelt, hinaus, hinaus in alle Welt"[2], können die Passagiere „in tiefer, stiller Nacht" gar schlafen, denn „der Postillion fährt sacht"[3], so steht dieser Sehnsucht das Erlebnis gegenüber, das eine andere Realität schildert: „Wahrlich, als Jupiter verlegen war, die Grobheit recht grob zu schaffen, da hauchte er ihr endlich die Seele eines preußischen oder sächsischen Postillions ein, und siehe! das Werk war gelungen. Man nehme sich vor, so fest man wolle, mit diesen Leuten in keinen Streit zu geraten, man spende das Geld mit vollen Händen, es ist alles einerlei, sie sind nie zufrieden, und so außerordentlich reizbar, daß auch die sanfteste Ermahnung, etwa ein wenig schneller zu fahren, sie gleich in eine Art von grober Wut versetzt."[4]
Der Postillion, landläufig als Schwager bezeichnet (vermutlich eine bayerische Verballhornung des französischen „Chevalier"), trug die gesamte Verantwortung für Fahrzeug, Pferde, Passagiere, deren Hab und Gut und die ihm anvertraute Post. Er war, anders als die Passagiere, Wind und Wetter ausgesetzt, da er die ganze Fahrt über entweder vom Kutschbock oder vom Leitpferd aus das Fahrzeug lenken mußte. Vorgegeben waren ihm meist festgelegte Zeiten für bestimmte Fahrstrecken, bei deren Überschreitung ihm Abzüge vom ohnehin kargen Lohn gemacht werden konnten. Bei Überfällen wurde von ihm nicht nur die Verteidigung des eigenen Lebens, sondern auch dessen der Passagiere sowie des ihm anvertrauten Guts erwartet. Unfälle oder nur schlichtes Liegenbleiben der Kutsche aufgrund von Materialermüdung forderten ihm handwerkliche Fähigkeiten bei kleineren Reparaturen ab.
Exakte Dienstanweisungen schrieben ihm neben dem Tragen einer recht gut geputzten Uniform vor, während des Dienstes nicht zu rauchen, nicht häufiger als in exakt vorgegebenen Intervallen an Gasthäusern zu halten, nicht zu schnell zu fahren (insbesondere durften Verspätungen nicht durch überhöhte Geschwindigkeit ausgeglichen werden) und dergleichen mehr bis hin zu Details, die ihm untersagten, mit nicht vollständig zugeknöpftem Uniformrock zu fahren und ihm vorschrieben, daß seine Hose bis zu den Füßen reichen

mußte. Und schließlich wurde von ihm das einwandfreie Blasen des Posthorns verlangt.
Es nimmt bei diesem Anforderungsprofil nicht wunder, daß der Beruf des Postillions zumeist von handfesten Personen ausgeübt wurde, denen häufig die im Umgang mit den zarter besaiteten Passagieren nötige Sensibilität fehlte. Auch der häufige und regelmäßige Konsum von alkoholischen Getränken wird hierzu beigetragen haben. Da der Lohn bescheiden und zudem ständig von Abzügen für Verspätungen oder selbstverschuldete Beschädigungen bedroht war, blieb ein Nebenverdienst häufig die einzige Möglichkeit, ein adäquates Einkommen zu erreichen. Eine Hauptsparte dieser Aufbesserung war das – mit Recht so benannte – Trinkgeld. So ließ sich der Postillion das langsamere oder schnellere Fahren bezahlen, das Verstauen und das Ausgeben des Gepäcks wurde mit einem Trinkgeld stimuliert, und jeder sonstige, über die minimale Beförderungsleistung hinausgehende Service war ohne entsprechenden Obulus kaum erreichbar.
Ein weiterer, für den Postillion in zweifacher Hinsicht angenehmer Nebenverdienst war das Pausieren in Gasthöfen; so hatte er selbst die Möglichkeit, hier nach eigenem Gusto zu rasten, zu essen und insbesondere zu trinken, und zudem hatte er zumeist mit dem Wirt eine Abmachung, die ihm einen Prozentsatz von dessen Einnahmen garantierten: die Beschwerden über geprellte Passagiere und über absichtlich lange Aufenthalte, die den Fahrgast zu einem möglichst umfangreichen Verzehr animieren sollten, sind unzählig. (Die hier beschriebenen Verhaltensweisen dürfen als Frühform von Praktiken gelten, die dem modernen Massentouristen zwar nicht immer bekannt, aber zumindest vertraut sein werden). Am Schluß von Börnes „Monographie der deutschen Postschnecke" liest es sich dann gar nicht mehr satirisch: „Der Passagier [ist] ein Narr jedes Postmeisters, Conducteurs und Postillions, und muß liegen bleiben, so oft es diesen Herren gefällt, Wein zu trinken ..."[5] Daß der Postillion selbst unter Kollegen als schwierige Person angesehen wurde, zeigt ein oberpostamtlicher Bericht von 1845 aus Bayern, in dem es um die Situation der die neuen Bahnposten begleitenden Postkondukteure geht; als unbillig wird es empfunden, „den Postkondukteuren, die oft 2–3 auch 4 Nächte nacheinander durchfahren, Plätze III. Klasse anzuweisen", nachdem sie „oft halbe Nächte in Schnee oder Kot herumgewatet sind, sich mit Umladen, Abpacken geplagt" und „mit den Postillions herumgestritten haben."[6]

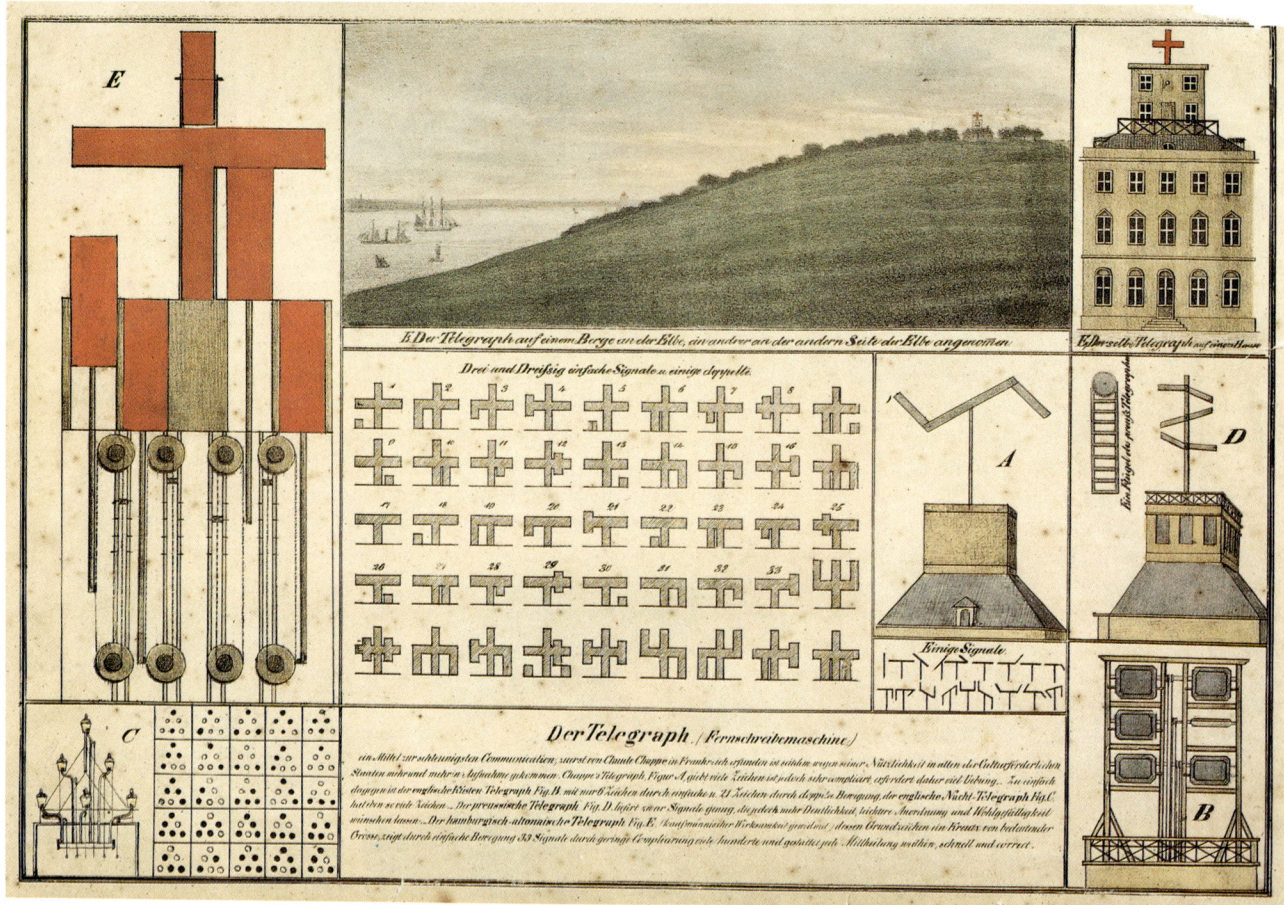

„Der Telegraph", Lithografie um 1840
mit hervorgehobener Darstellung des
„Hamburg-Altonaischen Telegraphen"
(oben).

Soweit das Auge reicht

„Chorführer: So sag, wie lang ist Troja schon zerstört?
Klytaimestra: Seit dieser Nacht, die dieses Licht gebar.
Chorführer: Und welcher Bote traf so schnell hier ein?
Klytaimestra: Hephaistos' Glut, vom Ida ausgeschickt.
Von Fackel lief zu Fackel diese Post." (Aischylos)[1]
Die Nachricht von der Einnahme Trojas, „Dreimal
sechs Feuerzeichen", erreichte die daheim gebliebene
Klytaimestra auf ihrer Königsburg in Argos offenbar
mit so großer Schnelligkeit, daß erst eine ausführliche
Streckenbeschreibung den Chorführer davon über-
zeugte, daß sie nicht an „der Traumgespenster Flüste-
rung" glaubte, sondern es sich um eine tatsächliche
und echte Nachricht handelte. Bei der hier beschriebenen Form der Nachrichtenübermittlung ging es offenbar um eine Mischung aus stationären Feuerzeichen
und einer Stafette von Fackelläufern. Ähnliche Formen
sind auch aus anderen Quellen ableitbar, wenngleich
diese meist der Exaktheit entbehren, die eine eindeutige technische Rekonstruktion ermöglichen würden.
Zuerst ist dies bei dem griechischen kriegstechnischen
Schriftsteller Aineias Taktikos, einem Heerführer des
Arkadischen Bundes 367 v. Chr., möglich, dessen
Schriften ausführlich von Polybius (ca. 200–120
v. Chr.) in seiner *Weltgeschichte* zum Thema „Optische Telegraphie" erläutert werden. „Zwei tönerne
Gefäße gleicher Weite und Höhe, etwa drei Ellen hoch
und eine Elle im Durchmesser, mit gleich großen, vorerst geschlossenen Ausflußöffnungen, werden mit
Wasser gefüllt. Auf der Wasseroberfläche schwimmen
Korkscheiben, in deren Mitte senkrecht stehende Stäbe
befestigt werden, die in Felder von je drei Finger Breite
unterteilt sind. Auf diesen Feldern verzeichnete man
die wichtigsten und hauptsächlichsten Vorkommnisse
in einem Krieg. Wird je eines dieser Gefäße am Sende-
und am Empfangsort bereitgehalten, läßt sich durch
ein Fackelzeichen das Öffnen der Abflüsse signalisie-
ren. Die Stäbe mit den Nachrichtenfeldern sinken sodann langsam nach unten. Erreicht das Feld mit der zu
übertragenden Nachricht den Rand des Gefäßes, wird
vom Sendeort mit einem zweiten Fackelzeichen das
Schließen der Abflüsse angezeigt. Sogleich kann die
nun zu übermittelnde Nachricht am Empfangsort abgelesen werden."[2]
Polybius selbst bemängelt an diesem System die Infle-
xibilität aufgrund der geringen Anzahl der – vorher
festzulegenden – Nachrichtenfelder. Sein eigener Ver-
besserungsvorschlag geht dahin, Flexibilität der Botschaft durch Verwendung des gesamten griechischen
Alphabets zu erreichen, das in jeweils fünf horizontale
und fünf vertikale Spalten aufgeteilt wird. Der jeweilige Buchstabe wird dann durch eine Kombination von
zwei Zahlen definiert: seine Stellung in der horizontalen und in der vertikalen Reihe; übertragen wurde dieser Code durch zumindest zwei Fackeln, die jeweils die
horizontale oder die vertikale Zahl anzeigten:

	1	2	3	4	5	6
1	a	f	k	p	u	z
2	b	g	l	q	v	
3	c	h	m	r	w	
4	d	i	n	s	x	
5	e	j	o	t	y	

So definiert sich in diesem Beispiel der Buchstabe „d"
durch die Zahlenkombination „4" und „1" und der
Buchstabe „X" durch „4" und „5".
Dieses einfache Codierungs- und Übertragungssystem
wurde dann auch in dieser oder variierter Form beibe-
halten, wobei seine Anwendung wohl eher beschränkt
war oder aber sich auf militärische Nutzung beschränkte. Eine einschneidende Verbesserung erfuhr
die optische Telegraphie erst als Resultat einer anderen Erfindung der Neuzeit: „Die Entwicklung der optischen Telegraphie läßt sich in zwei Perioden eintei-
len: die erste reicht von der Zeit des klassischen Altertums bis zur Erfindung des Fernrohrs zu Beginn des
17. Jahrhunderts, die zweite von der Erfindung des
Fernrohrs bis zur Mitte des 19. Jahrhunderts"[3].
Allerdings wirkt sich die Erfindung des Fernrohrs
nicht sofort auf die Weiterentwicklung der optischen
Telegraphie aus. Das optische Telegraphensystem, das
Robert Hooke 1684 der Royal Society in London vor-
trug, baute zum ersten Mal auf körperliche Signale, in
diesem Fall ein aus Holz gefertigtes „Alphabet", auf.
Die Handhabung durch mindestens dreißig verschiedene Seilzüge wäre allerdings schwierig gewesen, wohl
auch ein Grund, der die Einführung des Systems verhinderte. Von den Versuchen des 18. Jahrhunderts,
optische Telegraphensysteme zur Anwendung zu bringen, sei hier nur noch der des ungarischen Komponi-
sten Chudy (1752–1813?) erwähnt, dessen „Lampen-
telegraph" zum ersten Mal einen zweiwertigen Zah-
lencode benutzte und damit als Vorläufer der gegenwärtigen digitalisierenden Chiffrierung von Signalen
gelten darf. So wird bei Chudy das Alphabet in fünf-
stellige zweiwertige Codes zerlegt: z. B. a = 00001,
b = 00010, c = 00011 usw.
Allerdings ist auch über die praktische Anwendung
dieser interessanten geistigen Leistung nichts bekannt.
Anwendbar wurde der optische Telegraph in der unru-
higen Zeit der französischen Revolution, anwendbar
gemacht wurde er durch den französischen Geistlichen

Claude Chappe. Interessanterweise beschäftigte Chappe sich zuerst theoretisch mit der Entwicklung eines elektrischen Telegraphen, da er sich nach dem Studium der Theologie der Physik zugewandt hatte. Nachdem er jedoch realisiert hatte, daß die Isolierung der Leitungen und das Problem des Spannungsabfalls ohne – damals noch nicht existierende – Verstärker nicht gelöst werden konnte, entwickelte er zusammen mit seinen Brüdern ein System der optischen Telegraphie, das auf dem damals technisch Machbaren fußte und nach Überwindung anfänglicher Übertragungsschwierigkeiten, die im wesentlichen auf einem verbesserungsbedürftigen Codierungssystem beruhten, als Grundlage und Vorbild eines sich schnell über Europa ausbreiteten optischen Telegraphiesystems gelten darf. Dieses von Chappe selbst zunächst „Tachygraph" (Schnellschreiber) genannte Gerät bildete die Grundlage der 1794 erbauten ersten optischen Telegraphenlinie von Paris nach Lille, 1795 vervollkommnete Chappe dann das Chiffriersystem, so daß einem Ausbau der in Paris zusammenlaufenden Linien nichts mehr im Wege stand.

Die mechanische Einrichtung des Telegraphen bestand aus einem sogenannten Regulator (Zentralhebel) und zwei etwa halb so langen Indikatoren (Außenflügel). Durch entsprechende Verstellung sowohl des Regulators als auch der Indikatoren war es möglich, insgesamt 196 verschiedene Flügelstellungen zu erreichen. Der von Chappe erarbeitete Code war in drei Büchern festgelegt, von denen das erste Buchstaben, das zweite Silben und das dritte Redewendungen enthielt. Um 1833 existierten in Frankreich folgende, in Paris zusammenlaufende Hauptlinien: Calais–Lille–Paris, Straßburg–Metz–Paris, Toulon–Marseille–Lyon–Paris, Bayonne–Bordeaux–Tours–Orleans–Paris, Brest–Avranches–Paris. Und im Jahre 1852 bestand das französische optische Telegraphennetz aus über 500 Stationen mit einer Gesamtlänge von 4800 km. Interessanterweise wurde schon 1831 in Frankreich der Versuch gemacht, auf der Strecke Paris–Rouen eine private Aktiengesellschaft für Telegraphie einzuführen, die allerdings nach zeitgenössischen Aussagen nie ein operatives Stadium erreichte.

Der erste Vorschlag, auf deutschem Boden eine optisch-mechanische Telegraphenlinie einzurichten, geht nicht untypischerweise auf einen preußischen Generalstabsoffizier zurück, der im Juni 1819 einige Verzeichnisse günstig gelegener Höhen für eine optische Telegraphieverbindung zwischen Preußen und seinen westlichen Provinzen erstellte. Eine nach den Befreiungskriegen zunehmend restaurativ-konservative preußische Militärbürokratie verhinderte jedoch diverse weitere Versuche zur Einführung der optischen Telegraphie im militärischen Bereich. Erst aufgrund veränder-

ter Rahmenbedingungen – zunehmendes Selbstbewußtsein der rheinischen Provinzen, Revolutionen in Rußland und Belgien – erkannte man in Preußen die Notwendigkeit einer schnellen und zuverlässigen Nachrichtenverbindung zwischen Berlin und den Provinzen.

1833 wurde die optisch-mechanische Telegraphenlinie Berlin–Koblenz eingerichtet. Die technisch-mechanische Einrichtung bestand aus einer Station, die zugleich Empfänger als auch Sender (Verstärker) war: auf den meist turmähnlichen Gebäuden war je ein Mast angebracht, an dem drei sich gegenüberstehende Flügel befestigt waren. Empfangen wurde die Nachricht von einem militärischen Telegraphenbeamten mit Hilfe eines auf die nächstgelegene Sendestation gerichteten Fernrohrs; von ihm wurde sie an einen Kollegen weitergegeben, der die abgelesenen Zeichen mit Hilfe von Rollen und Seilen in Zeigerstellungen umsetzte. Die gesamte Strecke zwischen Berlin und Koblenz betrug 587 km, besetzt war sie mit schließlich 62 Stationen. Die Übertragung einfacher Nachrichten zwischen Berlin und Koblenz war bei guten atmosphärischen Voraussetzungen innerhalb von 15 Minuten möglich; längere Nachrichten, die mit Hilfe eines circa 2200 Zeichen umfassenden Code-Buchs chiffriert und dechiffriert werden mußten, dauerten entsprechend länger, wobei die Dechiffrierung erst im Empfangsbüro der Endstation stattfand; d. h. die Mannschaften der verschiedenen Stationen übertrugen nur ihnen weitgehend unverständliche abstrakte Zeichen.

Die Nachteile des optischen Telegraphen lagen auf der Hand: Er war witterungsabhängig und tageslichtabhängig: so arbeitete er in Deutschland im Sommer circa sechs Stunden, im Winter lediglich drei Stunden; Nebel, Schneefall und starker Regen sowie entsprechende Wolkenbildung machten ihn unnütz, zu grelle Sonne ließ die Zeichen flimmern und erschwerten ebenso wie die Vibration der Zeichen bei starkem Wind die Lesbarkeit. Darüberhinaus war die technische Einrichtung aufwendig: zumeist extra erstellte Gebäude in abgelegenen Gegenden, deren Erschließung, die technisch aufwendige Einrichtung der Gebäude sowie die zeitaufwendige Schulung des Personals. Dadurch, daß er nur für staatliche Zwecke benutzt werden konnte, waren mit ihm auch keine Einnahmen zu erwirtschaften. Die Leistung der Linie Berlin–Koblenz betrug etwa 500–700 Telegramme pro Jahr.

Die beschriebenen Nachteile gegenüber dem neuen elektrischen Telegraphen führten nach einer kurzen Periode der Parallelität beider Systeme zum Ende der optischen Telegraphie. 1849 wurde die Linie zwischen Berlin und Köln zum letzten Mal benutzt und 1852 diejenige zwischen Köln und Koblenz.

Telegraphenbeamte der Königlich-Preussischen Telegraphenlinie Berlin–Koblenz.
Zwei Lithografien von W. Grünberg, um
1835.

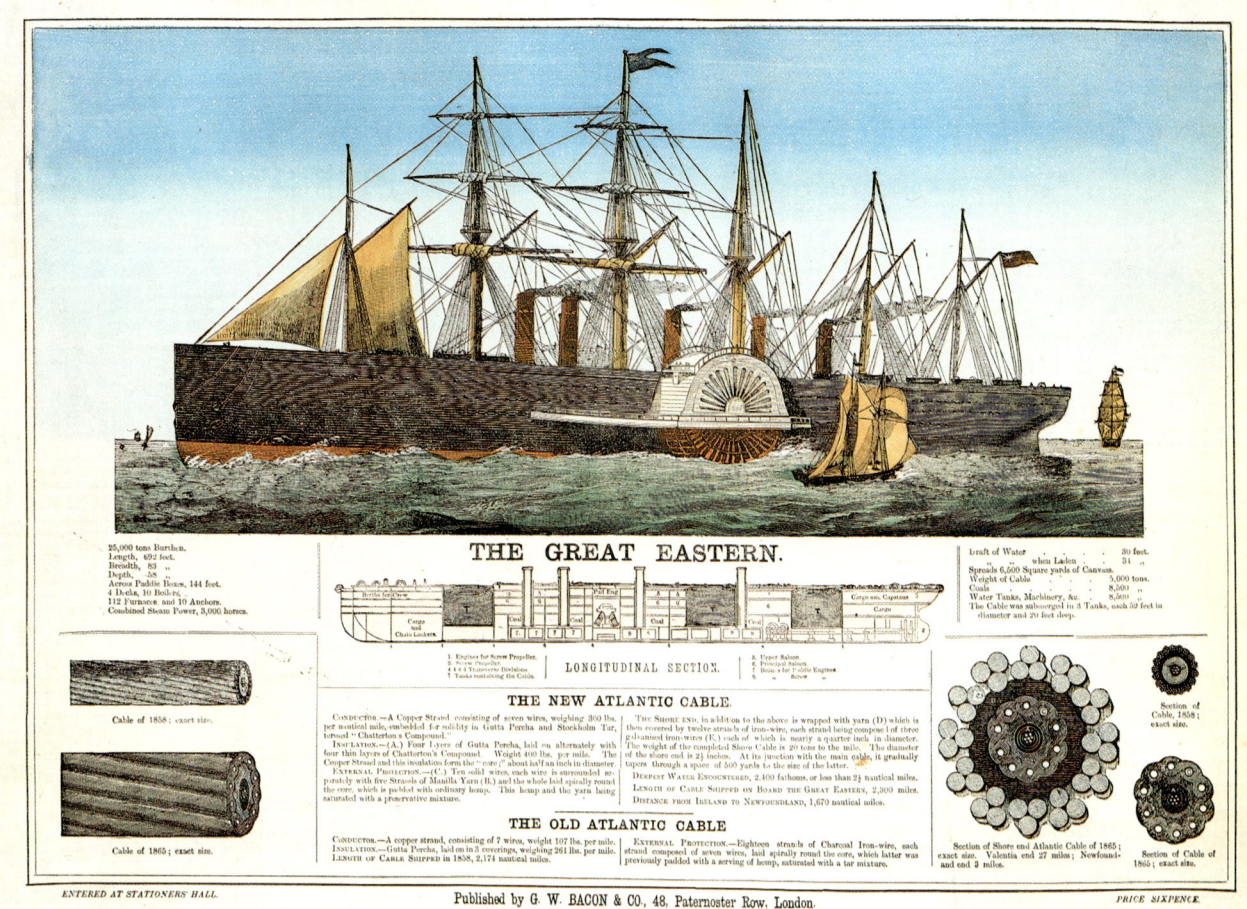

„The Great Eastern", Eisen-Dampfschiff
des britischen Ingenieurs I. K. Brunels,
das erste Kabellager-Schiff auf dem
Atlantik. Farbiger Holzstich, 1865.

Post-Dampfschiff der „Deutsch-Ostafrika-
linie" bei der Einfahrt in den Hafen von
Dar es-Sal'am; Fotografie, 1911.

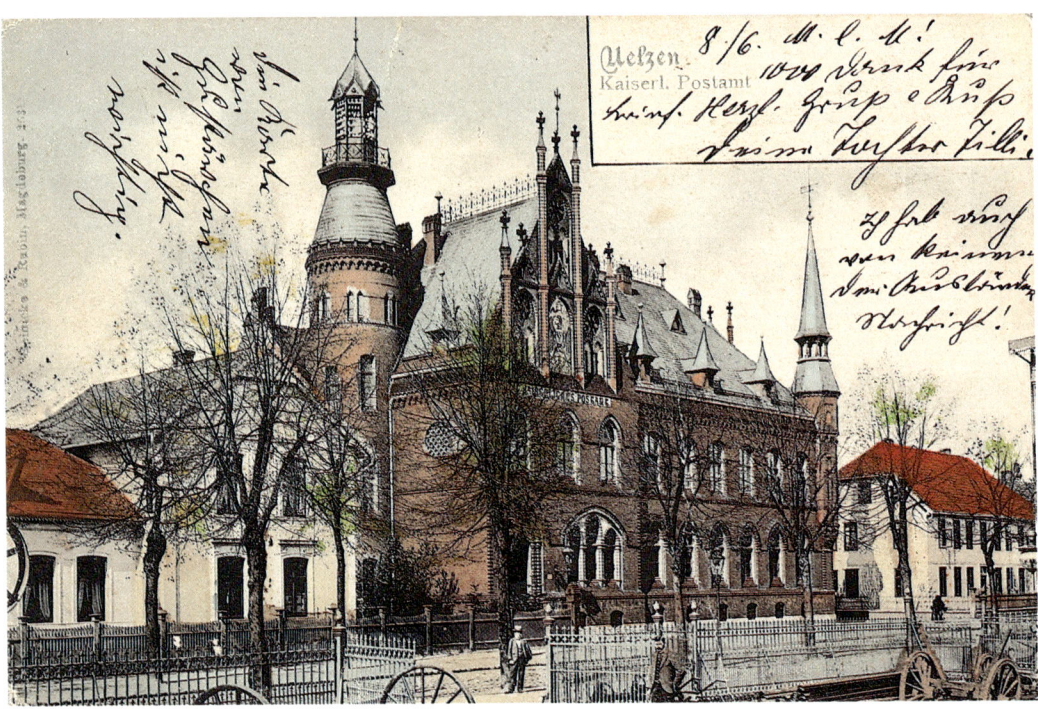

Ansichtskarten vor 1900: Postämter in
Regensburg und Uelzen.

Postpaläste

Der Begriff „Postpalast" wurde zuerst in den Reichstagsdebatten benutzt, die sich kritisch – und teilweise polemisch – mit dem Postbauwesen des späten 19. Jahrhunderts beschäftigten. Voraussetzungen dafür waren die politischen und technischen Entwicklungen der Zeit nach der Reichsgründung: Die Zunahme von Handel und Verkehr als Resultat des wirtschaftlichen Aufschwungs und des Ausbaus des Eisenbahnwesens führte zu vermehrten Anforderungen an die Post sowohl in quantitativer als auch in qualitativer Hinsicht. Neue Dienste erforderten neue bauliche Gegebenheiten, und die Zentralisierung der Verwaltung ermöglichte den intensiven Ausbau des landesweiten Kommunikationsnetzes, der sich ebenfalls in der Intensivierung des Bauwesens niederschlug.

War nach Gründung der Reichspost das postalische Bauwesen in Planung und Durchführung vorerst noch den jeweiligen Landesbehörden vorbehalten, erwies sich diese Konstruktion mit zunehmendem Umfang des Bauvolumens als nicht haltbar, zumal die Landesbehörden sich weigerten, die ihnen zugeteilten Aufgaben weiterhin unentgeltlich wahrzunehmen. 1875 wurde daher eine Postbauverwaltung eingerichtet. In der Praxis bedeutet dies, daß die Baupolitik der Reichspost zentral in Berlin geplant wurde, die Durchführung der Maßnahmen jedoch in den bei den Oberpostdirektionen angesiedelten Baubezirken wahrgenommen wurde. Eine Ausnahme von dieser Regel bildete das Postbauwesen für Bayern und dasjenige für Württemberg; die für das Postwesen Württembergs mit Sonderbefugnis ausgestattete und vom Reichspostministerium weitgehend unabhängige Oberpostdirektion Stuttgart führte ihre Bauaufgaben vollständig selbständig durch, ebenso wie die mit Zuständigkeiten für Bayern in München geschaffene Abteilung VI des Reichspostministeriums, ein Zustand, der bis zur Außerkraftsetzung der Staatsverträge mit Bayern und Württemberg im Jahre 1934 andauerte.

Der Umfang des postalischen Baubooms kann aus folgender Übersicht[1] abgelesen werden:

Zeitraum	Begonnene Neubauten	Größere Um- und Erweiterungsbauten	Zusammen
1873–1875	15	12	27
1876–1890	150	102	252
1891–1900	99	72	171
1901–1910	125	210	335

Detaillierte Betrachtungen der Statistiken lassen überdies erkennen, daß bis 1895 die Zahl der Neubauten diejenigen der Um- und Erweiterungsbauten bei weitem übertraf, eine Tendenz, die sich von diesem Jahr ab umkehrte.

Postbauten waren in erster Linie Zweckbauten, die bestimmte Funktionen ermöglichen sollten. Über diese ihre wesentliche Aufgabe gab es kaum Dissens und so gut wie keine Diskussionen. Streit entzündete sich vielmehr an ihrer äußeren Erscheinungsform und, damit verbunden, ihrem Anspruch. Nikolaus Pevsner beschreibt den Streit der Vertreter verschiedener historisierender Stilrichtungen treffend wie folgt: „Während man die moralischen und assoziativen Qualitäten der Architektur bis zum Übermaß erörterte, vergaß man fast völlig, der Tatsache Rechnung zu tragen, daß der primäre Sinn der Baukunst in der Lösung bestimmter, von der realen Zwecksetzung des jeweiligen Gebäudes bedingter funktioneller Aufgaben besteht."[2]

Die Architektur des späten 19. Jahrhunderts zeichnete sich durch die Anwendung einer Vielzahl historischer Baustile aus. Stilelemente der Romanik, der Gotik, der Renaissance und des Barock wurden ebenso wie diejenigen der Antike wieder aufgegriffen. Auf der einen Seite gelang es, diese historischen Stile in einen Sinnzusammenhang mit neuer funktionaler Architektur zu bringen, auf der anderen entstand ein vielfach wahlloses Konglomerat von Stilen, die eines Sinnzusammenhangs entbehrten, der sog. Eklektizismus.

Die Wurzeln des architektonischen Historismus liegen in der Rückbesinnung auf das Mittelalter und verbunden damit in der von Herder postulierten Besinnung auf nationale Kunst. Goethes Hymnus auf altdeutsche d. h. gotische Baukunst (1773) steht ebenfalls in diesem Zusammenhang. Die Neu-Gotik als mißverstandene „deutsche" Baukunst ist dann auch der wichtigste Stil für staatliche und kirchliche Repräsentationsbauten der Zeit.

Der Rückgriff auf Stilelemente der Renaissance findet sich vorwiegend in Bauten zu kulturellen Zwecken: Opernhäuser, Theater, Museen und Universitäten; barocke Stilmittel findet man in Repräsentationsbauten des erstarkten Bürgertums wie z. B. Hotels. Hinzu kommen regionale Unterschiede der Anwendung unter Berücksichtigung historischer regionaler Architekturentwicklungen.

In diesem Kontext ist die Postbaupolitik des späten 19. Jahrhunderts zu sehen. Gefordert wurde von ihr, daß sie als Emanation neuen nationalstaatlichen Denkens den Reichsgedanken repräsentiere, wie aus der Rede des Direktors im Reichspostamt Dr. Fischer anläßlich der Eröffnung des neuen Postdienstgebäudes in Münster unmißverständlich hervorgeht: „Der Redner sprach sodann seine Freude über das Gebäude selbst aus, das sich den edelsten Bauwerken Münsters als eine neue Zierde der Stadt anreihe und das, fest gegründet, hochragend, stattlich und wehrhaft nach außen, hell und wohnlich im Innern, ein Ebenstück des Reichs genannt werden dürfe, für dessen Dienst es errichtet sei."[3]

Auch in politischen Kreisen wurde diese Auffassung durchweg akzeptiert, wenn nicht gar als selbstverständlich angesehen: eine der größten Verwaltungen des neuen Reiches, die sich zudem noch jeweils an zentralen Stellen der Städte architektonisch manifestierte, mußte den Bedürfnissen staatlicher Selbstdarstellung dienen. Hierbei waren sowohl städtebauliche als auch ästhetische Aspekte zu berücksichtigen: neue Postgebäude in größeren Orten suchten zumeist das städtebauliche Ensemble mit Rathäusern, Bahnhöfen oder ähnlichen bedeutungsmäßig hervorgehobenen Bauten. Ihre ästhetische Erscheinungsform, insbesondere der anzuwendende Architekturstil allerdings war Gegenstand ausgiebiger Debatten, weniger in den damals entstehenden Baufachzeitungen, die sich meist eines sachlichen Berichtstils befleißigten, als vielmehr auf politischen Foren. Insbesondere bei Etatberatungen des Reichstags wurde darüber lamentiert, daß die Postarchitektur noch zu keinem einheitlichen nationalen Stil gefunden habe.

Mit einem einheitlichen nationalen Stil war die Neugotik gemeint, da, wie oben vermerkt, die Gotik als „eigentlich deutsch" angesehen wurde. Der Fraktion der Neugotik-Befürworter stand Stephan gegenüber, der seit 1881 die Baupolitik der Postverwaltung bei den Etatverhandlungen des Reichstags selbst vertrat. Er richtete sich entschieden gegen einen einheitlichen – neugotischen – Postbaustil: „Wollten wir in allen Städten gleichartige Gebäude aufführen nach ein und demselben Stil, nach der Bildung des baukünstlerischen Geistes auf eine bestimmte Richtung hin, wie der Herr Abgeordnete [der Abgeordnete A. Reichensperger, einer der Befürworter der Neugotik.] im vorigen Jahr gemeint hat, durch Aufstellung fester Principien für den offiziellen Baustiel und, wie er sich ausdrückte, sogar eines bestimmten Organisationsgesetzes, da würden wir doch entschieden in den Kanon hineingerathen, wie er bei einem der ältesten Kulturvölker, das hohe geistige Anlagen hatte, schließlich zur Verknöcherung und Verkümmerung der Baukunst geführt hat."[4]

Viel mehr sprach Stephan einem architektonischen Pluralismus ganz im Sinne des Historismus das Wort, der in seinen stilistischen Mitteln jeweils auf die örtliche und regionale historische Architektur Bezug nehmen solle. Auch an dieser Stelle muß man der Weitsichtigkeit und intellektuellen Großzügigkeit dieses Mannes Tribut zollen, ohne dessen Durchsetzungsvermögen in entscheidenden Fragen nebst dieser Aspekt der Postgeschichte einen anderen, vermutlich weniger interessanten Lauf genommen hätte. So man denn von einem Stil der „Postpaläste" sprechen will, besteht dieser nicht in der Festlegung auf eine bestimmte historisierende Stilvariante, sondern in der selektiven Anwendung eines jeweils adäquaten Stils. Gemeinsam war all diesen Bauten ihr außerordentlich repräsentativer Charakter, der sich nicht zuletzt in den im Begriff „Postpalast" zugleich kritisierten hohen Kosten ausdrückte, und eine hohe Funktionalität: so wurde dem Post-Bereich meist das untere Stockwerk wegen der Zugänglichkeit, und dem Telegraphie-Bereich die oberen Stockwerke zugewiesen.

Daß Stephans Einsatz in diesem Bereich auch fachlich gewürdigt wurde, zeigt der Nachruf der Deutschen Bauzeitung: „Dass nicht alle Schöpfungen der deutschen Post-Bauverwaltung den gleichen Kunstwerth besitzen und dass neben einer großen Anzahl sehr erfreulicher, z. Theil vortrefflicher Werke auch einige minder gelungene sich finden, kann das Verdienst des Mannes, der sie ins Leben gerufen hat, nicht schmälern ... Zwar hat es nie an blöden und kleinlichen Geistern gefehlt, welche gegen den angeblichen ,Luxus' der sogenannten ,Postpalast sich ereifert haben ...'[5]

Die Postarchitektur des frühen 20. Jahrhunderts hat – vielleicht in Ermangelung eines „spiritus rector" im Stephanschen Sinne – nicht zu jener Rolle gefunden, die sie in den 80er und 90er Jahren des 19. Jahrhundert hatte. Auch hier können Stephans Worte im Reichstag 1893 als weise voraussehend gelten, ,daß sich ein Aufschwung der Baukunst noch jedesmal gezeigt habe, „wenn Völker in ihrer Entwicklung gewaltige Fortschritte machen ..."[6]

Eine bemerkenswerte Ausnahme bildet hier das bayrische Postbauwesen, insbesondere in der Zeit der Weimarer Republik. Aufgrund seiner Unabhängigkeit von Berlin gedieh hier ein Klima architektonischer Progressivität, das insbesondere in München einige der herausragenden Postbauten dieses Jahrhunderts hervorbrachte. Dieser eigenständigen Entwicklung wurde 1934 per Gesetz ein Ende bereitet. Hierbei mag eine Rolle gespielt haben, daß Adolf Hitler bei der Betrachtung eines der besten Beispiele der Münchener Postbauschule, der auch heute noch existierenden Post am Goetheplatz, sein ausdrückliches Mißfallen über diesen modernen Stil geäußert hatte.

Das ehemalige Reichspostmuseum in
Berlin; Fotografie, um 1900.

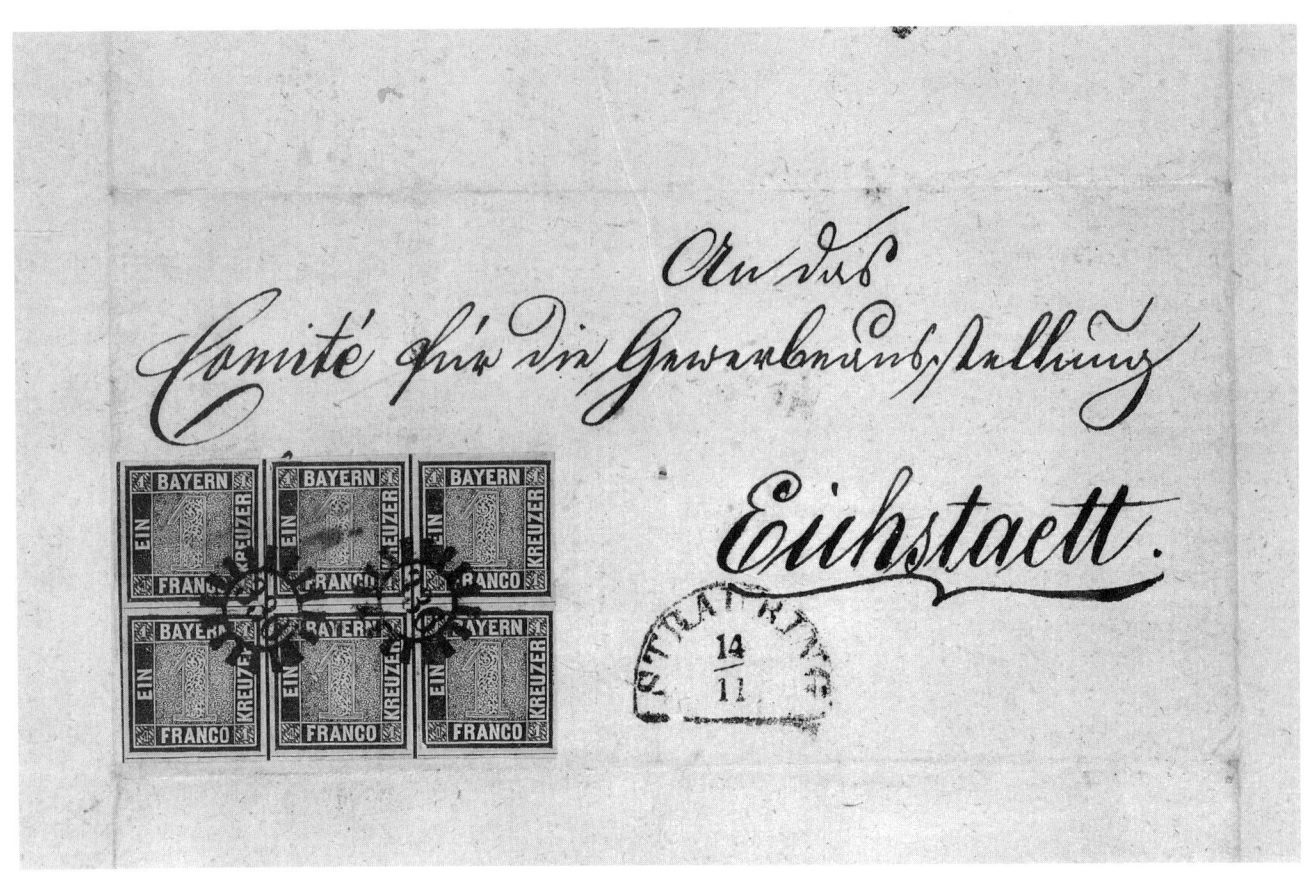

„Eichstädt-Brief" von 1849 mit der ersten
Bayrischen Briefmarke, erhalten in einem
gestempelten Sechserblock.

Wertzeichen und Sammelobjekt

Die ersten Briefmarken der Welt wurden von der britischen Postverwaltung am 1. Mai 1840 herausgegeben (verwendet werden durften sie ab dem 6. Mai). Ihre Einführung geht zurück auf Vorschläge, die Rowland Hill in seiner berühmten Denkschrift „Post Office Reform" im Jahre 1837 gemacht hatte: deren wichtigster war die Einführung eines einheitlichen Inlandportos nach Gewicht, das bisher, wie in den meisten anderen Ländern, nach Entfernung berechnet wurde; des weiteren die Möglichkeit, das Porto vom Absender bezahlen zu lassen, statt es, wie damals üblich, dem Empfänger zu berechnen. Um letzteres zu ermöglichen, war es notwendig, deutlich zu machen, daß die Beförderung des Briefes tatsächlich im voraus bezahlt worden war. Des weiteren bedurfte es eines angemessenen Buchungssystems für das derart eingenommene Geld. Nach langem Widerstand der Postverwaltung gegen diese Neuerungen unterschrieb Königin Victoria im August 1839 das vom Parlament verabschiedete Gesetz, und wenige Wochen später lobte das Schatzamt einen Wettbewerb für Umschlag- und Markenentwürfe aus.

Die erste Briefmarke der Welt, die berühmte „Penny Black", besitzt als zentrales Markenmotiv eine gestochene Profilansicht der britischen Königin, sowie die Aufschrift „Postage" und „One Penny". (Eine Angabe des Herausgeberlandes erübrigte sich, da die Marke nur für Inlandpost benutzt wurde; erst mit der Schließung internationaler Postverträge über die gegenseitige Anerkennung von Briefmarken wurde die Angabe des Herausgeberlandes wichtig). Die Begründung, warum als Motiv ein Porträt, in diesem Fall der Landesherrscherin, benutzt werden sollte, stammt von einem der vier Preisträger des erwähnten Wettbewerbs, Benjamin Cheverton: „Es ist nun einmal so, daß das Auge dazu erzogen ist, die Unterschiede im Gesichtsausdruck zu erkennen, und damit würde jede Abweichung in der Fälschung besser entdeckt werden – der Unterschied würde einem Betrachter bei einem Gesicht rascher auffallen, als dies bei Buchstaben oder Verzierungen der Fall wäre ..."[1] Interessant ist die Begründung insofern, als der Aspekt der Fälschungssicherheit hier im Vordergrund steht, und nicht derjenige der staatlichen Selbstdarstellung.

Die erste deutsche Marke, die am 1. November 1849 in Bayern erschienene „Schwarze Einser", war z. B. eine reine Zahlenmarke, d. h. sie trug neben der Bezeichnung „Bayern – Ein – Kreuzer – Franco" nur die Zahl 1, eine klassische Illustration der Bezeichnung „Wertmarke".

Marken mit Bildmotiven erfreuten sich allerdings zunehmender Popularität: so gab es aus der Südsee, wo auf einigen Inseln neben einer deutschen z. B. auch eine niederländische, britische und französische Postanstalt angesiedelt waren, im ausgehenden 19. Jahrhundert Beschwerden, daß mangelnde Vielfalt und zurückhaltende Gestaltung der deutschen Marken dazu führten, daß Einwohner und Seeleute ihre Marken bei einem der ausländischen Ämter bezogen und ihre Post mit einem ausländischen Postschiff befördern ließen.

Neben der Funktion als Wertzeichen wurde die Briefmarke von Anbeginn gesammelt: die ernsthafte Seite des Briefmarkensammelns, die Philatelie, beschäftigt sich mit einer großen Anzahl von Aspekten, die in Beziehung zum eigentlichen Sammlungsobjekt stehen: Geschichte, Entwurf, Herstellung, Verbreitung und vieles andere mehr. Das Sammeln von Briefmarken nahm schon sehr früh organisierte Formen an. Die erste Fachzeitschrift erschien 1862 in England, ihr Erscheinen wurde aber nicht nur positiv aufgenommen, sondern in einer englischen Zeitung folgendermaßen kommentiert: „That weakest and most puerile of manias, Postage Stamp Collecting, has found a literary organ ..."[2] Die erste deutsche Fachzeitschrift, das *Magazin für Briefmarken-Sammler*, erschien 1863, die erste französische 1864.

„Um die Mitte der 60er Jahre verfügte der Sammler also bereits über Kataloge, Zeitschriften und Alben, der Handel blühte ..."[3] Was fehlte, waren Vereinigungen von Gleichgesinnten: die erste wurde 1865 in Paris gegründet, die erste britische 1869 in London und die erste deutsche 1877 in Dresden. Das Sammeln als eine menschliche Grundleidenschaft erfährt in Bezug zur Briefmarke eine besondere Variante: der für das Sammelobjekt zu zahlende Preis zum Zeitpunkt der Ausgabe enthält nur einen minimalen Anteil an Herstellungskosten; der größte Anteil, die Beförderungskosten nämlich, werden vom Sammler zwar bezahlt, die damit verbundene Berechtigung zur Beförderung aber nicht benutzt.

Eine erwähnenswerte Variante der Briefmarke ist die Zuschlagsmarke, die neben den postalischen Beförderungskosten einen Zuschlag für meist wohltätige Zwecke enthält und damit für in diesem Bereich tätige Organisationen eine nicht unwesentliche Einnahmequelle darstellt. Da Zuschlagsmarken zur Verkaufsförderung häufig besonders attraktiv gestaltet werden, erfüllen sie neben dem sozialen noch einen ästhetischen Zweck.

Blick in das Dienstzimmer eines Postamts
in „Deutsch-Ostafrika"; Fotografie, um
1910.

Post aus der Heimat

Die Geschichte des Deutschen Reichs und seiner Kolonien beginnt relativ spät, entwickelt sich zögernd und ist nur von kurzer Dauer. Im Gegensatz zu anderen imperialistischen Mächten ist der späte Beginn durch die späte Reichsgründung, die zögernde Entwicklung durch das Vorhandensein anderer Prioritäten und die kurze Dauer durch den Verlust sämtlicher Kolonien als ein Resultat des verlorenen Ersten Weltkriegs zu erklären. Grundsätzlich gesehen gingen der staatlichen Übernahme der Verantwortlichkeit über ausländische Gebiete deren wirtschaftliche Ersterschließung durch private Interessen voraus. Der häufig auftretende Interessenkonflikt mit anderen Kolonialmächten oder deren Organisationen brachte die Reichsregierung unter verstärkten Druck, deutschen Siedlern und Händlern staatlichen Schutz gegen diese Interessen zu gewähren. Die kurze Dauer deutscher Kolonialherrschaft verhinderte dann auch weitgehend die exzessive wirtschaftliche Ausbeutung dieser Gebiete durch die „Schutzmacht".

Die Aufgaben der Post in diesen Gebieten waren zwiefach: einerseits mußte sie die Möglichkeiten des zuverlässigen und regulären Nachrichtenaustauschs mit dem Heimatland aufbauen und diesen betreiben; andererseits mußte sie innerhalb der Gebiete eine postalische Infrastruktur erstellen und betreiben. Ersteres gelang durch die Einrichtung der Reichspostdampfer-Linien, letzteres ließ sich nur sehr viel schwieriger bewältigen, da die technischen und verkehrsmäßigen Gegebenheiten, die man in Europa voraussetzen konnte, hier fast ganz fehlten. Der postalische Alltag vor der Einrichtung der ersten kaiserlichen Postagentur in Lamu (der ersten in Deutsch-Ostafrika) wurde so beschrieben: „Die Dampfer der British-India-Linie stellten zwar regelmäßige Postverbindungen her, ein geordneter Postdienst bestand aber in Lamu nicht. Die Postsäcke wurden dem Zollbeamten, einem Inder, der europäische Schrift nicht lesen konnte, ausgehändigt. Dieser öffnete die Postsäcke, schüttete ihren Inhalt auf dem Fußboden aus und überließ es jedem, sich seine Post selbst herauszusuchen. Wer Tropenhitze und Fieberstimmung kennt, kann sich vorstellen, welche Reibungsmöglichkeiten mit solchem Verfahren heraufbeschworen werden konnten!"[1] Und auch andernorts wurde von Siedlern und Händlern beklagt, daß die Benutzung ausländischer Postinstitutionen dem nationalen Ansehen schade.

Die esten deutschen Posteinrichtungen befanden sich durchweg in Hafenstädten und hatten die Aufgabe, die mit Schiffen ankommende Post entgegenzunehmen und abgehende Post für die Schiffe zu sammeln. Als nächster Schritt wurden dann, zumindest in den großflächigen Kolonien Afrikas, Kommunikationsnetze über das ganze Land errichtet. Auf Grund einer mangelhaften Verkehrs-Infrastruktur war es die Überlandtelegraphie, die hier ihren adäquaten Einsatz fand. War doch die Einrichtung einer Telegraphenlinie vergleichsweise einfach, im Gegensatz zu der Erstellung befestigter Wege, der Schiffbarmachung eines Flusses oder gar der Einrichtung einer Eisenbahnlinie. Trotz gelegentlicher Zerstörung der Linien durch aufständische Eingeborene, die sehr wohl die machtpolitische Bedeutung dieser Einrichtung erkannt hatten, oder aber durch Elephanten und Giraffen (in den afrikanischen Kolonien), die wenig Verständnis für europäische Hochtechnologie zeigten, waren der Ausbau und der Betrieb der Telegraphen-Netze eine der wesentlichen Leistungen der Post in den Kolonien. Post- und Paketbeförderung blieben so lange auf einem zwar nun geordneten, aber vergleichsweise rückständigen Niveau, wie Straßen und Eisenbahnen noch nicht erbaut waren. So wurde in Deutsch-Ostafrika nach Erbauung der Usambara-Bahn eine zwei- bis dreimal wöchentliche Lieferung von Briefen und Paketen möglich, die vorher nur durch Trägerkolonnen mit entsprechender Unregelmäßigkeit wahrgenommen wurde. Insgesamt unterhielt die Reichspost in folgenden ehemaligen Schutzgebieten Einrichtungen (Datum der Inbetriebnahme in Klammern): Deutsch-Ostafrika (1888), Deusch-Südwestafrika (1891), Kamerun (1887), Togo (1888), Deutsch-Guinea (1888), Marshall-Inseln, Karolinen-, Marianen- und Palau Inseln (1989), Samoa (1887).

Ein Kuriosum stellt die für den 1. Oktober 1914 in Deutsch-Ostafrika geplante Einführung des Postsparkassendienstes dar, der in Deutschland durch die Lobby konkurrierender Geldinstitute erfolgreich verhindert worden war. Seine Einführung in Afrika wurde u. a. so begründet: „Weckung des Sparsinns der Eingeborenen und die Begründung und Förderung ihres Wohlstandes."

Morseschreibtafel, Nachbildung eines
Modells von 1846 mit abtastbarer Code-
Übertragung. Fotografie aus den Beständen
des ehemaligen Reichspostmuseums
in Berlin.

Morse und der Code

··· ––– ··· S O S ··· ––– ··· Dreimal kurz, dreimal lang, dreimal kurz, Synonym für dramatische Rettungsaktionen, meist auf hoher See. Zu Grunde lag ihr die Suche nach einer möglichst einfach zu handhabenden Formel; die Bezeichnung „Rettet unsere Seelen" (save our souls) ist eine nachträgliche Zuordnung einer, wenn auch passenden Bedeutung zu einer abstrakten Formel. Der ihr zu Grunde liegende Code geht auf die Erfindungen von Samuel Finlay Breese Morse (1791–1872) zurück.

Morse brachte für die bahnbrechende Durchsetzung der elektro-magnetischen Telegraphie und die damit verbundene Erfindung des sog. Morse-Alphabets scheinbar wenig Voraussetzungen mit. Als Sohn eines Geistlichen erlernte er die in der Zeit gängige Historienmalerei u. a. bei dem in England tätigen amerikanischen Maler Benjamin West. Aus England zurückgekehrt, erhielt er eine Professur für Kunstgeschichte an der New Yorker Universität, praktizierte aber weiterhin die Malerei. Zwischendurch versuchte er sich als antikatholischer Kandidat für das Bürgermeisteramt von New York, allerdings vergeblich. Als ihm ein Auftrag von nationaler Bedeutung, die weitere Ausmalung der Rotunda des Kapitols in Washington, aufgrund von Intrigen entging, wandte er sich mehr seinen schon vorher betriebenen physikalischen Studien zu. Ähnlich wie anderen Erfindern und Forschern, die sich zur selben Zeit intensiv mit der Erstellung eines funktionierenden elektro-magnetischen Telegraphen beschäftigten, war auch seinen ersten Versuchen kein Erfolg beschieden: „Der Plan, die gewöhnlichen Buchstaben des Schreibalphabets, 26 an der Zahl, durch 26 Drähte hervorzubringen, jeden Buchstaben durch einen Draht, hat Morse viel Zeit und Geld gekostet. Ebenso, alle unsere gewöhnlichen Zeichen durch einen einzigen Draht hervorzubringen, war der Gegenstand seines Nachdenkens. Pläne ferner, 2, 3 bis 8 Drähte zu benutzen, haben abwechselnd den Erfindungsgeist in Anspruch genommen. Indes alle diese Pläne, wie manche andere, sind nach vielen mühseligen und kostspieligen Experimenten verworfen worden, und zwar zum Besten der Sache, da alle das erste und notwendigste Erfordernis: Einfachheit im höchsten Grade, zu erfüllen nicht im Stande waren."[1]

Nachdem 1837 vom Kongreß der Vereinigten Staaten ein landesweites Netz der *optischen* Telegraphie zum Wettbewerb ausgeschrieben worden war, bemühte Morse sich verstärkt, ein praktikables Gerät zu entwickeln. Das entstandene Gerät, für das das U.S. Patent im Juni 1840 vergeben wurde, druckte die gesendete Nachricht allerdings noch in einer sog. Zak-kenschrift, d. h. kurze und lange Impulse waren nicht getrennt dargestellt. 1843 bewilligte der amerikanische Kongreß nach intensiver Lobby-Tätigkeit den Bau einer Versuchslinie von Washington nach Baltimore von ca. 64 km Länge mit einer Bezuschußung von $ 300.000. Die Linie, deren Drähte ursprünglich unterirdisch verlegt werden sollten, wurde am 27. Mai 1844 mit der Übermittlung des ersten Telegramms eröffnet.

Das sog. Morsealphabet, die Codierung von Buchstaben, Zahlen, Satzzeichen und Abständen, bestand ursprünglich aus unterschiedlich langen Zeichen. Erst der Telegraphist der ersten deutschen Linie von Hamburg nach Cuxhaven, Gerke, entwarf das noch heute allgemein benutzte Codesystem, das nur aus zwei Zeichen besteht, den kurzen Linien (sog. Punkte) und den dreimal so langen Linien (sog. Striche).

Mit der Ausbreitung des Telegraphie-Netzes in Deutschland und Europa ergaben sich sogleich Schwierigkeiten bei der Übertragung einer Nachricht über Netze verschiedener Postverwaltungen. Fehlende Normierungsmaßnahmen hatten in der Frühzeit nämlich dazu geführt, daß sich verschiedene Verwaltungen verschiedener Codes bedienten, so daß beim Übergang von einem Netz in das andere das Telegramm vom Endempfänger des einen Netzes geschrieben wurde, dann per Hand der Anfangsstation des nächsten Netzes übergeben wurde, die es dann neu codierte und weiterübertrug.

Neben dem Fehlen von entsprechenden Normierungsgremien und den für die Zeit typischen Alleingängen aus nationalen Gründen lag das Problem auch darin, daß die effizienteste Form der Übertragung darin bestand, für die am häufigsten vorkommenden Buchstaben die kürzesten Code-Zeichen zu finden. Hatte Morse dies Problem dadurch gelöst, daß er mit Hilfe des Setzkastens einer Zeitungsdruckerei die Häufigkeit der Buchstabenanwendung in der englischen Sprache ermittelte, so galt diese Priorität nicht unbedingt für andere Sprachen. Mit der Gründung des deutsch-österreichischen Telegraphenvereins war dann ein Instrument für die Normierung geschaffen: 1851 wurde von den Mitgliedsstaaten beschlossen, ein gemeinsames, im wesentlichen noch heute gültiges „Morsealphabet" zu benutzen.

Es bleibt nachzutragen, daß Morse selbst nach der erfolgreichen Einführung seiner Erfindung vom Lehrstuhl für Kunstgeschichte in New York auf denjenigen für Naturgeschichte am Yale College wechselte. Noch zu Lebzeiten wurde ihm 1871 in New York ein Denkmal errichtet.

Bell mit seinem Assistenten bei Telefon-
versuchen in Washington, 1876.
Zeitungsholzschnitt aus „L'Illustration",
Oktober 1883.

Philipp Reis und Alexander Graham Bell

„Die Geschichte der Technik weiß von vielen berühmten Erfindern zu erzählen. Manch einer ist durch seine Erfindung reich geworden. Mancher trägt nur den Nachruhm davon, während andere die Früchte seines Geistes sich haben nutzbar machen können. Ja, mancher ist überhaupt vergessen worden. Wer wenig Einblick in das technische Geschehen hat, wird leicht zu der Meinung kommen, daß es verhältnismäßig einfach sei, festzustellen, wer der Erfinder einer technischen Neuerung ist. Sieht man aber genauer zu, so stellt man fest, daß die Frage doch oft ihre großen Schwierigkeiten hat."[1]

Der Streit um die Erfindung des Telefons, jenes „kalten Mediums" (McLuhan), wurde lange und aus mehrerlei Gründen geführt. Da seine Entwicklung sich nicht auf die eine geniale Idee des einen Erfinders zurückführen läßt, da sich zur selben Zeit eine größere Anzahl von Forschern kongenial mit der elektrischen Übermittlung der menschlichen Sprache befaßten, war ein Streit geradezu vorprogrammiert. So waren nach der erfolgreichen Einführung des neuen Mediums einerseits rein wirtschaftliche Überlegungen Motivation zum Streit um die Urheberschaft und damit Nutzung, andererseits waren diese von nationalistischen Gründen begleitet, die Ruhm und Ehre dieser umwälzenden Erfindung gern diesem oder jenem Staate übertragen haben wollten.

Eindeutig zu entscheiden ist zumindest die erste Nutzung des Begriffs „Telephon": am 26. Oktober 1861 hielt der junge Friedrichsdorfer Lehrer Johann Philipp Reis auf Einladung des Physikalischen Vereins der Stadt Frankfurt am Main im dortigen Senckenberg-Museum einen Vortrag mit dem Thema: „Über Fortpflanzung musikalischer Töne auf beliebige Entfernung durch Vermittlung des galvanischen Stromes." Veröffentlicht wurde dieser Vortrag im Jahresbericht des Physikalischen Vereins 1860/61 unter dem Titel: „Über Telephonie durch den galvanischen Strom." Dem Frankfurter Versuch vorausgegangen waren Experimente mit der Übertragung von Sprache, die Reis mit Hilfe einer 300 Meter langen „Telephonleitung" zwischen zwei gegenüberliegenden Häusern durchführte. Auf der „Sender"-Seite wurde aus einem vorgegebenen Text vorgelesen, der auf der „Empfänger"-Seite verstanden werden mußte. Kritik, die daraus entstand, daß der Text ja vorgegeben sei, der Empfänger also im voraus wisse, was er zu „hören" habe, wurde dadurch entkräftet, daß vom Sender spontan erfundene Sätze wie „Die Sonne ist von Kupfer" übertragen wurden, die Reis am Empfänger als „Die Sonne ist von Zucker" verstand.

Aufbauend auf seinen Studien über die menschlichen Gehörorgane beschreibt Reis in seinem Frankfurter Vortrag seine Erfindung selbst einschränkend: „Fußend auf obigen Prinzipien ist es mir gelungen, einen Apparat zu konstruieren, mit welchem ich im Stande bin, Töne verschiedener Instrumente, ja bis zu einem gewissen Grade auch die menschliche Stimme, zu reproduzieren."[2] Friedrichsdorfer Vorführung und Frankfurter Vorführung beeindruckten die Anwesenden gebührend, wenngleich die Qualität der Übertragung so eingeschränkt war, daß Reis selbst zugab, daß bis zur praktischen Verwertung des Telefons noch sehr viel zu tun übrig bliebe. Erstaunlich bleibt, daß seine Erfindung keine weitere Resonanz findet. Selbst weitere Verbesserungen im technischen Bereich werden weitgehend als Kuriosa betrachtet. Obwohl Reis eine größere Anzahl von Apparaten herstellen läßt und diese hauptsächlich an Physik-Kollegen (ein Fach, das er selbst lehrte) mit Empfehlungsschreiben verschickte, blieb ihm der Durchbruch versagt. Erschwerend kam hinzu, daß es zu jener Zeit in Deutschland keine Möglichkeit gab, sich auf Erfindungen Schutzrechte (Patente) ausstellen zu lassen. Erst 1877 tritt auf maßgebliches Betreiben von Werner Siemens ein Patentgesetz im Deutschen Reich in Kraft. Derselbe Werner Siemens ist es auch, der rückblickend im Jahre 1877 sagte: „Wir Esel haben ... aber die Sache nicht verfolgt, auch dann nicht, als Reis es elektrisch zu machen versuchte!" Und wiederum derselbe antwortet auf ein Beschwerdeschreiben Bells, daß Siemens seine Telefone in Deutschland vermarkte, am 29. November 1877: „... erwidern wir, daß es ganz richtig ist, daß wir, ebenso wie viele andere deutsche Mechaniker, Telephone Ihrer in amerikanischen und anderen Zeitschriften beschriebenen und in Deutschland nicht patentierten Konstruktionen anfertigen und verkaufen. Da Sie versäumt haben, rechtzeitig ein Patent in Deutschland auf Ihre schöne Erfindung zu nehmen, so läßt sich daran nichts ändern."[4]

Philipp Reis starb am 14. Januar 1874; vor seinem Tode sprach er sein Vermächtnis mit diesen Worten aus: „Ich habe der Welt eine große Erfindung geschenkt – anderen muß ich es überlassen, sie weiterzuführen, aber ich weiß, daß auch das zu einem guten Ende kommen wird."

Im selben Jahr referiert der aus Schottland eingewanderte Taubstummenlehrer Alexander Graham Bell vor dem Taubstummenkongreß in Worcester, Mass. (USA) über die Funktion der Gehörgänge. Aufbauend auf dem 1863 erschienenen Werk von Helmholtz: „Die Lehre von den Tonempfindungen als phy-

siologische Grundlage für die Theorie der Musik"
experimentierte er mit dessen Stimmgabeln; 1873
benutzt er an deren Stelle zum ersten Mal billige
Ankerzungen als Vibrationsmembrane. Weitere Experimente mit Elektromagneten führen dazu, daß er
1875 ein Patent über einen Mehrfach-Telegraphen
zugesprochen bekam. Hieraus folgerte Bell, daß die
Übertragung mehrerer Töne über eine Leitung auch
die Übertragung von Sprache ermöglichen müßte.
Seine erfolgreichen Experimente bringen ihn mit zwei
Exemplaren des Reis'schen Telephons in Berührung,
im Smithsonian Institute in Washington und im Mas-
sachusetts Institute of Technology.
Alle späteren urheberrechtlichen Prozesse kreisen
darum, ob er seine Entdeckungen vor oder nach der
Besichtigung der Reis'schen Apparate getätigt habe.
Im Gegensatz zu Reis erfährt Bell Unterstützung von
zwei Seiten: der Vater eines seiner Schüler ist Kaufmann und wittert rechtzeitig das Potential an Bells
Erfindung; von dieser Seite wird ihm finanziell gehol-
fen. Der Vater einer Schülerin ist, glückliche Fügung,
Patentanwalt und wird sein zukünftiger Schwiegervater sein. Bell selbst wird von beiden ermutigt, ebenso
von Fachkollegen aus dem Bereich der Physik, und
experimentiert unentwegt weiter. Er selbst ist von der
Bedeutung seiner Erfindung überzeugt; eine Inschrift
im Alexander Graham Bell Museum zeugt davon: „If I
succeed in securing that patent without interference
from others, the whole thing is mine, and I am sure of
fame, fortune, and success if I can only persevere in
perfecting my apparatus."
Gegenüber dem oben zitierten Vermächtnis des Philipp
Reis mit seinen resignativen Untertönen läßt Bells
Spruch auf handfeste Zielsetzungen und die Energie,
diese zu erreichen, schließen. Da es in den Vereinigten
Staaten ein Patentrecht gab, reichte es nicht, eine
große Erfindung zu machen, man mußte sie auch
rechtzeitig patentieren lassen. Am 14. Februar 1876
erschien Bells zukünftiger Schwiegervater Hubbard
auf dem Patentamt. Am 7. März 1876 – nach nur drei
Wochen – wurde Bell das US Patent Nr. 174–465
zugeteilt; dessen Bezeichnung „Improvements in Tele-
graphy" verraten kaum seinen wahren Inhalt, nämlich
die grundlegende Erfindung eines funktionierenden
Telefons. Wie wichtig die rechtzeitige Anmeldung
des Patents gewesen war, zeigt sich daran, daß ein ähnliches Patent, das sich allerdings stärker am Reisschen
Vorbild orientierte, von dem Telegraphenpionier Elisha
Gray nur zwei Stunden nach Hubbards Niederlegung

angemeldet wurde: zwei ganze Stunden zu spät.
Der Siegeszug von Bells Telefon war nun nicht mehr
aufzuhalten, wenngleich es sich bei diesem ersten
Patent noch nicht um die endgültige technische Ausführung des Gerätes handeln sollte, die sowohl von
Bell selbst (weitere Patente) als auch von anderen fort-
entwickelt wird.
1877 wird die Bell Telephone Company gegründet:
Anteilseigner sind seine Geldgeber Sanders und Hubbard, dessen Tochter Mabel, die daraufhin Bell heira-
tet, und Bell selbst. Der Wert der Aktien der Gesellschaft steigt innerhalb von 8 Monaten um 2000%.
Während Bell und seine Frau von London aus den
Siegeszug des Telefons und die Prosperität ihrer
Firma weiterbetreiben, bricht in den Vereinigten Staaten eine Unzahl von Prozessen gegen Bell und das ihm
erteilte Patent aus: Konkurrenten und Neider versuchen nachzuweisen, daß das Patent nicht hätte erteilt
werden dürfen, da er (Bell) im wesentlichen auf der
Reisschen Erfindung aufbaue. Der Zweck dieser Prozesse war nun nicht etwa, Reis zu rehabilitieren, sondern durch die Rücknahme des Bellschen Patents den
Markt für andere Erfinder und Produzenten zu öffnen.
Schließlich behielt Bell vor amerikanischen Gerichten
Recht, nachdem praktische Versuche mit Reis-Tele-
fonen im Gerichtssaal keinen nennenswerten Erfolg
in der Übermittlung von Sprache zeigten. Spätere
Erfindungen von Hughes und Edison führten zur Verbesserung der Spracheingabe mit Hilfe eines Mikro-
phons, diejenige von Strowger zur Möglichkeit des
Wählbetriebs und viele andere mehr zum heutigen
technischen Stand des Telefons.
Wer also hat das Telefon erfunden?
Der Verfasser der eingangs zitierten Festschrift findet
hier die für das Jahr 1952 mutigen Worte: „Die heutige Technik beruht auf einer Unzahl von Erfindungen,
an denen alle abendländischen Völker beteiligt sind.
Dabei gibt es viele Erfindungen, die einwandfrei einem
Angehörigen eines bestimmten Volkes zugeschrieben
werden können. Bei anderen liegt der Fall nicht so
eindeutig. Aber was schadet das? Man braucht sich
dadurch weder in seiner wissenschaftlichen Überzeugung noch in seinem nationalen Empfinden beunruhigt zu fühlen. Indem man mit echtem wissenschaftlichen Ernst danach strebt, die Wahrheit zu erforschen
und neidlos jedem Erfinder den Ruhm seiner Leistung
zuerkennt, trägt man dazu bei, nationale Vorurteile zu
überwinden und einen Beitrag zu wahrer Völkerver-
ständigung zu liefern."[5]

Reis-Denkmal von F. Hausmann in der
Eschenheimer Anlage in Frankfurt am
Main. Der Gedenktext rechts oben lautet: „Zum Gedächtnis an die erste Vorführung seiner Erfindung im Frankfurter
Physikalischen Verein 26. Oktober
1861."

Heinrich (von) Stephan, Porträtfotografie
aus dem Jahr 1882.

Stephan, Heinrich von

Geboren am 7. 1. 1831 in Stolp (Pommern) als Sohn eines Schneidermeisters; legte Reifeprüfung mit „vorzüglich" ab; trat in den Postdienst als „Schreiber" (damalige Bezeichnung der Anwärter für den höheren Postdienst) ein. 1849 Versetzung nach Marienburg, 1850 zur Oberpostdirektion nach Danzig. Im selben Jahr Bestehen der Prüfung zum Postassistenten mit besonderer Auszeichnung. 1851 aushilfsweise beim Generalpostamt Berlin, im selben Jahr bei der Oberpostdirektion Köln speziell mit dem Auslandsdienst beschäftigt. 1855 nach Bestehen der entsprechenden Prüfung Beförderung zum Postsekretär. Im selben Jahr versetzt nach Frankfurt [Oder] als Bezirkspostkassenkontrolleur. Ab 1856 probeweise Beschäftigung im Generalpostamt mit Beförderung zum Geheimen expedierenden Sekretär. 1858 Versetzung zur Oberpostdirektion Potsdam, im selben Jahr Ernennung zum Postrat. 1859 wiederum Berufung ins Generalpostamt, 1863 Beförderung zum Oberpostrat, 1865 zum Geheimen Oberpostrat und Vortragenden Rat und 1867 zum Geheimen Oberpostrat. 1870 Ernennung durch König Wilhelm auf Vorschlag des Bundeskanzlers Graf Bismarck zum General-Postdirektor des Norddeutschen Bundes und Mitglied des Bundesrates. 1873 Berufung ins Herrenhaus. Im selben Jahr Verleihung der Ehrendoktor-Würde durch die philosophische Fakultät der Universität Halle. Nach der Zusammenlegung von Reichspost und Reichstelegraphenwesen 1876 erhielt er die Amtsbezeichnung General-Postmeister. Im selben Jahr Ernennung zum Wirklichen Geheimen Rat mit dem Prädikat Exzellenz. Nach Einrichtung des Reichspostamtes Änderung der Amtsbezeichnung in „Staatssekretär des Reichspostamtes". 1884 Berufung in den preußischen Staatsrat. 1885 Erhebung in den erblichen Adelsstand. 1890 Ehrung durch Kaiser Wilhelm II. durch Verleihung einer Domherrnstelle beim Domstift in Merseburg. 1895 Ernennung zum Staatsminister. Mitglied einer Anzahl wissenschaftlicher und künstlerischer Vereinigungen, Träger hoher und höchster Auszeichnungen des In- und Auslandes. Gestorben am 8. 4. 1897. Am 1. 5. 1899 Enthüllung eines Standbildes im Lichthof des Reichspostmuseums. Die nüchternen Daten dieses deutschen Beamtenlebens zeugen zwar von einer glanzvollen Karriere in einer Zeit des Umbruchs, lassen aber kaum die Bedeutung Stephans für die Entwicklung des deutschen und des internationalen Kommunikationswesens erkennen. Für diese seine Bedeutung mag gelten, daß „der richtige Mann zur richtigen Zeit" die Geschicke postalischer Entwicklung in einer Form beeinflussen konnte, wie es damals starken Persönlichkeiten noch möglich war.

Grundlage der Stephanschen Persönlichkeit waren ein ausgeprägt starker Wille, eine vorzügliche Lernfähigkeit, insbesondere auch im sprachlichen Bereich, eine durch eine intensive Ausbildung errungene sehr gute Fachkenntnis auf den meisten postalischen Bereichen, äußerster Arbeitseinsatz und die Begabung, wichtigen Neuerungen auf technischen Gebieten nicht nur offen gegenüber zu sein, sondern diese basierend auf dem noch ungebrochenen Fortschrittsglauben der Zeit entscheidend zu fördern. Seine wesentlichen Verdienste bestehen in der Beseitigung alter Betriebsformen, der Vereinheitlichung von Gebühren im nationalen und internationalen Verkehr, dem Ausbau der Telegraphie, der Einführung des Telefons in Deutschland und der Mitbegründung des Weltpostvereins.

Seine Visionen richteten sich auch auf Gebiete, deren technische Nutzbarmachung zu seiner Zeit noch nicht einsehbar waren. In einem 1874 gehaltenen Vortrag „Weltpost und Luftschiffahrt" machte er die folgende Prophezeiung: „In dem von Egoismus nicht einzupferchenden Reich der Luft ist überall Platz. Die kleinen zwischenliegenden Staatsgebiete mit ihren verkehrsstörenden Post-Transitansprüchen, die Grenzen mit ihren Zollschranken und Paßunbequemlichkeiten werden nicht mehr hinderlich sein ... Von den bisher bekannten neueren Erfindungen wird sich keine so sehr wie die Luftschiffahrt zu einer Vervollkommnung der Communication der Erdbewohner als geeignet erweisen."[1]

Nicht zuletzt aufgrund seiner Sprachbegabung war Stephan in der Lage, als treibende Kraft die diversen Vorstellungen zu einem internationalen Postverein praktisch zu realisieren. Seine Erfahrung in der teilweise unendlich mühevollen Ausarbeitung bilateraler Postverträge gab ihm auch das Stehvermögen, diverseste nationale Interessen in einer internationalen Vereinigung unterzubringen. Seine Denkschrift aus dem Jahre 1872 über die Einberufung eines internationalen Postkongresses führte zu der ersten Einberufung eines solchen im Jahre 1874 in Bern. Auf diesem wurde der erste multilaterale Postvereinsvertrag abgeschlossen, der sich insbesondere der Abwicklung eines vereinheitlichten internationalen Briefverkehrs widmete. Der entscheidende Fortschritt eines solchen Vertrages ist aus heutiger Sicht nur schwer nachzuvollziehen, es sei denn, man hält sich vor Augen, daß die Gebühren gerade im Auslandsverkehr bis dato so unterschiedlich geregelt waren, daß ein Brief z. B. einen billigeren, aber sehr viel weiteren Weg zurücklegen mußte, sofern der kürzeste Weg durch ein Durchgangsland führte, das exorbitante Transit-Gebühren verlangte.

Die Bedeutung dieses Vertrages wurde zeitgenössisch dann auch enthusiastisch beschrieben: „Wie bekannt, trafen Bevollmächtigte von 22 Staaten, welche 4 Erdteile – Australien allein war auf dem Kongreß nicht vertreten – repräsentirten, am 15. September 1874 in Bern zusammen, und am 9. Oktober, also nach 24 Tagen, konnten sie zur Unterzeichnung eines internationalen Vertrages schreiten, der eine innige Völkervereinigung von bis dahin unerhörtem Umfange in sich schloß, denn schon in seinem Entstehen umfaßte der Allgemeine Postverein ein Gebiet von ungefähr 37 Millionen qkm mit nahe 350 Millionen Einwohnern."[2]

Neben seiner dienstlichen Tätigkeit trat Stephan auch als Schriftsteller hervor, der sich insbesondere zu post- und verkehrsgeschichtlichen Themen äußerte. Seine Bestrebungen, die Amtssprache als eine rein deutsche Sprache wiederherzustellen, zeigten sich in der Beseitigung von Fremdwörtern (Amtsblattverfügung vom 21. 6. 1875). Andere Verwaltungen folgten ihm auf diesem Wege. Seine große Popularität läßt sich auch heute noch an dem häufigen Vorkommen seines Namens in Straßen- und Platzbezeichnungen ablesen. Die sensibelste und zugleich umfassendste Würdigung der Person und des Werkes Stephans gelang Theodor Heuss, der deshalb hier abschließend zitiert werden soll:

„Das Geniale von gestern ist das Banale von heute. Die Technik des Postverkehrs stellt sich fast in der ganzen Welt als eine Kette von Selbstverständlichkeiten dar, so daß empfindliche Seelen sich dagegen sträuben mögen, in ihrer Nachbarschaft den Begriff des Genialen überhaupt zu gebrauchen. Sie wollen ihn für das Aus-dem-Rahmen-Fallende aufgespart wissen. Bei der Post kommt aber alles darauf an, daß Menschen und Dinge in dem gemäßen, festen Rahmen bleiben. Das Normale, das Normierte ist Trumpf, damit die Apparatur richtig läuft. Dagegen läßt sich nichts sagen. Nur darf man dies eine nicht vergessen: solche Norm muß auch einmal gesetzt worden sein; sie mag sich aus vielerlei Beeinflussung im Lauf der Zeiten gebildet haben, mag von da, von dort ein Stück geschichtlicher Prägung empfangen haben. Und so ist es natürlich mit den Grundelementen des Postverkehrs: alle Epochen, alle Völker haben an ihrem Werden teil. Niemand mochte das stärker spüren und wissen als der junge Beamte Stephan, der sich von seinen reichlichen Dienststunden immer wieder etwas Freizeit abzwang, um alte Literaturen, alte Gesetzestexte und archivalische Verwaltungsquellen zu studieren, wie es eigentlich mit dem Gang der Verkehrseinrichtungen durch Völker, Staaten und Epochen gewesen ist. Auf die Fragestellung war noch keiner gekommen. War das aber nicht ein langweiliges Spezialistentum? Natürlich konnte es das sein. Doch Farbe und Ton einer Antwort hängen immer von dem Fragenden ab. Und dieser Mann verstand so lebhaft, gescheit zu fragen, daß mit seiner „Geschichte der preußischen Post" ein Stück lebensvoller Kultur- und Staatsvergangenheit neu oder eigentlich so zum erstenmal für das Bewußtsein gewonnen war.

Doch das Schicksal hatte diesen jungen Abendstundengelehrten im Grunde nicht dazu ausersehen, daß er Geschichte schreibe, sondern daß er Geschichte mache. Dieser Heinrich Stephan ist eine der sachlich wirkungsvollsten und menschlich anziehendsten Erscheinungen in dem deutschen öffentlichen Leben des 19. Jahrhunderts. Seine Leistung hatte ihn zu einer einzigartigen Volkstümlichkeit erhoben; seit dem Heimgang des alten Kaisers, hieß es bei seinem Tode, waren nicht so viele Berliner zur Teilnahme an einer Beisetzung zusammengeströmt. Gewiß, er hatte das Glück, sein Amt verwalten zu können in einer Zeit, die durch Bismarcks Politik ihren Rhythmus erhielt. Aber man darf Stephan nicht bloß im Schatten des Kanzlers sehen. Sein ungewöhnlicher fachlicher Aufstieg beginnt schon früher. Aber er ist zugleich derjenige unter Bismarcks Mitarbeitern, dem am wenigsten dreingeredet wurde. Der Kanzler spürte die schöpferische Kraft, das taktische Geschick, die unbürokratische Menschlichkeit, als er 1869 sich entschloß, den damals Achtunddreißigjährigen an die Spitze der Postverwaltung des Norddeutschen Bundes zu berufen."[3]

Gedenkblatt an den Gründungskongreß
des Weltpostvereins in Bern. In der Mitte
oben der Initiator des 1875 in Kraft ge-
tretenen internationalen Vertragswerks,
Heinrich von Stephan. Lithografie mit
Originalfotografien, 1874.

Eine der ersten „Norddeutschen Corre-
spondenz-Karten" von 1870.

„Gruß aus ..."

Postkarten sind postalisch gesehen „von der Post zur Vereinfachung und Abkürzung des brieflichen Verkehrs zugelassene offene Karten bestimmter Größe, die auf der rechten Hälfte der Vorderseite Raum zum Aufkleben der Postwertzeichen und für die Anschrift enthalten, während die linke Hälfte der Vorderseite und die Rückseite zu schriftlichen Mitteilungen benutzt werden können."[1]

Über ihre(n) Erfinder gibt es unzählige Publikationen mit ebensovielen verschiedenen Ergebnissen, die hier nicht untersucht werden sollen. Gesichert ist dagegen ihr Einführungsdatum am 1. 7. 1870; bis zum 1. 3. 1872 hieß sie offiziell noch „Korrespondenz-Karte"; am 1. 7. 1872 wurden neben den amtlichen Postkarten-Vordrucken von „Privatpersonen auf eigene Rechnung" hergestellte Karten zugelassen, und am selben Tag wurde das bis dahin für Brief und Postkarten gleiche Porto für Postkarten halbiert. Soweit die wesentlichen postalischen Rahmenbedingungen zum Phänomen „Postkarte".

Kulturhistorisch gesehen ist die Postkarte ein typisches Kind ihrer Zeit. Schon Heinrich Stephan hatte in seiner, der V. Konferenz des Deutschen Postvereins am 30. 11. 1865 vorgelegten „nichtamtlichen" Denkschrift darauf hingewiesen, daß in einer Zeit, in der „das Telegramm bereits eine Gattung von Kurzbriefen geschaffen" hat, „die jetzige Briefform für eine erhebliche Anzahl von Mittheilungen nicht die genügende Einfachheit und Kürze" gewährt.

Neben „Einfachheit und Kürze" und dem für den Erfolg der Postkarte nicht unwesentlichen Aspekt des verbilligten Portos war die Offenheit der Nachricht ein wichtiges Novum in der Kommunikationsgeschichte. Das seit dem späten Mittelalter in Boten- und Postordnungen fest verankerte Briefgeheimnis, die Unverletzlichkeit der verschlossenen Nachricht, wurde durch die Beschaffenheit der Postkarte aufgehoben. Für jeden, der sie in die Hände bekam, war sie ohne Verletzung des Strafrechts lesbar; aber das Spektrum der zu übermittelnden Botschaften war naturgemäß auch eingeschränkt. Und so gab es schon sehr früh Bedenken gegen den offenen Charakter der Botschaft. „Man fürchtete, Postboten und vor allem Kinder und das Dienstpersonal könnten den Inhalt lesen, auch könnten die Karten von anonym bleibenden Absendern zu unsittlichen und beleidigenden Mitteilungen ... mißbraucht werden."[2]

Die Einfachheit der Mitteilung, der durch den eingeschränkten Raum bedingte „Telegrammstil" kam weiten Bevölkerungskreisen entgegen, die mit den formalen Ansprüchen brieflicher Korrespondenz, mit der zu

beachtenden Grammatik, den Feinheiten von Anrede- und Schlußformeln und der Länge der Nachricht ihre Schwierigkeiten gehabt hätten. (Die hohe Kunst des Briefeschreibens und die damit verbundenen Schwierigkeiten werden sehr eindrucksvoll durch die heute häufig belächelten „Ratgeber" des späten 19. Jahrhunderts aufgezeigt.)

Ein weiterer Faktor, der zum Erfolg der Postkarte beitrug, war die zunehmende Mobilität auf Grund der Verbesserung der Verkehrssysteme. Insbesondere der hieraus resultierende Massentourismus verursachte einen Bedarf an Grußpostkarten, die noch heute einen sehr hohen Anteil am Postkarten-Gesamtvolumen haben, während andere Postkarten-Typen aufgrund einer veränderten Medienkultur kaum noch existieren.

Der Grundstein des Postkarten-Erfolgs wurde im Deutsch-Französischen Krieg 1870/71 gelegt; die räumliche Trennung zwischen Front und Heimat schuf einen Kommunikationsbedarf, insbesondere für die „ungebildeten Schichten", aus denen sich die große Mehrheit des Militärs zusammensetzte. Die Gebührenfreiheit für den Postkarten-Verkehr zwischen Front und Heimat mag das Ihrige dazu getan haben, daß allein in den ersten fünf Monaten des Krieges, also bis Ende 1870, circa 10 Millionen Karten von der Front in die Heimat verschickt wurden.

Nach Kriegsende setzte ein regelrechter Boom in der Herstellung, dem Vertrieb und dem Verschicken von Postkarten ein. Durch die Anwendung neuer und verbesserter Drucktechniken entwickelte sich Deutschland schnell zum Zentrum der „Postkarten-Kultur". Die Vielfalt der entstehenden Postkarten-Typen, die inhaltlich durch ein sich differenzierendes Kommunikationsbedürfnis und technisch durch die Anwendung verschiedenster Herstellungsformen ermöglicht wurde, wächst bis zum Beginn des 2. Weltkriegs, wenngleich die Grundtypen gegen Ende des 19. Jahrhunderts festliegen. Im „ABC des Luxuspapiers"[3] sind die verschiedenen Typen schematisch so dargestellt:

Bildpostkarten

a) *Ansichtskarten*
   Gruß-aus-Karten, Reklamekarten, Leporellokarten, Riesenkarten, Ausstellungs- und Festkarten, Schüler- und Studentenkarten, Reservistenkarten.

b) *Gelegenheitskarten*
   Weihnachts- und Neujahrskarten, Osterkarten, Pfingst- und Maikarten; Glückwunschkarten zum Schulanfang, Geburts- und Namenstag, zur Konfirmation und Kommunion, Verlobung, Hochzeit

(Grüne, Silberne und Goldene), zu Jubiläen; Beileidskarten.

c) *Genrekarten*
Scherz-, Ulk- und Juxkarten, Aprilscherzkarten, Bade- und Moorkarten, Blumen- und Spruchkarten, Liederkarten, Liebeskarten, Bier- und Kegelkarten, patriotische Karten, religiöse Karten.

d) *Fürsten- und Schauspielerkarten*
Fürsten-Porträtkarten, Musiker-, Sänger- und Filmschauspielerkarten.

e) *Kunst- und Künstlerpostkarte*
Galeriekarten, Künstlerserienkarten, Schönheitenkarten.

Umschlagkarten

Mechanische Karten wie Aufstell-, Buch-, Dreh-, Auszieh-, Fenster-, Falt-, Hebel-, Klapp-, Transparent-, Rubbel-, Stell-, Zieh-, Zug- und Verwandlungskarten. Inhalt: überwiegend Glückwunschkarten zu allen Gelegenheiten, Scherzkarten, wenig Ansichtskarten.

Druck und Ausstattung

1) *Bildpostkarten*
   a) Druck: Hochdruck, Tiefdruck, Farbendruck, Lithographie, Chromolithographie, Heliogravüre, Bromsilberdruck, Gummistempeldruck.
   b) Gestaltung: Kolorieren, Spritzen, Prägen, Goldreliefdruck, Stanzen.
   c) Applikationen: Zelluloid, Duft, getrocknete Blüten und Blätter, Gelatinierung, Glimmer, Seidenreliefs, Goldschnitt, Oblaten, Stickerei, Venezianischer Tau.

2) *Umschlagkarten*
   a) Druck: s. Bildpostkarten außer Gummistempeldruck.
   b) Gestaltung: s. Bildpostkarten; Falten, Kniffen, Montieren.
   c) Applikationen: s. Bildpostkarten; Wabenpapier, Eßpapier, Papierapplikationen.

Diese ausführliche, aber keineswegs vollständige Auflistung ergibt einen Eindruck von den außerordentlich vielfältigen Erscheinungsformen der Postkarte. Daß mit der Herstellung und dem Vertrieb von Postkarten auch ein gutes Geschäfts zu machen war, zeigen die Zahl der Herstellerfirmen, die von 90 im Jahre 1892 über 130 im Jahre 1904 auf über 250 im Jahre 1914 anwuchs[4]. 1898 soll der Wirt des Harzer Brockenhauses das Angebot einer jährlichen Pachtsumme von 20 000 Reichsmark abgelehnt haben, um weiterhin seine eigenen Postkarten vertreiben zu können[5]. Postalischerseits wurden bereits 1879 circa 123 Millionen Postkarten befördert.

Gegen Ende des Jahrhunderts erreichte das „Postkartenfieber" auch Frankreich, England und Amerika: 1899 gab es allein von Paris 3000 Postkartenmotive, und es war kaum ein deutsches Dorf denkbar, das nicht mehrere seiner Ansichten, dekorativ verbrämt, für den Touristen bereithielt.

Die deutsche Postkarten-Manie wurde in der englischen Zeitung „The Standard" 1899 so beschrieben: „Der reisende Teutone scheint es als seine feierliche Pflicht zu betrachten, von jeder Station seiner Reise eine Postkarte zu schicken, als befände er sich auf einer Schnitzeljagd. Seine erste Sorge, nachdem er ein einigermaßen bemerkenswertes Reiseziel erreicht hat, ist es, ein Gasthaus zu finden, wo er abwechselnd sein Bier trinkt und Postkarten adressiert. Manchmal kann man beobachten, wie sie sich während stundenlanger Eisenbahnfahrten hingebungsvoll dieser Aufgaben widmen. Fliegende Händler bedrängen den Touristen auf Berggipfeln und unter Ruinen im flachen Land, in Hotels, in Kaffeehäusern und sogar im Zug."[6]

Postkarten wurden aber nicht zur geschrieben, verschickt und vom Empfänger gelesen, sondern von diesem auch gesammelt. Insbesondere bürgerliche Kreise legten umfangreiche thematische Sammlungen von Postkarten an, wobei diese Philocartisten in ihrem Hobby von Fachzeitschriften und von großen Ausstellungen, Sammler- und Tauschtagen unterstützt wurden. Zeitschriften wie „Der Postkartensammler" (ab 1896), die „Illustrierte Monatsschrift für Postkartensammler" (ab 1897) und ähnliche Blätter sowie unzählige lokale, nationale und internationale Sammlervereinigungen dokumentieren eine wahre Sammlerwut, die erst nach dem Ende des 1. Weltkriegs abklingt. (Im 1. Weltkrieg selbst wurden dann noch einmal circa 10 Milliarden Postkarten allein von der Front verschickt).

Das Phänomen „Postkarte" wurde als Möglichkeit der Massenbeeinflußung schnell erkannt. Industrie und Handel bedienten sich der Reklamekarte, Staat und Parteien der Propagandakarte, um ihre Botschaft direkt zum Empfänger zu bringen. Nach dem Ende des 2. Weltkriegs verlagert sich die Bedeutung der Postkarte weitgehend – von dem an anderer Stelle beschriebenen Phänomen der „mail art" einmal abgesehen – auf den touristischen Bereich, der auf Grund seiner gegenwärtigen Expansion immerhin dazu geführt hat, daß im Jahre 1987 799,7 Millionen Postkarten (davon im Inland 577,7 Millionen) von der Deutschen Bundespost befördert wurden.

Ansichtskarte, um 1900, mit einem Gruß
aus einer deutschen Kolonie.

Die Telefonzentrale des Haupt-Fern-
sprechamts Berlin; Fotografie, 1905.

Das Fräulein vom Amt

Mit Beginn des Ausbaus der Fernsprechnetze in Deutschland wurde für die Vermittlungstätigkeit zusätzliches Personal benötigt, das männlich war und dem mittleren Dienst entstammte (Postassistenten, Oberassistenten). Bedient wurde stehend ein Klappenschrank mit 50 Leitungen. Die Akzeptanz des neuen Dienstes führte zu personellem Mehrbedarf, der durch nichtbeamtete Kräfte, sog. Hilfsarbeiter gedeckt wurde. Die Einstellung von Frauen für diese Posten war nicht vorgesehen, da auch Heinrich Stephan sich gegen dieses Novum mit folgender Begründung ausgesprochen hatte: „Ich kann mir sehr wohl denken, daß man von der Arbeitskraft weiblicher Personen beispielsweise bei der Führung von Büchern, von Listen in Gerichtsstuben, zur Nachrechnung von Bauanschlägen in Baubureaus, auch in der Kunst des Stenographierens und im Kommunaldienst zweckmäßig Gebrauch machen kann, ich glaube aber, daß die Verkehrsanstalten (i. e. Bahn und Post. Anm. d. Verf.) am allerwenigsten dazu geeignet sind."[1] Wenngleich er 1887 nicht mehr verhindern konnte, daß bei einigen Oberpostdirektionen „Hilfsarbeiterinnen für den Fernsprechdienst" eingestellt wurden, stieg die Zahl der im Fernsprechdienst beschäftigten weiblichen Kräfte erst nach seinem Tode 1897 bemerkenswert, wie folgende Übersicht zeigt:

Jahr	Fernsprechbeamte insges.	davon weibliche	%
1897	3591	2853	79
1902	6551	5725	87

Allmählich wurden Vorurteile bzw. Vorbehalte abgebaut, war doch erkannt worden, daß Frauen in diesem Beruf auch vorteilhaft eingesetzt werden konnten, wie eine Antwort auf eine entsprechende Anfrage August Bebels im Reichstag 1894 zeigt; deren Eignung für den Fernsprechdienst wurde folgendermaßen begründet: „Einmal, weil durch die höhere Stimmlage des weiblichen Organs die Schallwellen leichter verständlich sind, und sodann, weil der Teilnehmer freundlich wird, wenn ihm aus dem Telephon eine Frauenstimme entgegentönt."[2]

In einer Umfrage des Internationalen Büros der Telegraphenverwaltungen um die Jahrhundertwende wird dann auch von den meisten Postverwaltungen ähnlich argumentiert, wenngleich man Frauen auf Grund fehlender technischer Einsicht für kompliziertere Aufgaben im Fernsprechdienst weiterhin für nicht verwendbar hält; die südaustralische Telegraphenverwaltung gibt obendrein zu bedenken, daß der dienstliche Einsatz die Frauen zu sehr der Hausarbeit entfremde. Als wesentliche Voraussetzungen für die Aufnahme in den Post- und Telegraphendienst galt kurz vor dem 1. Weltkrieg: „Die Bewerberinnen mußten die deutsche Staatsangehörigkeit besitzen, zwischen 18 und 30 Jahre alt sein, schuldenfrei und unbestraft sowie ledig oder kinderlos verwitwet sein. Jüngere Bewerberinnen erhielten den Vorzug. Sie sollten gesund und ihrem Alter entsprechend kräftig entwickelt sein. Vor allem legte man Wert auf ein gutes Hör- und Sehvermögen und „gesunde Atmungswerkzeuge". Nach der ärztlichen Untersuchung stellte die Post selbst noch eingehende Ermittlungen an, ob die Möglichkeit einer erblichen Belastung mit Tuberkulose, Epilepsie, Geistes- oder Nervenkrankheiten sowie einer Ansteckung durch schwindsüchtige Angehörige bestand."[3]

Nach erfolgter Einstellung wurde weiterhin streng reglementiert: vorgeschrieben waren „amtliche" Redewendungen sowie das Tragen exakt beschriebener Dienstkleidung. Die Entpersönlichung der ja zwischen zwei Menschen Vermittelnden fand sich besonders in den für die Vermittlungstätigkeit vorgeschriebenen Sprachstücken: „Hier Amt, was beliebt?" war 1881 der vorgeschriebene Begrüßungssatz, und eine nicht zustande kommende Verbindung wurde mit den Worten: „Schon besetzt, werde melden, wenn frei." begründet: die Knappheit der Sprache ist sicher dem ja ursprünglich militärischen Telegraphiebereich entnommen. Einschränkungen in der Gestaltung der Haarpracht waren durch den Sitz der Kopfhörer gegeben; einheitliche Dienstkleidung wurde unter anderem damit begründet, daß „bei der Eigenart der weiblichen Natur nur zu leicht ein gegenseitiges Überbieten in der äußeren Erscheinung Platz greifen könnte."[4]

Die Arbeit selbst war, abgesehen von der Entpersönlichung, die heutige, computergesteuerte Telefonansagen vorausahnen läßt, ausgesprochen schwer: Mängel im Telefonsystem der Zeit, seien sie technischer oder menschlicher Natur, wurden von den Teilnehmern an der „süßen Klingelfee" ausgelassen; verbale Belästigungen von Teilnehmern waren nicht unüblich und selbst körperliche Gefahren waren mit der Ausübung dieses Berufes verbunden: da bei frühen Geräten der zum Anrufen der Vermittlungsstelle nötige Wechselstrom durch Kurbeln des Teilnehmers erzeugt wurde (vor Einführung einer zentralen Stromversorgung), konnte eine nochmalige Betätigung der Kurbel nach Meldung der Vermittlungsstelle der annehmenden Beamtin einen Stromstoß versetzen, der häufig zu dauerhaften Krankheitserscheinungen führte. Mit zunehmender Automatisierung der Vermittlungsstellen wurden die „immer wachen, klugen Jungfrauen" (Proust) weitgehend durch Maschinen ersetzt.

Briefsortierer bei der Arbeit im Haupt-
Briefpostamt Berlin; Fotografie, um
1910.

Menschen bei der Post

Versteht man unter „Post" einen klassifikatorisch sehr weitgefaßten Begriff, so kann man in den verschiedenen Boten des Mittelalters – im Dienste von Klöstern, Universitäten, Städten und sonstigen Einrichtungen – die ersten Postbeschäftigten sehen. Die Post der Thurn und Taxis benötigte viele Postmeister und Gehilfen. 1619 wurde Lamoral von Taxis vom Kaiser zum Reichsgeneralpostmeister ernannt, womit er die Spitze der damaligen Beschäftigungshierarchie einnahm. Die Spannungen, die sich zwischen dem Reichspostwesen und den jeweiligen Landesinteressen auftaten, führten zu regional eigenständigen Entwicklungen. „Der Erste, welcher die Ordnung des Postwesens in seinen Landen selbst in die Hände nahm, ohne sich lange um die im Laufe der Zeit immer mehr verklausulirte Verbriefung des Reichs-Postwesen zu kümmern, die ‚ohnehin sive ex ignorantia sive ex malitia gantz verdrehet worden‘, war Friedrich Wilhelm, der Große Kurfürst von Brandenburg. Nach einigen diplomatischen Vorgefechten schrieb er im Jahr 1651 dem Reichs-General-Postmeister kurz und bündig, daß der bereits eigene Posten im Lande angelegt und ‚dahero zur Vermeidung von allerhand Ungelegenheiten keine anderen gedulten könne‘." (O. Veredarius)[1]
Die Postmeister waren in Brandenburg zunächst den Provinzialbehörden unterstellt, dann dem Kurfürsten direkt; sie erhielten 20 bis 100 Taler jährlich und dazu noch Einnahmeanteile aus den Gebühren (in der Regel rund ein Viertel des Briefportos und ein Achtel der Personen- und Frachtgelder). Eine wesentliche Erhöhung der Gehälter erfolgte 1695.
Die Posthalter beschäftigten die Postillione und stellten auf vertraglicher Basis die Wagen und Pferde für die Post- und die Personenbeförderung zur Verfügung. Die den Postmeistern beigegebenen Postschreiber erhielten ein jährliches Gehalt von 150 bis 170 Talern. Aus ihnen, die mit dem Anwachsen des Verkehrs immer größere Bedeutung erlangten, gingen schließlich die Fachbeamten der Post hervor. „Im Jahre 1836 wurden folgende Anstellungsbedingungen für Postschreiber festgelegt: Alter 17 bis 21 Jahre, Reife für die Prima des Gymnasiums, gute Führung, kräftige Körperbeschaffenheit und 300 Taler Kaution. Außerdem mußten sie sich während des ersten Dienstjahres solange selbst unterhalten, bis sie aus der Postkasse eine auskömmliche Bezahlung erhielten."[2] Postexpedienten, die vorwiegend manuelle Tätigkeiten zu verrichten hatten, gab es seit 1849. Die Post wurde zunächst bei den Postämtern abgegeben und dort abgeholt. Fest angestellte und vom Staat besoldete Briefträger traten nach 1824 in Erscheinung.

Wie es bei der Postzustellung auf dem Lande (in einem bayerischen Dorf) zuging, schildert Ludwig Anzengruber eindrucksvoll in der 1876 erschienenen Dorfgeschichte „Der Schandfleck": „Der Föhrndorfer Briefbote war ein alter Mann und betrieb sein Amt mit Verstand. Er sichtete genau die ihm anvertrauten Briefschaften, ehe er sie in seine Ledertasche steckte, nicht nur nach ihren Adressen, denn das verstand sich ja von selbst, daß er seinen alten Beinen kein unnötiges Gelaufe zumutete und alles hübsch ordnete, wie es der Straße und der Nummer nach lag, sondern er unterschied sie auch ihrer Art nach. Postkarten händigte er ohne Bedenken den auf der Straße spielenden Kindern der Adressaten ein, denn die Postkarte galt ihm als der ‚Arme Leut'-Brief‘ und wo die Kunden mit dem Porto sparten, da durfte es wohl auch der Bote mit den Schritten so halten. Dagegen verabsäumte er nie, einen rechtschaffen frankierten und ordentlich geschlossenen Brief den Leuten selbst ins Haus zu tragen und – seine zwei Kreuzer Botengebühr in Empfang zu nehmen. Aber auch da unterschied er zwischen den nur zugeklebten und den mit einem Siegel versehenen Schreiben, die ersteren nahm er für leichte Ware, die kamen von fremd wo her, waren Allerweltsbriefe; wer Wichtiges und obendrein an die Freund- oder Verwandtschaft zu schreiben hatte, der sparte wohl die paar Tropfen Lack nicht und drückte sein Petschaft darauf, dann wirkten schon außen die bekannten Wappen oder Buchstaben des Siegels wie ein Gruß und auch die Farbe des Lackes hatte ihre Bedeutung."[3]
Die Geschichte einer Poststallmeisterei hat Peter Luginsland am Beispiel Nürnberg aufgezeigt. Im Rahmen der Installierung einer Postlinie von Prag via Nürnberg nach Köln und den Niederlanden richteten die Taxis in Nürnberg ein komplettes Reichspostamt ein. Der Kaiserliche Reichspoststallmeister hieß Hans Haid; ihm wurden für die kaiserlichen Ritte zunächst lediglich ein Reitknecht und zwei Pferde zur Verfügung gestellt. Die kaiserlichen Poststallmeister waren über die Jahrhunderte hinweg sehr angesehen, verdienten freilich nicht besonders viel. Nach einer besonderen Blüte gegen Ende des 19. Jahrhunderts erfolgte der Niedergang der Einrichtung mit der Motorisierung, die bereits 1908 einsetzte. „Der allerletzte Nürnberger Poststallmeister hatte wahrlich keine große Freude mehr an seinem Betrieb und als sich die Post endgültig auf allen Sektoren ihres Fahrbetriebs auf Elektromobile umstellte und am 1. April 1922 der Poststall sozusagen in Pension geschickt wurde, war man im Hause Hofmann [wie der letzte Amtsinhaber hieß] gar nicht so traurig, denn man hatte ja sowieso keine Gewinne

mehr mit dem umfangreichen Geschäftsbetrieb erzielen können. So traten denn am 21. Mai 1922 die braven Pferde aus dem Hofmannschen Poststall vom Posthof am Bahnhof aus ihre letzte Fahrt durch Nürnberg an, stürmisch begrüßt auf allen Straßen, die von dichten Menschenmauern eingesäumt waren. Eine 307jährige Geschichte war endgültig zu Ende gegangen."[4]

Generell kann man feststellen, daß das Ansehen bzw. Sozialprestige der bei der Post Tätigen größer war als die Einkommensverhältnisse und damit der Lebensstandard es an sich erwarten ließ. Die Aura, einer zentralen staatlichen Institution anzugehören, ausgestattet mit Dienstkleidung oder Dienstuniform, entsprach keineswegs der Bescheidenheit, die die private Existenz bestimmte. Ein Briefträger in München erhielt im Jahr 1890 etwa 110 Mark monatlich; für ein Pfund Roggenbrot mußte er 15 Pfennige, für ein Pfund Schweinefleisch 60 Pfennige, für ein Pfund Butter 95 Pfennige, für eine Maß Bier 23 Pfennige ausgeben.[5] In seinem Buch *Die deutsche Beamtenfrage* (Berlin 1918) schildert Fritz Winters die Laufbahn und die Lebensverhältnisse eines mittleren Postbeamten vor 1914[6]: Der mit 17 Jahren in den Post- und Telegraphendienst eingetretene Gehilfe wird mit 21 Jahren Assistent; er bezieht damit ein Tagegeld von 4 Mark, jährlich steigend um 25 Pfennig täglich bis zum Höchstsatz von 5 Mark. „Zur Gründung eines eigenen Hausstandes reichen die Tagegelder natürlich nicht aus und sollen sie ausgesprochenermaßen nicht ausreichen. Folglich wird die Ehe durchweg bis zur planmäßigen Anstellung verschoben. Auf diese ist etwa im 10. oder 11. Dienstjahre zu rechnen, doch verschieben sich die Anstellungsverhältnisse fortgesetzt, weil diese sich nach der Zahl der freiwerdenden und der neuzuschaffenden planmäßigen Stellen richten." Nun ist ein Gehalt von jährlich 1800 Mark zu erwarten; das macht bei einem

Kinde „für den Tag und Kopf für Nahrung, Kleidung und alle anderen Bedürfnisse außer der Wohnungsmiete eine Mark und 65 Pfennig! ... Viele Beamte ziehen es ja nun vor, im Anbetracht der geschilderten Verhältnisse mit der Heirat wenigstens bis zur Gehaltszulage, also bis zur Erreichung eines Gehalts von 2100 Mark zu warten. Dann aber sind sie dreißig Jahre alt, fünf Jahre älter, als sie im Interesse einer gesunden Bevölkerungsbewegung bei der Eheschließung sein müßten. Und nun steigt das Gehalt alle drei Jahre um 250 Mark; würde also auch nur alle drei Jahre Familienzuwachs eintreten, so würde die Steigerung des Gehalts doch hinter der Steigerung der Lebenskosten wesentlich zurückbleiben." Das Höchstgehalt wird nach einer Gesamtdienstzeit von 30 Jahren, also in einem Lebensalter von etwa 47 Jahren erreicht. Zwar besteht noch die Chance, Sekretär und Obersekretär zu werden, aber solcher Aufstieg kommt nach Maßgabe der verfügbaren Stellen immer nur „für den geringsten Teil in Betracht, während die übergroße Mehrzahl zeitlebens in den Verhältnissen verbleibt, wie wir sie vorstehend beleuchtet haben".

Ein Postillion soll tätig und unverdrossen, nüchtern, treu, des Fahrens und Reitens kund sein, und das Posthorn zu blasen verstehen – heißt es in einer Dienstvorschrift für Postillione um 1900.[7] Im übertragenen Sinne gilt diese Tätigkeitsbeschreibung für die Menschen bei der Post schlechthin. Über die Jahrhunderte schufen sie treu und unverdrossen das Netzwerk der Post, erhielten seinen Betrieb, erweiterten es und sorgten für zunehmende Verfeinerung – mit hohem beruflichen Können, mit Engagement und Interesse und unter Hinnahme erheblicher Beschwernisse und Entbehrungen. Wenig verbreitet war bei diesem aktivem Berufsstand, was auf einer „Schwarzen Liste" aus den Jahren 1837/1838 als Entlassungsgrund angegeben ist: „Schlafsucht".[8]

Briefträger in der Berliner Innenstadt bei
Arbeitsbeginn; Fotografie, 1933.

Postverladung am Zeppelin; Fotografie,
nach 1925.

Zeppelinpost

In einem 1874 gehaltenen Vortrag *Weltpost und Luftschiffahrt* stellte Heinrich von Stephan, der Leiter der Reichspostverwaltung und Mitbegründer des Weltpostvereins, die für die damalige Zeit kühne Behauptung auf, daß in dem vom Egoismus nicht einzupferchenden freien Reich der Luft überall Platz sei, vor allem auch für einen ungehinderten Postverkehr. „Die kleinen zwischenliegenden Staatsgebiete mit ihren verkehrsstörenden Post-Transitansprüchen, die Grenzen mit ihren Zollschranken und Paßunbequemlichkeiten werden nicht mehr hinderlich sein." Von den bisher bekannten Erfindungen werde sich keine so sehr wie die Luftschiffahrt zu einer Vervollkommnung der Kommunikation der Erdbewohner als geeignet erweisen.[1] Stephan dachte an lenkbare Ballons, die mit einer hinlänglich starken Kraftmaschine ausgestattet seien. Ferdinand Graf Zeppelin bekannte später, daß dieser Vortrag des Generalpostmeisters in ihm den Wunsch nach Verwirklichung solcher Schiffe hervorgerufen habe.

Der erste Aufstieg des Luftschiffes LZ 1 fand am 2. Juli 1900 statt. Aber schon in seinem *Aufruf an das Deutsche Volk* vom 17. August 1896 hatte Zeppelin die Luftbeförderung von Post ausdrücklich erwähnt: „... es könnte die Post von Berlin aus zum Beispiel nach Konstantinopel in achtunddreißig Stunden, nach New York in fünf Tagen, nach Bombay in sechs Tagen je Flug gebracht, Afrika in drei Tagen durchquert werden ..."[2]

Zunächst warfen die Luftschiffe bei ihren Probefahrten Meldekarten ab, mit der Bitte, daß die Finder die eine Hälfte zur Post gäben. „Während der 1910 einsetzenden Passagierfahrten ließ man an Bord geschriebene Bildpostkarten in kleinen Beuteln mit einem 50 Pfennig Stück und einem Hinweis abwerfen, den Fund im nächsten Postamt abzuliefern. Mit den Abwurf- und Fundmeldekarten zusammen stellen diese abgeworfenen Bildpostkarten die eigentlichen Vorläufer der Zeppelinpost dar."[3] Bald gab es auch einen Bordstempel, was die Einrichtung einer Posthilfsstelle an Bord voraussetzte.[4]

Die eigentliche Entwicklung des Posttransportes durch Zeppeline begann 1912: damals wurden anläßlich einer Wohltätigkeitsveranstaltung der ‚Großherzogin von Hessen und bei Rhein' zum Besten der Mütter- und Säuglingsfürsorge speziell hergestellte Postkarten zwischen den Städten Frankfurt am Main, Offenbach, Darmstadt, Worms und Mainz mit dem Euler-Flugzeug „Gelber Hund" und dem Luftschiff LZ 10 „Schwaben" befördert (insgesamt 460 700).[5]

Post hatte auch der LZ 126 an Bord, als er, im amerikanischen Auftrag auf Reparationskonto gebaut, im Oktober 1924 nach den USA übergeführt und dort als „Los Angeles" weiter eingesetzt wurde. Für seine Reise nach Amerika (8000 Kilometer), die erste Reise eines Zeppelins über den Atlantik, benötigte das Luftschiff drei Tage und 9 Stunden. „Der Höhepunkt der Postbeförderung wurde mit LZ 127 ‚Graf Zeppelin' und LZ 129 ‚Hindenburg' erreicht. Durch ihre regelmäßigen und zuverlässigen Fahrten entwickelten sich die beiden Luftschiffe zu einem bedeutsamen Schnellverkehrsmittel über den Atlantik.

Die Frage, ob der Luftverkehr (mit Personen- und Postbeförderung) künftig mit Luftschiffen oder mit Flugzeugen betrieben werden sollte, schien sich zunächst so zu klären, daß beide Betriebsarten nebeneinander in geeigneter Zusammenarbeit und gegenseitiger Ergänzung die Verkehrsaufgaben bewältigen würden. In der Luftpostliste, die das Reichspostministerium ab 1934 in zwei Abteilungen über die europäischen und außereuropäischen Luftpostverbindungen in regelmäßiger Folge herausgegeben hat, sind die planmäßigen Zeiten beider Luftverkehrsmittel verzeichnet."[6]

Die Post unterstützte durch erhebliche finanzielle Leistungen die Weiterentwicklung des Luftschiffbaus, doch kam es zu einer Belastung der Zusammenarbeit mit der Zeppelin-Reederei, als Unregelmäßigkeiten bei der Führung der Posthilfsstellen festgestellt wurden. Es wurde festgelegt, daß an Bord der Luftschiffe „Einrichtungen zur gesicherten Unterbringung der Wertzeichen und Barbestände der Posthilfsstelle" zu schaffen seien.

Am 6. Mai 1937 geriet der LZ 129 „Hindenburg" mit 97 Menschen an Bord, nach Abschluß seiner 11. Nordamerikafahrt, beim Andocken am Ankermast in Lakehurst in Brand; es gab zahlreiche Tote. Am 11. Mai 1937 hieß es im Amtsblatt des Reichspostministeriums. „Das Luftschiff ‚Hindenburg' ist bei seiner ersten diesjährigen Fahrt nach Nordamerika (ab Frankfurt/Main am 3. Mai) in Lakehurst am 6. Mai durch Feuer zerstört worden. Es ist damit zu rechnen, daß die gesamte Postladung hierbei vernichtet worden ist. Weitere Luftschiffahrten nach Nordamerika finden vorläufig nicht statt."[7] Das Unglück und der bald folgende Ausbruch des Zweiten Weltkrieges beendeten faktisch die Zeppelinluftfahrt und damit auch die Zeppelin-Postbeförderung. Viele Bordstempel und Sonderbriefmarken erinnern den Sammler an eine ereignisreiche Phase der Luftpost, die sich freilich am Ende als Luftgeschäft erwies.

Regierungstruppen in der Schalterhalle
des Postamts 1 in Augsburg, im April
1919, nach der Vertreibung der Wachen
des Arbeiter – und Soldatenrats, die seit
dem 9. November 1918 die räterepubli-
kanische Kontrolle über das Post- und
Fernmeldewesen der Stadt übernommen
hatten. Fotografie, 1919.

Post und Totalitarismus

Seit ihrer Institutionalisierung ist die Post eng mit dem Staat verknüpft. Nimmt sie dessen Interessen wahr, so bedeutet dies in einem normalen Staatswesen, daß sie damit zugleich die Interessen der Bürger dieses Staates wahrnimmt; sie fördert das Gemeinwohl. Ein totalitärer Staat aber beansprucht alle Lebensbereiche für sich und läßt eine Autonomie von Einzelbereichen oder auch von staatsfreien Bereichen nicht zu. Kraft seines Totalitätsanspruchs reguliert er das gesamte politische, soziale, wirtschaftliche und kulturelle Leben und, um seinen Machtanspruch in Form der Staatsgewalt zu erhalten, schaltet er alle Einzelbereiche gleich und richtet sie auf seine eigene und alleinige „Autorität" aus. Ein solcher Staat bedient sich auch des Instruments der Post, indem er die Verbreitung von Nachrichten einerseits in seinem Sinne regulieren wird und auf der anderen Seite Individuen und Gruppen, die sich seinem Anspruch nicht unterordnen, von den Möglichkeiten der Kommunikation fernzuhalten versuchen wird.

Die Inanspruchnahme des Kommunikationsapparats ausschließlich für eigene Zwecke ist eine der wesentlichen Voraussetzungen für die Ausübung eines totalitären Machtanspruchs. Erfolg oder Mißerfolg von Staatsstreichen hängen weitgehend davon ab, inwieweit man die eigene Bevölkerung und das Ausland von „feindlichen" Nachrichten abschirmen und mit den eigenen indoktrinieren kann. Daß hierbei Grundrechte der menschlichen Kommunikation eingeschränkt oder abgeschafft werden, liegt in der Natur der Sache.

So gehört das Geheimnis einer Nachricht, das sog. Briefgeheimnis, das später zum Postgeheimnis ausgeweitet wurde, seit jeher zu den Grundpflichten des Übermittlers einer Nachricht. Unter den Darstellungen der „Heidelberger Liederhandschrift" illustriert dies jene des Dichters Hartwig von Raute mit einem jungen Boten, der ein Schriftband in Händen hält: mit einer Maulschelle wird der Junge nicht etwa bestraft, sondern an seine Schweigepflicht, den Mund zu halten, erinnert, bevor er mit der Botschaft auf den Weg geschickt wird.

Botenordnungen, wie sie seit dem 15. Jahrhundert vorliegen, enthalten ähnliche schriftliche Passagen, die den Boten bei harter Strafandrohung an diese seine höchste Pflicht erinnern sollen. Und in den brandenburgisch-preußischen Statuten ist dieses Grundrecht wie folgt beschrieben: „Gleichwie der Reputation der Posten, nicht weniger als den Correspondenten selbst daran gelegen ist, daß kein zur Post gegebener Brief unterschlagen oder aufgehalten, erbrochen oder einer unrechten Hand abgefolgt werde; Als soll derjenige Postbediente, so der vorsetzlichen und unbefugten Vorenthaltung, oder auch Unterschlagung oder Erbrechung der Briefe überführt wird, ersternfalls zur Ersetzung des Schadens angehalten, und über das mit einer Geldstrafe von 100 Taler angesehen; letzernfalls aber gar cassiret und infam erkläret werden."[1]

Der eingeschobene Passus, „so der vorsetzlichen und unbefugten Vorenthaltung ... überführt ..." läßt aber auch hier schon die Möglichkeit der befugten Vorenthaltung, Erbrechung etc. möglich erscheinen, wobei die Befugnis ja nicht vom einzelnen „Postbedienten" eigenwillig, sondern nur von einer vorgesetzten staatlichen Institution gegeben werden kann. Die Möglichkeit des Primats der Staatsräson über das Recht des Individuums ist somit gegeben. Einschränkungen der Rechte des Individuums hat es immer wieder in Not- oder Krisenzeiten gegeben. In den meisten zivilisierten Staaten sind diese gesetzlich geregelt. Erstaunlich ist jedoch, mit welcher Radikalität sich der totalitäre nationalsozialistische Staat der Kommunikationsmedien bediente, nachdem er sich die Institution Post gefügig gemacht hatte. Das wichtigste Mittel zur Gleichschaltung des Postapparates war eine entsprechende Personalpolitik, die sicherstellte, daß nur dem neuen Regime Zugetane ihren Dienst in dessen Sinne ausführten. Um auch dies legalistisch abzusichern, wurde am 7. 4. 1933 das sog. Berufsbeamtengesetz erlassen; dieses schuf die „Möglichkeit zu einer noch weitergehenden Reinigung" gegen alle „wesensfremden", „politisch unzuverlässigen" und „bluts- und rassefremden Kräfte ... Auch Angestellte und Arbeiter fielen unter dieses Gesetz."[2] Allerdings hatte sich die Post schon vor Inkrafttreten dieses Gesetzes einer „freiwilligen Selbstreinigung" unterzogen: „Über 300 der schlimmsten Feinde des neuen Staates" wurden schon mit der Verfügung vom 18. März 1933, also wenige Wochen nach den Wahlen vom 5. März „fristlos entlassen".[3]

Die Bedeutung der Post als Machtmittel des nationalsozialistischen Staates hatte der spätere Reichspostminister Ohnesorge in einem Aufsatz „Die Deutsche Reichspost vor und nach dem Umbruch" folgendermaßen definiert: „Der riesenhafte Nachrichtenapparat der Postverwaltung ist nun einmal ein Machtmittel in der Hand desjenigen, der ihn spielen läßt, und ein gutorganisierter, auf höchster Stufe stehender Nachrichtenapparat bildet eine Lebensnotwendigkeit für den Staat. Eine starke Staatsführung muß also bestrebt sein, das Nachrichtenwesen fest in ihrer Hand zu halten und alle Einflüsse, von welcher Seite sie auch kommen mögen, auszuschalten ..."[4]

Wie man sich schon sehr früh der postalischen Kommunikationsmedien für eigene Propaganda-Zwecke zu bedienen wußte, läßt folgende Anordnung der Parteileitung der NSDAP vom 28. März 1933 als Vorbereitung zum Boykott jüdischer Geschäfte etc. erkennen; es werden sog. Aktionskomitees gegründet, die den Boykott vorbereiten und durchführen sollten, die in Absatz 10 der Anordnung folgendermaßen instruiert wurden: „Die Aktionskomitees haben weiterhin die Aufgabe, daß jeder Deutsche, der irgendwie Verbindung zum Ausland besitzt, diese verwendet, um in Briefen, Telegrammen und Telephonaten aufklärend die Wahrheit zu verbreiten, daß in Deutschland Ruhe und Ordnung herrscht, daß das deutsche Volk keinen sehnlicheren Wunsch besitzt, als in Frieden seiner Arbeit nachzugehen und im Frieden mit der anderen Welt zu leben, und daß es den Kampf gegen die jüdische Greuelhetze nur führt als reinen Abwehrkampf."[5]

Aber nicht nur wurde der Begriff der „Aufklärung" mit Hilfe der Nachrichtenmedien (z. B. auch des Rundfunks und der Zeitungen) pervertiert, sondern es wurden auch aktive Maßnahmen ergriffen, die sog. „Feinde" des Staates durch den Entzug von Kommunikationsmöglichkeiten zu isolieren. So wurde jüdischen Bürgern am 18. 7. 1940 die Rundfunkempfangsgenehmigung entzogen, wenige Tage später, am 29. 7., wurden ihnen, mit Ausnahme von Rechtsanwälten, Krankenpersonal, Ärzten, ausländischen Staatsangehörigen und privilegierten Mischehen, Telephon-Anschlüsse gesperrt und entzogen; nach dem 20. 1. 1942 (Wannsee-Konferenz) wurde ihnen auch die Benutzung öffentlicher Telephonzellen verboten.

Eine besonders perfide Form der Isolation durch Entzug von Kommunikationsmöglichkeiten beschreibt Eugen Kogon in seinem Buch „Der SS-Staat" in einem Kapitel über den „Postverkehr" in Konzentrationslagern, das hier zum Abschluß ausführlich zitiert werden soll: „Es durfte zweimal monatlich geschrieben werden, in den meisten Lagern alle vierzehn Tage ein Brief und abwechslungsweise eine Karte mit vorgeschriebener Zeilenzahl. An Mitteilungen waren nur Familienangelegenheiten erlaubt; selbstverständlich kein Sterbenswort über das Lager oder über den Zustand, in dem man sich befand. Den Briefen und Karten war ein vielzeiliger, den Schreibraum weiter verknappender Auszug aus der sogenannten Lagerordnung vorgedruckt (von der kein Mensch jemals ein Exemplar gesehen hat), derzufolge der Häftling im Lager alles kaufen konnte und daher auch Geld empfangen durfte (wieviel, war nicht angegeben, 30 Mark wurden ... an jeden Häftling monatlich nur ausgezahlt, mit dem Rest, meist mehreren Millionen Mark, da die Angehörigen glaubten, sie könnten schicken, was sie wollten, manövrierte die SS). Den Juden war es oft monatelang überhaupt nicht gestattet, zu schreiben; die Angehörigen der Strafkompanien durften es nur alle Vierteljahre. Über das gesamte Lager wurde von Zeit zu Zeit aus irgendwelchen Anlässen Briefsperre verhängt. Von der ankommenden Post erhielt der Häftling häufig nur zerschnittene Schnipsel oder den leeren Umschlag, während die SS den Inhalt zerrissen hatte. Das war besonders bitter. Telegramme oder Expreßbriefe und dergleichen konnten für den Empfänger schlimme Folgen haben ... Der Buchenwalder Blockführer Kubitz kam zuweilen mit der gesamten Post für den Block 36 an, zeigte den Stoß her, verlas die einzelnen Namen und steckte das ganze Paket mit den Worten: ‚So, ihr Schweine, nun wißt ihr, daß ihr Post bekommen habt!' in den Ofen. Die Postzensur war der Laune der dafür bestimmten SS-Leute überlassen, die zum Teil beinahe Analphabeten waren. Jeder Brief und jede Karte, die im geringsten beanstandet wurden, gingen nicht etwa zurück – jedenfalls nur in den seltensten Fällen –, sondern wurden einfach vernichtet, so daß der Häftling, der mühsam einen geeigneten Text mit möglichst gedrängten Mitteilungen abgefaßt hatte, nicht einmal wußte, ob er nun Verbindung mit seiner Familie erhalten hatte oder nicht. Wochen entsetzlich bangen Wartens, ausgefüllt mit quälenden Zweifeln über das Schicksal der Angehörigen, über die Treue der Frauen, die nicht selten von der Gestapo unter den unverschämtesten Lügen zur Ehescheidung ermuntert wurden, sowie über den Werdegang der Kinder, von denen man ja keinen lebendigen Eindruck mehr hatte, verstrichen dann. Dieser schreckliche Nervenkrieg stellte eine der zermürbendsten Belastungen des Lagers dar."[6]

„Brief von zu Hause"; Aquaforte von
Mieczyslaw Kościelniak, entstanden im
Konzentrationslager Auschwitz, 1944.

Amtsblatt des Reichspostministeriums

Bekanntmachungen der Deutschen Reichspost

Erscheint wöchentlich zweimal. Bezugspreis vierteljährlich 1,00 Reichsmark

Zu beziehen durch die Post, Einzelnummern auch durch den Verlag: Postzeitungsamt, Berlin W

Jahrgang 1939	Berlin, den 8. August	Nr. 75

Inhalt

Die mit dem Vermerk »(nur Ostm)« versehenen Verfügungen usw. gelten nur für die Ostmark.
Die mit *) bezeichneten Verfügungen usw. sind bei den Poststellen (I) in Umlauf zu setzen.

Verfügungen

Personal- und Kassenwesen

Nr. 346/1939. Anerkennung für hervorragende Leistungen bei den Deutschen Meisterschaften 1939 des NS.-Reichsbundes für Leibesübungen

Die Postangestellte Lieselotte Peter in Oppeln hat bei den Deutschen Meisterschaften 1939 des NS.-Reichsbundes für Leibesübungen den Titel einer Deutschen Meisterin im 80-m-Hürdenlauf errungen.

Der Herr Reichspostminister hat Fräulein Peter in Anerkennung ihrer hervorragenden Leistung mit Vorrang zur Postassistentin ernannt und ihr ein wertvolles Geschenk übermittelt.

Recht 8265—0

Nr. 347/1939. Arischer Nachweis der nichtbeamteten Gefolgschaftsmitglieder

Folgender im Reichshaushalts- und Besoldungsblatt Nr. 24 vom 14. Juli 1939 S. 188 veröffentlichter Erlaß des Reichsministers der Finanzen wird bekanntgegeben:

Nr. 3165. Arischer Nachweis der nichtbeamteten Gefolgschaftsmitglieder

Im Einvernehmen mit dem Herrn Reichsminister des Innern erkläre ich mich damit einverstanden, daß bei der Einstellung von nichtbeamteten Gefolgschaftsmitgliedern von der Einforderung der Fragebogen nach Anlage B und C gemäß ADO. Nr. 2 zu § 2 ATO. oder der Urkunden hierzu dann abgesehen werden kann, wenn feststeht, daß die Beschäftigungsdauer 3 Monate

nicht übersteigen wird und das Festhalten an der Vorlage dieser Nachweise die Einstellung in nicht vertretbarem Ausmaß verzögern würde. In diesen Fällen ist nach vorangegangener Belehrung über den Begriff des Juden im Sinne des § 5 der Ersten Verordnung zum Reichsbürgergesetz vom 14. November 1935 (Reichsgesetzbl. I S. 1333) die Abgabe einer Erklärung folgenden Wortlauts zu verlangen:

»Mir sind nach sorgfältiger Prüfung keine Umstände bekannt, die die Annahme rechtfertigen könnten, daß ich Jude bin. Über den Begriff des Juden bin ich unterrichtet worden. Mir ist bekannt, daß ich sofortige Entlassung zu gewärtigen habe, falls diese Erklärung sich als unrichtig erweisen sollte.«

Berlin, 10. Juli 1939.

Der Reichsminister der Finanzen
J. A.: Wever

Hiernach ist auch im Bereich der DRP und bei der Reichsdruckerei bei der Einstellung von nichtbeamteten Gefolgschaftsmitgliedern zu verfahren, deren Beschäftigungsdauer 3 Monate nicht übersteigen wird. Im übrigen behält die RPMVf. vom 18. Februar 1939 IV 8011—4 unter 2 ihre Gültigkeit. § 5 der Ersten Verordnung zum Reichsbürgergesetz vom 14. November 1935 ist mit RPMVf. vom 3. Dezember 1935 IV 8011—4 bekanntgegeben worden.

IV 8011—4

„Ariernachweis" für nichtbeamtete Aushilfskräfte bei der Post. Aus dem „Amtsblatt des Reichspostministeriums", August 1939.

Ein Tag wie jeder andere

Es handelt sich um den 8. August 1939; eine Ausgabe des Amtsblattes des Reichspostministeriums erscheint. In hoher Auflage, denn eine ordentliche Verwaltung bedarf der genauen Kenntnis amtlicher Verfügungen. Nr. 346/1939: Die Postangestellte Lieselotte Peter aus Oppeln wird Postassistentin, weil sie bei den Deutschen Meisterschaften 1939 des NS-Reichsbundes für Leibesübungen den Titel einer Deutschen Meisterin im 80-m-Hürdenlauf errungen hat. Es ist anzunehmen, daß sie auch wegen ihres postalischen Leistungsnachweises befördert wurde. Andere „Gefolgschaftsmitglieder" wären auch gerne vorangekommen; daß ihnen dies nicht gelang, ja sie ihrer beruflichen Existenz verlustig gingen, hatte lediglich einen Grund: sie waren nicht arisch. Denn die Juden sind nicht nur für die Deutschen, sondern auch für die deutsche Post ein Unglück. Nr. 3165 verfügt, daß bei einer Einstellung, die drei Monate nicht übersteigt, der Ariernachweis in Form einer persönlichen Erklärung abgegeben werden kann. Sorgfältig muß jeder für sich prüfen, ob er Jude oder keiner ist; über den Begriff „Jude" wird man unterrichtet; sofort wird entlassen, wer unrichtige Angaben macht.

Am 15. September 1935 waren auf dem Parteitag in Nürnberg zwei Rassengesetze verkündet worden; sie bildeten die Grundlage der nun einsetzenden systematischen Verfolgung, nachdem schon seit dem Machtantritt der Nationalsozialisten 1933 die Übergriffe, Boykotte, Quälereien und Verbrechen um sich gegriffen hatten. Das Reichsbürgergesetz legte fest, daß Juden keine Reichsbürger sein können, sondern lediglich Staatsangehörige, die Sonderregelungen unterworfen sind. Das „Gesetz zum Schutze des deutschen Blutes und der deutschen Ehre" verbot unter anderem die Eheschließung zwischen Juden und Bürgern deutschen oder artverwandten Blutes. Jude war – und darüber wurde auch das nichtbeamtete Post-Gefolgschaftsmitglied bei einer Beschäftigungsdauer von unter drei Monaten belehrt –: wer von mindestens drei der Rasse nach volljüdischen Großeltern abstammte; als Jude galt auch der von zwei volljüdischen Großeltern abstammende staatsangehörige Mischling, der beim Erlaß des Gesetzes der jüdischen Religionsgemeinschaft angehörte oder danach in sie aufgenommen wurde, der beim Erlaß des Gesetzes mit einem Juden verheiratet war oder sich danach mit einem solchen verheiratete, der aus einer Ehe mit einem Juden im Sinne des Absatzes 1 stammte (soweit die Ehe nach dem Inkrafttreten des „Gesetzes zum Schutze des deutschen Blutes und der deutschen Ehre" geschlossen worden war).

In der Folgezeit wurden zahlreiche Ausführungsbestimmungen erlassen, die den Juden die Ausübung fast aller Berufe verwehrte und ihnen schließlich jegliche Erwerbstätigkeit verbot; entsprechend erfolgte die Ausschließung der Juden aus der Privatwirtschaft und den freien Berufen. Alles dies geschah „rechtmäßig" – d. h. eine große Anzahl „furchtbarer Juristen" und Verwaltungsbeamter war jahrelang akribisch darum bemüht, die Entrechtung des jüdischen Bevölkerungsanteils zu kodifizieren und zu realisieren.

An einem Tag wie an jedem anderen ereignete sich die Banalität des Bösen; vom 1. April 1933 bis zum 10. Juni 1943 wurden rund 430 diskriminierende Erlasse ausgegeben. Die im Amtsblatt des Reichspostministeriums veröffentlichte Verfügung „Arischer Nachweis der nichtbeamteten Gefolgschaftsmitglieder" ist einer der „harmlosesten". Wer ihn im August 1939 las, wird sich kaum etwas dabei gedacht haben – höchstens, daß nun, da die Selbsterklärung genügte, eine Verwaltungsvereinfachung eingetreten war. Das Netz der Überwachung war jedoch dicht; wer „unrichtig" sich zum Arier erklärte, hatte kaum eine Chance, dem Spitzelwesen wie der bürokratisch-totalitären Erfassung zu entgehen.

Wenn im Rahmen einer postgeschichtlichen Monographie dieses periphere Beispiel der nationalsozialistischen Diskriminierungspolitik herausgegriffen wird, dann deshalb, weil dadurch der zur routinierten Selbstverständlichkeit gewordene, im Beamtendeutsch pseudo-objektivierte abgründige Rassenhaß verdeutlicht werden kann. Die technischen Innovationen der Post nahmen im Dritten Reich ihren Fortgang; schöne Sonderbriefmarken entstanden; die Sammler können noch heute ihre Kollektionen mit philatelistischem Behagen begutachten. „Stürmer"-Karikaturen wurden nicht in Briefmarken umstilisiert; die Post-Ästhetik blieb einigermaßen sauber.

Die Post kann freilich, so wenig wie Bahn oder Schule, Verwaltung oder Universität etwas dafür, daß die tiefste Perversion deutschen Geistes und deutscher Moral stattfand. Die Unschuld der *Institutionen* zerbricht nämlich nicht in sich, sondern an der Fehlentwicklung der *Menschen*. Im Reich der niederen Dämonen waren die Postämter und Postbehörden zudem nur ein kleiner Bereich inmitten der unermeßlichen Infrastruktur des Bösen, ohne die die Befehls- und Machtmechanismen nicht hätten funktionieren können. Verfügung Nr. 3165 hat, für sich genommen, wenig zu sagen; das Verbrecherische ist weitgehend verklausuliert. Gleichgültigkeit bereitete eben den Weg zum Abgrund an einem Tag wie an jedem anderen.

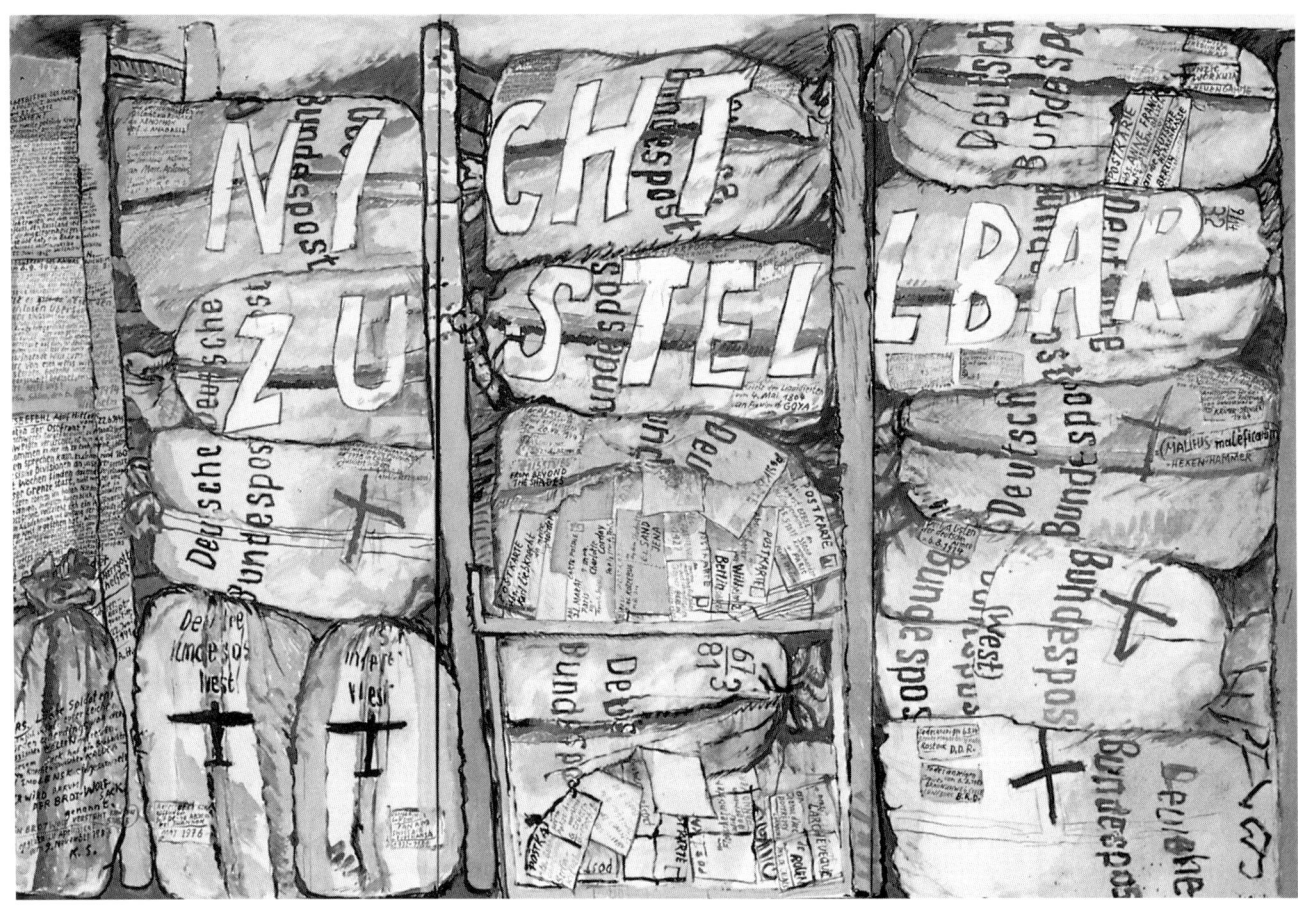

„Das Postamt des Thanathos"; Ölgemälde zu einem Objekt gleichen Titels
von Karl Schaper, 1984.

Das Postamt des Thanatos

Sein im Jahre 1984 entstandenes gleichnamiges Objekt, bestehend aus 14 Postsäcken, 4 Leitern und 27 Holzpostkarten (im Besitz des Landes Niedersachsen) kommentiert der Künstler Karl Schaper folgendermaßen. „Im Zweiten Weltkrieg erreichten ungezählte Briefe nicht ihre Empfänger, viele Tausende fielen bei Schlachten und Rückzügen in feindliche Hand, englische-deutsche-russische-japanische, ungeöffnet, ungelesen, stumme Beweisstücke der Lähmung und Verhärtung menschlicher Schicksale durch die Schizophrenie des kriegerischen Mahlwerks. Ich habe mehrfach solche verlassenen Anhäufungen von erschütternder Trostlosigkeit gesehen, makabre Denkmäler der Vergeblichkeit und des Nichts". Die Skala der Empfänger und Absender der Holzpostkarten, die aus den teilweise aufgeschlitzten Säcken herausquellen, reicht von „Nachrichten der Verstümmelten und Verreckten der Schlacht von Kunaxa 401 v. Chr. an Xenophon" über „Angeschwemmte Briefe der Galeerensklaven der Seeschlacht von Aktium am 2. Sept. anno 31 v. Chr. an *Marc Antonius*" bis hin zu „Feldpostbriefen von deutschen und belgischen Gefallenen bei Lüttich vom 6. 8. 1914."

Schapers Werk zeigt auf beeindruckende Art und Weise die Sinn- und Trostlosigkeit der nicht zustellbaren Nachricht unter extremen Bedingungen.

In der Neuzeit obliegt es in Kriegssituationen der Feldpost, sowohl für den Nachrichtenaustausch der jeweils kriegführenden Partei intern als auch zwischen Front und Heimat zu sorgen. In dem behandelten deutschen geographischen Raum ist die Institution eines Feldpostamts zum erstenmal im Jahre 1715 bei der preußischen Armee während des vorpommerschen Krieges erwähnt. Im Siebenjährigen Krieg und in den Befreiungskriegen wurde dann die Organisationsform weiter ausgebaut, die mit der Durchführung des Feldpostdienstes im Krieg 1870/71 die Grundlage für alle späteren Feldpostnetze unter Hinzuziehung neuerer Transport- und Übermittlungsformen schuf. (Die Feldpostordnung von 1938 brachte zusätzliche Änderungen im Bereich der Gliederung und Zusammensetzung.)

Der Umfang des Feldpostverkehrs und daraus ablesbar die immense Leistung dieses Dienstes mögen die folgende Zahlen veranschaulichen.

1870/71: 88 Feldpostanstalten mit 960 Beamten; Briefpost in beiden Richtungen: 101 Mio.

1914/18: 740 Feldpostanstalten mit 8131 Beamten (zusätzlich 5115 militärische und andere Hilfskräfte); Briefpost in beiden Richtungen: 28,7 Mrd.

1939/45: Circa 30 000 Beamte (genaues statistisches Material fehlt); Sendungen: 30,6 Mrd. (bis einschließlich 1944)

Die Schwierigkeiten, in Friedenszeiten ein postalisches Netzwerk zu errichten, zu erhalten und effizient zu nutzen, sind eingangs behandelt worden. Eine solche Leistung unter den sich fortwährend verändernden Bedingungen eines Krieges zu vollbringen ist außerordentlich.

Die Feldpost war für Absender und Empfänger in den bisherigen Kriegen die einzige Möglichkeit, in Verbindung zu bleiben. Die Nachricht von der Front war ja zumeist eine positive, besagte sie doch, daß der Absender noch lebte und einigermaßen unversehrt war. Ähnliches galt auch für die umgekehrte Nachricht, zumal in einer Periode, in der, wie im 2. Weltkrieg, auch die Zivilbevölkerung durch das Kriegsgeschehen bedroht war. Andererseits war aber auch der Austausch von negativen Nachrichten möglich, in beiden Richtungen, so daß durch die Möglichkeit des Nachrichtenaustausches auch ein demoralisierender Effekt beim Empfänger erreicht werden konnte. Das Abgeschnittensein, sofern man nicht der eigenen oder der feindlichen Propaganda traute, zeigt sich in einem Brief von Erich Kuby vom 11. Dezember 1943 von der Ostfront. „Ich warte auf Post. Was Du alles zu berichten haben wirst! Ich sinke, was Informationen allgemeiner Art betrifft, auf Stallburschen-Niveau herab."[1]

Ein besonderes Kapitel nimmt in diesem Zusammenhang die Kriegsgefangenenpost ein, die unabhängig von Paketen und Postanweisungen nur auf Postkarten (aus Zensurgründen) durchgeführt werden durfte. Auf Grund der Haager Konventionen von 1899 und 1907, betreffend die „Gesetze und Gebräuche des Landkrieges", wo der Wunsch geäußert wird, „selbst im Äußersten Fall (i.e. der Krieg) den Interessen der Menschlichkeit und den sich immer steigernden Forderungen der Zivilisation zu dienen", war der Postverkehr zwischen kriegführenden Staaten bezüglich der Kriegsgefangenen organisatorisch gut geregelt. Desweiteren wurde im Weltpostvertrag von 1906 festgelegt, daß Kriegsgefangenenpost grundsätzlich gebührenfrei zu befördern sei; die Mittelposition übernahmen neutrale Länder, zumeist die Schweiz und Schweden. Im 1. Weltkrieg wurde in Berlin eine Zentralstelle zur Vermittlung von Kriegsgefangenenpost eingerichtet, die es allein im Bereich der Postkarte auf ein Volumen von 82 Mio. brachte. Erschwert wurde ihre Arbeit dadurch, daß die französische und die russische Regierung, um ihre hohen Verluste gegenüber der Zivilbevölkerung zu verschleiern, keine offiziellen Gefallenenlisten herausgaben, so daß unzählige französische und russische Familienangehörige einfach Briefe an ihre vermißten Angehörigen nach Deutschland schickten in der Hoffnung, der deutschen Post werde es gelingen, diese in irgendeinem der unzähligen Kriegsgefangenen-Lager ausfindig zu machen.

Das Problem der Zensierung von Kriegsgefangenenpost wurde im Laufe des 1. Weltkriegs dadurch vereinfacht, daß nur Karten mit vorgedrucktem Text ohne Zusatz geschickt werden durften. Selbst Streichungen etc. durften nur mit Bleistift ausgeführt werden, da festgestellt worden war, daß häufig mit bloßer Feder oder z. B. mit Obstsaft "zwischen den Zeilen" geschrieben wurde.

Natürlich wurde auch versucht, auf diesen vorgedruckten Karten propagandistische Botschaften zu verschicken, so daß sich im 1. Weltkrieg sowohl die schwedische als auch die schweizerische Postverwaltung mehrfach gezwungen sah, bei der absendenden Postverwaltung Postkarten mit offensichtlich propagandistischen Inhalten zu monieren, da diese vom Empfängerland zurückgeschickt würden und dem Mittlerland doppelte Arbeit verursachten.

Die Kosten, die ohne diese doppelte Belastung auf ein Mittlerland zukamen, waren, da ja die Gebührenfreiheit vertraglich geregelt war, nicht unerheblich. So hat die Schweizer Postverwaltung bis zum Ende des Jahres 1916 nur für Kriegsgefangenenpost den Betrag von 1 140 000 Franken aufwenden müssen. Dadurch, daß die Karten in den Lagern umsonst erhältlich waren und umsonst verschickt werden konnten, schrieb man natürlich möglichst viel. Als spezielle Variante sei hier noch die – ebenfalls gebührenfrei beförderte – "Heimkehrerpost" genannt, die die bevorstehende Heimkehr eines Kriegsgefangenen aus einem Sammellager avisierte. Heimkehrerpostkarten, die den Vermerk "Unzustellbar" trugen und an den Absender zurückgingen, lassen die ganze tragische Situation dieser Zeit nachempfinden.

In solchen Fällen, aber auch zur Benutzung nach Luftangriffen, konnte an das zuständige Postamt per vorgedruckter Postkarte ein "Eilauftrag zur Prüfung einer Postanschrift" geschickt werden. Auf der Rückseite waren die folgenden Antwortschemata auf die Frage "Ist diese Anschrift richtig?" vorgegeben:

"Ja! Eine Änderung ist dem Postamt nicht bekannt. – Nein, sie muß lauten . . . (neue Anschrift) – Nein, eine andere kann aber nicht angegeben werden".

Weitere Varianten dieser Kommunikationsmöglichkeit in schwersten Zeiten waren als "Eilnachricht" bezeichnete, rot gedruckte Formulare, die insbesondere nach schweren Luftangriffen "Lebenszeichen" bis zu maximal zehn Wörtern ermöglichten; grün gedruckte Varianten dieser Formulare wurden zum selben Zwecke an Soldaten verschickt, die nicht per Adresse, sondern nur per Feldpostnummer erreicht werden konnten. Als vielleicht letzte logische Folge der Feldpost erschien nach dem 2. Weltkrieg die "Suchdienstkarte", die es ermöglichen sollte, den Verbleib von vermißten Familienangehörigen über die entsprechenden Suchdienststellen zu ermöglichen.

Was nun all diesen verschiedenen Möglichkeiten der Nachrichtenübermittlung gemeinsam war, ist das schon eingangs aufgezeigte Prinzip der Anpassungsfähigkeit postalischer Organisationsformen an – in diesem Fall extrem – veränderte Umstände. Da es sich bei diesen veränderten Umständen ja nicht im modernen Sinn um Marktbedürfnisse handelt, insbesondere, da deren Erfüllung das Gegenteil von Profitmaximierung bedeutete, zeigt sich an diesen Beispielen der gesellschaftliche Auftrag der Post in besonders beeindruckender Weise.

Mit Beginn des 2. Weltkriegs wurden allerdings von Seiten der Regierung militärische Prioritäten gesetzt, die es der Post bei zunehmenden Kriegseinwirkungen sehr erschwerten, ihre Dienste in angemessener Form aufrechtzuerhalten. Das am 4. September in Kraft getretene Reichsverteidigungsgesetz gab dem Oberkommando der Wehrmacht die Möglichkeit, dem Reichspostminister Weisungen für die Ausnutzung und Verteilung der gesamten Nachrichtenverbindungen auf die Wehrmacht und die übrigen Bedarfsträger zu erteilen. Die ab 1943 durch zunehmende Luftangriffe erschwerte Aufrechterhaltung der Netze und damit der Dienste verschlechterte sich gegen Kriegsende. Ein am 19. März 1945 von Hitler erlassener Befehl, beim Rückzug innerhalb Deutschlands alle wichtigen Anlagen, u. a. auch Nachrichtenmittel zu zerstören wurde am 27. März in einer Durchführungsbestimmung dahingehend abgemildert, daß diese Anlagen zu lähmen, aber nicht zu zerstören seien; unter Lähmen ist hier das zeitweilige Unbrauchbarmachen dieser Einrichtungen gemeint, z. B. durch Mitnehmen oder Verstecken bestimmter wichtiger Teile. Da mit demselben Befehl aber auch angeordnet wurde, Lagervorräte zu erhalten, wurde hierdurch die Grundlage für den Wiederaufbau des Post- und Fernmeldewesens nach dem Kriegsende gelegt.

Feldpost-Säcke auf dem Bahnhof
Smolensk; Fotografie, Winter 1941/42.

Das zerbombte Postamt in Kassel;
Fotografie, 1945.

Neuer Anfang aus Trümmern

Als sich nach der militärischen Übergabe der Stadt Nürnberg am 23. April 1945 an die amerikanischen Truppen Ende April und Anfang Mai Angehörige des dortigen Paketpostamtes an ihrer Arbeitsstätte einfanden, um zu sehen, wie diese die letzten Kampfhandlungen überstanden hatte, fanden sie ein unbeschreibliches Chaos vor. „Der Hauptbahnhof und der Postblock machten den Eindruck völliger Verwüstung. Waren schon die Postgebäude durch die vorausgegangenen Luftangriffe stark zerstört worden, so haben die Kampfhandlungen der letzten Tage mit ihrem Artilleriefeuer und die nach der Übergabe einsetzenden Plünderungen ... dem Ganzen einen nicht zu schildernden Stempel aufgeprägt. Im Gelände des Postladebahnhofs lagen noch die Leichen von einem Soldaten und einem 15jährigen Jungen. Die etwa 30 000 Pakete waren sämtlich ausgeraubt. In der Auslieferungshalle, im Keller und am Bahnsteig des Postladebahnhofs war Feuer gelegt worden. Die Schreibtische und Schränke in den Büroräumen waren erbrochen, die Akten zerstreut, die Einrichtungsgegenstände fortgeschleppt." ... In Nürnberg hatten die Amtseinrichtungen, wenn auch unter schwersten Beschädigungen, dank der Opferwilligkeit des Personals vor dem völligen Untergang bewahrt werden können; dafür war das gesamte Ortsnetz durch die Bombentreffer in kleinste Stücke zerhackt, die Kabelaufführungen vernichtet, die oberirdischen Zuführungen im Feuersturm zerschmolzen. Brand- und Sprengbomben hatten zehntausende Sprechstellen vernichtet; ungezählte Fernsprechapparate waren durch Plünderungen in Verlust geraten. Bis auf kleine, durch Zufall unberührt gebliebene Teile auf dem flachen Lande war das gesamte Nachrichtensystem ausgefallen. Dazu kam, daß es an allen, auch den elementarsten Voraussetzungen fehlte, um nach einer derartigen totalen Katastrophe einen Wiederaufbau beginnen zu können. Die Fernmeldeindustrie war zerschlagen, mehr noch, ihre sämtlichen Werke lagen in fremden Besatzungszonen. Was noch an Industrie übriggeblieben war, fertigte Gebrauchsgüter an Gasmasken, Stahlhelmen oder anderen Kriegsschrott an. Durch die Plünderungen der letzten Kriegstage und in den ersten Besatzungstagen waren die letzten sorgsam gehüteten Ersatzteile, das letzte gerettete Werkzeug bis zur einfachen Zange und dem kleinsten Stückchen Draht verschwunden. Keinen Wähler, kein Relais, keinen Lötkolben, schon gar kein fahrbereites Auto fanden die wenigen Bautruppangehörigen vor, als sie sich in den verwüsteten Werkstätten zusammenfanden, um mit den Aufräumungsarbeiten zu beginnen. Viele Amtseinrichtungen, die zwar schwer beschädigt, aber noch zu

retten gewesen wären, gingen mangels geordneter Pflege zugrunde. Durch die eingestürzten Dächer troff das Wasser, durch die fehlenden Fensterscheiben drang die Asche und der Trümmerschutt in die empfindlichen technischen Bauteile."[1]
Eine solche Momentaufnahme kann als exemplarisch verstanden werden. Mit dem totalen Krieg und der totalen Niederlage war das Netzwerk der deutschen Post zusammengebrochen; es wurde mit großer Energie wieder geknüpft – unter Anleitung der alliierten Militärverwaltungen. Der Alliierte Konrtrollrat, mit dem Sitz in Berlin, bestehend aus Vertretern der vier Besatzungsmächte (USA, Großbritannien, UdSSR, Frankreich), übte die oberste Staatsgewalt aus; in seine Zuständigkeit fiel auch das Post- und Fernmeldewesen, soweit „Deutschland als Ganzes" betroffen war. Durch die Kontrollratsgesetze von 1946 und 1947 wurden zum Beispiel die Postgebühren verdoppelt, die Gebühren für alle Leistungen im Fernsprechverkehr um die Hälfte erhöht und alle Postwertzeichen der Vorbesatzungszeit für ungültig und ablieferungspflichtig erklärt. „Soweit es sich um Fragen handelte, die nicht Deutschland ‚als Ganzes' betrafen, war die Zuständigkeit der Militärregierung der jeweiligen Besatzungszone begründet. Die Grenzen der vier Besatzungszonen waren auch die Grenzen der vier ‚Postgebiete'."[2]
Wie in anderen Verwaltungsbereichen vollzog sich – so Ludwig Kämmerer – die Ingangsetzung der Dienstabwicklung von unten nach oben.
Zunächst mußten die Diensträume, soweit sie überhaupt noch zu benutzen waren, von Schutt und Trümmern gesäubert und notdürftig hergerichtet werden. „Auch die Spuren von Plünderungen durch kämpfende Truppen, Kriegsgefangene, ausländische Arbeiter mußten beseitigt werden. Fehlende Einrichtungen, vor allem Fahrzeuge jeglicher Arbeit, waren provisorisch instandzusetzen. An die Stelle früherer Planung trat im weitesten Umfang die Improvisation."[3]
Ziel der Besatzungspolitik war es zunächst, alles „in den Griff" zu bekommen. „Der gesamte durch die Post beförderte Schriftwechsel sowie alle Mitteilungen mittels Fernsprechers, Fernschreibers, Telegrafs und auf dem Funkwege unterlagen der Zensur, gemäß den ‚Zensurbestimmungen für die Zivilbevölkerung in Deutschland unter der Herrschaft der Militärregierung', für deren strikte Befolgung die Bediensteten persönlich verantwortlich waren."[4]
Die jeweiligen Kommandanten auf der unteren Verwaltungsebene waren auch für das Post- und Fernmeldewesen zuständig. Die zunächst reichlich chaoti-

sche Lage verbesserte sich wesentlich, als eigene Postoffiziere eingesetzt wurden, wobei diese sich vor allem des technischen Fernmeldedienstes annahmen, da die Besatzungsmacht auf das deutsche Nachrichtennetz dringend angewiesen war.

Was die Personalpolitik im Zeichen der Entnazifizierung betraf, so kam es wesentlich darauf an, wie geschickt die deutschen Postbeamten die Befehle der Amerikaner und der anderen Besatzungsmächte auszulegen im Stande waren. Hier ein Beispiel: „Laut Befehl mußten auch die dringend gebrauchten Fachbeamten, selbst wenn sie nur ganz geringe nationalsozialistische Belastungen aufwiesen, entlassen werden; es bestand aber kein Befehl, sie nicht als Angestellte in gewöhnlicher Arbeit oder als Arbeiter einzustellen. So mußte zwar ein Oberpostrat, der Parteigenosse war, entlassen werden, er konnte aber, wenn er nicht unter die automatische Arrestregelung fiel, bald als Angestellter in gewöhnlicher Arbeit helfen, den Postdienst im OPD Bezirk wieder in Gang zu setzen. So war es noch lange auch nach Aufnahme der Arbeit durch die Hauptverwaltung in Frankfurt üblich, daß ein entnazifizierter Oberpostrat bei der OPD Nürnberg die Verfügungen als Angestellter in gewöhnlicher Arbeit entwarf, die ein nicht entlassener Oberpostsekretär unterschrieb und ein nicht belasteter, als Abteilungsleiter eingestellter, Postfremder absegnete.“[5]

Es bestand ein sehr großes Nachrichten- und Informationsbedürfnis – als Folge der ungeheuerlichen Kriegsereignisse. Von seinen Angehörigen, Freunden und Bekannten wußte man vielfach nicht, ob sie das Inferno überstanden hatten oder zu den Opfer zählten. Familien waren auseinandergerissen und versuchten, wieder zueinander zu finden. Millionen warteten darauf, endlich wieder Briefe schreiben zu können, Millionen erwarteten sehnsuchtsvoll ein Lebenszeichen von Nahestehenden. Zunächst war jedoch jede private Nachrichtenübermittlung untersagt. Die entsprechenden Einrichtungen waren einzustellen, die Gerätschaften abzuliefern oder anzumelden; unter das Verdikt fielen z. B. auch Brieftauben. Bald gab es jedoch wieder einen beschränkten Gütertransport mit Fahrzeugen aller Art und einen starken Reiseverkehr auf kurzen Strecken, der auch zum Nachrichtenaustausch benutzt wurde. „Die Wege fernab von den großen Militärstraßen konnten nicht laufend überwacht werden und waren deshalb mit Wanderern in beiden Richtungen stark belebt; die ‚Nachricht‘ wurde auf diese Weise hunderte Kilometer weit getragen. Geschäftstüchtige Unternehmen wußten dieses Bedürfnis für ihre wirtschaftlichen Zwecke zu nutzen. Aushänge in Geschäften und Maueranschläge unterrichteten die Menschen über Gelegenheit zum Austausch von Gütern und Nachrichten. Briefe wurden eingesammelt und zugeteilt. Dieser wilde Nachrichtenaustausch dauerte noch weit in die Anfänge des geordneten Postverkehrs und konnte schließlich nur durch drastische Maßnahmen unterbunden werden.“[6]

Dem Ortsbriefverkehr, der z. B. in Nürnberg am 25. 6. 1945 wieder begann, folgte im September des gleichen Jahres die Zulassung des privaten Fernbriefverkehrs innerhalb Bayerns (und zwar für Briefe bis 20 g und Postkarten), der freilich der Zensur unterlag. Bei den Fernmeldediensten erfolgte die Wiederaufnahme des Ortsverkehrs am 25. 6. 1945 und des internationalen Fernsprechweitverkehrs am 7. 1. 1946, zunächst freilich nur für besonders von der Militärregierung genehmigte Teilnehmer.

In Berlin war ab 15. 10. 1945 der Postverkehr mit dem gesamten sowjetisch besetzten Gebiet wieder möglich; am 24. Oktober wurde die Genehmigung auf den Verkehr mit den Westzonen ausgedehnt. „Ende 1945 normalisierte sich der Postbetrieb in Berlin weiter. An Werktagen wurden die Briefkästen dreimal geleert; seit 1. 12. 1945 wurden die Sendungen werktags zweimal zugestellt. Auch die Briefzustellung an Sonntagen hatte man wieder eingeführt, die jedoch ab 1. 2. 1946 eingestellt wurde. Davon ausgenommen blieb vorerst noch die Zustellung der Zeitungen an den Sonntagen ... Schließlich kam auch der Postverkehr ins Ausland wieder in Gang. Zum 1. 4. 1946 wurde die Wiederaufnahme des internationalen Briefverkehrs erlaubt. Anfangs waren nur gewöhnliche Briefe und Postkarten zugelassen. Österreich, Japan und Spanien waren als Bestimmungsländer ausgenommen. Daß sämtliche aus Berlin ins Ausland abgehende Post nach einem sowjetischen Beförderungsplan über Berlin NW 7 (Ostsektor) und seine Zensurstelle geleitet wurde, haben die meisten Berliner damals gewiß nicht bemerkt.“[7]

Eine postalische Besonderheit war der Drahtfunk im amerikanischen Sektor Berlins (DIAS), der auf den Wunsch der amerikanischen Besatzungsmacht zurückging, dem Programm des Berliner Rundfunks ein eigenes Programm gegenüberzustellen. Dieses wurde jedoch bald (ab September 1946) drahtlos ausgestrahlt (RIAS).

Insgesamt kann man sagen, daß der Wiederaufbau der Post nach der totalen Niederlage deshalb verhältnismäßig rasch vonstatten ging, weil die initiierenden und kontrollierenden Besatzungsoffiziere vielfach Fachleute waren und die deutschen Kräfte – wenn auch durch Krieg und Entnazifizierung dezimiert – mit großem Elan den neuen Aufgaben sich widmeten.

„Alle westlichen Besatzungsmächte lernten den Wert der deutschen Berufsbeamten schätzen, die erzogen waren, ihre Fachkenntnisse, ihr Organisationstalent und ihren Fleiß dem Staat zur Verfügung zu stellen. Dieses Mal nach dem verlorenen Krieg und den unfaßbaren Zerstörungen war ihr Arbeitswille besonders groß; vielleicht fühlten gerade die Berufsbeamten, daß nach allem Vorausgegangenen sie zu besonderem Einsatz für eine neue Ordnung verpflichtet waren, die unter den immer wohlwollender werdenden Augen der Siegermächte entstand.“ (Karl-Heintz Schmidt)[8]

Briefträger im trümmergeräumten Nach-
kriegs-Berlin; Fotografie, 1953.

Mail-Art-Objekt von Ray Johnson, dem
„Vater" der amerikanischen „Correspon-
dence-Art" der 60-er Jahre; Einladungs-
Mailer, um 1968.

352

Das Geschichtsverständnis der Post

Das Geschichtsverständnis der Institution Post ist definiert im Sammeln von Informationen und Objekten aus relevanten Sachgebieten, in der Bewahrung, Erforschung und Verbreitung der Ergebnisse dieser Aktivitäten.

Grundsätzlich sei der folgenden Übersicht vorausgeschickt, daß die Post im Vergleich zu anderen ähnlichen Institutionen schon sehr früh ein eigenes Geschichtsverständnis entwickelte, ohne einem rückblickenden Traditionalismus anheim zu fallen.

Allerdings scheint dieses Geschichtsverständnis und Geschichtsbewußtsein insgesamt auf dem postalischen Bereich stärker zu sein, als im Bereich des Fernmeldewesens; Ursachen hierfür sind vielfältig. So hat naturgemäß das Postwesen auf eine sehr viel längere Tradition zurückzublicken, als dies im Fernmeldewesen oder auch im Postbankwesen der Fall sein kann. Desweiteren hat die stürmische Entwicklung neuer Technologien und ihr Einsatz verstärkt im Fernmeldewesen stattgefunden, und hieraus mag eine ahistorische Denkweise entsprungen sein: das Neue ist besser als das Alte. Eine Denkweise dies, die in ihrer immanenten Zukunftsgläubigkeit für die enge und notwendige Verknüpfung von Vergangenheit, Gegenwart und Zukunft nur wenig Platz läßt. So wie ja auch außerhalb der Post das Interesse an Technik-Geschichte neueren Ursprungs ist und sich erst in jüngerer Vergangenheit dazu entwickelt hat, die Geschichte der Technik in all ihren Interdependenzen zur gesamtgeschichtlichen Entwicklung zu interpretieren.

Urkunden und Akten zur Geschichte der Kaiserlichen Reichspost von den Anfängen bis zur ihrer Auflösung 1867 befinden sich im Fürst Thurn und Taxisschen Zentralarchiv in Regensburg, dessen Bestände in dem dreibändigen Werk *Europäische Postgeschichtsquellen* exemplarisch publiziert sind. Archive der ehemaligen Landesposten befinden sich zumeist in den entsprechenden Landesarchiven, Urkunden und Akten der Deutschen Reichspost im Archiv der DDR in Potsdam (bzw. in Washington). Die Deutsche Bundespost betreibt kein eigenes Archiv; entsprechende Bestände des Bundespostministeriums in Bonn werden an das Bundesarchiv in Koblenz, Bestände der Oberpostdirektionen an die entsprechenden Landesarchive abgegeben.

Einen wesentlichen Anteil an postgeschichtlichem Quellenmaterial haben die *Postgeschichtlichen Aufzeichnungen*. Bereits 1874 wurde durch Verfügung des Generalpostamts in Berlin das Führen von Chroniken bei den Postämtern angeordnet. Diese Chroniken berichteten bis zur ihrer Abschaffung 1909 über „das Wesentliche über den Ort, seine Lage, Geschichte, Wirtschaft und besondere Eigentümlichkeiten, über die verkehrs- und postgeschichtliche Entwicklung, die Verkehrsgestaltung und die Betriebsverhältnisse". Parallel hierzu fertigten die Oberpostdirektionen ebenfalls seit 1874 jährliche Bezirksberichte an. Zusätzlich wurden von den Ämtern von 1894–1921 Betriebsberichte, sog. Rapporte geführt (1916–1919 vorübergehend und 1923 vollständig eingestellt.) 1934 wurde dann vom Reichspostministerium die Einführung der „postgeschichtlichen Aufzeichnungen" zur „Pflege der Postgeschichte und Würdigung der kultur- und heimatgeschichtlichen Bedeutung des Post- und Fernmeldewesens und seiner Leistungen für das öffentliche und private Leben" für Ämter und Oberpostdirektionen verfügt. Diese „Postgeschichtlichen Aufzeichnungen", die aus betriebsinternen Gründen der Öffentlichkeit nicht zugänglich sind, bilden auch heute neben den allgemeinen Archivbeständen das Rückgrat postgeschichtlicher Informationen; ohne ihre Weiterführung wäre zukünftig eine posthistorische Forschungstätigkeit, insbesondere im lokalen und regionalen Bereich, nicht denkbar.

Ein weiterer, für die Öffentlichkeit wohl augenfälligster Aspekt postalischen Geschichtsverständnisses ist das Betreiben von öffentlichen Museen durch die Deutsche Reichspost und die Deutsche Bundespost. Das ehemalige Reichspostmuseum in Berlin war das erste (und zu seiner Zeit) größte Postmuseum der Welt, ursprünglich aufgrund einer handschriftlichen Anordnung des Generalpostmeisters Stephan vom 28. 4. 1872 als rein postalische „Plan- und Modellkammer" gegründet. Durch Hinzufügung neuer Sammlungen (nach Vereinigung von Post und Telegraphie die Sammlung des Generaltelegraphenamtes) erhielt das Museum 1882 den Namen „Reichspostmuseum", wurde damit der Öffentlichkeit zugänglich gemacht und erhielt im selben Jahr die ersten Fernsprechapparate als Sammlungsobjekte zugeteilt. 1886 wurden die seit 1868 vom Generalpostamt gesammelten Wertzeichen dem Museum übergeben und dort in einer eigens hergerichteten Abteilung ausgestellt. 1910 kam die Luftfahrtabteilung hinzu und 1929 die Abteilung Funkwesen. Insbesondere die letzten beiden Abteilungen zeigen aufgrund des sehr frühen Einrichtungsdatums eine Museumspolitik an, die im Sammlungsbereich für ihre Zeit beispielhaft war.

Der Erweiterungsbau des Reichspostamtes, in dem das Reichspostmuseum seit 1897 untergebracht war, wurde als Resultat der alliierten Luftangriffe ab 1943 von transportierbarem Sammlungsgut geräumt. Teile dieser Sammlung gelangten nach Kriegsende durch amerikanische Besatzungstruppen nach Hessen, wo sie den Grundstock der Sammlungen des späteren Bundespostmuseums bilden sollten. Ein anderer Teil dieser Sammlungen bildet den Grundstock der Sammlungen des im Wiederaufbau befindlichen Postmuseums der DDR, das in den Räumen des ehemaligen Reichspostmuseums wiederhergestellt wird. 1956 wurde in Frankfurt am Main in einer ehemaligen Patriziervilla das Bundespostmuseum eröffnet, das seit jener Zeit sowohl konsequent die durch Kriegseinwirkungen entstandenen Lücken zu schließen bemüht ist, als auch, der Sammlungstradition seines Vorläufers folgend, Objekte des jeweiligen technischen Standes in seine Sammlungen aufgenommen hat. Diese ständig wachsende Sammlung konte in den beengten Räumen der alten Villa nicht mehr adäquat präsentiert werden, so daß zur Zeit ein Um- und Erweiterungsbau an derselben Stelle als Deutsches Postmuseum eingerichtet wird. Der Namenswechsel der Institution ist damit begründet, daß das Sammlungsgebiet die gesamte deutsche Postgeschichte sein wird und insofern der bisherige Name mißverständlich und einschränkend aufgefaßt werden konnte.

Desweiteren sind gemäß der Museumspolitik der Deutschen Bundespost eine Anzahl von regionalen Postmuseen bei verschiedenen Oberpostdirektionen entstanden bzw. im Entstehen, die im Gegensatz zum Deutschen Postmuseum regionale Schwerpunkte der Postgeschichte darstellen sollen. Neben einer allgemeinen Einführung in die Postgeschichte werden diese Museen bestimmte für ihren Regionalbereich typische Entwicklungen vertieft aufzeigen und vermitteln. Im Einzelnen handelt es sich um die folgenden Museen.

Bereits eröffnet:

Postmuseum in der Urania/Berlin;
Schwerpunkte: Optische Telegraphie, Preußische und Berliner Postgeschichte, Entwicklung von Rundfunk und Fernsehen, Technisches Innovationszentrum, Videokonferenz-Raum.

Postmuseum an Stephansplatz/Hamburg;
Schwerpunkte: Seefunk, Schiffspost, Hamburger Stadtpost und Stadtrohrpost.

Postgeschichtliche Sammlung der Oberpostdirektion Hannover/Braunschweig;
Schwerpunkte: Postgeschichte des Raumes Hannover/Braunschweig.

Mittelrheinisches Postmuseum/Koblenz;
Schwerpunkte: Optische Telegraphie, Rheinfunk.

Post- und Fernmeldemuseum Stuttgart;
Schwerpunkte: Württembergische Post- und Fernmeldegeschichte.

Philipp-Reis-Sammlung/Friedrichsdorf;
Schwerpunkt: Erfindung des Telephons.

Postabteilung des Verkehrsmuseums/Nürnberg;
Schwerpunkte: Bayrische Postgeschichte, spezielle bayerische Telegrafen- und Fernmeldetechnik.

In der Planung:

Deutsches Satellitenfunk Museum/Raisting, Obb.;
Schwerpunkte: Entwicklung des Satellitenfunks, erste deutsche Erdfunkstelle.

Das früher im Reichspostmuseum befindliche Postwertzeichenarchiv ist gegenwärtig aus den Museen der Deutschen Bundespost ausgegliedert und befindet sich als eine Sonderstelle im Bundespostministerium in Bonn.

Zusätzlich zu dieser reichhaltigen Museumslandschaft existieren zwei Institutionen, die sich passiv und aktiv mit der Postgeschichte beschäftigen.
Die Stiftung zur Förderung der Philatelie und Postgeschichte fördert mit Hilfe ihr zugekommener Mittel u. a. posthistorische Forschungen und Publikationen.
Die Gesellschaft für Deutsche Postgeschichte mit ihrem Hauptsitz in Frankfurt a. M. und ihren Bezirksgruppen sowie ihre Schwestergesellschaft, die Gesellschaft zur Erforschung der Postgeschichte in Bayern, geben regelmäßig Publikationen zu allen Aspekten der Post- und Fernmeldegeschichte, im Falle der Gesellschaft für Deutsche Postgeschichte sowohl überregional durch das zweimal jährlich erscheinende *Archiv für deutsche Postgeschichte* als auch durch regelmäßige Publikationen ihrer Bezirksgruppen zu regionalen oder lokalen Themen, heraus.
Als Desiderat bliebe ein starkes Engagement der Deutschen Bundespost im Bereich der wissenschaftlichen Erforschung der Post- und Fernmeldegeschichte durch die Ermöglichung quantitativ umfangreicher Forschung an den existierenden Postmuseen oder etwa durch die Einrichtung eines diesen angegliederten Forschungsinstituts, das allerdings auch an einer anderen wissenschaftlichen Einrichtung wie z. B. einer Universität in Form eines Lehrstuhls oder eines Instituts denkbar wäre. Nur so wird die noch ausstehende systematische Erforschung und Aufbereitung dieses historischen Themas, das aufgrund gegenwärtiger und zukünftiger Entwicklungen im Kommunikationsbereich immer wichtiger werden wird, zu bewerkstelligen sein.

Die alte Villa mit dem Neubau des Deutschen
Postmuseums in Frankfurt am Main, vor der
Eröffnung im Herbst 1990. Ansicht
von der Gartenseite.

Anmerkungen

Die Post – ein Netzwerk
Systeme der Vermittlung

1 Ferdinand Seibt: Glanz und Elend des Mittelalters. Berlin 1987, S. 15.
2 Zit. nach Mathias Puhle: Gesandten- und Botenwesen der Hanse im späten Mittelalter. In: Wolfgang Lotz (Hrsg.): Deutsche Postgeschichte. Berlin 1989, S. 53.
3 Horst Wernicke: Die Städtehanse. Genesis – Strukturen – Funktionen. Weimar 1983, S. 30, Anm. 34.
4 Zit. nach Max Piendl: Thurn und Taxis 1517–1867. In: Archiv für Deutsche Postgeschichte. Heft 1/1967, S. 6.
5 Max Piendl: a.a.O., S. 6.
6 Martin Dallmeier: Quellen zur Geschichte des europäischen Postwesens. Band II. Kallmünz 1977, S. 4.
7 Max Piendl: a.a.O., S. 7.
8 Martin Dallmeier: a.a.O., S. 24.
9 Martin Dallmeier: a.a.O., S. 5.
10 Handwörterbuch des Postwesens. Frankfurt 1953, S. 482.
11 Klaus Beyer: Die Postkutschenreise. Tübingen 1985, S. 144.
12 Zit. nach Gottfried North: Die Post. Heidelberg 1988, S. 70.
13 Christian Friedrich Fürchtegott Gellert: Briefe. 1751, S. 126f.
14 Gottfried North: a.a.O., S. 71.
15 Handwörterbuch des elektrischen Fernmeldewesens. Berlin 1929, S. 433.

Die Überwindung des Raumes
Beseelte Erfahrung

1 Egon Friedell: Kulturgeschichte der Neuzeit. Erster Band. München 1930, S. 229f.
2 Zit. nach Max Piendl: Thurn und Taxis 1517–1867. Zur Geschichte des fürstlichen Hauses und der Thurn und Taxisschen Post. In: Archiv für deutsche Postgeschichte, Heft 1/1967, S. 6.
3 Vgl. Max Piendl: a.a.O., S. 5.
4 Max Piendl: a.a.O., S. 5.
5 Vgl. Piendl: a.a.O., S. 7.
6 Für das Nachfolgende vgl. Gottfried North: Die Post. Ihre Geschichte in Wort und Bild. Heidelberg 1988.
7 Gottfried North: a.a.O., S. 15.
8 Heinrich von Stephan: Das Verkehrsleben im Altertum und im Mittelalter. Neubearbeitet von Gottfried North. Goslar/Braunschweig 1966, S. 130.
9 Gottfried North: a.a.O., S. 30.
10 Zit. nach Klaus Schreiner: Diversitas temporum. Zeiterfahrung und Epochengliederung im späten Mittelalter. In Reinhart Herzog/Reinhart Koselleck: Epochenschwelle und Epochenbewußtsein. München 1987, S. 384.
11 Klaus Schreiner: a.a.O., S. 384f.
12 Zit. nach Klaus Schreiner: a.a.O., S. 393.
13 Vgl. Klaus Schreiner: a.a.O., S. 390.
14 Zit. nach Klaus Schreiner: a.a.O., S. 381.
15 Vgl. Odo Marquard: Temporale Positionalität – Zum geschichtlichen Zäsurbedarf des modernen Menschen. In Reinhart Herzog/Reinhart Koselleck: a.a.O., S. 343ff.
16 Reinhart Koselleck: Das achtzehnte Jahrhundert als Beginn der Neuzeit. In Reinhart Herzog/Reinhart Koselleck: a.a.O., S. 269ff., vor allem S. 270f.
17 Egon Friedell: a.a.O., S. 124.
18 Zit. nach Klaus Beyer: Die Postkutschenreise. Tübingen 1985, S. 78.
19 O. Veredarius: Das Buch von der Weltpost. Entwicklung und Wirken der Post und Telegraphie im Weltverkehr. Berlin 1885 (Heidelberg 1984), S. 102, 104.
20 Vgl. hierzu Klaus Beyer: a.a.O., S. 79, 217.
21 Zit. nach: 400 Jahre Postverbindungen zwischen Skandinavien und Deutschland. Sonderausstellung im Bundespostmuseum Frankfurt am Main 1971, S. 14.
22 Für das Nachfolgende Max Piendl: a.a.O., S. 26f.
23 Heinrich Stephan: Geschichte der Preußischen Post von ihrem Ursprung bis auf die Gegenwart. Nach amtlichen Quellen. Berlin 1859 (Heidelberg 1987), S. 65f.
24 O. Veredarius: a.a.O., S. 121.
25 Klaus Beyer: a.a.O., S. 144f.
26 Vgl. Elfriede Rehbein: Zu Wasser und zu Lande. Geschichte des Verkehrswesens bis zum Ende des 19. Jahrhunderts. München 1984, S. 147.
27 Jürgen Link: Elementare Literatur und generative Diskursanalyse. München 1983, S. 51.
Dazu Klaus Beyer: a.a.O., S. 225.
28 Zit. nach Klaus Beyer: a.a.O., S. 226.
29 Jean Paul: Des Luftschiffers Giannozzo Seebuch. In: Jean Pauls Werke. Neunzehnter Theil. Komischer Anhang zum Titan nebst Clavis Fichtiana. Berlin o. J., S. 138.
30 Jean Paul: a.a.O., S. 130f.
31 Jean Paul: a.a.O., S. 131.
32 Jean Paul: Leben des Quintus Fixlein. Billett an meine Freunde anstatt der Vorrede. In Jean Paul: Sämtliche Werke. Hrsg. von Norbert Miller. Abt. I, Band 4. München/Wien 1975, S. 10f.
33 Ludwig Börne: Dankrede auf Jean Paul. In: Ludwig Börnes gesammelte Schriften. Vollständige Ausgabe in sechs Bänden. Erster Band. Leipzig o. J., S. 157.
34 Ludwig Börne: Monographie der deutschen Postschnecke. Beitrag zur Naturgeschichte der Mollusken und Testaceen. 1821. In Ludwig Börne: a.a.O., S. 50.
35 Ludwig Börne: a.a.O., S. 53.
36 Ludwig Börne: a.a.O., S. 54f.
37 Ludwig Börne: a.a.O., S. 62.
38 Ludwig Börne: a.a.O., S. 58.
39 Adolph Freiherr Knigge: Über den Umgang mit Menschen. München o. J., S. 253.
40 Adolph Freiherr Knigge: a.a.O., S. 251.
41 Adolph Freiherr Knigge: a.a.O., S. 252f.
42 Adolph Freiherr Knigge: a.a.O., S. 254.
43 Adolph Freiherr Knigge: a.a.O., S. 256.
44 Adolph Freiherr Knigge: a.a.O., S. 257.
45 Zit. nach Karl Otto Conrady (Hrsg.): Das große deutsche Gedichtbuch. Kronberg/Taunus 1977, S. 242.
46 Johann Wolfgang von Goethe: Italienische Reise. In: Goethes Werke. Auswahl in zwanzig Teilen. Hrsg. von Karl Alt. Achtzehnter Teil. Berlin/Leipzig/Wien/Stuttgart o. J., S. 3f.

47 Johann Wolfgang von Goethe: a.a.O., S. 16.

48 Johann Wolfgang von Goethe: a.a.O., S. 103.

49 Johann Gottfried Herder: Italienische Reise. Briefe und Tagebuchaufzeichnungen 1788–1789. Hrsg., kommentiert und mit einem Nachwort versehen von Albert Meier und Heide Hollmer. München 1989, S. 12.

50 Johann Gottfried Herder: a.a.O., S. 7f.

51 Albert Meier/Heide Hollmer: a.a.O., S. 624.

52 Johann Gottfried Herder: a.a.O., S. 28.

53 Klaus Beyrer: Des Reisebeschreibers „Kutsche". Aufklärerisches Bewußtsein im Postreiseverkehr des 18. Jahrhunderts. In Wolfgang Griep/Hans-Wolf Jäger: Reisen im 18. Jahrhundert. Neue Untersuchungen. Neue Bremer Beiträge, 3. Band. Heidelberg 1986, S. 50.

54 Zit. nach Hans Erich Bödeker: Reisen: Bedeutung und Funktion für die deutsche Aufklärungsgesellschaft. In Wolfgang Griep/Hans-Wolf Jäger: a.a.O., S. 91.

55 Hans Erich Bödeker: a.a.O., S. 94.

56 Zit. nach Hans Erich Bödeker: a.a.O., S. 95.

57 Hans Erich Bödeker: a.a.O., S. 95.

58 Albert Meier/Heide Hollmer: a.a.O., S. 629.

59 Zit. nach Karl Otto Conrady: a.a.O., S. 269.

60 Albert Meier/Heide Hollmer: a.a.O., S. 633.

61 Johann Gottfried Herder: a.a.O., S. 334.

62 Vgl. Gerald Deckart: Gar lustig blies der Postillion. Gedichte und Bilder aus der Postkutschenzeit. München 1979.

63 Joseph von Eichendorff: Sehnsucht. In: Eichendorffs Werke in vier Teilen. Hrsg. von Ludwig Krähe. Erster Teil. Berlin/Leipzig/Wien/Stuttgart o. J., S. 30f.

64 Joseph von Eichendorff: Aus dem Leben eines Taugenichts. In: Eichendorffs Werke. Dritter Teil; a.a.O., S. 31, 32, 42, 45, 46f., 58f.

65 Johann Wolfgang von Goethe: a.a.O., S. 7.

66 Johann Wolfgang von Goethe: a.a.O., S. 10.

67 Johann Wolfgang von Goethe: a.a.O., S. 10.

68 Johann Gottfried Herder: a.a.O., S. 32.

69 Jacek Woźniakowski: Die Wildnis. Zur Deutungsgeschichte des Berges in der europäischen Neuzeit. Frankfurt am Main 1987, S. 244.

70 Jacek Woźniakowski: a.a.O., S. 244f.

71 Zit. nach Gabriele Seitz: Wo Europa den Himmel berührt. Die Entdeckung der Alpen. München/Zürich 1987, S. 50f.

72 Vgl. Hermann Glaser/Jakob Lehmann/Arno Lubos: Wege der deutschen Literatur. Eine geschichtliche Darstellung. Frankfurt am Main/Berlin 1986, S. 169.

73 Johann Gottfried Herder: a.a.O., S. 65.

74 Albert Meier/Heide Hollmer: a.a.O., S. 642f.

75 Gert Mattenklott/Hannelore Schlaffer/Heinz Schlaffer: Deutsche Briefe 1750–1950. Frankfurt am Main 1988, S. 8f.

76 Gert Mattenklott u. a.: a.a.O., S. 9.

77 Gert Mattenklott u. a.: a.a.O., S. 10f.

78 Gert Mattenklott u. a.: a.a.O., S. 21.

79 Zit. nach Gert Mattenklott u. a.: a.a.O., S. 53.

80 Gert Mattenklott u. a.: a.a.O., S. 72.

81 Zit. nach Gert Mattenklott u. a.: a.a.O., S. 101.

82 Gert Mattenklott u. a.: a.a.O., S. 127.

83 Gert Mattenklott u. a.: a.a.O., S. 143.

84 Zit. nach Gert Mattenklott u. a.: a.a.O., S. 165.

85 Gert Mattenklott u. a.: a.a.O., S. 178.

86 Zit. nach Gert Mattenklott u. a.: a.a.O., S. 204.

87 Gert Mattenklott u. a.: a.a.O., S. 239.

88 Zit. nach Gert Mattenklott: a.a.O., S. 270.

89 Gert Mattenklott u. a.: a.a.O., S. 275.

90 Zit. nach Gert Mattenklott u. a.: a.a.O., S. 301.

91 Gert Mattenklott: a.a.O., S. 318.

92 Zit. nach Gert Mattenklott: a.a.O., S. 405 f.

93 Gert Mattenklott u. a.: a.a.O., S. 453.

94 Gert Mattenklott u. a.: a.a.O., S. 479.

95 Zit. nach Gert Mattenklott u. a.: a.a.O., S. 506.

96 Gert Mattenklott u. a.: a.a.O., S. 515.

97 Zit. nach Gert Mattenklott u. a.: a.a.O., S. 566.

98 Gert Mattenklott u. a.: a.a.O., S. 581 f.

99 Gert Mattenklott u. a.: a.a.O., S. 699.

100 Zit. nach Gert Mattenklott u. a.: a.a.O., S. 623.

Die Überwindung der Zeit
Geschwindigkeit als Lebensprinzip

1 Zit. nach: Archiv für deutsche Postgeschichte, Heft 1/1987, S. 6.

2 Hans Christian Andersen: Eines Dichters Basar. Weimar o. J., S. 25.

3 Heinrich Heine: Werke und Briefe in zehn Bänden. Hrsg. von Hans Kaufmann. Band 6. Berlin 1962, S. 478 f.

4 Vgl. Wolfgang Schivelbusch: Geschichte der Eisenbahnreise. Zur Industrialisierung von Raum und Zeit im 19. Jahrhundert. München/Wien 1977, S. 16.

5 Zit. nach Wolfgang Schivelbusch: a.a.O., S. 18.

6 Zit. nach Peter Zec: Informationsdesign. Die organisierte Kommunikation. Zürich 1988, S. 42.

7 Vgl. Peter Zec: a.a.O., S. 41.

8 Vgl. Wolfgang Schivelbusch: a.a.O., S. 39 f.

9 Wolfgang Schivelbusch: a.a.O., S. 39 f.

10 Klaus Beyrer: Die Postkutschenreise; a.a.O., S. 235.

11 Heinrich Stephan: Geschichte der Preußischen Post; a.a.O., S. 789.

12 Heinrich Stephan: a.a.O., S. 789.

13 Klaus Beyrer: a.a.O., S. 237 f.

14 Zit. nach Dirk Hoeges: Alles veloziferisch. Die Eisenbahn – vom schönen Ungeheuer zur Ästhetik der Geschwindigkeit. Rheinbach-Merzbach 1985, S. 9.

15 Zit. nach Dirk Hoeges: a.a.O., S. 9.

16 Zit. nach Gerald Deckart: Gar lustig blies der Postillion; a.a.O., S. 80.

17 Zit. nach Gerald Deckart: a.a.O., S. 74 f.

18 Zit. nach Werner Pöls (Hrsg.): Deutsche Sozialgeschichte. Dokumente und Skizzen. Band I: 1815–1870. München 1973, S. 384 f.

19 Zit. nach Gerald Deckart: a.a.O., S. 78.

20 Dirk Hoeges: a.a.O., S. 9 ff.

21 Zit. nach Dirk Hoeges: a.a.O., S. 12 f.

22 Wolfgang Schivelbusch: Lichtblicke. Zur Geschichte der künstlichen Helligkeit im 19. Jahrhundert. München/Wien 1983, S. 76.

23 Rainer Maria Rilke: Die Aufzeichnungen des Malte Laurids Brigge. In: Sämtliche Werke. Band 6. Frankfurt am Main 1966, S. 710.

24 Leopold Ziegler: Die geistigen und sozialen Strömungen Deutschlands im neunzehnten Jahrhundert. Berlin 1911, S. 521 f.

25 Leopold Ziegler: a.a.O., S. 522 f.

26 Zit. nach: Jugend in Wien. Literatur um 1900. Eine Ausstellung des Deutschen Literaturarchivs im Schiller-Nationalmuseum Marbach a. N. München 1974, S. 146.

27 Sigmund Freud: Die „kulturelle" Sexualmoral und die moderne Nervosität. In: Sigmund Freud. Studienausgabe.

Hrsg. von A. Mitscherlich/A. Richards/J. Strachey. Frankfurt am Main 1969 ff. Band IX, S. 13 ff.

28 Sigmund Freud: a.a.O., S. 14 ff.

29 Willy Helpach: Nervosität und Kultur. Berlin 1902, S. 45 f., 91.

30 Zit. nach Berlin, Berlin. Die Ausstellung zur Geschichte der Stadt. Katalog. Hrsg. von Gottfried Korff und Reinhard Rürup. Berlin 1987, S. 459.

31 Vgl. Telekommunikation Gestern und Heute. Bundespostmuseum Frankfurt am Main. Information 19/1980.

32 Heinz Körber/Karl-Heinz Heyer: Geschichte der Leitungs- und Übertragungstechnik. In: Archiv für deutsche Postgeschichte, Heft 1/1983, S. 132.

33 Zit. nach Werner Abelshauser/Anselm Faust/Dietmar Petzina (Hrsg.): Deutsche Sozialgeschichte 1914–1945. Ein historisches Lesebuch. München 1985, S. 186.

34 Vgl. Gottfried North: Die Post; a.a.O., S. 57.

35 Vgl.: Abhandlungen von der Telegraphie oder Signal- und Zielschreiberei in die Ferne nebst einer Beschreibung und Abbildung der neuerfundenen Fernschreibmaschine in Paris. In Berlin, Carlsruhe, Frankfurt am Main und Leipzig erschienen in den Jahren 1794 und 1795. Bearbeiteter Reprint, Heidelberg 1986, S. 15 f.

36 Vgl. Gottfried North: a.a.O., S. 58.

37 Vgl. Abhandlungen von der Telegraphie . . .; a.a.O., S. 5.

38 Gottfried North: a.a.O., S. 58.

39 Zit. nach Horst Drogge: 150 Jahre elektromagnetische Telegrafie. In: Archiv für deutsche Postgeschichte, Heft 2/1983, S. 80.

40 Zit. nach Horst Drogge: a.a.O., S. 80 f.

41 Vgl. Gottfried North: a.a.O., S. 59.

42 Vgl. Wolfgang Klein: Aus der Entwicklung der elektromagnetischen Telegrafenapparate. In: Archiv für deutsche Postgeschichte, Heft 2/1978, S. 87 ff.

43 Zit. nach Heinz Körber/Karl-Heinz Heyer: a.a.O., S. 134.

44 Zit. nach Heinz Körber/Karl-Heinz Heyer: a.a.O., S. 135.

45 Heinz Körber/Karl-Heinz Heyer: a.a.O., S. 141.

46 Vgl. Wolfgang Mache: 1986 – 125 Jahre Philipp-Reis-Telefon. In: Archiv für deutsche Postgeschichte, Heft 1/1987, S. 61 ff.

47 Vgl. Bundespostmuseum Frankfurt am Main. Information 14/1980.

48 Vgl. Gerhard A. Ritter/Jürgen Kocka: Deutsche Sozialgeschichte. Dokumente und Skizzen. Band II: 1870–1914. München 1974, S. 93.

49 Vgl. Bundespostmuseum Frankfurt am Main. Information 14/1980.

50 Antonie Hauss: Ein Fräulein vom Amt erinnert sich. In: Archiv für deutsche Postgeschichte, Heft 2/1982, S. 41 f.

51 Zit. nach Monika Sperr: Das große Schlager-Buch. Deutsche Schlager 1800–heute. München 1978, S. 29.

52 Vgl. Wolfgang Mache: a.a.O., S. 81.

53 Helga Lange-Garritsen: Poetisches Telefonbuch. Heidelberg 1987.

54 Zit. nach Helga Lange-Garritsen: a.a.O., S. 22 f.

55 Zit. nach Helga Lange-Garritsen: a.a.O., S. 27.

56 Zit. nach Helga Lange-Garritsen: a.a.O., S. 52.

57 Peter Zec: a.a.O., S. 45.

58 Zit. nach Hendrik Bebber: Uhrmacherei. In Hermann Glaser/Wolfgang Ruppert/Norbert Neudecker (Hrsg.): Industriekultur in Nürnberg. Eine deutsche Stadt im Maschinenzeitalter. München 1980, S. 156.

59 Zit. nach Hermann Glaser: Maschinenwelt und Alltagsleben. Industriekultur in Deutschland vom Biedermeier bis zur Weimarer Republik. Frankfurt am Main 1981, S. 47.

60 Arnold Hauser: Sozialgeschichte der Kunst und Literatur. 2. Band. München 1953, S. 481 ff., 496.

61 Arnold Hauser: a.a.O., S. 497.

62 Peter Zec: a.a.O., S. 47.

63 Vgl. R. Rübberdt: Geschichte der Industrialisierung. Wirtschaft und Gesellschaft auf dem Weg in unsere Zeit. München 1972, S. 104 f.

64 Vgl. F. W. Hymmen: Überschätzt und unterschätzt: Hans Bredow. In: Frankfurter Allgemeine Zeitung, 23. November 1979.

65 Zit. nach F. W. Hymmen: a.a.O.

66 Berliner Illustrirte Zeitung, 6. Januar 1924.

67 Rudolf Arnheim: Rundfunk als Hörkunst. München/Wien 1979, S. 14 f.

68 Rudolf Arnheim: a.a.O., S. 137 f.

69 Peter Zec: a.a.O., S. 52 f.

70 Vgl. auch Bundespostmuseum Frankfurt am Main. Information 18/1980.

71 Vgl. Doris Angela Zimmermann/Bernhard Zimmermann: Bildschirmwelt. Die neuen Informationstechniken und ihre Folgen. München 1988.
Ferner: Neue Medien – neuer Wettbewerb. Das Parlament, 30. August 1986 (Themenausgabe).

72 Norbert Wiener: Mensch und Menschmaschine. Frankfurt am Main 1958, S. 88.

73 Christian Mollenhauser: Mikroperipherik. In: Mitteilungen der Fachhochschule für Technik. Nürnberg, Jg. 1986.

74 Vgl. Axel Hacke: Mikroelektronik: Eine Herausforderung namens Ein-Megabit-Chip. In: Süddeutsche Zeitung, 28./29. Mai 1986.
Hermann R. Franz: Der Mega-Chip als Wegbereiter. In: Süddeutsche Zeitung, 20. Oktober 1987.

75 Dirk Baecker: Die Wirklichkeit des Beobachters. Heinz von Foersters Vorschlag einer Kybernetik der Kybernetik. In: Frankfurter Allgemeine Zeitung, Jg. 1987.
Heinz von Foerster: Sicht und Einsicht. Versuche zu einer operativen Erkenntnistheorie. Braunschweig/Wiesbaden 1986.

76 Vgl. Götz Großklaus: Nähe und Ferne. Wahrnehmungswandel im Übergang zum elektronischen Zeitalter. Vortrag auf dem Marbacher Symposion „Literatur in der industriellen Kultur". Haus Steinheim, September 1987.

77 ISDN. Sprache, Text, Bild, Daten. Merkur extra. Rheinischer Merkur/Christ und Welt, 3. März 1989, S. 32.

78 Götz Großklaus: a.a.O.

79 Vgl. Max Horkheimer/Theodor W. Adorno: Dialektik der Aufklärung. Philosophische Fragmente. Frankfurt am Main 1971 (1944).

80 Friedrich Glaser: Die Börse. Frankfurt am Main 1908.

81 Tom Wolfe: Fegefeuer der Eitelkeiten. München 1988, S. 77.

82 Vgl. Peter Zec: Informationsdesign; a.a.O., S. 104 f.

83 Doris Angela Zimmermann/Bernhard Zimmermann: Bildschirmwelt; a.a.O., S. 193 ff.

84 Helmut F. Spinner: Die Doppelvernunft der Moderne im Spiegel der zwei Kulturen. Vortrag auf dem Marbacher Symposion „Literatur in einer industriellen Kultur". Haus Steinheim, September 1987.
Helmut F. Spinner: Der Rationalismus der Doppelvernunft. In: Merkur 11/1986, S. 923 ff.

85 Vgl. Jürgen Habermas: Die Neue Unübersichtlichkeit. Kleine politische Schriften V. Frankfurt am Main 1985.

86 Immanuel Kant: Was ist Aufklärung? In: Sämtliche Werke: Hrsg. von Karl Rosenkranz und Friedr. Wilh. Schubert. Siebenten Theils Erste Abteilung. Leipzig 1838, S. 145.

Einzeldarstellungen

Von den Boten

1 Zit. nach Peter Kaupp: 500 Jahre Posthorn. In: Archiv für das Post- und Fernmeldewesen, Nr. 3/1988, S. 205.
2 Joachim Ernst von Beust: Versuch einer ausführlichen Erklärung des Post=Regals. Jena 1747/48. Bd. 2. S. 1205.
3 Bernd Schneidmüller: Briefe und Boten im Mittelalter. In Wolfgang Lotz (Hrsg.): Deutsche Postgeschichte. Essays und Bilder. Berlin 1989, S. 19.

Von der Vielfalt zur Einheit

1 Max Piendl: Thurn und Taxis 1517–1867. In: Archiv für deutsche Postgeschichte, Heft 1/1967, S. 91f.
2 Piendl: a.a.O., S. 92.

... des Hornes Klang

1 Vgl. Peter Kaupp: 500 Jahre Posthorn. In: Archiv für das Post- und Fernmeldewesen, Heft 3/1988.
2 Joachim Ernst von Beust: Versuch einer ausführlichen Erklärung des Postregals. 1747/48. Bd. 3, S. 2227.
3 Peter Knaupp: a.a.O., S. 203.
4 Ernst Steiner und Emil Stoppler: Freud und Leid der Postillione. In: Hessische Postgeschichte. Nr. 6/1961, S. 27.
5 Ernst Steiner/Emil Stoppler: a.a.O., S. 28f.
6 Aus Nikolaus Lenau: Das Posthorn.

Briefkästen und Posthausschilder

1 Peter Kaupp: 500 Jahre Posthorn. In: Archiv für das Post- und Fernmeldewesen, Heft 3/1988, S. 208.
2 Manfred Stephan: Zahlreiche Kasten sieht man hängen. Kleine Kulturgeschichte deutscher Briefkästen. Heidelberg 1989, S. 13.
3 Manfred Stephan: a.a.O., S. 41.
4 Manfred Stephan: a.a.O., S. 152.

Beschwernisse des Reisens

1 Elfriede Rehbein: Zu Wasser und zu Lande. Geschichte des Verkehrswesens bis zum Ende des 19. Jahrhunderts. München 1984, S. 143ff.
2 Zit. nach Elfriede Rehbein: a.a.O., S. 147.
3 Zit. nach Gerald Deckart: Gar lustig blies der Postillion. Gedichte und Bilder aus der Postkutschenzeit. München 1979, S. 6.
4 Zit. nach August Hermeier: Postkutschen-Passagiere als privilegierte Kaffeetrinker. In: Archiv für deutsche Postgeschichte, Heft 1/1982, S. 94f.
5 Zit. nach Gerald Deckart: Gar lustig blies der Postillion; a.a.O., S. 7.
6 Zit. nach Hartmut Sührig: Reiseerlebnisse eines Dichters mit dem Postwagen zu Anfang des 19. Jahrhunderts. In: Archiv für deutsche Postgeschichte, Heft 2/1982, S. 144ff.
7 Ludwig Steub: Alpenreisen. Herausgegeben von Ludwig Merkle. Frankfurt am Main 1974, S. 95f., 102f.

Leben und Arbeit bei der Post

1 Eduard Ferrand: Das Posthorn. In Gerald Deckart: Gar lustig blies der Postillion. München 1970, S. 56.
2 Johann Nepomuk Vogel: Sehnsucht. In Gerald Deckart: a.a.O., S. 62.
3 Otto Friedrich Gruppe: Die Post im Walde. In Gerald Deckart: a.a.O., S. 50.
4 August von Kotzebue, zit. nach Gerald Deckart: a.a.O., S. 10.
5 Zit. nach Klaus Beyrer: Die Postkutschenreise. Tübingen 1985, S. 230.
6 Klaus Hermann: Die Postbeförderung auf den deutschen Eisenbahnen von den Anfängen bis zur Reichsgründung. In: Jahrbuch für Eisenbahngeschichte. Band 14/1982, S. 17.

Soweit das Auge reicht

1 Aischylos: Agamemnon, Übersetzung E. Buschor.
2 Volker Aschoff: Aus der Frühgeschichte der optischen Telegraphie. In: Die Technikgeschichte als Vorbild moderner Technik. Essen 1976, S. 12.
3 Volker Aschoff: a.a.O., S. 9.

Reichspostdampfer-Linien

1 Veröffentlicht im Reichsgesetzblatt Nr. 12, 12. April 1885.
2 Arnold Kludas: Die Anfänge des Reichspostdampferdienstes vor 100 Jahren. In: Festschrift 100 Jahre Verein der Briefmarkensammler Bremerhaven. Bremerhaven 1986, S. 65ff.

Postpaläste

1 Handbuch des Postwesens. Frankfurt 1953, S. 86.
2 Nikolaus Pevsner: Europäische Architektur. München 1963, S. 427.
3 Archiv für Post und Telegraphie, Jg. 8/1880, S. 749.
4 Archiv für Post und Telegraphie, Jg. 9/1881, S. 168.
5 Deutsche Bauzeitung, Jg. 31/1897, No. 30, S. 190.
6 Zit. nach Kölnische Zeitung, No. 784/1893.

Wertzeichen und Sammelobjekt

1 Zit. nach Karl Doberer: Kulturgeschichte der Briefmarke. Frankfurt am Main 1973, S. 21.
2 Zit. nach Carlrichard Brühl: Geschichte der Philatelie. Band I. Hildesheim 1985, S. 23.
3 Carlrichard Brühl: a.a.O., S. 22.

Post aus der Heimat

1 Thilo: Deutsch-Ostafrika. In Schmidt/Werner: Geschichte der Deutschen Post in den Kolonien und im Ausland. Leipzig 1839.

Morse und der Code

1 Alfred Vail: Gründliche Darstellung des elektromagnetischen Telegraphen nach dem System des Professor Morse. Hamburg 1848, S. 26.

Philipp Reis und Alexander Graham Bell

1 Erwin Horstmann: 75 Jahre Fernsprecher in Deutschland. 1877–1952. Bonn 1952, S. 13.
2 Zit. nach Wolfgang Mache: Reis-Telefon (1861/64) und Bell-Telefon (1875/77). Ein Vergleich. In: Hessische Blätter für Volks- und Kulturforschung. Bd. 24. Marburg 1989, S. 46.
3 Zit. nach Wolfgang Mache: a.a.O., S. 49.
4 Wolfgang Mache: a.a.O., S. 49 f.
5 Erwin Horstmann: a.a.O., S. 15.

Stephan, Heinrich von

1 Zit. nach: Zeppeline und Post. Ausstellungskatalog des Bundespostmuseums. Frankfurt am Main 1987, S. 7.
2 O. Veredarius: Das Buch von der Weltpost. Berlin 1885, S. 371.
3 Theodor Heuss: Deutsche Gestalten. Stuttgart/Tübingen 1949, S. 263 f.

„Gruß aus . . .“

1 Handwörterbuch des Postwesens. Frankfurt 1953, S. 531.
2 Robert Lebeck u. Gerhard Kaufmann: Viele Grüße. Eine Kulturgeschichte der Postkarte. Dortmund 1985, S. 403.
3 Das ABC des Luxuspapiers. Ausstellungskatalog. Berlin 1983, S. 87.
4 Das ABC des Luxuspapiers: a.a.O., S. 95.
5 Das ABC des Luxuspapiers: a.a.O., S. 94.
6 Zit. nach Wolfgang Till: Alte Postkarten. München 1983, S. 26.

Das Fräulein vom Amt

1 Reichstagsrede 1872.
2 Oskar Wagner: Die Frau im Dienst der Reichspost- und Telegraphenverwaltung. Halle 1913, S. 76.
3 Herbert Leclerc: Das „Frollein vom Amt“ – kleine Skizzen zu einem großen Thema. Archiv für deutsche Postgeschichte, Heft 1/1977, S. 141.
4 Herbert Leclerc: a.a.O., S. 147.

Menschen bei der Post

1 O. Veredarius: Das Buch von der Weltpost. Entwicklung und Wirken der Post und Telegraphie im Weltverkehr. Berlin 1895 (Reprint Heidelberg 1984), S. 120.
2 Bundespostmuseum Frankfurt am Main. Information 4/1980.
3 Ludwig Anzengruber: Der Schandfleck. In: Gesammelte Werke in zehn Bänden. 2. Band. Stuttgart/Berlin o. J., S. 230.
4 Peter Luginsland: Das war'n halt noch Zeiten. Nürnberg um die Jahrhundertwende. Nürnberg 1971, S. 70 f.
5 Vgl. Bundespostmuseum Frankfurt am Main. Information 4/1980.
6 Zit. nach Gerhard A. Ritter/Jürgen Kocka (Hrsg.): Deutsche Sozialgeschichte. Dokumente und Skizzen. Band II: 1870–1914. München 1977, S. 308 ff.

7 Zit. nach Bundespostmuseum Frankfurt am Main: Information 4/1980.
8 Vgl. Bundespostmuseum Frankfurt am Main: Information 4/1980.

Zeppelinpost

1 Zit. nach: Zeppeline und Post. Ausstellungskatalog des Bundespostmuseums Frankfurt am Main 1987, S. 7.
2 Zit. nach Günter Wehner: Zur Postbeförderung mit Zeppelin-Luftschiffen. In: Archiv für deutsche Postgeschichte, Heft 1/1978, S. 6.
3 Günter Wehner: Zur Postbeförderung mit Zeppelin-Luftschiffen; a.a.O., S. 6.
4 Vgl. Zeppeline und Post: a.a.O., S. 14.
5 Vgl. Zeppeline und Post: a.a.O., S. 15.
6 Zeppeline und Post: a.a.O., S. 20.
7 Zit. nach Zeppeline und Post: a.a.O., S. 32.

Post und Totalitarismus

1 Handwörterbuch des Postwesens. Frankfurt am Main 1953, S. 524.
2 Nagel/Lampe: Die Personalpolitik der Deutschen Reichspost im Dritten Reich. Berlin 1937, S. 17.
3 Nagel/Lampe: a.a.O., S. 16.
4 Zit. nach: Post und Postler im Nationalsozialismus. Frankfurt am Main 1986, S. 29.
5 Zit. nach Walther Hofer: Der Nationalsozialismus. Dokumente 1933–1945. Frankfurt am Main 1962, S. 283.
6 Eugen Kogon: Der SS-Staat. Gütersloh 1964, S. 144 f.

Das Postamt des Thanatos

1 Erich Kuby: Mein Krieg. Aufzeichnungen aus 2129 Tagen. München 1977, S. 375.

Neuer Anfang aus Trümmern

1 Karl-Heinz Schmidt: Der Wiederaufbau der Post in der amerikanischen Besatzungszone nach dem Zusammenbruch 1945 am Beispiel der OPD Nürnberg. In: Archiv für deutsche Postgeschichte, Heft 2/1982, S. 66 f.
2 Ludwig Kämmerer: Der Wiederaufbau der Post in der britischen Besatzungszone nach dem Zusammenbruch 1945. In: Archiv für deutsche Postgeschichte, Heft 2/1978, S. 9.
3 Ludwig Kämmerer: a.a.O., S. 9
4 Ludwig Kämmerer: a.a.O., S. 9
5 Karl-Heinz Schmidt: a.a.O., S. 78.
6 Karl-Heinz Schmidt: a.a.O., S. 74.
7 Gerd Gnewuch: Der Wiederaufbau der Post in Berlin nach 1945. In Wolfgang Lotz (Hrsg.): Deutsche Postgeschichte. Essays und Bilder. Berlin 1989, S. 346.
8 Karl-Heinz Schmidt: a.a.O., S. 78.

Kunst als Sendung

1 Klaus Heuser. In: Artist's Report. Ausstellungskatalog. Stuttgart 1979, S. 36.
2 Klaus Heuser: a.a.O., S. 36.

Bildnachweis

Bayerische Staatsbibliothek, München, Handschriftenabteilung rara 287–311 a   28

Berlinische Galerie, Berlin   272

Bildarchiv Foto-Marburg   166, 167

Deutsches Postmuseum, Frankfurt am Main   10, 13, 15, 20, 22, 23, 26, 27, 29, 30, 32, 33, 34, 35, 36, 37, 38, 40, 42, 43, 45, 48, 49, 50, 51, 54, 55, 56, 58, 59, 61, 63, 64, 65, 67, 68, 70, 72, 75,78, 80, 82, 83, 88, 89, 91, 92, 94, 98, 99, 100, 101, 102, 103, 104, 108, 110, 111, 116, 117, 119, 120, 121, 122, 123, 124, 125, 127, 129, 130, 131, 132, 135, 137, 138, 141, 143, 146, 147, 149, 150, 151, 152, 153, 154, 155, 156, 157, 158, 160, 161, 163, 164, 165, 168, 169, 175, 180, 181, 182, 183, 185, 186, 187, 188, 189, 192, 196, 197, 198, 199, 208, 213, 218, 219, 220, 239, 240, 241, 251, 259, 266, 269, 270, 274, 275, 280, 282, 284, 287, 288, 291, 292, 295, 296, 298, 301, 302, 304, 307, 308, 311, 314, 316, 318, 321, 322, 325, 326, 329, 336, 347, 348, 355, 356, 359 (Foto: F. W. Frank, Frankfurt)

Fürstlich Thurn und Taxis'sches Archiv, Regensburg   19

Manfred Gierig, Weilheim   U4

Grafische Sammlungen München   84, 85

Historisches Museum Frankfurt am Main   31, 109, 128, 170, 171

Kunsthalle Nürnberg   271, 276

Kunsthaus Zürich   126

Kunstmuseum Bern   95

Kunstmuseum Düsseldorf   268

Museum der Stadt Leoben, Österreich   U1

Museum Oswiecim-Brzezinka, Polen   343

Nationalgalerie Berlin (Ost)   267

Wolfgang Neep (Foto), Hamburg   277

Popper-Foto, New York   71

Postabteilung des Verkehrsmuseums Nürnberg   148, 224, 225, 338, 340

Postmuseum am Stephansplatz, Hamburg   184

Postwertzeichen-Archiv der Deutschen Bundespost, Bonn   312

Sammlung Lohhaus-De Decker, Antwerpen   264

Karl Schaper, Apelnstaedt   344

Deutsches Schuh- und Ledermuseum, Offenbach, Foto: Christel Kuetsch   118

Senckenberg-Museum, Frankfurt am Main, Original im Soemmering-Nachlaß   215

Siemens-Museum, München   60

Staatliche Museen Preußischer Kulturbesitz, Berlin (West), Kupferstichkabinett. Foto: Jörg P. Anders   273

Staatsbibliothek Bern   95

Staatsbibliothek Bern, Codex 120, fol. 106 recto   18

Staatliche Museen zu Berlin (Ost), Kupferstichkabinett   177

Städtische Kunstsammlungen Lindau   145

Ullstein Bilderdienst, Berlin   44, 46, 47, 52, 53, 56, 66, 69, 75, 172, 205, 223, 226, 227, 228, 229, 232, 236, 237, 244, 245, 246, 247, 252, 253, 254, 255, 330, 332, 335, 351

Abbildungen entnommen aus Büchern:

Asendorf, Christoph: Batterien der Lebenskraft. Das langsame Verschwinden der Materie um 1900. Anabas-Verlag, Gießen 1989 (Werkbund-Archiv Band 18)   207, 211

Braudel, Fernand: „The Structures of Everyday Life, The Limits of The Possible", Bd. 1, New York 1981 (1. Ausgabe Armand Colin, Paris 1979)   24, 25

Crane, Michael/Stofflet, Mary (Hrsg.): Correspondence Art, Source Book for the Network of International Postal Art Activity, (Reihe: Contemporary Documents, A series of comprehensive resource books for the new art. Hrsg. Carl E. Loeffler, Band 2.) Contemporary Arts Press, San Francisco 1984   352

Hummel, Georg: „Der Maler Johann Erdmann Hummel", Leipzig 1954   112

Lista, Giovanni: L'Art Postal Futuriste, Edition Jean-Michel, Place Paris 1979   265

Roth, Eugen: 100 Jahre Humor in der deutschen Kunst, Fackelträger Verlag, Hannover 1957   195

Wunderlich, H./Klemt-Kozinowski, G.: Leser und Lektüre. Bilder und Texte aus zwei Jahrhunderten, Harenberg Kommunikation Dortmund 1985   107